연암을 읽는다

박희병 지음

연암을 읽는다

박희병 지음

2006년 4월 5일 초판 1쇄 발행
2019년 1월 9일 초판 9쇄 발행

펴낸이 한철희 | 펴낸곳 주식회사 돌베개 | 등록 1979년 8월 25일 제406-2003-000018호
주소 (10881) 경기도 파주시 회동길 77-20 (문발동)
전화 (031) 955-5020 | 팩스 (031) 955-5050
홈페이지 www.dolbegae.co.kr | 전자우편 book@dolbegae.co.kr

책임편집 이경아 | 편집 김희동·박숙희·윤미향·서민경·김희진
표지디자인 민진기 | 본문디자인 이은정·박정영 | 인쇄·제본 상지사 P&B

ⓒ 박희병, 2006

ISBN 89-7199-237-9 03810

이 도서의 국립중앙도서관 출판시도서목록(CIP)은 e-CIP 홈페이지
(http://www.nl.go.kr/cip.php)에서 이용하실 수 있습니다.(CIP제어번호: CIP2006000575)

연암을 읽는다

책머리에

'고'古란 무엇인가. 그것은 죽은 것이 아니라, 우리의 일부분이며, 그 점에서 하나의 '지속'이다. 우리는 이 지속성 속에서 잃었던 자기 자신을 환기하고, 소중한 자신의 일부를 되찾을 수 있으며, 자신의 오랜 기억과 대면할 수 있다. 그러므로 '고'는 진정한 자기회귀自己回歸의 본질적 계기가 된다. 진정한 자기회귀란 무엇인가. 그것은 자기를 긍정하되 자기에 갇히지 않고, 잃어버린 것을 통해 자기를 재창조해 내는 과정이다. 이 점에서 '고'는 한갓 복원이나 찬탄의 대상이 아니라, '오래된 미래'를 찾아 나가는 심오한 정신의 어떤 행로다. 이 책은 바로 이런 의미의 '고'에 대한 탐구다.

세상은 점점 요지경이 되어 가고 있다. 사람들은 점점 더 빨라지고 있으며, 빨라지는 그만큼 생각을 점점 더 않게 된다. 생각을 하지 않으니 이 세계에 대해 점점 더 피상적으로 될 수밖에 없다. 많이 안다고 여기지만, 그것은 대개 시시껄렁한 것 아니면 실용적인 지식이며, 삶의 근원과 관련된 앎이 아니다. 문학 작품이나 예술 작품이라는 텍스트를 읽는 일은 한편으로는 즐거운 일이지만 한편으로는 고통스럽다. 왜 고통스러운가. 텍스트 속으로 깊이 들어가기 위해선 '생각', 즉 사유思惟를 해야 하기 때문이다. 하지만, 인생 역시 그렇듯이 이 고통의 과정 없이는 우리는 텍스트의 본질을 이해할 수 없다. 텍스트에 대한 사유를 통해 우리는 기다림을 배우고, 연민을 배우며, 깊은 슬픔을 응시해 낼 수 있게 되고, 이 세상의 온갖 존재들이 감추고 있는 아름다움을 읽어 내는 심안心眼을 얻게 된다. 이 점에서, 문학과 예술이라는 텍스트를 읽는 일은 세상·삶·자연이라는 텍스트를 읽는 일이기도 한 것이다. 이 책은 바로 이런 의미의 '텍스트'에 대한 탐구다.

연암을 읽는다는 것은 무엇인가. 연암 속으로 들어가는 것을 의미한다. 연암 주변을 아무리 빙빙 배회해 봤자 연암의 진면목을 알기는 어렵다. 연암을 알기 위해서는 연암의 마음속으로 들어가지 않으면 안 된다. 연암이 무엇을 괴로워했는지, 무엇을 기뻐했는지, 무엇을 슬퍼했는지, 무엇에 분노했는지, 스스로 연암이 되어 느껴보지 않으면 안 된다. 하지만, 연암을 읽는다는 일이, 단지 연암의 시선으로 삶과 자연과 세상을 읽는 데 그치는 것은 아니다. 그것은 동시에 스스로의 시선, 다시 말해 우리 시대 '나'의 시선으로 삶과 자연과 세상을 읽는 일이기도 한 것이다. 그럴 경우, 사유하는 주체이자 심미적 주체로서의 연암은, 또다른 사유의 주체이자 심미적 주체인 '나'와 부단히 교섭하면서 대화적 관계를 형성할 수 있다. 이를 통해, '나'가 연암 속으로 들어가기만 하는 것이 아니라, 연암이 '나' 속으로 들어오기도 하며, 이 과정을 통해 죽었던 연암은 환생하게 되고, '나'는 내가 속한 좁은 시공간을 넘어 자아의 놀라운 확충을 경험하게 된다. 실로 경이로운 일이다.

저자는 대학 시절 연암을 대상으로 졸업 논문을 쓴 바 있다. 지금으로부터 28년 전 일이다. 생각하면 하룻강아지 범 무서운 줄 모르고 달려든 격이다. 패기가 넘치던 시절이었다. 하지만 연암을 읽는 일이 패기만으로는 되지 않는다는 걸 깨닫는 데는 많은 시간이 걸리지 않았다. 아직 생각도 짧고, 한문 문리도 턱없이 부족했으며, 미묘한 것을 명료하게 표현해 내는 훈련이 충분히 되어 있지 않았던 것이다. 참담한 일이지만, 당시 나는 연암과의 첫 대면을 통해 이 사실을 확인했다. 그 점에서 연암은 나의 스승이기도 하다. 이후 나는 다른 문제로 관심을 돌려 이런저런 연구를 해 왔다. 하지만 그런 중에도 늘 마음 한구석에는 연암이 자리하고 있었다. 나는 어쩌면 이 거인과 대등한 정신적 높이에서 대화할 그날을 기다리며, 스스로를 훈련시키고 단련하면서 사유의 연습을 해 온 것인지도 모른다. 그 점에서, 나는 지금 내가 출발했던 그 지점에 다시 서 있는 셈이다.

　이 책에서는 스무 편 가까운 연암의 산문 작품을 다루고 있다. 예술성이 빼어난 연암의 산문은 이 책에서 다룬 작품의 네댓 배는 족히 되리라 보지만, 우선 내가 가장 좋아하는 글 20여 편을 대상으로 '읽기'를 시도하였다. 이들 글은 연암의 정신세계와 작가적 역량을 유감없이 보여준다. 조만간 연암의 다른 글들에 대해서도 후속 작업을 할 생각이다.

　연암의 산문은, 들판에 홀로 서서 바라보는 저녁 구름과 같다. 어둠이 내리기 직전까지 약 30분 가까운 동안 시간의 흐름에 따라 시시각각 변해 가는 저 구름의 미묘한 색조色調하며 자태를 보고 있노라면, 자신은 그만 휘발되어 사라져 버리고, 내가 꼭 구름이 된 듯한 느낌이 들곤 하지 않던가. 그 경이로운 느낌과 황홀감이라니! 그리고 사위四圍가 완전한 어둠 속에 잠겨 비로소 정신을 차렸을 때 엄습하는 그 쓸쓸함과 묘한 여운이란! 아마도 유한한 지상의 그 모든 아름다운 것들에서 우리는 그런 감정을 갖게 되는 것이리라.
　지난해 이 책을 집필하는 과정 내내 나는 연암과 함께 생활해 왔다는 기분이다. 연암이 벗들과 술을 마실 때 나는 그 구석에 쪼그리고 앉아 연암과 그 벗들을 지켜보면서 그들의 일거수 일투족과 한 마디 한 마디 말에 희비喜悲를 함께하였다. 뿐만 아니라, 연암이 누군가의 죽음에 슬퍼하면서 눈물을 흘릴 때 나도 그를 따라 눈물을 떨구었고, 연암이 달빛이 비치는 밤길을 걸을 때면 나도 따라 걸었으며, 연암이 누군가를 그리워하며 먼눈이 되면 나 역시 문득 먼눈이 되어 누군가를 몹시 그리워하는 마음이 되곤 하였다. 말하자면 나는 지난 1년 동안 연암과 희로애락을 함께해 온 셈이다. 이 책은 그러한 체험의 외화外化다.
　이 책의 '연암 읽기'는 다소 특이한 방식을 취하고 있다. 먼저 한 편의 글 전체를 보인 다음, 다시 단락 별로 글을 제시해 자세히 음미했으며, 최종적으로 다시 글 전체의 차원으로 돌아가 총평을 가하는 방식을 취하였다. 연암의 글은 워낙 치밀한 데다 깊은 사유와 미학적 고려를 담고 있으며, 고도의 구성과 안배按排를 해 놓고 있기에, 범범하게 글 전체만 갖고 대강 논의해서는 수박 겉핥기가 되기 쉬우며, 정작 연암이 글을 통해 보여주고자 했던 미묘하고 아름다운 국면들을 놓쳐 버리기 십상이다. 이런 점을 고려해, 저자는 분석과 종합의 묘를 모두 살리고자 하는 의도에서 이런 접근 방식을 생각하게 되었다. 분석의 과정은 때로 지루하다. 하지만 이 힘든 과정을 거치지 않고는 연암의 사유와 마음 속으로 들어갈 수 없을 터이다. 하지만 일단 들어간 다음에는, 나의 말은 죄다 부질없는 것이니 모두 잊어도 좋을 것이다.

이 책의 형식과 관련해 한 가지 더 말해 둘 것은, 이 책은 문단에 따라 글을 나누고 있지만, 하나의 문단 내에서 행行을 달리하여 적은 경우가 더러 없지 않다는 사실이다. 하나의 문단이란 행을 구분해서는 안 되고 하나로 쭉 이어 써야 하는 것이지만, 이 책의 경우 시각적으로 독자들의 이해를 돕기 위해 이런 작문법상의 원칙을 기계적으로 고수하지는 않았다.

나는 5년 전부터 나의 학우들과 매주 수요일 저녁에 연암 산문을 강독해 오고 있다. 이른바 연암강회燕巖講會다. 이 강회에선 연암이 쓴 글의 자구 하나하나를 갖고서 요리조리 따지고 음미하며 많은 시간을 들인다. 이 책에 들어 있는 내 생각의 많은 부분은 이 강회 중에 말해진 것이다. 다행히 홍아주 소우少友가 나를 위해 강회에서 내가 한 말을 자세히 기록해 놓아 이에 의거해 생각을 보태고 확장해 이 책을 집필할 수 있었다. 뿐만 아니라, 나는 여기에 수록된 연암 작품들에 대해 작년 1학기 서울대학교 국문과 대학원에 개설된 과목인 '한국고전비평연습' 수업에서 한 차례 검토한 바 있다. 당시 학생들의 발표를 들으며 나는 연암 작품에서 어떤 부분이 특히 오독되기 쉬운가, 무엇은 그런대로 이해되는 반면 무엇은 제대로 잘 이해되지 못하고 있는가 하는 것을 확인할 수 있었으며, 나아가 학생들의 발표에서 더러 시사점을 얻기도 하였다. 이 자리를 빌려 당시 나의 수업에 열의를 갖고 참여한 강국주, 박현숙, 김인나, 심지원, 이효원, 고은임, 이경근 등 여러 사람에게 감사의 뜻을 표한다.

연암강회에서는 연암 산문의 원의原義를 살리면서도 오늘날의 한글 독자가 충분히 이해할 수 있는 쉽고도 유려한 번역문을 내놓기 위해 고심에 고심을 거듭하고 있다. 이 책의 번역문은 바로 이 연암강회에서 이룩된 성과다. 이 책에서는 연암 작품의 한문 원문을 싣지 않았다. 한글 번역만으로 연암 산문의 깊이와 아름다움을 충분히 느끼게 하자는 것이 저자의 원래 의도이기 때문이다. 원문에 표점을 붙이는 일, 자세한 주석, 교감 등 고도의 학문적인 엄격성이 요구되는 다른 여러 작업은 곧 이어 연암강회에서 공동작업으로 따로 책을 낼 예정이기에 그쪽으로 미룬다.
　9년 전, 나는 『나의 아버지 박지원』(원제 '과정록過庭錄')이라는 역서를 낸 적이 있는데, 그 서문의 첫머리에 "영국에 셰익스피어가, 독일에 괴테가 있다면 (중략) 우리나라에는 박지원이 있다"라고 쓴 바 있다. 당시 나는 이른바 근대 부르주아 문학, 즉 '국민문학'의 관점에서 그런 말을 한 게 아니었다. 보다 근원적인 견지에서, 사유와 미학의 관련, 삶 속에서 도모되는 문학의 궁극적 가능성 등을 염두에 두고 한 말이었다. 이 번역서가 나오고 나서 며칠 후, 지금 이름은 잊어 버렸지만, 어떤 신문 기자한테서 집으로 전화가 걸려 왔다. 그 요지인즉슨, 셰익스피어·괴테 운운한 게 대체 무슨 말인가, 연암의 어떤 면에 대해 그렇게 말할 수 있는가, 「호질」·「허생전」·「양반전」·『열하일기』 등등의 작품에 대해 하는 말인가, 뭐 이런 거였다. 이 기자는 적어도 이런 작품들의 성취와 특징을 그런대로 알고 있는 듯했으며, 연암이 시사 비판과 풍자에 뛰어난 문학의 대가라는 점도 잘 알고 있는 듯했다. 하지만 그 이상은 아니었다. 말하자면 교과서적 통념 이상의 것은 갖고 있지 못하다고 여겨졌다. 아마 그래서 연암을 셰익스피어와 괴테에 견준 나의 비유가 잘 이해도 되지 않고, 내심 과한 말이 아닌가 하는 의구심도 들어, 나에게 전화로 물어 온 것이리라. 이 기자의 질문에 대체 어떻게 답해 줄 것인가. 이 질문에 답하기 위해서는 연암 글쓰기의 진수, 자신의 사유를 풀어내는 그 놀라운 능력하며, 자구字句를 단련하면서 물샐틈없이 삼엄하게 한 편의 글을 조직해 내는 그 빼어난 솜씨하며, 자신의 안팎을 반성적으로 성찰해 내는 저 깊은 시선 등에 대해 조목조목 구체적으로 작품을 예로 들어가며 말해 주어야 하리라. 하지만 그것은 며칠을 말해도 부족할 것이며, 또 며칠을 말한다 한들 소용이 없는 일일 것이다. 작품을 스스로 읽으며, 스스로 생각하고 음미하지 않으면 알 수 없는 일이니까. 어떤 과일을 먹어 본 적이 없는 사람에게 그 과일의 독특하고 미묘한 맛에 대해 아무리 설명해 줘 봤자 소용이 있겠는가. 그래서 나는 당시 그 기자에게 그건 도무지 설명해 줄 수 없는 일이라고 짤막하게 말한 후 전화를 끊을 수밖에 없었다. 아마 이 책은 부족한 대로 9년 전의 그 기자 분에게 들려주는 답은 되지 않을까 생각한다.

2006년 4월

박 희 병

책머리에	005
찾아보기	447

―

큰누님 박씨 묘지명	015
말 머리에 무지개가 뜬 광경을 적은 글	032
'죽오'라는 집의 기문	043
'주영염수재'라는 집의 기문	057
술에 취해 운종교를 밟았던 일을 적은 글	068
소완정이 쓴 「여름밤 벗을 방문하고 와」에 답한 글	088
한여름 밤에 모여 노닌 일을 적은 글	117
『중국인 벗들과의 우정』에 써 준 서문	131
홍덕보 묘지명	155
발승암 기문	183

―

기린협으로 들어가는 백영숙에게 주는 서	221
형수님 묘지명	235
정석치 제문	258
어떤 사람에게 보낸 편지	279
'관재'라는 집의 기문	302
『초정집』 서문	320
소완정 기문	361
『공작관 글 모음』 자서	383
『말똥구슬』 서문	400
경지에게 보낸 답장	421

큰누님 박씨 묘지명

　　유인儒人 휘諱 모某는 반남潘南 박씨朴氏인데, 그 동생 지원趾源 중미仲美가 다음과 같이 묘지명을 쓴다.

　　유인은 열여섯에 덕수德水 이씨 택모宅模 백규伯揆에게 시집가 딸 하나와 아들 둘을 두었으며 신묘년辛卯年(1771) 9월 1일에 세상을 뜨니 나이 마흔셋이었다. 남편의 선산은 아곡鵶谷인바 장차 그곳 경좌庚坐 방향의 묏자리에 장사 지낼 참이었다.
　　백규는 어진 아내를 잃은 데다가 가난하여 살아갈 도리가 없자 어린 자식들과 계집종 하나를 이끌고 솥과 그릇, 상자 따위를 챙겨서 배를 타고 산골짝으로 들어가려고 상여와 함께 출발하였다.
　　나는 새벽에 두뭇개의 배에서 그를 전송하고 통곡하다 돌아왔다.
　　아아! 누님이 시집가던 날 새벽에 얼굴을 단장하시던 일이 마치 엊그제 같다. 나는 그때 막 여덟 살이었는데, 발랑 드러누워 발버둥을 치다가 새신랑의 말을 흉내 내 더듬거리며 점잖은 어투로 말을 하니, 누님은 그 말에 부끄러워하다 그만 빗을 내 이마에 떨어뜨렸다. 나는 골을 내 울면서 분에다 먹을 섞고 침을 발라 거울을 더럽혔다. 그러자 누님은 옥으로 만든 자그만 오리 모양의 노리개와 금으로 만든 벌 모양의 노리개를 꺼내 나를 주면서 울음을 그치라고 하였다.

지금으로부터 스물여덟 해 전의 일이다.

강가에 말을 세우고 멀리 바라보니 붉은 명정銘旌이 펄럭이고 배 그림자는 아득히 흘러가는데, 강굽이에 이르자 그만 나무에 가려 다시는 보이지 않았다. 그때 문득 강 너머 멀리 보이는 산은 검푸른 빛이 마치 누님이 시집가는 날 쪽진 머리 같았고, 강물 빛은 당시의 거울 같았으며, 새벽 달은 누님의 눈썹 같았다. 울면서 그 옛날 누님이 빗을 떨어뜨리던 걸 생각하니, 유독 어릴 적 일이 생생히 떠오르는데 그때에는 또한 기쁨과 즐거움이 많았으며 세월도 느릿느릿 흘렀었다. 그 뒤 나이 들어 우환과 가난을 늘 근심하다 꿈결처럼 훌쩍 시간이 지나갔거늘 형제와 함께 지낸 날은 어찌 그리도 짧은지.

떠나는 이 정녕코 다시 오마 기약해도
보내는 자 눈물로 옷깃을 적시거늘
이 외배 지금 가면 어느 때 돌아올꼬?
보내는 자 쓸쓸히 강가에서 돌아가네.

---

[1] 유인孺人 휘諱 모某는 반남潘南 박씨朴氏인데, 그 동생 지원趾源 중미仲美가 다음과 같이 묘지명을 쓴다.

주해 '묘지명'이란 죽은 사람의 이름·신분·행적 따위를 기록한 글로, 보통 돌이나 도편陶片(도자기 조각)에 새겨 무덤 속에 넣는다. 묘지명은 크게 두 부분으로 나뉘는데, 앞부분엔 죽은 이의 이름과 행적을 산문으로 서술하는바 이를 '지'誌라 하고, 뒷부분엔 죽은 이에 대한 칭송을 운문으로 붙이는바 이를 '명'銘이라 한다.

조선 시대에는 남편의 품계에 따라 아내의 작호爵號가 정해졌다. '유인'孺人은 원래 정9품 및 종9품 문무관 처에 대한 작호인데, 생전에 벼슬하지 못한 양반의 처에 대해서도 높이는 의미에서 신주神主나 명정銘旌에 이 말을 사용했다. 연암의 큰누님이 돌아가셨을 당시 그 남편 이택모李宅模는 아직 아무 벼슬도 하지 못하고 있었다. 따라서 여기서는 후자의 용례로 쓰였다.

'휘'諱는 원래 '기피한다'는 뜻인데, 보통 죽은 이의 이름을 가리킬 때 쓰는 말이다. 전근대 동아시아 문화는 남의 이름을 말하는 것을 큰 실례라고 생각했기에 '이름'을 '휘'라고 했다.

'반남'潘南은 박씨의 한 본관인데, 예전의 반남현潘南縣, 즉 지금의 전라남도 나주시 반남면潘南面에 해당한다. 반남 박씨는 조선 후기에 유력한 벌열 가문의 하나로 성장하였다.

'중미'仲美는 박지원의 자字다.

평설 대단히 절제되고 무미건조한 어조로 서두를 열고 있다. 여느 묘지명 같으면 이 대목에 대개 유인의 남편은 누구이며, 아버지는 누구이고, 어머니는 누구라는 사실 따위가 언급되게 마련이다. 그러나 연암은 이런 부분을 과감하게 생략해 버리고, 유인과 자신의 관계만 밝히고 있다. 대단한 파격이다. 이 파격성은 고도로 계산된 것으로, 이 글이 장차 어떤 방향으로 전개되고 구성될 것인지를 시사하는 것이기도 하다.

2 유인은 열여섯에 덕수德水 이씨 택모宅模 백규伯揆에게 시집가 딸 하나와 아들 둘을 두었으며 신묘년辛卯年(1771) 9월 1일에 세상을 뜨니 나이 마흔셋이었다. 남편의 선산은 아곡鵶谷인바 장차 그곳 경좌庚坐 방향의 묏자리에 장사 지낼 참이었다.

백규는 어진 아내를 잃은 데다가 가난하여 살아갈 도리가 없자 어린 자식들과 계집종 하나를 이끌고 솥과 그릇, 상자 따위를 챙겨서 배를 타고 산골짝으로 들어가려고 상여와 함께 출발하였다.

나는 새벽에 두뭇개의 배에서 그를 전송하고 통곡하다 돌아왔다.

주해 '덕수'德水는, 이씨의 한 본관으로 예전의 덕수현德水縣, 즉 지금의 개성시 개풍군 개풍읍에 해당한다.

연암의 자형, 즉 유인의 남편은 이택모李宅模(1729~1812)로서, '백규'伯揆는 그 자字다. 조선 중기 한문 4대가의 한 분으로 이름 높은 택당澤堂 이식李植(1584~1647)의 4대손인 이유李游(1702~1755)의 장남으로, 훗날 말단 벼슬인 선공감繕工監 감역監役을 하게 되나 이 당시는 아직 어떤 벼슬도 하지 못하고 있었다.

'아곡'鵶谷은 백아곡白鵶谷을 말하는데, 조선 시대 지평현砥平縣의 한 지명으로, 지금의 경기도 양평군楊平郡 양동면楊東面에 해당한다. 일찍이 택당 이식이 이곳에 부친의 장지葬地를 마련한 이래 그 후손들의 선영先塋이 되었으며, 이식은 여기에 택풍당澤風堂이란 집을 짓고 기거한 바 있다. "경좌庚坐 방향의 묏자리"란, 남서쪽을 등진 묏자리를 말한다.

'두뭇개'는 두모포라고도 하는데, 지금의 서울시 성동구 옥수동의 동호대교 부근에 있던 작은 나루로서, 한강나루의 보조 나루였다. 이 일대 한강을 동호東湖라 불렀으며, 강 건너편 돌출 부분에 압구정이라는 정자가 있었다.

평설   이 단락은 다시 세 부분으로 구성되어 있다.

첫 부분에서는 유인의 시집간 이래의 삶과 죽음을 아주 간단히 담담한 어조로 기술하고 있다. 그리고 둘째 부분에서는 남편과 자식들의 딱한 처지를 무미건조한 느낌이 들 정도로 주관을 배제한 채 객관적으로 서술하고 있다. 하지만 이 부분의 기술을 통해 이택모가 찢어질 정도로 가난한 궁사窮士라는 것, 그 살림살이란 고작 계집종 하나에 솥과 그릇과 상자 따위에 불과했다는 것, 그래서 남은 가족과 일체의 가재도구와 상여가 달랑 한 배(이 배는 결코 큰 배가 아니었을 터이다)에 태워져 옮겨질 수 있었다는 것 등을 알 수 있게 된다. 이처럼 이 둘째 부분은 극히 개괄적이고 간단한 서술임에도 불구하고 그 함축은 대단히 깊다. "어진 아내를 잃"고 상여 및 가족과 함께 서울을 떠나 산골짝으로 향하는 택모에게서 우리는 궁사의 더할 나위 없는 낭패감 같은 걸 느낄 수 있다.

하지만 산 자가 보여주는 이 처량하고 서글픈 정경에만 눈을 줄 것은 아니다. 보다 중요한 것은 이 부분의 서술이 기실 누이에 대해 무언가를 말해 놓고 있는 부분이라는 것, 다시 말해 연암이 의도한 것은 눈앞에 보이는 정경 자체라기보다 그 정경을 빌려 뭔가 누이에 대해 말하고자 하는 것이었다는 사실이다. 이 사실을 눈치 채는 것이야말로 이 글 이해의 관건이 된다. 그렇다면 이 부분은 누이에 대해 무엇을 말하고 있는가. 아마도 그것은 그간 누이가 적빈赤貧 속에서도 가족의 생계를 유지하기 위해 얼마나 노심초사하고 뼈 빠지게 분투했는가 하는 것, 그 결과 참담하게도 마흔셋의 나이에 죽을 수밖에 없었던가 하는 사실일 터이다. 유인이 부재하자 마침내 서울을 떠나 고향행을 결행하는 택모의 행위에서 그녀가 그간 이 가족의 삶을 지탱해 온 기둥이었음이 단적으로 입증된다.

이 단락의 셋째 부분은, 비록 역시 간단한 필치의 서술이기는 하나, 앞의 두 부분과 달리 슬픔의 감정이 처음으로 글에 직접적으로 배어 나오고 있다. 이 글의 서두 및 ②단락의 첫 부분과 둘째 부분에서 애써 누르고 절제해 온 감정이 이제 더 이상 억제할 수 없는 지경에 이르렀음을 느낄 수 있다. 그렇기는 하나, 이 부분의 서술은 비록 '통곡'이라는 강한 말을 쓰고 있음에도 불구하고 여전히 애써 슬픔의 감정을 절제하려는 그런 문체가 강하게 느껴진다. 그래서 오히려 더욱 슬프다.

요컨대, 이 단락은 극도로 감정을 절제한 상태에서 사태의 경과만을 건조한 문체로 기술하다가 이 마지막 부분에 이르러 연암 자신의 감정을 드러냄으로써 글의 느낌을 전환시키고 있다는 점, 주목할 필요가 있다. 이 전환은 다음 단락에 대한 준비이기도 하기 때문이다.

[3]　아아! 누님이 시집가던 날 새벽에 얼굴을 단장하시던 일이 마치 엊그제 같다. 나는 그때 막 여덟 살이었는데, 발랑 드러누워 발버둥을 치다가 새신랑의 말을 흉내 내 더듬거리며 점잖은 어투로 말을 하니, 누님은 그 말에 부끄러워하다 그만 빗을 내 이마에 떨어뜨렸다. 나는 골을 내 울면서 분에다 먹을 섞고 침을 발라 거울을 더럽혔다. 그러자 누님은 옥으로 만든 자그만 오리 모양의 노리개와 금으로 만든 벌 모양의 노리개를 꺼내 나를 주면서 울음을 그치라고 하였다.
지금으로부터 스물여덟 해 전의 일이다.

주해　이 단락에 보이는 "발버둥을 치다가"라는 말의 원문은 '마전'馬驏인데, 말이 땅에 뒹굴며 몸을 비벼대는 것을 뜻하는 단어다. 여기서는 발랑 누워 어리광을 부리며 발버둥을 치는 어린 연암의 모습을 형용한 말이다. 개구쟁이 같은 여덟 살 소년 연암의 짓궂은 태도가 이 글자에 잘 집약되어 있다. 그후 28년이 흘러 이 글을 쓸 당시 연암은 서른다섯 살의 장

년이었다.

평설 이 단락은 두 부분으로 나뉜다.

첫 부분은 "아아!"라는 영탄사로 시작된다. 연암은 앞 단락 마지막 구절에서 처음으로 자신의 감정을 드러내 보인 바 있다. 이 단락에서는 이제 정情을 억제함이 없이 자기 마음의 행로를 좇아 추억을 더듬는다. 그것을 알리는 말이 바로 "아아!"라는 영탄사다. 뿐만 아니라 ② 단락의 끝구절과 이 단락은 '새벽'이라는 동일한 단어 및 '내가 울고 있다'는 동일한 상황에 의해 내면적으로 연결되고 있으며, 이 내면적 연결에 의해 두 단락은 기묘한 대조를 연출한다. 같은 새벽에 벌어진 일이지만, 하나는 이 지상에서 더없이 슬프고 참담한 광경이라면, 다른 하나는 더없이 즐겁고 행복한 광경이다. 아마도 연암은 새벽녘 두뭇개 강가에 서서 상여를 싣고 떠나가는 배를 하염없이 바라보다가 '또다른' 새벽으로 자기도 모르게 의식이 흘러들어 간 것이리라. "마치 엊그제 같다"라는 말에서 두 새벽은 긴 시간을 훌쩍 뛰어넘어 나란히 병치된다. 그것은 흡사 의식의 흐름에 따라 잃어버린 시간을 찾아가는 저 프루스트Marcel Proust의 수법을 떠올리게 한다.

이 단락의 첫 부분에서 연암은 28년 전 누이와 자신과의 사이에 있었던 둘만의 어떤 일을 회상한다. 느닷없이 제시된 이 은밀한 이야기는, ② 단락까지 유지되어 온 절제와 그 절제 뒤에 숨겨진 어떤 긴장감을 해소하면서, 완전히 다른 문체와 뉘앙스를 보여준다. 다시 말해, 앞에서의 문체가 극히 건조하고 객관적인 문체라면, 여기서의 문체는 아주 생기발랄하고 정감이 넘치며, 따라서 어떤 생명감 같은 게 충일해 있다. 이 문체의 차이는 곧 두 새벽의 차이다. 문체가 대조적이면 대조적일수록 두 새벽은 그만큼 더 대비된다. 그리고 현재와 과거의 병치, 불행과 행복의 병치를 통해 슬픔은 더욱 깊어진다.

그렇기는 하지만 이 에피소드의 제시가 누이의 죽음이라는 현재적 상황을 더욱 슬프게 채색하기 위한 것은 아니다. 오히려 이 에피소드는 행복했던 시절의 누이를 명념하면서 그 아리따운 모습과 고운 마음씨를 문자로 고정시켜 놓으려는 것, 다시 말해 자기 마음속에 가장 아름다운 모습으로 존재하는 누이의 초상을 그려 놓은 것이랄 수 있다. 기이하게도 이 묘지명에는 누이에 대한 별다른 서술이 없다. 일반적으로 묘지명에는 그 대상 인물의 품성이나 덕성, 풍모 등에 대한 이런저런 언급이 있게 마련이다. 하지만 연암의 이 묘지명에는 이상하게도 그런 것이 없다. 누이에 대한 형용은 이 대목이 유일하다. 이런 점에서 보더라도 이 대목은 연암이 그 자신의 방식으로 누이의 초상을 그려 놓은 것이 분명하며, 그리고 이러한 파격성이 오히려 독자에게 그 누이를 또렷하게 각인시키는 미적 효과를 거두고 있지 않나 여겨진다.

연암이 이 에피소드를 떠올렸을 때 그 심사는 아주 복잡하지 않았을까 생각된다. 세월이 덧없다는 무상감 같은 것이 들었을 수도 있고, 안락하고 자족적이며 순진무구했던 시절에서 느껴지는 아늑함, 그리고 그 시절에 대한 그리움, 그리고 돌이킬 수 없는 시간, 되살릴 수 없는 사람에 대한 애련함과 안타까움 등이 한꺼번에 마음에 자리했을지도 모른다. 그러므로 연암은 아마 울면서 미소를 머금은 채 이 오래된 옛일을 응시하지 않았을까.

그렇기는 하나 이 에피소드 속의 두 남매가 보여주는 행복은 기실 행복의 '끝'에 해당하며, 이 행복의 끝 다음에는 물을 것도 없이 기나긴 불행이 이어진다. 꿈같은 시절 뒤에 궁사의 아내라는 가혹한 현실이 기다리고 있었고, 또한 그 가혹한 현실의 한 끝이 누이의 죽음이었던 셈이다. 그런 점에서 이 에피소드는 누이의 (그리고 연암의) 삶에서 하나의 경계가 된다.

"지금으로부터 스물여덟 해 전의 일이다." 이 마지막 구절이 이 단락의 둘째 부분이다. 이 구절에서 연암은 다시 과거로부터 빠져나와 고통스런 현실과 대면한다. 까마득한 28년 전의 일이 눈앞의 정경과 오버랩 되니, 지금이 더욱 슬프고, 마음은 더욱 착잡하기만 하다.

4 강가에 말을 세우고 멀리 바라보니 붉은 명정銘旌이 펄럭이고 배 그림자는 아득히 흘러가는데, 강굽이에 이르자 그만 나무에 가려 다시는 보이지 않았다. 그때 문득 강 너머 멀리 보이는 산은 검푸른 빛이 마치 누님이 시집가는 날 쪽진 머리 같았고, 강물 빛은 당시의 거울 같았으며, 새벽 달은 누님의 눈썹 같았다. 울면서 그 옛날 누님이 빗을 떨어뜨리던 걸 생각하니, 유독 어릴 적 일이 생생히 떠오르는데 그때에는 또한 기쁨과 즐거움이 많았으며 세월도 느릿느릿 흘렀었다. 그 뒤 나이 들어 우환과 가난을 늘 근심하다 꿈결처럼 훌쩍 시간이 지나갔거늘 형제와 함께 지낸 날은 어찌 그리도 짧은지.

주해 '명정'은, 붉은 천에 흰 글씨로 죽은 사람의 관직이나 성명 등을 기록하여 상여 앞에 들고 가는 긴 기旗를 말한다.

평설 연암은 강가에 우두커니 서서 한강 상류 쪽으로 노를 저어 가고 있는 배를 뚫어지게 바라보고 있다. 택모의 고향인 백아곡을 가려면 북한강을 거슬러 올라가 양수리에서 남한강 쪽으로 접어들어 지금 양근대교가 있는 양평 방면으로 가야 한다. 동호대교 부근의 두뭇개에서 출발한 배는 지금의 성수대교와 영동대교 부근을 지나고 다시 청담대교 부근을 지나 잠실대교와 올림픽대교가 있는 곳을 차례로 지나갔을 터이다. 한강은

___ **겸재 정선, 〈압구정〉** 《경교명승첩》京郊名勝帖 수록, 간송미술관 소장

잠실대교 부근에서 큰 만곡彎曲을 이루므로 배가 이곳을 통과한 후에는 두 뭇개 강가에서 더 이상 보이지 않았을 것이다. 글 중의 '강굽이'란 단어는 바로 현재의 잠실대교가 위치한 한강의 만곡부를 가리키는 것으로 보인다.

이 단락의 첫 문장은 깊이 음미할 필요가 있다. 이 첫 문장에는 떠나가는 배를 뚫어지게 바라보고 서 있는 연암의 시선이 내재해 있을 뿐만 아니라, "펄럭이고"와 "아득히"와 같은 단어에서 확인되듯 배의 움직임에 따른 연암의 심리적 추이가 잘 표현되어 있다. 그리하여 명정이 펄럭이고 배 그림자가 구불구불 멀어지는 데 따라 연암의 마음도 몹시 흔들리고 안타까움이 더해 간다. 이처럼 누이의 상여를 싣고 떠나가는 배와 연암의 심경 사이에는 긴밀한 상호작용이 야기되고 있다. 말하자면 이 첫 문장은 단순한 사경寫景이 아니요 실은 사의寫意인 셈이다. 연암은 이 문장을 통해 누이의 마지막 길을 바라보고 있는 자신의 마음을 표현했던 것이다. 배의 움직임에 따른 작자의 감정적 파문은 이 문장의 마지막 구절인 "다시는 보이지 않았다"라는 말에서 최고도로 증폭되고 고조된다. 이제 모든 것은 끝났다. 더 이상 지상에서 누이를 볼 수 있는 길이란 없다. 누이는 눈길조차 닿지 않는 저 너머의 세계로 영원히 가 버린 것이다. 이런 심리적 뉘앙스가 "다시는 보이지 않았다"라는 말 속에 내포되어 있다.

　이런 심리적 추이에 대한 이해 없이는 두 번째 문장이 보여주는 저 놀라운 인식의 비약을 도저히 설명할 수 없다. 두 번째 문장을 이끄는 "그때 문득"이라는 역어의 원문은 '而'이다. '而'라는 이 글자는 이른바 허사虛辭로서 사실 아무런 뜻도 갖지 않는다.
　그렇기는 하나 이 글자는 일종의 문법적 표지, 즉 이것을 경계로 생각이나 말이 전환된다는 사실을 고지하는 그런 문법적 길잡이 역할을 한다. 연암의 감수성은 바로 이 '而'자를 경계로 놀라운 인식의 비약을 보인다. 이 '而'자의 앞과 뒤 사이엔 아주 미세하지만 어떤 시간적 간극이 존재한다. 이 시간적 간극을 채우고 있는 것은 일순간 연암이 맛봤을 자욱한 절망감과 깊이를 잴 수 없는 슬픔에 다름 아니다. 바로 그때, 눈앞의 풍경들이 홀연 28년 전 누이의 모습, 혹은 누이의 물건으로 현전現前하는 것은. 눈앞에서 마지막으로 배가 사라지고 그리고 곧 이어 이런 놀라운 환상이 야기되고 있는 것이다. 이 환상은 극도의 정서적 고양 상태가 풍경에 투사됨으로써 빚어졌다. 그리하여 현재의 풍경과 옛 에피소드 속의 누이가 일체가 되고, 부재와 현존, 현실과 기억이 뒤범벅이 되어 버린다.
　사라져 버린 누이는 마치 눈앞의 모든 풍경 속에 편재하고 있는 것처럼 느껴진다. 하지만 여기서 유의해야 할 점은 이러한 편재가 슬픔의 극복이나 승화로 해석되어서는 아니 되고 슬픔의 더욱 깊은 내면화와 확장으로 이해되어야 한다는 사실이다.
　이처럼 이 '而'자의 차안과 피안 사이에는 연속과 단절, 고조高調와 전환, 인식의 비상飛翔과 미학적 고양高揚이 존재한다. 아무 뜻도 갖지 않는 이

한 글자가 이 모든 것을 매개하고, 이 모든 것을 실현시키고 있다. 이 점에서 이 글자는 천금의 값어치를 가지며, 아무런 질량도 없으면서도 굉장한 존재론적 무게를 갖는 말이라고 하지 않을 수 없다.

"울면서"로 시작되는 세 번째 문장은 ③단락에 대한 연암 스스로의 주석이다. 그리고 이 주석을 통해 연암은 누이와 함께한 유년 시절이 유독 행복했음을 명시적으로 말하고 있다. "그때에는 또한 기쁨과 즐거움이 많았으며"라는 말은, '그때 이후'에는 기쁘고 즐거운 때가 별로 없었다는 뜻이다.

'그때 이후'에 대한 정보는 네 번째 문장에서 간략히 제시된다. 그것은 근심과 가난이 늘 떠나지 않는 삶이었다. 이런 삶이 28년간 계속되었고 이런 꿈같은 시간의 끝자락에 누이의 죽음이 놓여 있다. "꿈결처럼 훌쩍 시간이 지나갔"다는 말은 단순히 시간이 빨리 지나갔다는 뜻이 아니라, 너무나 고통스럽고 힘들어 마치 지나온 세월이 꿈결 같다는 뜻이다. 시간이란 이처럼 주관적인 것이다. 유년 시절 이래 참으로 긴 시간이 흘렀지만, 심리적으로 본다면 그 시간은 마치 한 바탕 꿈을 꾼 것 같은 느낌이다. 이런 말은 아무나 할 수 있는 말은 아닐 것이며, 고통과 삶의 곤고함을 뼈저리게 체험한 자만이 할 수 있는 말이리라.

그러므로 남매가 이 지상에서 함께한 날은 너무나 짧다. 누이는 향년 43세이고, 당시 연암의 나이는 서른다섯이었으니, 이 세상을 함께한 것은 고작 35년이다. 하지만 이건 산술적인 셈에 불과하고, 삶에 부대끼며 꿈결처럼 지나간 세월을 제하고 나면 함께 지내며 행복했던 시절은 겨우 8년 안팎에 불과하다. 그리하여 "형제와 함께 지낸 날은 어찌 그리도 짧은지"라는, 무한한 여운과 아쉬움과 묵직한 슬픔을 느끼게 하는 말로 묘지명의 '지'誌 부분은 종결된다.

이 단락은 앞 단락에서 언급된 누이와의 추억을 '지금 여기'에 있는 작자의 심경과 교묘히 관련시킴으로써 과거와 현재의 교차를 보이면서 미적 감동을 최고조로 끌어올리고 있다. 이 점에서 이 단락은 「큰누님 박씨 묘지명」의 정점이자 압권에 해당한다 할 만하다.
　또 하나, 이 단락을 읽을 때 놓치지 말아야 할 점은, 이 단락이 누이에 대한 이야기이면서 동시에 연암 자신의 이야기이기도 하다는 사실이다. 다시 말해 서른다섯 연암의 쓸쓸한 내면 풍경과 자신의 지나온 삶에 대한 회고가 특히 글의 후반부에 짙게 배어 나와 있다. 누이만큼은 아닐지 모르지만, 연암 자신도 가난과 근심으로 점철된 삶을 영위해 왔기 때문이다. 그러므로 "그 뒤 나이 들어 우환과 가난을 늘 근심하다 꿈결처럼 훌쩍 시간이 지나갔"다는 말은 연암 자신을 향하고 있는 말이기도 하다. 참고로, 연암은 23세 때 모친이 돌아가셨고, 이듬해에 집안의 기둥이었던 조부 박필균朴弼均(1685~1760)이 작고했으며, 31세 때 부친이 돌아가셨다. 부친이 돌아가신 지 4년 만에 다시 큰누님의 죽음을 맞은 것이다.

⑤　떠나는 이 정녕코 다시 오마 기약해도
　　보내는 자 눈물로 옷깃을 적시거늘
　　이 외배 지금 가면 어느 때 돌아올꼬?
　　보내는 자 쓸쓸히 강가에서 돌아가네.

　평설　묘지명의 '명'銘에 해당하는 시다. 상여를 실은 배를 떠나보내고 쓸쓸히 돌아오는 연암의 마음을 간결하게 잘 담았다. 이 명도 아주 파격적이다. 일반적으로 '명'은 '지'에 이어 고인의 품성이나 미덕, 드러낼 만한 행적 등을 정제된 언어로 압축해서 표현하는 게 통례다. 연암의 이 '명'은 그런 격식에서 완전히 벗어나 있다.

총평

• 이 글은 현재에서 과거로 들어갔다가 다시 현재로 빠져나오고 그런 연후에 다시 과거와 현재를 뒤섞는 등 굴곡과 변전變轉이 심한 글이다. 이런 글쓰기를 통해 연암은 의도적으로 기억과 현재의 풍경을 마주 세우고 있으며, 이 마주 세움을 통해 자신의 심경을 절묘하게 표현해 내고 있다. 이 글에서 기억이란 단순히 과거의 재현이 아니요, 과거와 현재의 관계, 더 나아가 현재에 대해 발언하는 하나의 미적 방식이 되고 있다.

연암은 묘지명의 상투적인 형식이나 일반적인 격식을 무시하고 마음의 행로에 따라 글을 써 나가고 있다. 그 결과 이 글은 형식적으로는 아주 파격적이되, 내용적으로는 더없이 진실하고 감동적인 글이 될 수 있었다.

• 이 글은 연암의 누이에 대한 글이고, 삽입된 에피소드도 연암과 누이 두 사람만의 내밀한 이야기에 지나지 않는다. 다시 말해 이 글은 아주 개인적인 것이다. 그럼에도 이 글은 많은 사람들의 심금을 울리는 보편성을 획득한다. 왜일까? 우선, 글이 진실하기 때문이다. 뿐만 아니라 이 글의 ③단락과 ④단락에 제시된, 철없던 유년시절의 행복감, 그리고 철들면서 겪게 되는 세상의 온갖 신고辛苦들, 그리고 죽음이라는 이 세 가지 패턴은 단지 연암에게만 해당되는 것이 아니라 대다수 사람들에게도 해당된다는 점에서 보편성을 갖는다. 그러므로 사람들은 이 글을 읽으면서 자신의 삶을 돌아보

게 되고, 자기도 모르게 눈시울을 적시게 된다.

• 이 글에서의 이별은 강가에서의 이별이다. 연암이 『열하일기』에서 말했듯 강가에서의 이별만큼 슬픈 것은 없다. 이 글에서 그 점이 언표言表되고 있지는 않지만 연암은 그 점을 십분 의식하면서 이 글을 썼다고 생각된다. 연암 스스로도 이 글을 득의작得意作이라고 여긴 듯하다. 그래서 훗날 중국에 갈 때 연암은 중국 문인들에게 보여줄 자신의 글로 이 글을 챙겨 갔다.

• 연암의 처남이자 둘도 없는 지기였고, 동시에 높은 비평가적 안목을 지녀 곧잘 연암의 글을 비평해 주곤 했던 이재성李在誠(1751~1809)은 이 글에 대해 다음과 같은 평을 남기고 있다.

정情을 따르면 지극한 예禮가 되고, 정황을 묘사하면 참된 글이 되는 법이거늘, 글에 어찌 정해진 법도가 있겠는가. 이 작품은 고인古人(옛사람)의 글인 양 읽으면 의당 이러쿵저러쿵 하는 말이 없겠는데, 금인今人(지금 사람)의 글로 읽는 까닭에 의혹이 없을 수 없다. 그러니 상자에 감춰 두기 바란다.

요컨대 이재성은 「큰누님 박씨 묘지명」이 인간 본연의 정情을 잘 드러내고 정황을 핍진하게 묘사한 훌륭한 글이라 보았다. 그런데 '고인'이니 '금인'이니 한 말은 무슨 말인가. 이에 대해서는 약간의 설명이 필요하다. 당시 조선의 문단은 고문古文을 숭상하는 문인들이 여전히 주류의 위치에 있었지만 한편으로 금문今文을 숭상하는 문인들도 없지 않았다. '고문'이란 일종의 전통주의로서, 당송팔대가 등 과거에 이미 확립된 문장의 법도를 전범으로 삼는 창작 태도를 가리킨다. '금문'이란, 다른 말로는 '시문時文'이라고도 하는데, 일종의 반전통주의로서, 고문의 법도에 구애됨이 없이 진솔

하고 자유분방하게 자신의 생각과 느낌을 글로 옮기는 창작 태도를 가리킨다. 이재성의 말 중 "고인의 글"이란 곧 고문을, "금인의 글"이란 곧 금문을 가리킨다. 고문이든 금문이든 모두 중국에서 제기된 창작 방법론인데, 그것이 목하 조선 땅에 들어와 논쟁을 벌이고 있었던 것이다. 하지만 고문이 주류고 금문이 비주류였던지라 금문을 쓰는 사람들은 종종 비난을 받곤 하였다. 연암은 대략 30세 이후 창작 방법을 둘러싼 이 문제에 대해 스스로의 입장을 확립하였다. 그것이 저 유명한 '법고창신론'法古創新論, 즉 '옛을 본받아 새로움을 창조한다'는 명제다. 연암은 일방적으로 고문만 추수追隨할 경우 격식에 빠져 창조력을 잃기 쉽고, 반대로 일방적으로 금문만 추구할 경우 경망스럽게 되거나 고전적 깊이를 결여하게 되기 쉽다는 점을 정확히 간파하고, 이 둘을 지양하여 변증법적으로 통일시키는 방향으로 나아간바, 그것이 곧 법고창신론이다. 연암이 제창한 이 법고창신론은 중국까지 포함한 당대 동아시아 사회에서 가히 최고 수준의 문예이론이었다. 연암이 35세 때 쓴 「큰누님 박씨 묘지명」은 연암의 이런 사고가 한창 무르익은 단계의 문장이다. 그렇기는 하나, 보수적인 전통주의자, 다시 말해 고지식하게도 고문밖에 모르는 사람 눈에는 연암의 이 글이 영락없는 금문으로 비쳤을 터이고, 그래서 이재성은 "상자에 감춰 두기 바란다"라고 말했을 것이다.

• 연암의 문하생인 이덕무李德懋(1741~1793)는 이 글에 대해 이런 평을 남겼다.

정을 표현한 말은 사람으로 하여금 하염없이 눈물을 흘리게 해야 비로소 진실되고 절절한 것이라 할 수 있다. 내가 선생(연암)의 시를 읽고서 눈물을 흘린 적이 두 번이었다. 처음은 선생께서 그 누님의 상여를 실은 배를 떠나보내며 읊은 다음 시, 즉 "떠나는 이 정녕코 다시 오마 기약해도 / 보내는 자 눈물로 옷깃을 적시거늘 / 이 외배 지금 가면 어느 때 돌아올꼬? / 보내는 자 쓸쓸히 강가에서 돌아가네"라는 시를 접했을 때다. 나는 이 시를 읽자 눈물이 줄줄 흘러내림을 금할 수 없었다.

또 이런 평도 남겼다.

이 글은 채 3백 자도 안 되지만, 진정眞情을 토로해 문득 수천 글자나 되는 문장의 기세를 보이니, 마치 지극히 작은 겨자씨 안에 수미산須彌山을 품고 있는 형국이라 하겠다.

말 머리에 무지개가 뜬 광경을 적은 글

밤에 봉상촌鳳翔村에서 자고 새벽에 강화로 출발하였다. 5리쯤 가자 비로소 동이 텄는데 티끌 기운 하나 없이 깨끗하였다. 해가 겨우 한 자쯤 떠오르는가 싶자 문득 까마귀 머리만 한 시커먼 구름이 해를 가리더니 얼마 지나지 않아 해를 반이나 덮어 버렸다. 침침하고 어둑하여 한을 품은 것 같기도 하고, 수심에 잠긴 것 같기도 한데, 잔뜩 찡그려 편치 않은 모습이었다. 햇살은 옆으로 뻗쳐 나와 모두 꼬리별을 이뤘으며, 하늘 아래로 방사放射되는 모양이 흡사 성난 폭포 같았다.

바다 밖의 뭇 산에는 저마다 작은 구름이 피어올라 멀리서 서로 응하며 마구 독기를 품고 있었다. 간혹 번갯불이 무섭게 번쩍거렸고 해 아래에서 우르르 쾅쾅 천둥소리가 들렸다. 조금 있으니 사방이 온통 컴컴해져서 한 치의 틈도 없었다. 그런데 그 사이로 번개가 번쩍여, 겹겹이 쌓여 있어 주름이 잡힌 구름 1천 송이와 1만 이파리가 비로소 보였는데, 흡사 옷의 가장자리에 선을 두른 것 같기도 하고, 꽃에 윤곽이 있는 것 같기도 하여, 모두가 농담濃淡이 있었다. 천둥소리는 찢어질 듯하여 흑룡이라도 뛰쳐나올 성싶었다. 그러나 비는 그다지 심하지 않아서, 멀리 바라보니 연안延安과 배천白川

사이에 빗발이 흰 비단처럼 드리워 있었다.

　말을 재촉해 10리 남짓 가자 문득 햇빛이 비치는데 점점 밝고 고와졌다. 조금 전의 험상궂던 구름은 모두 아름답고 상서로운 구름으로 변해 오색이 영롱하였다. 말 머리에 한 길 남짓 무슨 기운이 어리는데, 누렇고 탁한 게 흡사 기름이 엉긴 것 같았다. 그것은 잠깐 새에 갑자기 청홍색으로 변하더니 높다라니 하늘까지 닿아 그것을 문으로 삼아 들어가거나 그것을 다리로 삼아 저편으로 건너갈 수 있을 성싶었다. 처음 말 머리에 있을 때는 손으로 만질 수 있을 것만 같았는데 앞으로 나아가면 나아갈수록 더욱 멀어졌다. 이윽고 문수산성文殊山城에 이르러 산기슭을 돌아 나오며 바라보니 강 따라 백 리 사이에 강화부 외성外城의 흰 성가퀴가 햇빛에 반짝거리고, 무지개 발은 아직도 강 한가운데 꽂혀 있었다.

　　□　밤에 봉상촌鳳翔村에서 자고 새벽에 강화로 출발하였다. 5리쯤 가자 비로소 동이 텄는데 티끌 기운 하나 없이 깨끗하였다. 해가 겨우 한 자쯤 떠오르는가 싶자 문득 까마귀 머리만 한 시커먼 구름이 해를 가리더니 얼마 지나지 않아 해를 반이나 덮어 버렸다. 침침하고 어둑하여 한을 품은 것 같기도 하고, 수심에 잠긴 것 같기도 한데, 잔뜩 찡그려 편치 않은 모습이었다. 햇살은 옆으로 뻗쳐 나와 모두 꼬리별을 이뤘으며, 하늘 아래로 방사放射되는 모양이 흡사 성난 폭포 같았다.

주해   '봉상촌'鳳翔村은 지금의 김포군 통진면의 고을 이름이다. 이곳에는 연암가家의 전장田庄이 있었다. 이 전장은 연암의 6대조인 박동량朴東亮(1569~1635)이 처음 마련한 것으로서, 연암 증조부의 묘도 여기에 있었다.

봉상촌에서 강화로 들어가기 위해서는 서북쪽으로 15리쯤에 있는 문수산을 향해 간 다음, 문수산의 서쪽 산자락을 돌아 다시 2, 3리를 가 지금의 강화대교 부근에 있던 나루에서 물을 건너야 했다. 조선 시대 당시의 길로 그렇다는 말이다. 이 길은 툭 트인 김포평야 사이로 난 길인데, 연암은 이 평야 지대를 지나면서 목도한 광경을 글로 적고 있다.

평설   글머리를 아주 간결하게 열고 있다. "비로소" "겨우" "문득" "얼마 지나지 않아" 등등 시간을 나타내는 말을 빈번히 사용함으로써 자연의 급격한 변화를 생동감 있게 표현하고 있다. "침침하고 어둑하여 한을 품은 것 같기도 하고, 수심에 잠긴 것 같기도 한데, 잔뜩 찡그려 편치 않은 모습이었다"라는 구절은, 자연의 의인화다. 이 글에서는 자연을 의인화한 이런 표현이 자주 눈에 띈다. 의인화와 반대로 인간이 자연물의 이미지로 표현되는 건 '의물화'擬物化라고 할 수 있겠는데, 의인화든 의물화든 모두 인간이 자연과 교감하는 미적 방식이다.

시커먼 구름에 반쯤 가려진 해에서 쏟아져 내리는 햇발을 "성난 폭포 같았다"라고 형용했는데, 대단히 힘이 있고 신채神彩 나는 표현으로 느껴진다. 연암은 이처럼 기운이 펄펄한 글을 잘 쓰는 사람으로 당대에 이름이 높았다.

이 단락은 전체적으로 아주 빠른 템포로 급변하는 자연의 자태를 포착해 보이고 있다. 그 구사하는 이미지는 퍽 감각적이고 구체적이며, 대단히 선연하다. 그리고 뒤로 가면 갈수록 독자는 마음이 위축되면서 일말의 불안감 같은 걸 느끼게 된다. 연암이 활달하고 빠른 필치로 소묘해 놓은 험상궂은 풍경화가 우리의 마음에 스며듦으로써다.

2 　바다 밖의 뭇 산에는 저마다 작은 구름이 피어올라 멀리서 서로 응하며 마구 독기를 품고 있었다. 간혹 번갯불이 무섭게 번쩍거렸고 해 아래에서 우르르 쾅쾅 천둥소리가 들렸다. 조금 있으니 사방이 온통 컴컴해져서 한 치의 틈도 없었다. 그런데 그 사이로 번개가 번쩍여, 겹겹이 쌓여 있어 주름이 잡힌 구름 1천 송이와 1만 이파리가 비로소 보였는데, 흡사 옷의 가장자리에 선을 두른 것 같기도 하고, 꽃에 윤곽이 있는 것 같기도 하여, 모두가 농담濃淡이 있었다. 천둥소리는 찢어질 듯하여 흑룡이라도 뛰쳐나올 성싶었다. 그러나 비는 그다지 심하지 않아서, 멀리 바라보니 연안延安과 배천白川 사이에 빗발이 흰 비단처럼 드리워 있었다.

평설 　점입가경이다. 이 단락은 번쩍거리는 번개와 요란한 천둥소리로 가득 차 있다. 연암의 시선은 처음에는 남쪽 먼 바다의 섬을 향하고, 그 다음에는 가고 있는 길 위의 하늘을 향하고 있으며, 마지막에는 서북쪽으로 아스라이 바라보이는 연안과 배천을 향하고 있다. 남쪽 먼 바다의 섬이란 영종도나 시도나 무의도 등 서해 바다에 옹기종기 떠 있는 섬들을 말한다. 황해도 연안과 배천은 이른바 연백평야가 넓게 펼쳐져 있는 곳이다. 그러므로 멀리서 바라봤을 때 툭 트인 시야로 몽몽한 빗줄기가 한눈에 들어왔을 터이다.

　　하늘이 노하기라도 한 듯 독기를 잔뜩 품은 구름들이 멀리 피어오르고,

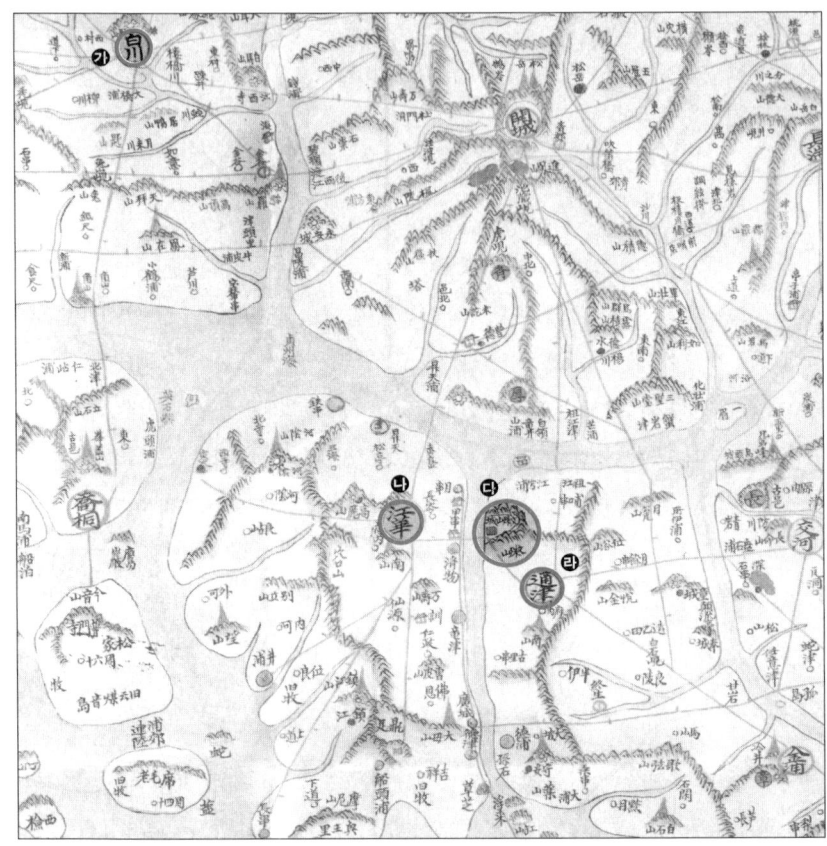

__ 통진에서 문수산 가는 길 ㉮ 배천, ㉯ 강화, ㉰ 문수산, ㉱ 통진 (김정호의 《동여도》東輿圖 일부, 규장각 소장)

번갯불은 번쩍거리고, 천둥은 우르르 쾅쾅 귀를 찢는다. 그러다가 이내 천지가 꽉 닫혀 버린 듯 사방이 시커메져 빛 하나 없다. 바로 그때 다시 번갯불이 치면서 그 섬광에 잠시 구름이 힐끗 보인다. 찰나적으로 눈에 들어오는 이 구름은 너무도 아름답다. 그래서 연암은 겹겹이 쌓인 그 구름의 무늬며 질감이며 음영을 안간힘을 써서 묘사하고 있다. 그것은 마치 옷의 주름 같기도 하고, 1천 송이 꽃 같기도 하고, 1만 개의 잎사귀 같기도 한데, 저마다 모두 농담濃淡을 갖고 있다. 연암이 구름을 이렇게 묘사할 때 그는 심중에 동양화의 화법畵法을 떠올렸음이 분명하다. 왜냐하면 그의 묘사 방법은 구름에 준皴(무늬)을 넣는다든지 수묵水墨의 농담濃淡을 이용해 선염渲染(바림)을 함으로써 구름의 음영과 입체감을 표현하는 저 동양화의 화법과 정확히 일치하기 때문이다.

한편, 찢어질 듯한 천둥소리를 흑룡이 뛰쳐나올 것 같다는 심상心象과 연결시키고 있는데, 소리를 구체적 형상과 연결 지음으로써 동세動勢가 넘치고 생동감이 강한 필치를 보여준다.

이 단락은 "그러나"로 시작되는 마지막 문장에서 문세文勢가 전환되는 바, 이 점 묘미가 있다. "비는 그다지 심하지 않아서"라는 말이나 "빗발이 흰 비단처럼 드리워 있었다"라는 말에서, 지금처럼 무섭고 천지가 닫힌 듯한 상태가 그리 오래 지속되지는 않으리라는 느낌이 전달된다.

"연안과 배천 사이에 빗발이 흰 비단처럼 드리워 있었다." 이 시적 표현은 너무나 신묘해 거듭 탄성을 발하게 한다. '빗발'이라는 말의 원문은 '우각'雨脚인데, '우'雨에 '각'脚이라는 말을 덧붙임으로써, 멀리서 바라본 비 내리는 모양을 회화적으로 운치 있게 표현해 냈다. 연암 필법의 용의주도함이 이 한 글자에서도 잘 확인된다. 빗발이 흰 비단처럼 드리웠다는 표현은 대단히 부드럽고 온화한 뉘앙스를 풍기는데, 이런 뉘앙스는 이 대목에서 처음 나타난다. 그래서 뭔가 지금까지와는 좀 다른 상황이 펼쳐지지 않을까 하는 일말의 기대감을 품게 한다.

3 말을 재촉해 10리 남짓 가자 문득 햇빛이 비치는데 점점 밝고 고와졌다. 조금 전의 험상궂던 구름은 모두 아름답고 상서로운 구

름으로 변해 오색이 영롱하였다. 말 머리에 한 길 남짓 무슨 기운이 어리는데, 누렇고 탁한 게 흡사 기름이 엉긴 것 같았다. 그것은 잠깐 새에 갑자기 청홍색으로 변하더니 높다라니 하늘까지 닿아 그것을 문으로 삼아 들어가거나 그것을 다리로 삼아 저편으로 건너갈 수 있을 성싶었다. 처음 말 머리에 있을 때는 손으로 만질 수 있을 것만 같았는데 앞으로 나아가면 나아갈수록 더욱 멀어졌다. 이윽고 문수산성文殊山城에 이르러 산기슭을 돌아 나오며 바라보니 강 따라 백 리 사이에 강화부 외성外城의 흰 성가퀴가 햇빛에 반짝거리고, 무지개 발은 아직도 강 한가운데 꽂혀 있었다.

주해 앞에서 5리를 왔고 여기서 다시 10리를 왔으니, 얼추 문수산 가까이 왔을 것이다. 문수산은 김포시 월곶면 강화대교 바로 앞에 있는데 해발 376m의 그리 높지 않은 산이다. 그러나 김포평야 가운데 불쑥 솟아 있어 아담한 운치가 있으며, 산등성이에는 숙종 때 쌓은 산성이 있었다. 이 산성은 고종 3년인 1866년 병인양요 때 프랑스 군에 의해 파괴되었다. 문수산 산자락의 서쪽을 돌아 조금만 가면 나루가 나온다. 이 나루는 강화해협을 사이에 두고 갑곶과 마주보고 있다. 갑곶에서 서쪽으로 10리를 가면 바로 강화읍이다.

'강'이란 곧 강화해협을 가리킨다. 강화도의 동쪽 해협을 따라 긴 성이 축조되어 있었던바, 이것이 곧 강화부 외성이다. 이 성은 고려 제23대 고종이 몽골의 침입에 맞서기 위해 강화도로 도읍을 옮기면서 처음 쌓았으며, 조선조 광해군 10년(1618)에 수축하고 영조 21년(1745)에 고쳐 쌓았다. 연암이 본 건 영조 때 고쳐 쌓은 성일 것이다. 그러나 지금은 거의 다 무너졌으며 오직 하점면 망월리와 불은면 오두리에 그 일부가 남아 있다. 한편 현재의 강화읍을 둘러싸고 있는 성을 강화 내성內城이라고 한다.

'성가퀴'란 성 위에 낮게 쌓은 담을 말한다.

"무지개 발"이란 말의 원문은 '홍각虹脚'인데, 무지개의 밑동, 즉 무지개의 지상에 닿은 부분을 말한다. 앞에 나온 빗발(雨脚)이라는 말과 서로 호응을 이루는 말이다.

평설 이 단락은 변화로 가득하다. 시시각각 바뀌는 눈앞의 정경을 따라잡기 위해 연암은 "문득" "잠깐 새에" "갑자기" "처음" "이윽고" 등등 시간의 경과를 나타내는 부사어들을 숨가쁘게 동원하고 있다.

잔뜩 찌푸린 하늘이 어느새 활짝 개고, 고운 해가 얼굴을 내민다. 그리고 똑같은 구름이건만 조금 전에는 험상궂던 것이 지금은 밝고 상서로운 빛으로 싹 바뀌었다. 하늘의 조화란 이런 것이다. 이 대목에서 연암의 필치는 아주 경쾌하고 명랑하다. 청초하고 산뜻한 풍경을 대하면서 그 마음이 환해져서일 것이다. 바로 이때다, 무지개가 하늘에 짝 떠오른 건. 그것은 처음에 말 머리에서 시작되어 순식간에 하늘까지 쭉 뻗친다. 연암은 문득 생각한다. 이것을 문으로 삼아 저편으로 들어갈 수 있겠구나, 이것을 다리로 삼아 건너편으로 건너갈 수 있겠구나라고. 하지만 그것은 손으로 움켜잡을 수 있을 듯이 보임에도, 다가가면 다가갈수록 점점 더 멀어진다. 무지개란 바로 그런 것이다. 어린 시절 무지개를 잡아 보려고 얼마나 달음박질치곤 했던가. 그리고 그것이 허망한 일임을 이내 깨닫고 망연자실한 눈으로 하늘을 바라볼 때 그것은 얼마나 경이롭고 아름답던가.

더구나 연암이 본 무지개는 그 아치arch가 말 머리에서 시작되어 평야를 가로질러 강화해협에 꽂힌 것이었다. 다시 말해 자기 앞에서 시작되어 물에서 끝나는 모양을 취하고 있었던 것이다. 이루 말할 수 없이 아름다웠으리라 상상된다. 연암이 느낀 미감은 마지막 구절, 즉 "산기슭을 돌아 나오며 바라보니 강 따라 백 리 사이에 강화부 외성의 흰 성가퀴가 햇빛에 반짝거리고, 무지개 발은 아직도 강 한가운데 꽂혀 있었다"라는 구절에서 그

― 석도石濤의 〈수홍도〉垂虹圖   개인 소장

절정에 달한다. 바로 이 절정에서 이 글은 단 한마디의 말도 덧붙이지 않고 종결된다. 이처럼 미감의 절정에서 느닷없이 글이 끝나기 때문에 독자는 한편으로는 아연하고, 한편으로는 당혹스럽다. 하지만 이 당혹감은 금새 긴 여운과 선연한 인상으로 전환된다. 이처럼, 능청스러워 보일 정도로 깔끔하고 절제된 종결부의 미학은 이 글 전편全篇을 이 마지막 구절에 수렴되게 하고, 이 마지막 구절에 초점이 맺히도록 만들고 있다. 연암은 사진으로 치면 몇 컷의 사진을 찍은 셈이고, 그림으로 치면 몇 폭의 그림을 그린 셈이지만, 궁극적으로는 이 마지막 장면을 담는 데 그 목적이 있었다고 말할 수 있다.

마지막 구절의 언어는 아주 형상적이고, 생신하다. 특히, "꽂혀 있었다"(원문 '揷')라는 표현은 대단히 참신하고 뽀족하다. 그래서 정말 손으로 만질 수 있을 것 같은 느낌이 든다. 연암이 구사하는 언어의 생명력이 이런 데서 잘 드러난다.

사족 한마디. 연암이 무지개를 문이나 다리로 상념한 것을 두고, 이상 세계를 희구했다느니, 저 너머 미지의 세계를 상상했다느니 하고 해석하는 사람이 있을 수 있다. 이런 해석은 멋있어 보이기는 하지만, 우리에게 익숙한 서구적 무지개의 관념을 연암의 글에 덧씌운, 따라서 완전히 잘못된 해석이다. 이 글에서 연암이 무지개를 문이나 다리로 상념한 것은, 자신이 곧 해협을 건너야 했기 때문이다. 연암은 김포평야에서 시작해 해협을 가로질러서 떠 있는 무지개를 보면서, 문득 홍예교(=무지개 다리)처럼 저걸 밟고 해협을 건널 수 있겠다는 상상을 해 본 것이다.

총평

• 동아시아에서는 고대 이래 무지개를 상서롭지 못한 자연 현상으로 간주해 왔다. 그래서 무지개의 아름다움을 묘사한 글은 그리 많지 않다. 하지만 이런 주류적 관점과는 달리 무지개를 미적 관조의 대상으로 삼은 문인이나 예술가가 전연 없었던 것은 아니다. 가령 17세기에 활동한 중국의 걸출한 화가 석도石濤의 〈수홍도〉垂虹圖 같은 그림에서 그 점을 확인할 수 있다. 나무 밑 석파石坡(평평한 바위)에 앉아 하염없이 하늘의 무지개를 바라보고 있는 두 고사高士는 무지개에서 어떤 황홀경을 맛보고 있음이 분명하다. 연암의 이 글은 석도의 무지개 그림처럼 무지개를 미적 관조의 본격적 대상으로 삼고 있는 희귀한 글이라는 점에서 우리의 눈길을 끈다.

• 이 글에는 진부한 글자가 하나도 없고 모든 글자가 문맥 속에서 펄펄 살아 있는 글자로 창조되고 있다는 점에서, 언어의 마술사로서의 연암 특유의 면모가 유감없이 발휘되고 있다. 언어의 마술사라는 말은 연암이 현란한 언어와 수사를 구사하는 데 능했다는 말이 아니다. 평범한 언어를 구사하면서도 그 언어에 새로운 느낌과 이미지, 새로운 뉘앙스와 빛깔을 부여하면서 대상의 본질을 간결하면서도 정채 있게, 그리고 깊숙이 묘파해 냈다는 점에서 그런 말을 한 것이다.

이 글은 시시각각 변화하는 자연의 모습을 감각적·비유적인 언어로 생동감 있게 잘 그려 냈다. 일찍이 중국 북송의 소동파는 당나라의 시인인 왕유王維를 평하면서 "시 가운데 그림이 있다"라는 말을 한 바 있지만, 연암의 경우 가히 "문文 가운데 그림이 있다"라고 할 만하다.

• 전근대 동아시아의 문학 장르 가운데 '산수유기'山水遊記라는 것이 있으니, 곧 산수에 노닌 일을 기록한 글을 이르는 말이다. 연암은 아마도 당시 무슨 볼일이 있어서 강화에 들어간 것 같고 놀러 갈 목적으로 간 것은 아닌 듯하므로(놀러 가서 쓴 글은 대개 그 점을 명기한다), 이 글을 산수유기라고 할 수는 없지만, 그럼에도 객관적 묘사와 주관의 토로가 표나게 결합되어 있다는 점, 노정路程 및 관찰점觀察點이 비교적 명시되어 있다는 점 등에서 산수유기의 창작 전통을 잘 활용하고 있다고 말할 수 있다.

'죽오'라는 집의 기문

예로부터 대나무를 찬양한 사람은 무지하게 많다. 『시경』「기욱」淇澳 시 이래로 읊조리고 찬탄하는 것만으론 부족해서 '차군'此君이라 일컬으며 숭상한 사람까지 있었으니, 대나무는 그래서 마침내 피폐해지게 되었다. 그러나 천하에는 '죽'竹으로 자호字號를 삼는 사람이 그치지 않고 게다가 그런 호를 지은 까닭을 기문記文으로 적곤 하지만, 설사 채윤蔡倫이나 몽염蒙恬의 지필紙筆이라 할지라도, 대나무를 두고서 풍상風霜에도 변치 않는 지조라느니 소탈하고 자유로운 모습이라느니 하고 서술하는 데서 벗어난 적이 없었다. 이처럼 사람들이 머리가 허옇게 되도록 쓴 글이 죄다 진부한 글이니, 대나무는 그래서 마침내 그 정채를 잃게 되었다. 나처럼 재주 없는 사람도 대나무의 덕성을 찬양하고 대나무의 소리와 빛깔을 형용한 시문詩文을 여러 편 지었거늘, 다시 글을 지어 무엇 하겠는가.

양梁군 양직養直은 개결하고 곧으며 지조와 절개가 있는 사람이다. 그는 일찍이 '죽오'竹塢라 자호自號하고 그 호를 편액扁額에다 써서 자기 집에 걸고는 나에게 기문을 써 달라고 부탁하였다. 하지만 나는 끝내 응하지 않았는데 그건 내가 대나무를 소재로 한 글들에 대해 정말 괴로워하는 바가 있었기 때문이다. 나는 웃으며 그에게 이렇게 말했다.

"그대가 만일 편액의 글을 고친다면 내 당장 글을 쓰리다."

나는 그를 위하여 고금古今의 사람들이 쓴 기이한 호나 운치 있는 이름, 이를테면 연상각烟湘閣, 백척오동각百尺梧桐閣, 행화춘 우림정杏花春雨林亭, 소엄화계小罨畫溪, 주영염수재晝永簾垂齋, 우금운고루雨今雲古樓 등등 수십·수백 가지를 뇌까리며 그 중에 하나를 골라잡으라고 권하였다. 그러나 양직은 그 모두에 고개를 저으며 "아니에요, 아니에요"라고 하면서, 앉으나 누우나 '죽오', 자나 깨나 '죽오'였다. 매번 글씨 잘 쓰는 이를 만나면 그때마다 '죽오'를 써 달래서 벽에 거니 벽의 네 귀퉁이가 죄다 '죽오'였다. 향리에는 '죽오'를 놀리는 이도 많았지만 그는 느긋하니 부끄러워하지 않았으며 편안히 받아들였다.

양직이 나에게 글을 부탁한 지 어언 10년이 되었건만 그는 여전히 조금도 변함이 없으니, 천 번 좌절되고 백 번 억눌려도 그 뜻이 바뀌지 않았으며, 시간이 흐를수록 더욱 절절해졌다. 심지어 그는 술을 따라주며 나를 달래기도 하고 목소리를 높여 촉구하기도 했지만, 그럼에도 내가 묵묵히 응하지 않자 발끈하여 화를 내며 팔을 쳐들어 노려보는데, 눈썹은 찡그려 '个'개 자 같고 손가락은 메마른 마디 같아, 굳세고 뾰족한 게 홀연 대나무 모양이 되었다.

아아, 양직은 정말 대나무에 벽癖이 있어 그것을 지극히 사랑하는 사람이로구나! 겉으로만 봐도 그는 마음이 우뚝하고 커서 마치 기암괴석 같은데 그 속에는 아마 조릿대 떨기와 그윽한 왕대가 무성하리라. 이러하니 내가 글을 안 지을 수 있겠는가. 옛사람 가운데 대나무를 숭상하여 '차군'此君이라 부른 이가 있었거니와, 양직과 같은 이는 백세百世의 뒤에 '차군'의 충신이 되었다 할 만하다. 이에 나는 대서특필하여 정려旌閭하기를,

'고고하며 곧고 편안할손, 양처사梁處士의 집'

이라 하였다.

1   예로부터 대나무를 찬양한 사람은 무지하게 많다. 『시경』 「기욱」淇澳 시 이래로 읊조리고 찬탄하는 것만으론 부족해서 '차군'此君이라 일컬으며 숭상한 사람까지 있었으니, 대나무는 그래서 마침내 피폐해지게 되었다. 그러나 천하에는 '죽'竹으로 자호字號를 삼는 사람이 그치지 않고 게다가 그런 호를 지은 까닭을 기문記文으로 적곤 하지만, 설사 채윤蔡倫이나 몽염蒙恬의 지필紙筆이라 할지라도, 대나무를 두고서 풍상風霜에도 변치 않는 지조라느니 소탈하고 자유로운 모습이라느니 하고 서술하는 데서 벗어난 적이 없었다. 이처럼 사람들이 머리가 허옇게 되도록 쓴 글이 죄다 진부한 글이니, 대나무는 그래서 마침내 그 정채를 잃게 되었다. 나처럼 재주 없는 사람도 대나무의 덕성을 찬양하고 대나무의 소리와 빛깔을 형용한 시문詩文을 여러 편 지었거늘, 다시 글을 지어 무엇 하겠는가.

주해   『시경』의 「기욱」 시란, 『시경』 위풍衛風 「기욱」편의 시를 말하는데, 그 중에 "저 기수淇水 모롱이 바라보니 / 푸른 대나무 무성하네"라는 구절이 있다. 이 시는 대나무에 대한 읊조림을 담고 있는 가장 이른 시기의 중국 문헌에 해당한다.

중국 동진東晉의 문인이자 서예가인 왕휘지王徽之는 대나무를 너무도 사랑하여 '차군'此君(이 친구라는 뜻)이라고 불렀으며, "어찌 하루라도 차군 없이 살 수 있겠는가"라고 말한 것으로 유명하다.

'기문'이란, 그냥 '기'記라고도 하는데, 어떤 일의 경과를 기술하든가 정자나 누각의 조성 경위 등을 밝힌 글을 말한다.

'채윤'蔡倫은 후한後漢 때 사람으로, 처음으로 종이를 만들었다고 전하며, '몽염'蒙恬은 진秦의 장군으로 붓을 처음 만들었다고 전한다.

평설 연암은 몹시 단언적인 어조로 첫 문장을 시작하고 있다. 서두를 어떻게 여는가에 따라 글은 그 느낌과 뉘앙스가 크게 달라진다. 그래서 옛날의 문장가들은 글을 쓸 때 서두를 어떻게 열 것인가를 놓고 고심에 고심을 거듭했다. 이 단락은 단언적인 느낌을 강하게 풍기는 첫 문장에 대해 쭉 부연 설명한 다음 맨 끝에다 '그러니 대나무에 관한 글을 지어 무엇 하겠는가'라는 말로 종결되는 형식을 취하고 있다. 이처럼 이 단락은 다음 단락을 위한 복선을 깔면서, 왜 자신이 '죽오'에 대한 글을 쓰지 않으려고 했는지 그 이유를 앞질러서 밝혀 놓고 있다.

'대나무가 피폐해지게 되었다'라거나 '대나무가 그 정채를 잃게 되었다'라는 말은, 대나무에 대한 수많은 시문이 쏟아져 나오면서 급기야 대나무에 대한 표현이 진부하고 상투적인 것으로 되어 대나무가 그만 무색해져 버렸다는 뜻이다. 여기에는 언어와 사물의 관계에 대한 연암의 독특한 생각이 깃들여 있다. 연암은 언어에 상투성의 때가 끼면 사물의 본질을 제대로 드러낼 수 없다고 보았다. 사물을 표현하는 어떤 말은 비록 처음에는 그것이 새로운 것이라 할지라도 시간이 지나면서 어쩔 수 없이 점점 상투적인 것으로 되고 만다. 언어의 운명이다. 연암은 상투적인 언어는 이른바 죽은 언어로서, 사물의 생동하는 모습이나 그 내적 본질을 결코 드러낼 수 없다고 믿었다. 그러면 어찌 해야 하는가? 연암은 언어 자체를 어떤 식으로든 쇄신해야 한다고 생각했다. 언어의 쇄신은 어떻게 가능한가? 이에 대해 연암은 여러 가지 구상과 실천을 보여주는데, 그 가운데 다음의 두 가지 점에 특히 주목할 필요가 있다.

첫째, '실감'의 중시. 실감이란 무엇인가? 체험에서 우러나오는 절실한 느낌을 말한다. 그러므로 실감은 진실성을 지니며, 진실성을 지니기에 상투성에서 벗어나게 해 준다. 연암의 경우 실감의 강조는 체험 및 감수성에 대한 강조와 연결되면서 상상력의 확장과 혁신을 낳고, 상상력의 확장과 혁신은 급기야 언어에 참신성과 생기를 부여한다.

둘째, 비유·풍자·해학·역설·알레고리 등 글쓰기 방법을 다양하게 활용하기. 비유는 종종 사물의 표상과 의미를 확장하고, 사물을 보는 새로운 관점을 제공한다. 연암은 글쓰기에서 비유를 대단히 애용하고 있는데, 이는 편견과 고정관념, 경직된 사고와 의식을 탈피해 유연한 자세와 열린 눈으로 사물의 생기발랄한 모습과 기미를 드러내고자 하는 노력의 소산이다. 말하자면 비유는 연암에게 있어 상투성과 관습적 사고를 넘어서게 하는 인식론적·미학적 도구다. 그것은 언어의 쇄신이면서 동시에 상상력의 쇄신이다. 연암 문학의 상상력의 특질, 즉 자유롭고 분방하며 기상천외한 상상력의 면모는 연암이 구사하는 저 대담하고도 놀라운 비유와 긴밀한 연관을 맺고 있다. 이런 점에서 비유는 연암의 글을 죽은 글이 아니라 생기 가득한 글로 만드는 데 무척이나 중요한 역할을 하고 있다. 한편, 풍자와 해학, 역설과 알레고리는 권위, 엄숙성, 허위의식, 경직된 생각 따위를 깨뜨리는 데 아주 유용한 무기가 될 수 있다. 연암은 이 점과 관련해 '패관소설체'를 구사한다는 비난을 받곤 했지만, 연암의 이 패관소설체야말로 기실 언어의 쇄신, 사상과 사고방식의 쇄신을 향한 일대 중요한 진전이었던 것이다.

이 단락의 마지막 구절인 "다시 글을 지어 무엇 하겠는가"라는 말은 이 단락을 맺는 말임과 동시에 다음 단락을 여는 말이기도 하다는 점에 유의해야 한다.

2 양梁군 양직養直은 개결하고 곧으며 지조와 절개가 있는 사람이다. 그는 일찍이 '죽오'竹塢라 자호自號하고 그 호를 편액扁額에다 써서 자기 집에 걸고는 나에게 기문을 써 달라고 부탁하였다. 하지만 나는

끝내 응하지 않았는데 그건 내가 대나무를 소재로 한 글들에 대해 정말 괴로워하는 바가 있었기 때문이다. 나는 웃으며 그에게 이렇게 말했다.

"그대가 만일 편액의 글을 고친다면 내 당장 글을 쓰리다."

나는 그를 위하여 고금古今의 사람들이 쓴 기이한 호나 운치 있는 이름, 이를테면 연상각烟湘閣, 백척오동각百尺梧桐閣, 행화춘 우림정杏花春雨林亭, 소엄화계小罨畫溪, 주영염수재畫永簾垂齋, 우금운고루雨今雲古樓 등등 수십·수백 가지를 뇌까리며 그 중에 하나를 골라잡으라고 권하였다. 그러나 양직은 그 모두에 고개를 저으며 "아니에요, 아니에요"라고 하면서, 앉으나 누우나 '죽오', 자나 깨나 '죽오'였다. 매번 글씨 잘 쓰는 이를 만나면 그때마다 '죽오'를 써 달래서 벽에 거니 벽의 네 귀퉁이가 죄다 '죽오'였다. 향리에는 '죽오'를 놀리는 이도 많았지만 그는 느긋하니 부끄러워하지 않았으며 편안히 받아들였다.

주해 '양직'養直은 양호맹梁浩孟(1738~1795)의 자字다. 본관은 남원이며, 개성 사람이다. '죽오'竹塢는 양호맹의 당호堂號(집에 붙인 이름)이다. 박지원은 연암협燕巖峽에 은거한 첫 해인 1778년, 당시 개성 유수開城留守로 와 있던 친구 유언호兪彦鎬(1730~1796)의 배려로 잠시 개성의 금학동琴鶴洞에 있던 양호맹의 별장을 거처로 삼았다.

'편액'이란 종이나 나무 따위에 그림을 그리거나 글씨를 써서 방 안이나 문 위에 걸어 놓는 액자를 말한다.

연상각, 백척오동각, 행화춘 우림정, 소엄화계, 주영염수재, 우금운고루 등은 모두 집에 붙임직한 운치 있는 이름들이다. '연상각'은 안개가 낀 상수湘水(중국 강남의 강 이름) 가의 집이란 뜻이고, '백척오동각'은 백 척이나 되는 높다란 오동나무 곁에 있는 집이라는 뜻이며, '행화춘 우림정'은 살구꽃이 핀 봄날에 비가 부슬부슬 내리는 숲 속의 집이라는 뜻이다. '소엄화계'

는 작은 엄화계라는 뜻이다. '엄화'는 채색한 그림을 뜻하는 말인바, '엄화계'란 중국 절강성浙江省 장흥현長興縣에 있는 경치가 썩 좋은 시내 이름이다. '주영염수재'는 긴 낮 동안에 주렴(=발)을 드리우고 있는 집이라는 뜻이고, '우금운고루'는 비는 지금의 비가 내리는데 구름은 옛날 구름이 떠 있는 정자라는 뜻이다. 연암은 연암협에 있는 시내에 '엄화계'라는 이름을 붙인 바 있고, 또 훗날 안의 현감安義縣監으로 있을 때 관아의 새로 지은 건물들에 '연상각'과 '백척오동각'이라는 이름을 붙인 바 있다.

평설 문의文意가 확 전환되면서 본론이 전개된다.

양호맹이 개결하고 지조가 있는 사람이라고 했는데, 그의 이런 성품은 그 자인 '양직'養直(곧음을 기르다)에 잘 압축되어 있다. 뿐만 아니라 '양직'이라는 자는 '대나무가 우거진 언덕'이라는 의미인 '죽오'라는 당호와도 잘 어울린다. 대나무의 본성은 곧기 때문이다. 이렇게 본다면 양호맹은 그 품성과 자와 호, 이 셋이 삼위일체를 이룬다. 이런 삼위일체에 부합이라도 하듯 양호맹은 대나무에 대해 놀라운 집착을 보여준다. 연암은 이 점을 이 단락의 뒷부분에서 대단히 익살스러운 필치로 묘사하고 있다. 특히 "앉으나 누우나 죽오, 자나 깨나 죽오"라는 표현이나 "벽의 네 귀퉁이가 죄다 '죽오'였다"라는 표현은, 흡사 천지사방이 온통 '죽오'로 가득 차 있는 듯한 느낌을 자아냄으로써, 대나무에 대한 양호맹의 집착이 어느 정도인지를 익살스럽게 드러내고 있다.

이뿐만 아니라 이 단락의 중간 부분, 즉 수십·수백 가지(이는 얼마나 과장된 표현인가!)의 근사한 당호를 제시하며 그 중의 아무거나 하나 골라잡으라는 연암의 제의와 이들 당호 모두에 대해 고개를 저으며 싫다고 했다는 양호맹의 반응을 서술한 대목 역시 대단히 해학적이어서, 웃음보를 터뜨리게 한다. 비단 연암의 어투와 행태가 강하게 느껴질 뿐 아니라, 양호맹이라는 인간의 개성이 잘 느껴진다. 이 점에서, 이 대목의 서술은 아주 이채를 띠고 있으며, 시공간을 뛰어넘어 독자로 하여금 마치 그때 그 자리를 엿보게 하는 듯한 미적 환상을 불러일으킨다. 그만큼 필치는 생동하고, 묘사는 핍진하다.

"향리에는 죽오를 놀리는 이도 많았"다고 했는데, 이건 뭘 말하는 걸까? 아마도 고지식할 정도로 대나무를 혹애하며 '죽오'라는 당호에 집착했던 양호맹의 성벽을 사람들이 비웃었다는 말일 터이다. 그럼에도 "그는 느긋하니 부끄러워하지 않았으며 편안히 받아들였다"고 했는데, 이 말은 양호맹의 또다른 성품에 대한 기술일 뿐만 아니라, 양호맹의 인간 됨됨이를 작가 연암이 따뜻한 시선으로 응시하고 있음을 보여주는 것이라는 점을 놓쳐서는 안 된다. 연암은 이 마지막 구절에서, 양호맹의 대나무 사랑이 그냥 폼으로 하는 짓이거나 남들에게 보이기 위해서 하는 짓이 아니라, 진정으로 제가 좋아서 하는 짓이요, 그러기에 남들이 뭐라고 하든 부끄러워하거나 자신의 생각을 바꾸지 않았음을, 나직하긴 하지만 분명한 어조로 말하고 있다. 그런 점에서, 이 마지막 구절은 이 단락의 첫 문장, 즉 "양군 양직은 개결하고 곧으며 지조와 절개가 있는 사람이다"라는 문장과 정확히 호응한다.

3 양직이 나에게 글을 부탁한 지 어언 10년이 되었건만 그는 여전히 조금도 변함이 없으니, 천 번 좌절되고 백 번 억눌려도 그 뜻이 바뀌지 않았으며, 시간이 흐를수록 더욱 절절해졌다. 심지어 그는 술을 따라주며 나를 달래기도 하고 목소리를 높여 촉구하기도 했지만, 그럼에도 내

가 묵묵히 응하지 않자 발끈하여 화를 내며 팔을 쳐들어 노려보는데, 눈썹은 찡그려 '个'개자 같고 손가락은 메마른 마디 같아, 굳세고 뾰족한 게 홀연 대나무 모양이 되었다.

아, 양직은 정말 대나무에 벽癖이 있어 그것을 지극히 사랑하는 사람이로구나! 겉으로만 봐도 그는 마음이 우뚝하고 커서 마치 기암괴석 같은데 그 속에는 아마 조릿대 떨기와 그윽한 왕대가 무성하리라. 이러하니 내가 글을 안 지을 수 있겠는가. 옛사람 가운데 대나무를 숭상하여 '차군'此君이라 부른 이가 있었거니와, 양직과 같은 이는 백세百世의 뒤에 '차군'의 충신이 되었다 할 만하다. 이에 나는 대서특필하여 정려旌閭하기를,

　　'고고하며 곧고 편안할손, 양처사梁處士의 집'

이라 하였다.

주해　"팔을 쳐들어"의 원문은 '극수'戟手인데, 이 단어는 화가 나서 사람을 치려고 할 때 한 손은 위로 하고 한 손은 아래로 하여 마치 창 모양처럼 하는 것을 뜻한다.

　'벽'癖은, '방랑벽'이니 '등산벽'이니 할 때의 '벽'인데, 무엇을 지나치게 즐기는 버릇을 말한다.

　'정려'는 충신, 효자, 열녀 등의 행적을 기리기 위해 그 동네에 정문旌門을 세워 표창하는 것을 이르는 말이다.

　'처사'란 벼슬 하지 않고 초야에 묻혀 사는 선비를 일컫는 말이다.

평설　시간은 훌쩍 건너뛰어 10년이 지났다. 이 단락은 크게 보아 두 부분으로 나뉜다. 첫 부분은 연암이 어느 순간 갑자기 양호맹을 대나무로 느끼게 되었다는 내용이고, 둘째 부분은 그래서 양호맹에게 대나무

에 관한 글을 써 주지 않을 수 없었다는 내용이다.

첫 부분 첫 번째 문장을 통해 독자는 양호맹이 10년 동안 변함없이 연암에게 글을 써 달라고 졸랐다는 사실을 알 수 있다. "천 번 좌절되고 백 번 억눌려도 그 뜻이 바뀌지 않았으며"라는 말은, 연암이 거듭 거절해도 그에 굴하거나 낙담하지 않고 계속 집요하게 글을 부탁했다는 뜻이다. 연암은 이 구절의 서술을 통해 양호맹의 '대나무성', 다시 말해 양호맹의 '대나무 같음'을 은근히 말하고 있는 셈이다. 대나무가 표상하는 저 절개나 지조란 바로 이런 게 아니겠는가. 연암은 이런 생각을 하면서 이 구절을 서술했음이 틀림없다.

이어지는 문장에서 양호맹의 이런 면모는 그 절정에 이른다. "심지어 그는 술을 따라주며 나를 달래기도 하고"로 시작되는 이 문장은 대단히 유머러스하면서 생동감이 넘친다. 이 문장에서 양호맹은 대나무로 표상되고, 대나무로 현현된다. 양호맹은, 대나무 같다는 정도가 아니라 바로 대나무 그 자체로 인지되고, 그리하여 그와 대나무 사이엔 어떤 간극도 느껴지지 않는다. 이 점에서 이 문장은 ②단락 이래 줄곧 제시되어 온 양호맹의 대나무 기질에 대한 묘사의 최정점이자 그 완성이다. 그러므로 만일 「죽오라는 집의 기문」을 한 폭의 그림이라 친다면 이 대목은 그야말로 화룡점정畵龍點睛에 해당하며, 따라서 가장 신채神彩를 발하는 대목이라 할 것이다. 대나무 그림, 혹은 양호맹의 초상화는 이 대목에 이르러 비로소 완성되었다. 연암은 이 그림을 그리는 데 꼬박 10년이 걸렸다.

그런데 흥미로운 점은, 이 대목에 이르도록 연암은 대나무(=양호맹)를 계속 관찰하면서 자기대로 느끼고, 판단하고, 사유하고 있다는 사실이다. 이를 통해 연암은 대나무(=양호맹)의 본질, 그 내면적 진정성을 스스로 체득體得(몸으로 깨달음)해 나가고 대나무에 대한 실감을 고조시켜 간바, 그 마지막 국면에서 홀연 최고의 미적 흥취를 느끼면서 흉중에서 대나무 그림을 완성하게 된다. 그것은 마치 도를 닦는 사람이 오랜 수행의 어느 순간에 갑작스런 깨달음, 즉 돈오를 맛보는 것과 같다. 말하자면 연암은 10년 동안 대나무를 관찰했고 그 과정에서 대나무의 내면으로 들어갈 수 있었으며 그 결과 이른바 '흉중일기'胸中逸氣(가슴 속의 빼어난 기운)가 형성되어 한 폭의 그림을 고도의 사의寫意로 그려 낼 수 있었던 것이다. 이러하므로 이 대나무 그림은 여느 대나무 그림과는 달리 상투적이거나 진부하지 않고, 참신하고 독창적이

— 유덕장柳德章의 죽화竹畵   서울대학교 박물관 소장

며 생기발랄하다. 다시 말해 연암이 그토록 혐오해 마지않던 상투성의 때를 벗고, 언어의 쇄신을 이룩할 수 있었던 것이다. 이 그림이 바로「죽오라는 집의 기문」이다.

"눈썹은 찡그려 '个'개자 같고 손가락은 메마른 마디 같아, 굳세고 뾰족한 게 홀연 대나무 모양이 되었다"라는 문장은 더 깊이 음미될 필요가 있다. "个자"란 대잎을 말한다. 대나무 잎을 그리는 법에 '개자엽'个字葉이라 하여 '个'자 모양으로 그리는 법이 있다. "메마른 마디"란 대나무의 마디를 말한다. 대나무 그림에서 마디를 생동감 있게 그리기란 쉽지 않은데, 연암은 양호맹의 늙은 손가락 마디에서 수일秀逸한 대나무 마디를 떠올린 것이다.

'죽오'라는 집의 기문   53

이 단락 첫째 부분의 이런 고조된 미적 흥취에 이어 "아아, 양직은 정말 대나무에 벽癖이 있어 그것을 지극히 사랑하는 사람이로구나!"라는 둘째 부분이 시작된다. 이 문장은, 고조 상태의 흥취를 "아아"라는 감탄사로 연결시키고 있긴 하지만, 돈오頓悟처럼 찾아온 잠시의 물아일체에서 빠져나와 다시 심미적 거리를 두고 대상을 판단하는 자리로 연암이 돌아왔음을 보여준다. 앞부분이 대상과의 직관적 조우遭遇를 통한 심미적 체험을 보여준다면, 이 부분은 그것을 다시 이성적으로 음미하고 판단하는 자리다. 그리하여 이 글 ①단락의 서술, 즉 '대나무에 대한 글이 수두룩한데 내가 뭣 땜에 그런 글을 또 한 편 보탠단 말인가'라는 서술을 스스로 뒤집으면서 "이러하니 내가 글을 안 지을 수 있겠는가"라는 말을 하기에 이른다. 이런 점에서 본다면 이 글은 대나무에 대한 글을 안 쓰겠노라던 연암 자신의 그토록 단호한 생각이 왜, 그리고 어떤 과정으로, 뒤집혀지는지를 유쾌한 필치로 보여주는 글이라 할 수 있다.

①단락에서 이미 "차군"이라는 말이 나온 바 있거니와 이 단락에서는 그 말에 호응하되, '차군'의 '군'君이 '친구'라는 뜻도 가지지만 '임금'이라는 뜻 또한 가짐을 이용해 이 말에 전혀 새로운 뉘앙스를 부여하면서 양호맹을 차군의 충성스런 신하로 서술하고 있다. 그리하여 그 지극한 '충'을 정려하는 말을 글의 맨 마지막에 붙이고 있다. 이 부분의 필치에도 유머와 해학이 가득하다. 하지만 이 대목에 이르기까지의 여로旅路에서 독자는 이미 눈치 챘을 줄 알지만, 이 해학은 결코 양호맹에 대한 조롱이나 비아냥거림이 아니다. 이 부분은, 그리고 이 글 전체는, 연암 특유의 해학적 필치에 의한, 양호맹이라는 일견 단순하지만 순실하고 변함없는 한 인간에 대한 헌사獻辭의 성격을 갖는다는 점을 알지 않으면 안 된다.

총평

- 이 글은 전체적으로 볼 때 굴곡과 기복이 심하다. 그래서 글이 더욱 생기 있고, 재미있다. 그리고 ①단락의 문의文意가 마지막 단락에서 뒤집히는 극적 반전의 구조를 취함으로써 글 전체의 파란波瀾이 풍부하게 되었다.

- 박지원은 정치적인 이유로 한때 연암협에 은거하였다. 박지원은 이 무렵 양호맹을 알게 되고, 그의 신세를 지게 된다. 박지원이 연암협으로 옮겨 간 것은 42세 때인 1778년이다. 하지만 2년 뒤, 자신을 박해하려는 뜻을 품고 있던 홍국영洪國榮이 정계에서 축출되자 그는 다시 서울로 돌아온다. 그 후에도 박지원은 연암협을 들락날락하지만, 이 글 중 양호맹이 기문을 부탁한 지 어언 10년이나 된다라고 한 것으로 보아 그의 나이 53세 때인 1789년에 이 글이 씌어진 게 아닌가 추정된다. 평시서平市署 주부主簿로 있던 박지원은 이 해 가을 공무의 여가를 얻어 연암협에 머물렀으며, 자기와 인연이 있는 개성 사람들을 위해 몇 편의 글을 써 주었음이 확인되기 때문이다.

- 이 글은 전체적으로 볼 때 '장난기' 같은 게 많이 느껴진다. 연암의 글에서는 종종 이런 장난기가 발견된다. 이 장난기는, 조금 고상한 말로 하면 '해학미'라고 할 수 있을 터이다. 연암의 장난스런 필치는 한갓 언어유희가 아니다. 그것은 사물과 세계를 느끼고 표현하는 창조적인 하나의 미적 방식이다. 이를 통해 연암은 상상력 및 언어의 상투성과 진부함을 깨뜨리면서 새로운 감수성과 살아 숨 쉬는 언어의 세계로 우리를 이끈다. 만일 이 글을 엄숙한 필치로 썼다면 이런 미적 효과를 거둘 수 있었겠는가. 필시 진부하고 고리타분한 글이 되고 말았을 것이다.

• 이 글은 연암 산문이 창조되는 미묘한 지점, 다시 말해 그 창조 과정의 비의秘義를 보여준다는 점에서도 흥미롭다. 연암은 상투적인 글은 절대 쓰지 않으려는 태도를 취하고 있다. 연암은 안이하게 글을 쓰지 않고, 가슴에 영감靈感과 흥취가 가득 차오를 때를 기다려 비로소 붓을 들어 흉중의 뜻을 토해 내고 있다. 글이 진실되고, 펄펄 살아 있는 것은 이 때문이다. 연암의 글이 귀신같다고 하지만, 그것은 거저 된 것이 아닌 것이다.

• 연암의 동시대인은 이 글에 대해 이런 평을 남겼다: "익살스러운 글이다. 사람들로 하여금 깔깔 웃느라 몸을 가누지 못하게 하고, 웃다 쓰러지게 하며, 배꼽을 잡고 웃게 할 터이다."

'주영염수재'라는 집의 기문

　주영염수재晝永簾垂齋는 양군梁君 인수仁叟의 초당草堂이다.
　이 집은 오래된 소나무가 있는 검푸른 절벽 아래에 있으며 기둥이 여덟 개인데, 깊숙한 안쪽을 막아서 심방深房을 만들고, 격자창格子窓을 통하게 하여 탁 트인 대청을 만들었다. 높다랗게 다락을 만들고 아담하게 곁방을 둔 데다 대나무 난간을 두르고 이엉으로 지붕을 덮었으며 오른쪽엔 둥근창을 내고 왼쪽엔 빗살창을 내었으니, 집의 몸체는 비록 작아도 있을 것은 다 갖춰져 있어 겨울에는 환하고 여름에는 서늘하다.
　집 뒤에는 배나무 십여 그루가 있고, 대나무 사립문 안팎으론 모두 오래된 살구나무와 붉은 과실이 열리는 복사나무다. 개울 머리에 흰 돌을 두어 맑은 물이 돌에 부딪쳐 세차게 흐르게 했고 멀리 있는 물을 섬돌 아래까지 끌어와 네모난 연못을 만들었다.
　양군은 성품이 게으르고, 깊은 곳에 거처하길 좋아하는데, 권태로워지면 문득 주렴을 내리고, 오피궤烏皮几 하나, 거문고 하나, 검劍 하나, 향로 하나, 술병 하나, 다관茶罐 하나, 고서화古書畵 두루마리 하나, 바둑판 하나가 있는 사이에 벌렁 눕는다.

매양 자다 일어나 주렴을 걷고 해가 어디쯤 걸렸는지를 보는데, 섬돌 위로 나무 그늘이 언뜻 옮겨 가고 울타리 아래 한낮의 닭이 처음 운다. 그러면 안석에 기대어 검을 살피기도 하고, 혹은 거문고 몇 곡조를 타 보기도 하고, 한 잔 술을 조금씩 마시기도 하면서 스스로 마음을 상쾌하게 한다. 혹은 향을 피우고 차를 달이며, 혹은 서화를 펼쳐 보고, 혹은 옛 기보棋譜에 따라 바둑돌을 놓는데, 몇 판을 두다가 그만두면 하품이 밀물처럼 쏟아지고 눈꺼풀이 구름처럼 무거워져 다시 벌렁 눕는다.

객客이 찾아와 문에 들어오면 주렴이 조용히 드리워져 있고 낙화가 뜰에 가득하며 풍경風磬이 절로 운다. "인수! 인수!" 하고 서너 번 주인의 자字를 부른 후에야 양군은 일어나 앉아 다시 나무 그늘과 처마 그림자를 보는데, 해는 아직도 서산에 걸려 있다.

---

[1] 주영염수재畫永簾垂齋는 양군梁君 인수仁叟의 초당草堂이다.
이 집은 오래된 소나무가 있는 검푸른 절벽 아래에 있으며 기둥이 여덟 개인데, 깊숙한 안쪽을 막아서 심방深房을 만들고, 격자창格子窓을 통하게 하여 탁 트인 대청을 만들었다. 높다랗게 다락을 만들고 아담하게 곁방을 둔 데다 대나무 난간을 두르고 이엉으로 지붕을 덮었으며 오른쪽엔 둥근창을 내고 왼쪽엔 빗살창을 내었으니, 집의 몸체는 비록 작아도 있을 것은 다 갖춰져 있어 겨울에는 환하고 여름에는 서늘하다.
집 뒤에는 배나무 십여 그루가 있고, 대나무 사립문 안팎으론 모두 오래된 살구나무와 붉은 과실이 열리는 복사나무다. 개울 머리에 흰 돌을 두어 맑은 물이 돌에 부딪쳐 세차게 흐르게 했고 멀리 있는 물을 섬돌 아래까지 끌어와 네모난 연못을 만들었다.

주해   '주영염수재'晝永簾垂齋란, 긴 낮 동안 주렴이 드리워져 있는 집이라는 뜻이다. 송나라 도학자인 소강절邵康節의 「늦은 봄을 읊다」라는 시에 "봄 깊어 긴 낮에 주렴을 드리웠네"(春深晝永簾垂地)라는 구절이 있는바, 여기서 따온 말이다. 이 시는 자연을 읊고 성정性情을 도야하는 은자의 생활을 읊은 시이다.

'인수'仁叟는 개성 사람 양현교梁顯敎의 자字다. 「죽오라는 집의 기문」에 나오는 양호맹과 재종간이다.

'심방'은 깊숙이 안에 있는 방을 말하며, '곁방'은 안방에 딸린 방을 말한다.

평설   이 단락은 '주영염수재'라는 집에 대해 설명하고 있다. 우선 누구의 집인지를 밝히고, 그 다음 집의 규모가 어떠한지를 서술했으며, 끝으로 시선을 밖으로 돌려 집 주변의 풍경이 어떠한지를 묘사했다.

"주영염수재는 양군 인수의 초당이다." 이처럼 이 글은 단도직입적으로 그 서두를 열고 있다. 어떤 에두르는 말 없이 곧바로 '직지인심'直指人心하는 형국이다. 이어서 조곤조곤 집 내부를 들여다본다. 그리하여 독자는 이 집의 심방에서 시작해 대청, 다락, 곁방, 대나무로 만든 난간, 초가지붕, 둥근창, 빗살창을 두루 구경하게 된다. 그래서 비록 작은 초당이지만 있을 것은 다 있는 아담하고 그윽한 집임을 알게 된다.

집에 대한 서술이 끝나면 집 주변의 경관이 소개된다. 집 뒤편으론 배나무 십여 그루가 심겨 있고, 대나무로 만든 사립문 안팎으론 오래된 살구나무와 발그레한 복숭아가 열리는 복사나무가 심겨 있다. 그리고 근처의 개울에 흰 돌을 두어 일부러 물소리를 크게 나게 만들어 사는 곳이 더욱 깊고 그윽하게 느껴지며, 섬돌 곁에는 연못이 있다. 이처럼 아름다운 과실나무와 시냇물과 연못은 초당과 알맞은 조화를 이루고 있다. 부드럽고 고즈넉한 자연 경관으로 인해 초당은 더욱 그윽하며, 또한 규모 있게 지어진 초당으로 인해 자연 경관은 더욱 운치가 있게 되었다. 이 자연 경관에 대한 묘사에서 놓치지 말아야 할 점은, 색채감이다. 연암은 이 점을 대단히 의식하면서 이 대목을 서술하고 있다. 가령 배나무의 원문은 '설리'雪梨인데 이 말은 새하얀 색을 연상하게 하며, 또한 붉은 과실이 열리는 복사나무라든가, 흰 돌이라든가 하는 말에서도 뚜렷한 색감을 느끼게 한다.

이처럼 이 단락은 주영염수재라는 집과 그 집 주변의 경관에 대한 객관적 묘사다. 하지만 이런 정도로만 읽어 가지고서는 이 단락에 내재된 숨은 의미까지 읽은 것이라곤 하기 어렵다. 그렇다면 연암이 이 단락의 심층에 부여하고 있는 숨은 의미는 무얼까? 두 가지 점에 유의할 필요가 있다.

하나는, 이 집의 규모다. 비록 아담한 집이기는 하나 이 집은 갖출 것은 다 갖추고 있으며, 게다가 창은 멋을 부려 둥근창과 빗살창을 좌우에 대칭적으로 배치하고 있다. 둥근창의 원문은 '원유'圓牖인데, 문틀을 둥글게 짜서 만든 창으로 상당히 멋을 부린 것이며, 빗살창의 원문은 '교창'交窓인데, 이는 일명 횡창橫窓이라고도 하는바 살을 어긋나게 맞추어 촘촘하게 짠 창으로 문틀이 가로로 길다. 이런 점으로 미루어 이 집은 산중에 은거한 가난한 선비의 집은 아니며, 지조나 절개를 강조하는 고사高士나 일민逸民의 집도 아니다.

다른 하나는, 제시된 나무들이다. 이 글에서 제시된 나무들은 모두 온화한 이미지의 나무들이며, 소나무, 잣나무, 매화나무 등과 같이 굳세거나 강

건하거나 단아하거나 고고한 이미지를 풍기는 나무들은 아니다. 연암은 이 두 가지 점을 통해 은근히 이 집 주인의 성격, 취향, 경제력 따위를 암시해 놓은 것으로 보인다. 이처럼 이 단락은 표면적으로는 집주인의 성격에 대해 단 한 마디도 말하고 있지 않지만, 이미 그에 대한 복선을 깔아 놓고 있다.

2 양군은 성품이 게으르고, 깊은 곳에 거처하길 좋아하는데, 권태로워지면 문득 주렴을 내리고, 오피궤烏皮几 하나, 거문고 하나, 검劍 하나, 향로 하나, 술병 하나, 다관茶罐 하나, 고서화古書畵 두루마리 하나, 바둑판 하나가 있는 사이에 벌렁 눕는다.
매양 자다 일어나 주렴을 걷고 해가 어디쯤 걸렸는지를 보는데, 섬돌 위로 나무 그늘이 언뜻 옮겨 가고 울타리 아래 한낮의 닭이 처음 운다. 그러면 안석에 기대어 검을 살피기도 하고, 혹은 거문고 몇 곡조를 타 보기도 하고, 한 잔 술을 조금씩 마시기도 하면서 스스로 마음을 상쾌하게 한다. 혹은 향을 피우고 차를 달이며, 혹은 서화를 펼쳐 보고, 혹은 옛 기보棋譜에 따라 바둑돌을 놓는데, 몇 판을 두다가 그만두면 하품이 밀물처럼 쏟아지고 눈꺼풀이 구름처럼 무거워져 다시 벌렁 눕는다.
객客이 찾아와 문에 들어오면 주렴이 조용히 드리워져 있고 낙화가 뜰에 가득하며 풍경風磬이 절로 운다. "인수! 인수!" 하고 서너 번 주인의 자字를 부른 후에야 양군은 일어나 앉아 다시 나무 그늘과 처마 그림자를 보는데, 해는 아직도 서산에 걸려 있다.

주해 '오피궤'란, 검은 염소 가죽으로 싼 작은 궤석几席(=안석)을 말한다. 몸을 기대는 데 사용했다.

'다관'茶罐은 찻주전자, 즉 찻물을 끓이는 그릇을 말한다.

'기보'는 바둑 두는 법에 대해 기술해 놓은 책이다.

'풍경'風磬은 처마 끝에 매다는 작은 종을 말한다. 바람 부는 대로 흔들려 정취 있는 소리를 낸다.

평설 이 단락에 와서 비로소 집주인이 등장한다.

집주인은 몹시 게으른 사람이다. 그는 권태로워지면 방에 벌렁 드러눕고, 자다가 일어나면 해가 어디쯤 걸렸나 하고 살핀다. 유감스럽게도 해는 아직 중천에 있다. 그는 하릴없이 섬돌 위로 나무 그늘이 옮겨 가는 모습이며 한낮에 우는 닭 울음소리 따위에 마음을 쏟는다. 하지만 그것도 곧 싫증이 난다. 그러면 이제 방에 잔뜩 늘어놓은 기물들, 이를테면 거문고라든가 검이라든가 향로라든가 다관이라든가 고서화라든가 바둑판이라든가 이런 걸 가지고 소일을 한다. 검을 들고 와 안석에 비스듬히 기대어 이리저리 살피다가 그게 싫증이 나면 이번엔 거문고를 몇 곡조 타 보기도 하고, 술을 한 잔 따라 홀짝홀짝 마셔 보기도 하고, 좋은 향을 피워 놓고 가만히 차를 마셔 보기도 한다. 하지만 그것도 잠시뿐, 이내 무료해진다. 그래서 이번엔 기보를 봐 가며 혼자 바둑을 두어 본다. 그러나 얼마 안 있어 다시 권태가 엄습하면서 하품이 나고 졸음이 쏟아진다. 이에 다시 벌렁 드러누워 잔다. 이때 객이 찾아와 주인을 찾는다. 꿈결에 자기를 부르는 소리를 듣고 비몽사몽간에 일어나 앉아 다시 나무 그늘과 처마 그림자를 보는데, 아직도 저놈의 해는 지지 않고 서산에 걸려 있다.

이처럼 이 단락은 집주인의 무료한 삶, 그 '하릴없음'을 곡진하게 묘사해 내고 있다. 얼핏 보아 집주인은 세속을 벗어나 산중에서 유유자적한 생활을 하는 고인高人·일사逸士처럼 보인다. 그가 거처하는 방 안에는 온갖 고상하고 아취 있는 기물들이 갖추어져 있다. 이 '갖추어짐'은 ①단락에서 '집은 작지만 있을 것은 다 갖추어져 있다'라고 한 말과 서로 호응한다. 그가 보여주는 이런 취미는 이른바 골동·예술 취향에 해당하는 것으로, 이런 취향은 특히 18세기 서울의 사대부들에게서 드물지 않게 발견된다. 개성은 서울과 가까운 곳이니, 서울을 중심으로 한 사대부들의 예술 취향이 개성으로까지 확대되어 간 것일 터이다.

그런데 18세기 조선 사대부들이 보여주는 이런 취향의 문화적 진원지는 중국이었다. 중국은 명말明末에 이런 취향이 대대적으로 성행했으니, 당시 중국 사대부들은 정원을 그럴 듯하게 조성하여 그 속에 누각이나 서재를 지어 놓고 거기다 각종 고기古器나 고서화를 비치하여 수시로 감상했으며, 고급 향을 피우고 좋은 차를 마시면서 고상하고 운치 있는 생활을 추구하는 것을 자랑으로 삼았다. 동시에 그들은 명리나 세속을 초월한 깨끗하고 담박한 정신세계를 강조했다. 이런 태도나 취향은 한편으로는 개인의 내면세계와 감수성을 확장하기도 했지만, 다른 한편으로는 지배계급으로서의 사대부에게 요구되는 '노블레스 오블리주', 다시 말해 나라와 백성을 걱정하고 생각해야 하는 사대부 본연의 책무와 덕목을 방기하거나 소홀히 하게 만든 측면도 없지 않다. 그 결과 명말의 사대부들은 대체로 개인적인 신변잡사에 매몰되면서 퇴영적인 의식이나 공허한 문예 세계를 보여주기도 하였다. 말하자면 내면적 세계와 외면적 정치의식 사이의 팽팽한 긴장감과 균형을 상실해 버리고, 내면으로 달아나 버리고(혹은 침잠해 버리고) 만 것이다. 요컨대 '광장'을 버리고 '밀실' 속으로 들어가 버린 셈이다. 명말의 중국 사대부들이 이런 성향을 보이게 된 이유는 그리 단순치 않지만, 크게 보아 다음의 두 가지 요인이 특히 주목될 필요가 있다. 그 하나는, 이 시기 환관의 발호로 인해 사대부들이 정치에 염증을 느끼며 현실로부터 벗어나고자 하는 욕구가 강했다는 점이고, 다른 하나는 양명학 등의 영향으로 인간 본연의 감정과 욕망을 적극적으로 긍정하는 쪽으로 문학과 예술의 사조가 바뀌게 되었다는 점이다.

그런데 이런 취향을 구현하기 위해서는 상당한 물질적 기반을 필요로 한다. 18세기 조선 사대부들은 어떻게 이런 물적 기반을 갖출 수 있었을까? 물론 조선 사대부 전체가 아니고 서울을 중심으로 한 근기近畿 지역의 일부 사대부들에 한정되는 현상이지만, 그럼에도 이들이 이런 취향을 발전시킬 수 있었던 물적 기반이 어떻게 확보될 수 있었는지는 역시 궁금한 문제가 아닐 수 없다. 이 점과 관련해서는 17세기 후반 이래 역관배譯官輩를 통한 대청對淸 무역을 우선적으로 주목해야 한다. 대청 무역을 통해 수입된 중국 물건은 부산에 있는 왜관에서 네댓 배의 이문을 붙여 일본에 수출되었다. 그리고 그 대금은 은으로 결제되었다. 말하자면 이런 중개무역으로 조선은 큰 이익을 얻었고, 이렇게 얻어진 이익은 주로 서울과 근기 지역의 지배층 사대부와 중인층 수중에 떨어졌다. 이런 막대한 상업적 이익은 조선의 문화 공간에서 두 가지 괄목할 만한 변화를 초래했다. 하나는 서적 및 서화골동을 수장收藏하고 완상하는 취향의 대두요, 다른 하나는 중인층의 소비적·향락적 문예 공간의 형성이다. 일본 막부가 18세기 중반 이후 정책을 바꿔 나가사키 항을 통해 중국과 직거래함으로써 이후 조선의 상업적 거품은 빠지게 되지만, 그럼에도 18세기가 끝날 때까지 그 여파는 이어졌다.

주영염수재의 주인 양인수는 개성의 사족士族이다. 개성은 전 왕조인 고려의 수도인지라 조선 시대 내내 정치적·사회적으로 소외되어 왔다. 따라서 개성 사족은 비록 사족이라고는 하나 그 처지가 영남이나 기호畿湖 사족과는 지체가 달랐다. 그래서 인삼 밭을 경영하는 등 상당히 적극적으로 이재理財 활동을 벌이기도 한 것으로 보인다. 그런데 인삼은 대청 무역에서 우리 측이 중국에 가지고 간 물품 가운데 대표적인 것이었다. 이런 점을 염두에 둔다면 양인수의 물적 기반, 그리고 그런 물적 기반으로 인해 가능했으리라 짐작되는 그 서화골동 취향은 일정하게 당대에 이루어진 대청 무역의 상업적 잉여와 연결되어 있을 개연성이 높다.

그렇기는 하나, 양인수의 서화골동 취향이나 일견 명리를 돌아보지 않는 듯한 한가로우며 탈속적인 생활 태도는, 이른바 경화 세족京華世族(서울의 명문가 집안)의 고답적이고 여유로운 예술 취향과는 내면적으로 큰 차이가 있어 보인다. 그것은 근본적으로 양자의 사회 정치적 조건의 차이에서 연유할 터이다. 경화 세족과 달리 양인수는 소외된 지역의 사족이다. 그는 비록 경제력은 있으되 사회적·정치적 출구는 닫혀 있었다. 이 점에서 그의 처지는 서얼이나 중인층의 사회적 처지보다 나을 게 없었다. 양인수의 이루 말할 수 없는 권태감, 그리고 그 '하릴없어 함'은 바로 이런 그의 사회적 처지에서 비롯되는 것으로 보인다.

이 단락은 얼핏 보면 일사·고인의 한가롭고 유유자적하는 삶을 그려 놓은 것 같다. 하지만 양인수는 일사·고인이 아니다. 그가 일사·고인이 아님은 이미 ①단락에서 넌지시 시사된 바 있다. 더군다나 거문고, 검, 향로, 술병 등 쭉 열거하고 있는 기물들 가운데 책이 들어 있어야 마땅한데 이상하게도 책은 포함되어 있지 않다. 고사처럼 보이지만 기실 고사는 아닌 것이다. 이처럼 양인수의 삶에는 어떤 심각한 균열, 내면과 외면의 심각한 분열이 존재한다. 양인수는 사회적 출구가 닫혀 있음으로 인해 무늬만 일사·고인인 생활을 하고 있는 게 아닐까. 돈도 있고 능력도 있지만 자신의 능력을 실현할 사회적 출구가 닫혀 있을 때, 사람들이 택할 수 있는 길은 향락이나 유흥이 아니면 혹 양인수처럼 예술 취향으로 자신을 포장하는 것일 터이다. 하지만 그것은 진정성을 결여하고 있기에 실로 무료하고 권태롭다.

끝으로, 표현미에 대해 몇 군데 살펴보자. 연암은 기물을 나열하면서 무엇 하나 무엇 하나라는 식으로 "하나"라는 말을 무려 여덟 번이나 되풀이해 사용하고 있다. 이 말은 사물의 구체성을 부각하는 효과도 거두고 있다고 여겨지지만, 동시에 이 단락 전체가 풍기는 권태로움의 뉘앙스를 증폭하는 데 언어미학적으로 일조하고 있다고 판단된다. "하나"라는 말을 똑같이 몇 번이고 되풀이함으로써 단조롭고 지루한 느낌을 환기시키고 있는 것이다.

또 하나, 이 단락은 크게 세 부분으로 구획되는데, 그 첫 번째 부분과 둘째 부분이 똑같이 "벌렁 눕는다"는 말로 종결된다. '벌렁'이라는 말의 원문은 '퇴연頹然'이다. '퇴연'이라는 단어는 어떤 사물이 무너지는 모양을 형용하는 말이다. 그러므로 이 단어는 양인수가 권태로운 나머지 자기 몸도 못 가눈 채 벌렁 쓰러져 잠드는 광경을 약여하게 드러내고 있다고 할 만하다.

총평

- 이 글은 '개성인 양인수의 하루'를 그리고 있는 작품이라 할 만하다. 연암의 이 글을 통해 우리는 당대 개성인의 내면 초상을 접할 수 있다.

- 이 작품은 ①단락에서는 집을 그리고 있고, ②단락에서는 사람을 그리고 있다. 풍경과 사람은 서로 잘 부합된다. 흡사 산수화 속의 점경인물點景人物처럼, 그 풍경에 그 인물이다. 이 집 이름이 왜 '주영염수재'인지는 글 어디에도 언급이 없지만, 사실은 글 전체를 통해 그 설명이 이루어지고 있다고 할 것이다. 아마도 연암이 지어 준 게 아닐까 싶은 이 집 이름은 하릴없는 양인수의 처지와 기분, 그 일상을 잘 집약해 놓고 있다고 여겨진다.

- 연암은 그 스스로도 평생 뜻을 얻지 못한 사람이기에 양인수와 같이 자신의 능력을 실현할 기회를 갖지 못하고 하릴없이 세월을 보내는 사

람이나 사회적 비주류로서 살아가는 사람들의 심리를 특히 잘 포착해 낼 수 있었던 것 같다. 양인수는 연암이 홍국영을 피해 연암협에 은거할 무렵 알게 된 사람으로 추정되는데, 이 시절 연암 스스로도 정말 하릴없음에 몸서리쳤을 터이다. 하릴없는 사람이 하릴없는 사람을 알아본 것이다. 일종의 자기 연민이랄까. 이런 점에서 본다면 이 글에는 연암의 기분이 얼마간 투사되어 있는지도 모른다.

술에 취해 운종교를 밟았던 일을 적은 글

초가을 열사흗날 밤에 박성언朴聖彦이 이성위李聖緯 및 그 동생 이성흠李聖欽, 원약허元若虛, 여군呂君, 정군鄭君, 동자 현룡見龍과 함께 이무관李懋官의 집에 들렀다가 무관을 데리고 나를 찾아왔다. 마침 그때 참판 서원덕徐元德이 먼저 와 자리하고 있었다. 성언은 책상다리를 한 채 비스듬히 팔을 짚고 앉아 자주 시각을 살피며 입으로는 가겠다고 하면서도 짐짓 한참 동안 눌러 앉아 좌우를 살피는데, 아무도 선뜻 먼저 일어나질 않고 원덕 또한 도무지 갈 뜻이 없었다. 마침내 성언은 사람들을 모두 데리고 가 버렸다.

한참 있다가 동자가 다시 와 성언의 말을 전했다.

"손님은 이미 가셨을 테지. 우린 거리를 산보하고 있는데, 그대가 오길 기다려 술을 마시려고 하네."

이 말을 듣고 원덕이 웃으며 말했다.

"진秦나라 사람이 아니라고 내쫓는구먼!"

마침내 자리에서 일어나 동자를 데리고 거리로 나갔더니 성언이 나를 보고 이렇게 나무랐다.

"달 밝은 밤 어른이 찾아갔으면 술을 준비해 환대하지는 못할망정 귀인

貴人만 붙들고 이야기하면서 어른을 밖에 한참이나 서 있게 한단 말인가!"

내가 생각이 짧았음을 사죄하자 성언은 주머니에서 50전을 꺼내 술을 샀다.

조금 취하자 운종가雲從街로 나가 종각鍾閣 아래에서 달빛을 받으며 거닐었는데 시각은 이미 3경更 4점點을 친 상태였다. 달빛은 더욱 밝아져 사람 그림자 길이가 모두 열 길이나 되어 스스로 봐도 섬뜩하니 무서웠다.

거리에는 개들이 마구 짖어댔는데, 동쪽에서 오獒가 한 마리 나타났다. 흰 빛깔에 비썩 말랐는데 빙 둘러서서 쓰다듬어 주자 좋아라 꼬리를 흔들며 머리를 숙인 채 한참을 서 있었다.

언젠가 들은 말인데, 오는 몽고산蒙古産으로 그 크기가 말만 하고 몹시 사나워 길들이기가 어렵다고 한다. 중국으로 들어간 것은 그 중에 특히 작은 종種으로 길들이기가 쉬우며, 우리나라로 온 것은 더욱 작은 종이지만 이것도 우리나라 재래종 개와 비교하면 훨씬 큰 편인데, 이상한 것을 봐도 짖지 않지만 한번 화가 나면 으르렁거리며 사납게 구는바 우리말로는 '호백'胡白이라고 부른다. 그 중 아주 작은 종내기는 우리말로 발발이라고 하는데 운남산雲南産이다. 모두 고기를 좋아하지만 비록 몹시 굶주려도 깨끗하지 않은 것은 먹지 않으며 심부름을 시키면 사람 마음을 잘 알아차린다. 그래서 목에 편지를 걸어 주면 아무리 먼 곳이라도 꼭 전하고 혹시 주인을 만나지 못하면 꼭 그 주인집의 물건을 물고 돌아와서 그것으로 갔다 온 징표를 삼는다고 한다. 매년 사신들을 따라 우리나라에 들어오지만 대부분 굶어 죽으며 항상 혼자 다니면서 다른 개와 어울리지 못한다.

무관이 취해서 개에게 '호백'豪伯이라는 자를 지어 주었다. 잠시 후 개가 보이질 않자 무관은 서글피 동쪽을 향해 서서

"호백! 호백! 호백!"

하고 마치 친구를 부르듯이 세 번이나 불렀다. 우리들 모두 크게 웃어 거리가 소란해지자 개들이 이리저리 뛰어다니며 더욱 짖어댔다.

그러다가 현현玄玄의 집을 찾아가 술을 더 마셨다. 우리는 크게 취하여 운종교雲從橋를 밟으며 난간에 기대어 대화를 나누었다. 그 옛날 대보름날 밤에 연옥連玉이 이 다리 위에서 춤을 춘 적이 있다. 그리고 우리는 백석白石의 집에 가 차를 마셨더랬다. 혜풍惠風은 장난삼아 거위의 목을 끌고 여러 번 빙빙 돌면서 마치 하인에게 뭔가를 분부하는 시늉을 하여 우리를 웃기고 즐겁게 했다. 벌써 6년 전 일이다. 혜풍은 지금 남녘의 금강錦江에 노닐고 있고 연옥은 서쪽의 평안도에 나가 있는데 다들 별고 없는지.

우리는 이번엔 수표교水標橋로 가서 다리 위에 쭉 벌여 앉았다. 달은 바야흐로 서쪽으로 기우는데 참으로 발그레하고, 별빛은 더욱 반짝거려 둥글고 크게 보이는 게 마치 얼굴에 쏟아질 듯하였다. 이슬은 무거워 옷과 갓이 다 젖었으며, 흰 구름이 동쪽에서 일어나 비껴 흐르다 천천히 북쪽으로 가는데 도성 동쪽의 푸른 산기운은 더욱 짙었다. 개구리 소리는 완악한 백성들이 아둔한 고을 원한테 몰려가 와글와글 소訴를 제기하는 것 같고, 매미 소리는 엄격하게 공부시키는 글방에서 정한 날짜에 글을 외는 시험을 보이는 것 같고, 닭 우는 소리는 임금에게 간언하는 것을 자신의 소임으로 여기는 한 강개한 선비의 목소리 같았다.

---

1 초가을 열사흗날 밤에 박성언朴聖彦이 이성위李聖緯 및 그 동생 이성흠李聖欽, 원약허元若虛, 여군呂君, 정군鄭君, 동자 현룡見龍과 함께 이무관李懋官의 집에 들렀다가 무관을 데리고 나를 찾아왔다. 마침 그때 참판 서원덕徐元德이 먼저 와 자리하고 있었다. 성언은 책상다리를 한 채 비스

듬히 팔을 짚고 앉아 자주 시각을 살피며 입으로는 가겠다고 하면서도 짐짓 한참 동안 눌러앉아 좌우를 살피는데, 아무도 선뜻 먼저 일어나질 않고 원덕 또한 도무지 갈 뜻이 없었다. 마침내 성언은 사람들을 모두 데리고 가 버렸다. 한참 있다가 동자가 다시 와 성언의 말을 전했다.

"손님은 이미 가셨을 테지. 우린 거리를 산보하고 있는데, 그대가 오길 기다려 술을 마시려고 하네."

이 말을 듣고 원덕이 웃으며 말했다.

"진秦나라 사람이 아니라고 내쫓는구먼!"

주해 '박성언'朴聖彦은 실학자로 잘 알려져 있는 박제가의 적형嫡兄인 박제도朴齊道를 가리킨다. '적형'은 정실에서 난 형을 일컫는 말인데, 박제가는 잘 알려져 있다시피 서자였다.

'이성위' 李聖緯는 이희경李喜經을 가리킨다. '성위'는 그 자字다. 서얼 출신이다. 젊은 시절 연암을 모시고 '백탑시사'白塔詩社라는 문학 동인 집단을 결성한 바 있으며, 연암의 처남인 이재성과 함께 훗날 연암의 임종을 지키기도 했다. 실학적 관점을 지녔으며, 박제가와 특히 교분이 깊었다.

'이성흠' 李聖欽은 이희경의 동생인 이희명李喜明을 가리킨다. '성흠'은 그 자다. 훗날 사마시에 합격해 전옥서 참봉과 의금부 도사를 지냈다.

'원약허' 元若虛는 원유진元有鎭을 가리킨다. '약허'는 그 자다. 부친인 원중거와 함께 연암 일파와 교유가 깊었으며, 이덕무의 누이동생과 혼인했다.

'이무관' 李懋官은 이덕무李德懋를 가리킨다. '무관'은 그 자다.

'서원덕' 徐元德은 서유린徐有隣을 가리킨다. '원덕'은 그 자다. 서효수徐孝修의 아들로, 온건한 입장의 소론少論에 속하는 인물이다. 달성 서씨 이 집안에는 서유린 말고도 서유방, 서유본, 서유구 등 연암과 친밀한 관계를 맺은 사람들이 많았다. 서유린은 훗날 정조의 측근이 되어 탕평책에 적극 협력했다. 벼슬은 도승지, 대사헌, 대사간, 호조참판, 이조판서 등을 역임했다.

"진秦나라 사람이 아니라고 내쫓는구먼"이라는 말은, 진시황의 '축객령'逐客令을 패러디한 말이다. '축객령'이란 진시황이 중국을 통일한 후 진秦 이외의 제후국諸侯國 출신으로서 진에 벼슬하고 있는 자들을 모두 축출하라고 명령을 내린 일을 말한다. 여기서는 박제도 일행이 자기들과 동류가 아닌 서유린에게 자리를 뜨라는 눈치를 보내자 서유린이 이를 농으로 받아 말한 것이다.

평설 이 작품은 1773년(영조 49) 경에 창작된 것으로 보인다. 당시 연암은 가족들을 모두 처가인 경기도 광주의 돌마로 보내고 혼자 전의감동典醫監洞(지금의 서울시 종로구 견지동)의 집에서 지내고 있었다. 당시 이 집을 드나들던 사람은 홍대용과 정철조(이상 연암의 벗), 이덕무·박제가·유득공(이상 연암의 문생) 등이었다.

당시 연암은 37세였으며, 이성위는 29세, 이성흠은 25세, 원약허는 23세, 이무관은 33세였다. 연암과 박성언은 벗 사이인 것 같고, 이무관을 비롯한 나머지 사람들은 연암의 문생이거나 문생뻘이 되는 사람들이었다. 이성위 형제, 원약허, 이무관 등은 모두 반쪽 양반이라고 할 서얼 신분이었다. 뿐만 아니라 연암 이하 모든 사람들은 당시 어떤 벼슬도 하지 못하고 있었다. 한편 서원덕은 당시 36세였으며, 상당한 고위직에 있었다. 이처럼 이 글에 등장하는 사람들은 현달한 서원덕 대 그렇지 못한 나머지로 선명하게 갈린다. 서원덕이, 비록 웃으면서이긴 하나, "진나라 사람이 아니라고 내쫓는구먼"이라고 말한 것은, 두 부류 사이에 존재하는 이런 이질감과 대립 관계를 표현하고 있다.

동자가 전하는 말은 일종의 최후통첩 같은 것이다. 서참판이 아직 자리에 있음을 뻔히 알면서도 짐짓 그렇게 말하게 해 서참판을 그만 가게 만들려는 속셈인 것이다. 이 말에는, 그 동안 거리를 배회하며 기다릴 만큼 기다린지라 이제 더는 기다릴 수 없다는 그런 심리가 느껴져 재미있다. 서원덕은 고관이라고는 하나 1인에 불과하고, 박성언 일행은 무려 여덟 명이나 된다. 여덟 명이나 되는 일당이 밖에서 어슬렁거리며 연암이 나오기만 눈이 빠지도록 기다리고 있는 광경을 한번 상상해 보라. 절로 웃음이 나오지 않는가.

② 마침내 자리에서 일어나 동자를 데리고 거리로 나갔더니 성언이 나를 보고 이렇게 나무랐다.
"달 밝은 밤 어른이 찾아갔으면 술을 준비해 환대하지는 못할망정 귀인貴人만 붙들고 이야기하면서 어른을 밖에 한참이나 서 있게 한단 말인가!"
내가 생각이 짧았음을 사죄하자 성언은 주머니에서 50전을 꺼내 술을 샀다. 조금 취하자 운종가雲從街로 나가 종각鍾閣 아래에서 달빛을 받으며 거닐었는데 시각은 이미 3경更 4점點을 친 상태였다. 달빛은 더욱 밝아져 사람 그림자 길이가 모두 열 길이나 되어 스스로 봐도 섬뜩하니 무서웠다.

주해 '50전'은 곧 닷 냥이다. 닷 냥이면 꽤 큰 돈이다. 주량이 대단했던 연암까지 포함해 모두 아홉 명이나 됐으니, 술을 취하도록 마시려면 이 정도의 돈은 필요했을 터이다.

'운종가'雲從街는 지금의 종로 2가 일대인데, 육의전이 있었으며 당시 한양의 다운타운이라 할 수 있던 곳이다.

'3경'은 밤 11시에서 1시 사이를 가리킨다. '경'更은 다섯 점點으로 구성된다. 따라서 3경 4점은 밤 12시 30분께다. '경'을 알릴 때는 북을 쳤고,

'점'을 알릴 때는 꽹과리를 쳤다. 당시 서울 시민들은 때에 맞춰 울리는 이 북소리와 꽹과리 소리를 듣고 시각을 알았다. 한편 당시 한양에는 통금 제도가 있었으니, 매일 밤 2경에 종을 28번 쳐 통행금지를 알렸으며, 5경 3점, 즉 새벽 4시 경에 종을 33번 쳐 통금 해제를 알렸다. 통행금지를 알리는 종을 '인정'이라 하고, 통금 해제를 알리는 종을 파루라고 했다. 통금이 시작되면 성문이 닫혀 도성 출입이 일체 금지되고, 공무 외에는 도성 안에 행인이 다닐 수 없었으며, 순라군이 순찰을 돌았다.

평설 술을 마신 후 다들 취하여 당시 도성 한양의 중심지인 운종가 대로를 거닐고 있다. 이 글의 서두에서 밝혔듯, 때는 초가을 열사흗날이다. 달빛이 참으로 교교했으리라.

그런데 시간은 이미 자정을 넘어 12시 30분께다. 이들은 통금도 무시하고 어슬렁거리며 시내를 배회하고 있다. 인적이 뚝 끊겨 대로상의 자기 그림자는 더욱 뚜렷하고 크게만 느껴졌을 터이다.

3 거리에는 개들이 마구 짖어댔는데, 동쪽에서 오獒가 한 마리 나타났다. 흰 빛깔에 비썩 말랐는데 빙 둘러서서 쓰다듬어 주자 좋아라 꼬리를 흔들며 머리를 숙인 채 한참을 서 있었다.
언젠가 들은 말인데, 오는 몽고산蒙古産으로 그 크기가 말만 하고 몹시 사나워 길들이기가 어렵다고 한다. 중국으로 들어간 것은 그 중에 특히 작은 종種으로 길들이기가 쉬우며, 우리나라로 온 것은 더욱 작은 종이지만 이것도 우리나라 재래종 개와 비교하면 훨씬 큰 편인데, 이상한 것을 봐도 짖지 않지만 한번 화가 나면 으르렁거리며 사납게 구는바 우리말로는 '호백胡白이라고 부른다. 그 중 아주 작은 종내기는 우리말로 발발이라고 하는데 운남산雲南産이다. 모두 고기를 좋아하지만 비록 몹시 굶주려도 깨끗하지 않은 것은 먹지 않으며 심부름을 시키면 사람 마음을 잘 알아차린다. 그래서 목에 편지를 걸어 주면 아무리 먼 곳이라도 꼭 전하고 혹시 주인을 만나지 못하면 꼭 그 주인집의 물건을 물고 돌아와서 그것으로 갔다 온 징표를 삼는다고 한다. 매년 사신들을 따라 우리나라에 들어오지만 대부분 굶어 죽으며 항상 혼자 다니면서 다른 개와 어울리지 못한다.

무관이 취해서 개에게 '호백'豪伯이라는 자를 지어 주었다. 잠시 후 개가 보이질 않자 무관은 서글피 동쪽을 향해 서서

"호백! 호백! 호백!"

하고 마치 친구를 부르듯이 세 번이나 불렀다. 우리들 모두 크게 웃어 거리가 소란해지자 개들이 이리저리 뛰어다니며 더욱 짖어댔다.

주해   '오'獒라는 개는 지금의 '장오'藏獒(짱가오)를 말한다. 장오는 티베탄 마스티프tibetan mastiff라고도 부른다. '장오'라는 단어에서 '장'은 티베트를 뜻한다. 이 개는 중국 고대의 문헌인 『서경』書經의 「여오」旅獒라는 글에 처음 등장한다. 「여오」에 보면, 무왕이 은을 멸망시키고 주나라를 세우자 서쪽 오랑캐인 여旅나라에서 '오'를 바쳤다는 기록이 나온다. 옛날 중국의 학자들은 여나라가 바친 이 오가 4척이나 되는 큰 개였다고 한다. 4척이면 1미터쯤 된다. 이처럼 이 개는 몽고가 아니라 티베트가 원산이다. 장오는 일명 사자개라고도 하는데 수컷 머리에 사자 갈기 같은 털이 나 있어서 그렇게 부른다. 장오는 다 자라면 길이가 1.2미터쯤 되고, 무게가 60내지 80kg에 이른다고 한다. 수컷은 늑대를 이기는 세계 최고의 맹견일 뿐 아니라 예지능력까지 갖고 있어 애견가들 사이에서 신견神犬으로 통한다. 이 개는 독립심과 야성이 강하고 아주 용맹스럽지만, 자기보다 작은 개한테

는 관심조차 안 보인다고 한다. 오랜 동안 베일에 가려진 신비스러운 견종犬種으로서 현재는 멸종 위기에 처해 북경의 장오 연구소에서 10여 마리를 보호 중이라고 한다. 한편 장오에도 여러 가지가 있어 사자형이나 호랑이형 외에도 마스티프 형, 쉽독 형, 하운드 형 등이 있으며, 심지어는 스피츠 형까지 있다고 한다. 다른 개와 섞여 이런 다양한 종류가 생겨났을 것이다.

한편 조선 후기의 국어학자인 유희柳僖(1773~1837)는 자신의 저서『물명고』物名攷에서 이 개를 '호박'이라고 적고 있다.

'운남'은 중국 남서부 국경 부근 지역으로, 지금의 운남성을 말한다.

평설   이 단락에 이르러 문의文意가 전환되고, 글은 갑자기 이채를 띠게 된다. 이상한 개 한 마리가 나타남으로써다. 오가 나타나자 사람들은 몹시 좋아한다. 야심한 밤 무료하던 차에 무슨 흥밋거리가 하나 생겨서일까. 빙 둘러서서 오를 쓰다듬어 주고, 그 자字를 지어 주고, 사라진 뒤 그 자를 불러대고, 그리고 그러는 것이 재미있다는 듯이 깔깔대고 하는 것은, 얼핏 보면 이들의 자유분방하고 아취 있는 동인적同人的 삶을 보여주는 것 같지만, 실은 하릴없는 이들의 처지를 반영하고 있다. 이들은 왜 밤거리를 싸돌아다니고 있는가? 하릴없어서다. 그들의 행동은 흡사 룸펜 내지는 잉여인간의 행태를 떠올리게 한다.

이들은 오를 보자마자 오가 자기네와 같은 족속임을 단박에 알아차렸다. 유유상종이다. 비썩 마른 오 역시 그들을 알아보고 꼬리를 흔들며 좋아한다. 상호 교감이 이루어진 것이다.

이처럼 이 단락의 중심에는 오가 있다. 그런데 이 오는 단순한 개가 아니라, 연암 일파의 상징이며 자화상이다. 말하자면 연암은 오에 대해 서술하면서 그 속에다 자신을 비롯한 동류들의 성격과 생리를 은밀하게 투사시켜 놓고 있다. 그러므로 오의 속성과 성격은 바로 연암 일파의 속성과 성격으로, 오의 처지는 연암 일파의 처지로, 오와 잡견들의 관계는 연암 일파와 당대 사대부들 간의 관계로, 각각 치환해 읽을 수 있다.

이 글에서 오는 어떻게 묘사되고 있는가? 우선, 오는 못 먹어서 비썩 말랐다. 둘째, 몹시 크고 사나워 길들이기가 어렵지만, 일단 길을 들여 심부름을 시키면 말을 잘 듣는다. 셋째, 이상한 것을 보아도 짖지 않는다. 넷째, 한번 화가 나면 몹시 사납다. 다섯째, 고기를 좋아하지만 몹시 굶주려도 깨끗하지 않은 것은 절대 먹지 않는다. 여섯째, 우리나라에 들어온 것은 대부분 굶어 죽으며, 항상 혼자 다니고 다른 개와 어울리지 못한다. 일곱째, 오가 나타나면 다른 개들이 마구 짖는다.

오에 대한 이런 묘사는, 능력이 있고 뜻이 크나 세상에 영합을 못해 현실로부터 소외된 채 가난하게 살아갈 수밖에 없었던, 또한 아무리 생활이 어려워도 지조와 본심을 잃지는 않았던, 그래서 오히려 소인배들로부터 늘 비난과 공격을 받아야 했던, 그럼에도 만일 군주가 자기네를 일단 등용하기만 한다면 누구보다도 충성스럽게 군주를 위해 일할 게 틀림없을 연암을 비롯한 그 동류들의 모습이다. 이처럼 연암은 오에 대한 묘사를 통해 자기들의 큰 뜻과 국량이 조선이라는 좁은 나라에서 용납되지 못하고 있다는 사실, 그래서 결국 능력을 발휘하지 못한 채 굶어죽을 운명에 처해 있다는 사실을 넌지시 말해 놓고 있다.

이것만이 아니다. 연암은 오를 통한 이 알레고리로써 청조淸朝 문화를 무조건 배격한 당대의 주류 사대부들을 비판하고 있기도 하다고 보인다. 당시 조선 사대부들은 거의 대부분 청나라를 오랑캐의 나라로 간주해 그 문화를 야만적인 것으로 치부하였다. 하지만 당시 청나라는 옹정 황제를 거쳐 건륭 황제에 이르면서 융성한 문화를 이룩하고 있었다. 연암은, 조선의 주체성은 견지하되 청나라로부터 배울 점은 적극적으로 배워 조선의 국력과 민생의 향상을 기하자는 입장이었다. 하지만 연암의 이런 입장은 당대 조선의 현실에서 받아들여지기 어려운 것이었다. 조선 사대부 일반은, 가소롭게도 조선은 소중화小中華라느니, 혹은 한 술 더 떠 이제 바야흐로 조선은 중화라느니 하는 망상과 허위의식에 사로잡혀 우쭐거리면서, 자기 자신을, 그리고 동아시아의 정세를 냉정하게 직시하지 못하고 있었다. 그러므로 오랑캐산 개 '오'가 조선에 들어오면 그 능력을 발휘하기는커녕 빌빌거리다가 결국 굶어 죽고 만다는 이야기는 청조 문화 수용과 관련한 당대 조선의 지배적 풍토에 대한 비판일 수 있다. 연암은 어떤 글에서, 속인俗人은 괴상하게 여기는 것이 많아 자기가 보지 못한 것은 다 괴상한 것으로 여기지만 달사達士(식견이 툭 트인 선비)는 그렇지 않다고 했다. '속인'은 식견이 좁고 편협하기 짝이 없던 조선 사대부 일반을 가리키는 말로 해석할 수 있다. 이 지점에서, 연암이 오에 대해 말하면서 '이상한 것을 봐도 짖지 않는다'라고 말한 것에 주목할 필요가 있다. 이는 조선의 재래종 개들(=당대의 주류적 사대부)과 오(=연암 일파)를 대립시키면서 당대의 주류적 사대부가 청조 문화를 이상하게 여기며 짖어대는 것을 비꼰 말이기도 하다.

'호백'의 원문은 '胡白'이다. '胡'자는 잘 알다시피 오랑캐 '호'자다. 그런데 무관은 이 '호백'의 자字를 '豪伯'이라 지어 주었다. '豪'는 호걸스럽다는 뜻이며, '伯'은 으뜸이라는 뜻이다. 오랑캐의 개를 뜻하는 말인 '胡白'에게 '豪伯'이라는 자를 지어 준 데에는 그냥 지나쳐서는 안 될 의미심장한 함축이 내포되어 있다고 보인다. 여기에는 두 가지 함축이 중첩되어 있다. 하나는 자기들의 존재감에 대한 투사이고, 다른 하나는 역시 청조 문화에 대한 연암 일파의 태도를 보여주는 것이라고 해야 하리라.

이 단락의 끝 부분에서 무관이 사라진 호백을 향해 서글피 그 자字를 외치는 것은 대단히 인상적인 정경이다. 그것은 마치 자기를 향한 외침처럼 들린다. 그 광경을 보고 일행이 크게 웃자 잡견들이 이리저리 날뛰며 더욱 짖어댄다. 이 단락 서두에서 오가 처음 등장할 때 잡견들이 마구 짖어댔다고 했는데 이 마지막 구절에서 다시 잡견들은 마구 날뛰며 짖어댄다. 이처럼 이 단락은 시작과 끝이 맞물리는 구조를 취하고 있으며, 이러한 문장 구조는 이 글의 내용과 연결됨으로써 왠지 읽는 사람의 마음에 크나큰 여운을 남긴다.

4 그러다가 현현玄玄의 집을 찾아가 술을 더 마셨다. 우리는 크게 취하여 운종교雲從橋를 밟으며 난간에 기대어 대화를 나누었다. 그 옛날 대보름날 밤에 연옥連玉이 이 다리 위에서 춤을 춘 적이 있다. 그리고 우리는 백석白石의 집에 가 차를 마셨더랬다. 혜풍惠風은 장난삼아 거위의 목을 끌고 여러 번 빙빙 돌면서 마치 하인에게 뭔가를 분부하는 시늉을 하여 우리를 웃기고 즐겁게 했다. 벌써 6년 전 일이다. 혜풍은 지금 남녘의 금강錦江에 노닐고 있고 연옥은 서쪽의 평안도에 나가 있는데 다들 별고 없는지.

주해 '현현'玄玄은, 어떤 사람의 자字겠는데, 누군지는 미상이다. 연암 일파의 한 사람일 것이다.

'운종교'雲從橋는 대광통교를 가리키는 것으로 보인다. 이 다리는 종로 네거리에서 남대문으로 가는 큰 길을 잇는 청계천 위에 있었다. 당시 서울에서 가장 길고 아름다운 다리였다.

'연옥'連玉은 유연柳璉(1741~1788)의 자다. 유연의 다른 자는 탄소彈素이고, 호는 기하幾何이며, 후일 유금柳琴이라는 이름으로 개명했다. '기하'라는 호는 기하학에 밝다고 해서 스스로 붙인 것이다. 서얼 출신으로, 유득공의 숙부다.

'백석'白石은 이홍유李弘儒(1743~1812)의 호다. 젊은 시절 석실서원石室書院의 김원행金元行(1702~1772)에게서 수학했으며, 저서로 『백석유고』白石遺稿가 있다.

'혜풍'惠風은 유득공柳得恭(1748~1807)의 자다. 호는 영재泠齋이고, 연암의 문생이다. 서얼 출신으로 훗날 규장각 검서, 포천 현감, 풍천 부사 등을 지냈다. 역사학에 조예가 깊었으며, 저서로 『영재집』泠齋集이 전한다.

평설 다시 공간이 이동되어 이제 무대는 운종교다. 이 글 제목에 보이는 바로 그 운종교다. 연암과 그 일행은 크게 취하여 다리 난간에 기대어 서로 이야기를 나누었다고 했다. 무슨 이야기를 나눴을까? 이 물음에 대한 답은 텍스트 속에 들어 있다. 언젠가 대보름날 밤에 유금이 이 다리 위에서 춤을 춘 일하며, 이홍유의 집으로 몰려가 차를 마신 일하며, 유득공이 거위를 갖고 사람들을 웃긴 일하며, 이런 일들에 대해 회상하는 말들을 했을 터이다. 이런 회상을 할 때 연암을 비롯해 그 자리에 있던 사람들의 모습과 태도는 어땠을까? 아마 몹시 즐겁고 흐뭇한 표정들이었으리라. 왜 즐겁고 흐뭇했을까? 그들은 모두 동류였기 때문이다. 왜 이런 회상을 하게 됐을까? 운종교와 달밤이라는 매개물에 이끌려서다.

이처럼 이 대목은 어떤 매개물로 인해 과거의 기억을 되살리고 그 기억의 되살림을 통해 과거와 현재를 하나로 이으면서 동류의식을 확인, 심화시키고 있다. 절묘하게도 이 대목으로 인해 오늘 밤의 술 마심과 배회는 한갓 오늘 밤만의 일이 아니며 적어도 6년의 배경을 뒤로하고 있다는 것, 그리고 이 시간적 두께만큼이나 그들의 인간적 유대와 결속은 두텁다는 것이 시사된다. 조금 어려운 말을 쓴다면, 이 대목은 공시적인 좌표 위에서 진행되어 온 서사敍事를 통시적인 좌표로 확대시키고 있다고 할 만하다. 이를 통해

'현재' '여기'에 자리하고 있지 않은 사람까지도 호명함으로써 우정의 양감量感은 더욱 커지고 질감質感은 더욱 깊어지게 되었다.

더구나 연암은 이 단락의 끝에서 "혜풍은 지금 남녘의 금강錦江에 노닐고 있고 연옥은 서쪽의 평안도에 나가 있는데 다들 별고 없는지"라며 마치 이들에게 편지글을 쓴 것 같은 느낌이 들게 서술해 놓고 있는데, 이들에 대한 그리움, 그리고 잠시라도 이들과 떨어져 지내는 건 참 괴로운 일이라고 생각하는 마음이 이 말에서 절절히 느껴져, 비록 말은 짧지만 그 여운은 몹시 길다.

그런데, 유금이 다리 위에서 너울너울 춤을 추거나 혜풍이 거위를 갖고 우스꽝스런 짓을 한 일, 이덕무가 오獒라는 개에게 자字를 지어 준 일 등은 모두 기행奇行에 속한다 하겠는데, 이들은 왜 이런 기행을 일삼은 걸까? 이들이 경박한 부류여서일까? 아니면 끼가 넘쳐서이거나 조금 정상이 아니라서 그런 걸까? 그건 아니다. 이들이 벌이는 기행은 심중한 사회적 의미를 띤 하나의 퍼포먼스 같은 것이라 할 만하다. 말하자면 이들은 이 퍼포먼스를 통해 자신의 사회적 존재조건을 드러내는 한편, 그러한 존재조건에 대한 자신의 태도를 표명하고 있는 셈이다. 그들의 사회적 존재조건이란 무엇을 말하는가? 능력은 출중하나 이런저런 제약과 배제와 금기 때문에 사회에 쓰이지 못하고 버려진 자의 처지를 가리키는 말이다. 연암은 물론이고, 유득공·유금·이덕무와 같은 서얼들은 당시 모두 백수건달의 신세였다. 그러므로 그들은 기행(여기에는 웃기는 짓도 포함된다)을 통해 그들의 불평스런 마음을 토로하면서 세상에 대해 이른바 '완세불공' 玩世不恭(세상을 깔보며 불공스런 모습을 보이는 것)의 태도를 취했던 것이다. 당대의 사대부 가운데 이들의 이런 마음을 아는 사람이라면 일말의 연민을 느꼈을 법하고, 이들의 마음을 모르는 사람이라면(이쪽이 대부분이라고 보이지만) 이들을 경박한 패거리 아니면 미친 놈들쯤으로 치부했을 터이다.

5 우리는 이번엔 수표교水標橋로 가서 다리 위에 쭉 벌여 앉았다. 달은 바야흐로 서쪽으로 기우는데 참으로 발그레하고, 별빛은 더욱 반짝거려 둥글고 크게 보이는 게 마치 얼굴에 쏟아질 듯하였다. 이슬은 무거워 옷과 갓이 다 젖었으며, 흰 구름이 동쪽에서 일어나 비껴 흐르다 천천히 북쪽으로 가는데 도성 동쪽의 푸른 산기운은 더욱 짙었다. 개구리 소리는 완악한 백성들이 아둔한 고을 원한테 몰려가 와글와글 소訴를 제기하는 것 같고, 매미 소리는 엄격하게 공부시키는 글방에서 정한 날짜에 글을 외는 시험을 보이는 것 같고, 닭 우는 소리는 임금에게 간언하는 것을 자신의 소임으로 여기는 한 강개한 선비의 목소리 같았다.

주해 '수표교'水標橋는 지금의 수표동水標洞과 관수동觀水洞 사이의 청계천에 있던 다리이다. 주변 경관이 아름다워 달구경을 운치 있게 할 수 있는 곳으로 유명했다.

평설 다시 수표교로 공간이 이동된다. 이 단락은 자연 경관에 대한 묘사로 시작된다. 서쪽으로 기우는 달, 얼굴에 쏟아질 듯 초롱초롱한 별빛, 북쪽으로 흐르는 흰 구름, 푸르스름한 산기운 등 수표교에서 바라본 풍경이 그려져 있다. 이 풍경 묘사는 아주 정취가 있다. 게다가 지금까지의 서술과는 달리 퍽 정적靜的이고 고즈넉한 느낌을 자아낸다. 이 글의 2단락에서 달에 대한 언급이 처음 있었는데, 그때와 달리 달은 이제 서쪽으로 기울고 있다. 그래서 별빛이 더욱 반짝거린다. 도성 동쪽의 산이란 삼각산이나 도봉산일 것이다. 초가을이라 옷에 이슬이 촉촉하건만, 연암의 무리는 수표교에 말없이 앉아 새벽을 맞이하고 있다. 이 점에서 이 단락은 비단 공간의 이동만이 아니라 시간의 이동을 보여준다. 뚜렷한 시간감時間感, 이 단락은 이에 의해 특징지어진다.

　연암과 그 무리는 밤새 서울 거리를 배회하다 수표교에서 새벽을 맞이하고 있다. 낄낄대거나 들레던 분위기의 이전 서술과 달리 이 대목은 착 가라앉은 느낌을 준다. 또한 이전의 단락들이 서사적이고 외면적인 데 반해, 이 대목은 서정적이고 관조적이다. 이런 차이로 인해 이 마지막 대목에서 이 글은 면모를 싹 일신―新한다. 그리하여 이 대목은 마치 농지거리를 하며 지금껏 헐렁한 모습을 보여주던 사람이 어느 순간 갑자기 안면을 싹 바꿔 정색을 한 채 근엄하고 진지한 얼굴로 이야기하기 시작할 때 우리가 맛보게 되는 당혹스러움 같은 것을 느끼게 만든다. 그런데 이 단락이 보여주는 분위기의 전환은 '새벽'이라는 시간과 큰 관련이 있어 보인다. 새벽이란 무엇인가? 그것은 밤의 열기가 사라지고, 술이 깨고, 정신이 다시 또렷해지고, 마음이 모이고, 자기를 추스르고, 다시 삶에 직면하게 되는 시간이다. 이들에게 새벽이란 바로 그런 것이었을 터이다. 문득 이 대목에서 필자는 그 옛날 대학 다닐 때 엠티를 가 술 마시며 밤새 토론을 벌이다 뜬눈으로 새벽을 맞이하곤 했던 일을 떠올리게 된다. 당시는 유신 말기로, 박정희 독재가 우리 사회를 짓누르고 있을 때였다. 피곤에 절은 몸, 나라의 미래에 대한 절망적인 심정. 하지만 그런 속에서도 새벽은 맑은 의식과 착 가라앉은 마음, 일말의 희망, 그리고 스스로 뭔가 하지 않을 수 없다는 각오 같은 것을 갖게 했다. 새벽이란 이처럼 묘한 것이다.
　이 단락에서 우리는 특히 자연 경관에 대한 정감 있는 서술 뒤에 이어지는 "개구리 소리" 운운 이하의 맨 끝 구절에 주목할 필요가 있다. 개구리 우는 소리, 매미 소리, 닭 우는 소리 이 세 가지 소리는 모두 새벽을 알리는 소리다. 그런데 중요한 것은 이 세 가지 소리가 어떻게 이미지화되는가 하는 점이다. 그것은 백성들이 고을 원 앞에 가 송사하는 소리, 글방 아이들의 글 외는 소리, 강직한 선비가 임금에게 간언하는 소리로 각각 이미지화

되고 있다. 이 세 가지 이미지는 모두 선비의 본분과 관련된다. 선비의 본분이란, 백성을 잘 다스려 편안하게 살도록 해 주는 것, 글을 읽어 사람으로서의 도리를 배우는 것, 군주가 잘못할 경우 목숨을 걸고 직언하는 것이기 때문이다.

세 가지 소리를 선비의 본분과 관련된 이미지로 전환시키고 있음은 어디까지나 연암의 상상력에 속하는 것이지만, 문제는 이 상상력 속에 연암이라는 인간의 가장 근저에 있는 문제의식, 어떤 능청이나 익살이나 페이소스에도 불구하고 언제나 변함없이 그 정신의 가장 깊은 내핵內核에 있었다고 판단되는 저 경세의식經世意識이 담지되어 있다는 사실이다. 연암의 경세의식은 선비의 책무, 다시 말해 글 읽고 배운 자의 책무에 대한 처절한 자각에서 비롯된다. 일찍이 이우성 선생은 연암의 이런 자각을 '사士에의 자각'이라고 간요하게 이름한 바 있지만, 바로 이 '사에의 자각'에서 새로운 학문으로서의 '실학'이 싹틀 수 있었으며, '나'에 대한 성찰과 타자에 대한 관심, 거짓과 불의와 위선으로 가득한 현실에 대한 비판적 사유가 양성釀成되어 나올 수 있었던 것이다.

만일 이 글이 이 마지막 단락 없이 앞 단락에서 끝났다면 어땠을까, 이런 질문을 한번 던져 보자. 만일 이 마지막 단락 없이 글이 끝났다면 이 글은 그야말로 세상에 버려진 존재들이 달밤에 만취하여 하릴없이 어슬렁거리고 다니면서 동류의식과 자기연민을 보여준 데 지나지 않을 것이다. 그것도 나쁘지는 않지만, 연암은 거기서 글을 종결짓지 않고 자신들이 그런 존재조건에 있음에도 불구하고(아니 오히려 그런 존재조건에 있기 때문에 더욱 더 진실하게) 선비로서의 정신을 결코 놓고 있지 않음을 보여주는 대목을 살짝 끝에 덧붙임으로써 이 글에 기복起伏과 파란波瀾을 부여하고 있다. 그 결과 이 글은 대단히 성찰적이고 반어적인 울림을 획득한다. 왜 성찰적이고 반어적인가? 스스로의 존재조건을 응시해 내고 있다는 점, 자기연민의 감정까지도 대상화하고 반추해 내는 고도의 냉철한 지적 능력을 보여준다는 점, 이상한 기행奇行을 연출하면서도 그 기행이 하릴없는 데서 연유하는 것임을 스스로 꿰뚫어보면서 기행 저 너머에 있는 선비 본연의 사회적 책무를 스스로 환기해 내고 있다는 점, 이 여러 가지 점에서 그렇다고 말할 수 있다. 이처럼 '성찰성'과 '반어성'은 연암 산문의 기저부基底部를 이루는바, 이 점을 알지 못하는 자, 연암 산문의 껍데기만 읽은 자라 할 것이다.

총평

- 이 글은 1773년(영조 49) 경에 창작된 것으로 추정된다. 연암의 나이 37세 때이다. 당시 연암은 과거科擧를 포기한 채 곤궁하게 살면서 문학과 사상을 한층 더 높은 방향으로 발전시켜 가고 있었다. 이 글은 이 시기 연암의 감정과 태도를 잘 보여준다.

- 이 글을 읽으며 우리는 어떤 대목에서는 빙그레 웃게 되고, 어떤 대목에서는 이 글 속 인물들의 처지에 공감되어 슬픈 마음이 되기도 하며, 어떤 대목에서는 그 아름다운 묘사에 마음을 빼앗겨 황홀해지기도 하고, 어떤 대목에서는 흐뭇해지기도 하며, 어떤 대목에서는 정신이 각성되기도 한다. 이처럼 이 글은 파란과 변화가 많아, 배를 타고 장강長江을 따라 내려가다 시시각각 달라지는 강안江岸의 풍경을 바라보며 여러 가지 감정에 잠기게 되는 것에 견줄 만하다. 이런 다채로운 전개 속에 냉정한 자기 직시와 자기 성찰을 녹여 놓고 있는 이 글은 가히 천의무봉의 경지에 이르렀다 할 연암의 글 솜씨와 그 깊은 사유력을 유감없이 보여주고 있다고 할 만하다. 이

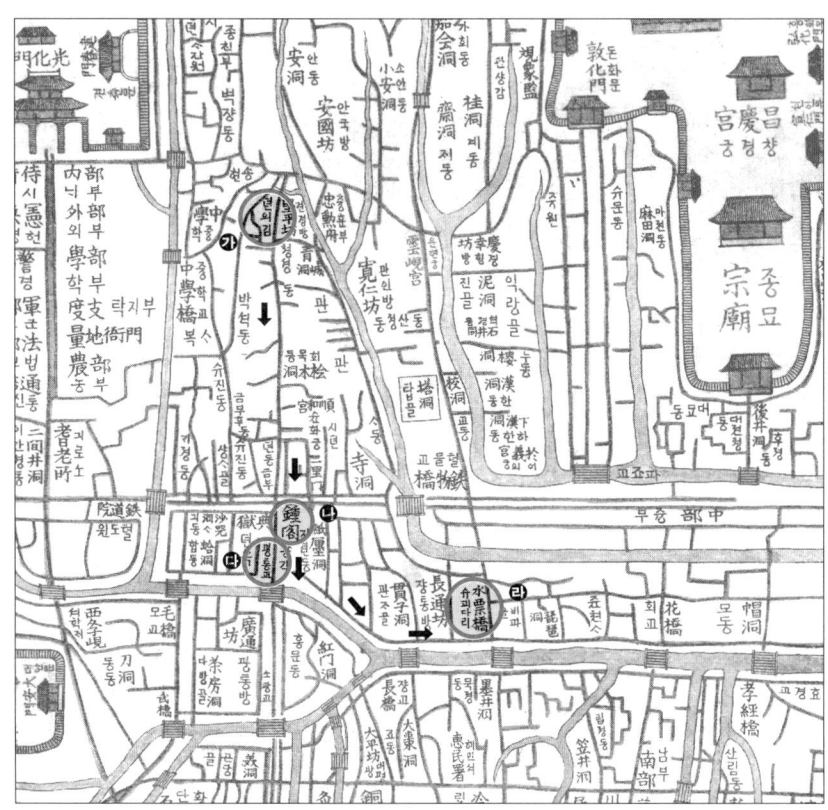

연암의 이동 경로 ㉮ 전의감동, ㉯ 종각, ㉰ 광통교, ㉱ 수표교 (〈한성부지도〉漢城府地圖: 1901년경)

런 글을 명문이라고 하지 않는다면 대체 어떤 글을 명문이라고 할 것인가?

• 이 글은 그 구성이 절묘하다. 글의 중간 부분에 호백 이야기가 나오는데, 이 이야기는 큰 상징성을 갖는다. 그것은 자기응시의 대상화에 다름 아니다. 달리 말해 호백을 빌려 자기 이야기를 하고 있는 것이다. 이 호백 이야기는 이 글의 압권을 이룬다고 할 만하다. 그렇긴 하지만 이 이야기에서 글이 끝났다면 이 글은 기껏 신세에 대한 푸념과 한탄에서 크게 벗

어나지 못했을 것이다. 맨 마지막 단락 때문에 호백 이야기는 또다른 각도에서 반추될 수 있게 되고, 글 전체가 놀라운 깊이를 확보하게 된다. 바로 이런 구성이 여느 작가와 본질적으로 다른, 연암의 연암다운 면모를 보여주는 것이리라.

• 이 글에 등장하는, 연암을 비롯한 여러 인물들은 이른바 '야성'野性을 보여준다고 할 만하다. 이 야성과 관련해 이들의 행위와 면모가 거칠고 예법을 벗어난 것이라는 비난도 따를 수 있지만, 다른 각도에서 본다면 이 야성 때문에 그들은 아직 때 묻지 않고 정신적으로 건강하며 위선적이지 않을 수 있었다. 혹은 역으로, 때 묻지 않고 위선적이지 않았기 때문에 야성적이었다고 말할 수도 있다. 연암이 특히 좋아하고 그 심리를 잘 이해한 부류의 인간은 바로 이런 야성을 지닌 인간이었다.

• 이 글은 공간 이동이 흥미롭다. 전의감동에서 출발해 운종가로 나와 종각 아래에서 바장이다가 광통교로 가 노닐고, 마침내 수표교에서 그 발걸음이 멈추고 있다. 그 동선動線은 대체로 청계천을 따라 이루어지고 있다. 광통교와 수표교는 청계천 상에 있던 다리들이기 때문이다. 이 활발한 공간 이동은 이 작품에 비교적 큰 동감動感을 낳고 있다. 한편 이런 공간 이동이 시간 이동과 밀접히 얽혀 독특한 미감을 빚어낸다는 사실도 놓쳐서는 안 될 점이다.

소완정素玩亭이 쓴 「여름밤 벗을 방문하고 와」에 답한 글

    6월 어느 날, 낙서洛瑞가 밤에 나를 찾아왔다가 돌아가 글을 지었는데 그 글 가운데 이런 구절이 들어 있었다.
    "내가 연암燕巖 어르신을 찾아뵈었더니 어르신은 사흘을 굶으신 채 망건도 쓰지 않고 맨발로 창문에다 다리를 턱 걸치고 누워 행랑 사람과 말을 주고받고 계셨다."
    이른바 '연암'이란 나의 집이 있는 금천金川의 산골짝 이름이다. 이 때문에 사람들은 나를 이렇게 불렀다.
    당시 나의 가족은 처가인 광릉廣陵에 가 묵고 있었다. 나는 몸집이 비대해 더위를 몹시 타는 데다, 초목의 기운이 푹푹 찌고 여름밤에 모기가 설쳐대며 논에 개구리가 밤낮 쉬지 않고 울어대는 게 괴로워, 해마다 여름철이 되면 늘 서울 집으로 피서를 왔다. 서울 집은 몹시 비좁기는 하나 모기나 개구리, 초목의 괴로움이 없었다. 단지 여종 하나가 집을 지키고 있었는데 갑자기 눈병이 나 미친 듯 울부짖다가 주인을 버리고 가 버려 밥 지어 줄 사람이 없었다. 그리하여 마침내 행랑에 기식寄食하다 보니 자연 행랑 사람과 친근하게 되고 저들 또한 나를 꺼리지 않아 내 집 하인처럼 부리게 되었다.

고요히 지내노라니 마음에 아무 생각이 없어, 때때로 시골에서 보내온 가족의 편지를 받으면 '평안' 두 글자만 확인하고 말 따름이었다. 갈수록 게으름에 이골이 나 경조사도 폐하고, 혹 며칠씩 세수도 않고, 혹 열흘간 망건을 쓰지 아니한 적도 있었다. 손님이 찾아오면 혹 잠자코 앉아 있었으며, 혹 땔나무 장수나 참외 장수가 지나가면 불러다 놓고 효제충신孝悌忠信이며 예의염치禮義廉恥에 대해 더불어 이야기하며 수백 마디 말을 다정스레 나누었다. 남들은 혹 내가 하는 짓이 오활하고 가당찮으며 지리하여 혐오할 만한 일이라고들 나무랐지만 그래도 나는 그만두질 않았다. 또 어떤 이들은 내가 제 집에서 객살이를 하고 아내가 있는데도 중처럼 지낸다며 놀리기도 했지만, 나는 그럴수록 더욱 느긋해져 바야흐로 아무것도 일삼지 않는 걸 흡족히 여겼다.

까치 새끼 한 마리가 다리 한 쪽이 부러져 찔뚝거리는 꼴이 우스꽝스러웠는데 내가 밥알을 던져 줬더니 점점 길이 들어서 날마다 찾아와 친해졌다. 그래서 마침내 그와 이런 농담을 했다.

"맹상군孟嘗君은 통 없고 평원군平原君의 식객食客만 있군!"

우리나라 시속에 돈을 '문文'이라고 하므로 '맹상군' 운운한 것이다.

잠에서 깨면 책을 보고 책을 보다가 다시 잠이 들곤 했는데, 깨우는 사람이 없으면 어떤 때는 하루 종일 잠에 곯아떨어지기도 했다. 때때로 글을 지어 뜻을 드러내 보이기도 하고, 몹시 권태로우면 새로 배운 구라철사금歐邏鐵絲琴을 몇 곡조 타기도 했다. 어쩌다가 친구가 술이라도 보내오면 좋아라 마시고는 취하여 이렇게 스스로에 대한 찬贊을 지었다.

제 몸 위함은 양주楊朱를 닮았고
겸애兼愛함은 묵자墨子를 닮았고
집안에 양식이 자주 떨어지는 건 안회顏回를 닮았고
고요히 앉았기는 노자老子를 닮았고

자유롭고 거리낌 없기는 장자莊子를 닮았고
참선하는 듯함은 부처를 닮았고
불공不恭스럽기는 유하혜柳下惠를 닮았고
술 잘 마시는 건 유령劉伶을 닮았고
밥 얻어먹는 건 한신韓信을 닮았고
하염없이 자는 건 진단陳摶을 닮았고
거문고 타는 건 자상호子桑戶를 닮았고
저술하는 건 양웅揚雄을 닮았고
자신을 큰 인물에 견주는 건 공명孔明을 닮았으니
나는 얼추 성인聖人일세!
다만 키가 조교曹交만 못하고
청렴함이 오릉於陵을 못 따라가니
부끄럽네 부끄러워!

그리고는 혼자서 껄껄 웃었다.
당시 내가 과연 사흘을 굶었는데, 행랑 사람이 남의 집에 지붕을 얹어 주고 품삯을 받아 와 밤에서야 밥을 지었다. 아이가 밥투정을 해 울며 먹으려 들지 않자 행랑 사람은 성이 나서 밥을 엎어 개에게 주고는 자식한테 욕을 하며 '뒈져 버려라!'라고 악담을 하였다. 그때 나는 막 식사를 마치고 곤하여 누워 있던 중이었다. 나는 장괴애張乖崖가 촉蜀의 지방관으로 있으면서 어린아이의 목을 벤 일을 들어 행랑 사람을 타이르는 한편 이렇게 말했다.
"평소에 가르치지 않고 꾸짖기만 하면 커서 은혜를 원수로 갚는 법일세!"
그러면서 하늘을 보니 은하수가 지붕에 드리웠는데 별똥별이 서쪽으로 흐르며 하늘에 하얀 자취를 남기고 있었다. 말이 채 끝나기도 전에 낙서가 찾아와 묻는 것이었다.

"어르신께서는 혼자 누워서 누구랑 이야기하십니까?"

이른바 행랑 사람과 말을 주고받더라는 것은 이를 두고 한 말이다.

낙서는 또 그 글에서 언젠가 눈 오는 날 함께 떡을 구워 먹었던 일에 대해 말했던데, 내가 예전에 살던 집이 낙서의 집과 문을 마주하고 있었기에 낙서는 어려서부터 내 집에 손님이 날마다 가득 들어찬 것과 내가 세상에 뜻을 두었던 걸 목도한 바 있다. 그렇건만 이제 내 나이 채 마흔이 못 되어 이미 머리가 허옇게 세었으니 이 때문에 낙서는 자못 그 서글픈 느낌을 적었던 것이다. 하지만 나는 이미 병들고 곤궁한 데다 기백은 쇠락하였으며, 덤덤하니 세상사에 뜻이 없어 더는 예전 같지가 않다. 이에 낙서를 위해 이 글을 써서 답한다.

■ 낙서의 글은 다음과 같다.

음력 6월 어느 날, 걸어서 서쪽 인근의 연암 어르신을 찾아뵈었다. 하늘에는 옅은 구름이 끼어 있어서 숲속에 걸린 달이 어스름하였다. 초경初更을 알리는 종소리가 울렸는데 처음은 크게 들리더니 마지막에는 희미해져 마치 물거품이 흩어지는 것같이 느껴졌다. 어르신께서 댁에 계시려나 생각하며 골목에 들어서기가 무섭게 그 댁 창문부터 봤는데, 마침 불이 켜져 있었다.

문을 들어서니 어르신께서는 사흘을 굶으신 채 맨발에다 망건도 쓰지 않고 창문에다 다리를 턱 걸치고는 행랑 사람과 말을 주고받고 계셨다. 내가 온 것을 보시고는 마침내 옷매무새를 바로하고 앉으시더니 고금의 정치 및 당대 문장의 유파流派와 당론黨論의 동이同異에 대해 거침없이 말씀하셨다. 나는 그 말씀을 듣고 퍽 신기하게 여겼다.

시각은 이미 3경을 지나 있었다. 창밖을 쳐다보니 하늘에 갑자기 빛이 번쩍번쩍하더니 은하수에 흰 빛이 뻗치는데 점점 더 희뜩희뜩하며 사라지지 않았다. 나는 놀라 이렇게 여쭈었다.

"저건 어째서 저렇사옵니까?"

어르신은 웃으며 말씀하셨다.

"자네 곁을 한번 보게나!"

촛불이 꺼지려고 하면서 불꽃을 깜빡이며 더욱 커다랗게 되어 있지 않은가. 나는 그제야 방금 전에 본 게 촛불이 비치어 그랬다는 걸 깨달았다.

곧 초가 다 타 버려 마침내 컴컴한 방 안에 두 사람이 앉았으나 그럼에도 태연자약하게 웃으며 이야기하였다. 나는 이런 말을 했다.

"지난 날 어르신께서 저와 한동네에 사실 적에 어느 눈 오는 밤 어르신을 찾아뵌 일이 있지 않습니까? 어르신은 저를 위해 직접 술을 데우셨고 저는 손으로 떡을 집어 질화로에 노릇노릇 굽는 참이었는데, 불기운이 솟구쳐 올라 제 손이 너무 뜨거운지라 자꾸 재 속에 떡을 떨어뜨리자 그걸 보시며 즐거워하셨더랬지요. 그랬건만 이제 몇 년 새에 어르신의 머리는 벌써 허옇게 세고 저는 수염이 무성해졌습니다."

이 말끝에 서로 한참을 서글퍼하였.

이날 밤으로부터 열사흘째 되는 날 글을 완성하다.

① 6월 어느 날, 낙서洛瑞가 밤에 나를 찾아왔다가 돌아가 글을 지었는데 그 글 가운데 이런 구절이 들어 있었다.

"내가 연암燕巖 어르신을 찾아뵈었더니 어르신은 사흘을 굶으신 채 망건도 쓰지 않고 맨발로 창문에다 다리를 턱 걸치고 누워 행랑 사람과 말을 주고 받고 계셨다."

이른바 '연암'이란 나의 집이 있는 금천金川의 산골짝 이름이다. 이 때문에 사람들은 나를 이렇게 불렀다.

당시 나의 가족은 처가인 광릉廣陵에 가 묵고 있었다. 나는 몸집이 비대해 더위를 몹시 타는 데다, 초목의 기운이 푹푹 찌고 여름밤에 모기가 설쳐대며 논에 개구리가 밤낮 쉬지 않고 울어대는 게 괴로워, 해마다 여름철이 되면 늘 서울 집으로 피서를 왔다. 서울 집은 몹시 비좁기는 하나 모기나 개구리, 초목의 괴로움이 없었다. 단지 여종 하나가 집을 지키고 있었는데 갑자기 눈병이 나 미친 듯 울부짖다가 주인을 버리고 가 버려 밥 지어 줄 사람이 없었다. 그리하여 마침내 행랑에 기식寄食하다 보니 자연 행랑 사람과 친근하게 되고 저들 또한 나를 꺼리지 않아 내 집 하인처럼 부리게 되었다.

주해 '소완정'素玩亭은 이서구李書九(1754~1825)의 당호堂號다. 영조·정조·순조 때의 문신으로, 자는 낙서洛瑞이고, 호는 강산薑山이다. 이 호 외에도 척재惕齋, 녹천관綠天館이라는 호를 썼다. 어린 시절 연암에게 수학했으며, 1774년(영조 50) 문과에 급제하여 대사간·이조판서·우의정 등을 지냈다. 문집으로 『척재집』惕齋集이 전한다.

「여름밤 벗을 방문하고 와」는 이서구가 쓴 글이다. '벗'이란 연암을 가리킨다. 연암은 자신의 문생들을 곧잘 '벗'이라고 불렀다. 그것은 단지 겸손의 표시만은 아니다. 거기에는, 인간의 삶에서 벗만큼 중요한 존재는 없다는 그의 지론이 반영되어 있다. 이 단락에서 보듯 이서구는 연암에게 '어

소완정이 쓴 「여름밤 벗을 방문하고 와」에 답한 글 93

르신'(원문 '丈人')이라는 호칭을 쓰고 있다. 이 호칭은 부친뻘이나 선생뻘의 사람에게만 쓰는 말이다. 이를 통해 이서구가 연암을 선생으로 여기고 있었음이 확인된다. 그럼에도 이서구는 왜 자신이 쓴 글의 제목에서 굳이 '벗'이라는 말을 쓴 걸까? 여기에는 스승도 문생도 넓은 의미에선 서로 다 '벗'이라고 생각했던 연암 그룹의 사고방식이 담겨 있는 게 아닐까.

'금천'金川은 황해도의 군郡 이름이다. 이곳에 '연암골'이 있다. '연암'이라는 호는 이 지명을 취한 것이다. 박지원은 1771년 문생뻘인 백동수白東脩(1743~1816)와 함께 연암골을 답사한 뒤 이곳에 은거하기로 마음먹었으며, 이후 이곳에 산방山房(이른바 연암산방)을 마련하여 수시로 거처하였다. 그러다가 1778년(정조 2)에 홍국영의 박해가 있자 아예 가족과 함께 이리로 이주하였다. 따라서 연암이 1778년 비로소 연암골에 거주한 것처럼 말해 온 기존의 설은 사실과 부합되지 않는다.

'광릉'廣陵은 경기도 광주廣州를 말한다. 연암의 아들인 박종채朴宗采(1780~1835)는 연암 사후 연암의 전기인 『과정록』過庭錄이라는 책을 쓴 바 있다. 이 책은 현재 초고본, 1차 수정본, 완성본의 세 가지 필사본이 전하고 있다. 그런데 그 1차 수정본에는, 연암이 1772년에서 1773년 사이 가족을 광주군 석마石馬의 처가로 보내고 늘 혼자 전의감동典醫監洞의 우사寓舍에서 지냈다고 서술되어 있다. 이는 실제 사실과 조금 다르다. 연암은 당시 연암산방에서 지내기도 했으며, 필요에 따라 연암산방과 전의감동의 집을 오가는 생활을 하고 있었던 것으로 보인다. 이 글에서 '서울 집'이란 곧 전의감동에 있던 집을 가리킨다.

'행랑'은 '행랑채'나 '행랑방'이라고도 하는데, 대문의 양쪽이나 문간 옆에 있는 방으로, 이른바 '아랫것들'이 거처하는 곳이다. 행랑에 사는 것을 '행랑살이'라고 일컬으며, 행랑살이하는 남자를 행랑아범, 여자를 행랑어멈이라고 부른다. 행랑 사람은 꼭 하인은 아니며, 신분이 평민인 경우도 적지 않다. 이 경우 집주인과 행랑 사람은 주종 관계는 아니며, 행랑을 빌려

사는 대가로 더러 주인집의 일을 돕거나 심부름을 해 줄 따름이다.

평설 이 작품은 낙서가 쓴 글의 한 구절을 소개하는 것으로 시작된다. 인용된 낙서의 글 구절은 이 작품의 주안主案(중심이 되는 의제)을 이룬다. 이 작품은 서두에 제시된 이 주안에 대한 풀이에 그 대부분을 할애하는 형식을 취하고 있다. 이 주안은 독자의 호기심을 자극하기에 족하다. 사흘을 굶었다는 것도 그렇고, 양반이 망건도 쓰지 않고 맨발을 창문에다 턱 걸치고 드러누워 있다는 것도 몹시 이상한 일이며, 그런 모습으로 '아랫것'인 행랑 사람과 말을 주고받았다는 것도 해괴하기 짝이 없는 까닭이다. 연암은 이처럼 독자의 호기심을 잔뜩 불러일으켜 놓은 다음 차근차근 그 연유를 이야기해 나간다. 그래서 독자는 그 연유를 완전히 알 때까지 연암의 글에서 눈을 뗄 수 없으며, 약간의 긴장감을 갖고 이제부터 연암이 하는 말을 경청하지 않을 수 없게 된다. 이 작품의 글쓰기 방식이 갖는 가장 큰 특징은 바로 이 점이다.

 연암은 이 무렵, 즉 정확히 말해 1772년에서 1773년 사이, 가족을 처가에 보낸 것으로 되어 있다. 왜 그랬을까? 가난 때문이었다. '서울 집'이라고 한 전의감동의 집도 연암 소유의 집이 아니라 남의 집을 세낸 것이었다. 당시 연암이 얼마나 곤궁한 처지에 있었던가는, 달랑 하나 있던 여종도 달아나 버려 행랑에 기식寄食하게 되었다는 말에서 잘 드러난다.

 ② 고요히 지내노라니 마음에 아무 생각이 없어, 때때로 시골에서 보내온 가족의 편지를 받으면 '평안' 두 글자만 확인하고 말 따름

이었다. 갈수록 게으름에 이골이 나 경조사도 폐하고, 혹 며칠씩 세수도 않고, 혹 열흘간 망건을 쓰지 아니한 적도 있었다. 손님이 찾아오면 혹 잠자코 앉아 있었으며, 혹 땔나무 장수나 참외 장수가 지나가면 불러다 놓고 효제충신孝悌忠信이며 예의염치禮義廉恥에 대해 더불어 이야기하며 수백 마디 말을 다정스레 나누었다. 남들은 혹 내가 하는 짓이 오활하고 가당찮으며 지리하여 혐오할 만한 일이라고들 나무랐지만 그래도 나는 그만두질 않았다. 또 어떤 이들은 내가 제 집에서 객살이를 하고 아내가 있는데도 중처럼 지낸다며 놀리기도 했지만, 나는 그럴수록 더욱 느긋해져 바야흐로 아무것도 일삼지 않는 걸 흡족히 여겼다.

까치 새끼 한 마리가 다리 한 쪽이 부러져 절뚝거리는 꼴이 우스꽝스러웠는데 내가 밥알을 던져 줬더니 점점 길이 들어서 날마다 찾아와 친해졌다. 그래서 마침내 그와 이런 농담을 했다.

"맹상군孟嘗君은 통 없고 평원군平原君의 식객食客만 있군!"

우리나라 시속에 돈을 '문'文이라고 하므로 '맹상군' 운운한 것이다.

주해 '땔나무 장수'라는 말이 보이는데, 당시 나무를 때어 밥을 해 먹었기에 서울에는 땔나무 장수가 퍽 많았다. 땔나무 장수들은 지게에 땔나무를 지고 다니며 팔았다.

'효제충신'孝悌忠信이란 공자孔子의 말로서, '효'는 부모를 비롯한 수직적 관계 속에 있는 웃어른에 대한 공경을, '제'는 수평적 관계에 있는 사람들과의 우애를, '충'은 자기 내면의 성실함을, '신'은 남과의 신의를 뜻하는 말이다.

'맹상군'孟嘗君은 전국시대戰國時代 제齊나라의 왕족으로, 성은 전田, 이름은 문文이다. 천하의 인재를 모아 후하게 대접하여 휘하에 식객 수천 명을 거느렸다는 이야기가 전한다. 여기서는 맹상군의 이름이 '문'인 데 착안하여 돈을 가리키는 말로 썼다. '편'pun, 즉 동음이의同音異義의 익살에 해당한다.

'평원군'平原君은 전국시대 조趙나라의 왕족으로, 맹상군과 동시대에 활약했던 인물이다. 맹상군처럼 그 휘하에 식객 수천 명을 거느렸다고 한다. "평원군의 식객"이란 다리 부러진 까치를 가리키는데, 이 말은 『사기』「평원군열전」平原君列傳의 다음 고사와 관련된다. 평원군 집 앞 민가에 다리를 저는 이가 있었는데, 평원군의 첩 하나가 그 걷는 모습을 보고 큰소리로 웃었다. 이튿날 다리 저는 이는 평원군을 찾아와 자신을 비웃은 첩의 머리를 베어 사士를 귀하게 여기고 첩을 천하게 여기는 뜻을 보여 달라고 했다. 평원군은 그렇게 하겠노라고 말한 후 그 사람을 돌려보냈다. 하지만 평원군은 그 약속을 이행하지 않았다. 그러자 1년 만에 식객 수가 절반으로 싹 줄어들었다. 잘못을 깨달은 평원군이 첩의 목을 베어 다리 저는 이에게 주며 직접 사과한 뒤에야 떠났던 식객들이 다시 돌아왔다. 여기서는, 한쪽 다리가 부러진 까치를 평원군의 고사에 나오는 다리 저는 사람에 견준 것이다. "평원군의 식객만 있군"이라는 말은 연암이 까치 새끼를 자신의 식객으로 간주한 말인바, 익살스러움이 느껴진다.

평설 이 단락의 자안字眼(키워드)은 "게으름"이다. 이 말의 원문은 '소란'疎懶인데, '소'疎는 거칠다·성글다는 뜻으로 제대로 예법을 차리지 않고 되는 대로 한다는 뜻이고, '란'懶은 게으르다는 뜻이다. 요컨대 하는 짓이 데면데면하고 거칠면서 게으른 것을 이르는 말이다. 이 말은, 소탈하게, 그리고 영리營利에 급급하지 않고 느리고 자유롭게(따라서 바보스럽게) 살아가고자 하는 삶의 태도를 가리키기도 한다. 예컨대 도연명 같은 사람의 삶의 태도가 곧 '소란'이다. 이 경우 이 말은 대단히 고답적高踏的인 정신적 경지를 뜻한다.

하지만 연암의 경우 이 말은 '고답적'高踏的 뉘앙스를 갖기보다 '저답적'低踏的 —이런 말은 없지만 만들어 쓴다— 뉘앙스를 띤다. 말하자면 삶의 낙오자, 혹은 사회적 폐인廢人의 태도가 이 말에서 느껴지는 것이다. 양반 사대부라면 며칠씩 세수를 않거나 열흘간 망건을 쓰지 않는 태도가 용납되지 않는다. 며칠이 아니라 단 하루라도 세수를 아니해서는 안 되며, 망건은 잘 때 외에는 반드시 쓰고 있어야 한다. 그게 양반의 체통이고 예의다. 경조사도 폐해서는 안 된다. 예법을 중시하는 조선 사대부 사회에서 경조사를 챙기는 건 가장 중요한 인간관계의 하나요, 가장 중요한 덕목의 하나다. 한국인은 지금도 경조사를 몹시 챙기는 편이지만, 당시는 지금과 비교할 수 없을 정도였다고 생각된다. 그런데도 연암은 이 모두를 하지 않았다고 했다. 일반적 통념 하에 있던 당대의 사대부들이 연암을 어떻게 생각했을지는 가히 상상이 되고도 남는다. 연암과 동시대인인 유만주俞晩柱는 『흠영』欽英이라고 이름 붙인 자신의 일기책에서 연암을 '파락호'破落戶라고 부른 바 있는데, 이 말을 통해 이 무렵 연암이 사람들에게 어떻게 비쳤는지 짐작해 볼 수 있다. '파락호'란 무엇을 이르는 말인가? 행세하는 집의 자손으로서 난봉을 피워 결딴난 사람을 이르는 말이다. 야인野人 시절의 대원군 같은 인물이 파락호의 전형이다. 연암이 비록 난봉을 피운 것은 아니라 하더라도 점잖은 사대부의 눈에는 이상한 행위를 일삼고 동류들과 몰려다니며 유희를 일삼는 그 모습이 영락없는 파락호의 꼬락서니로 비쳤을 법하다.

주목해야 할 점은, 연암을 보는 그런 당대의 시선이 이 단락에 다소간 들어와 있다는 사실이다. 어디서 그런 점을 확인할 수 있는가? "내가 하는 짓이 오활하고 가당찮으며 지리하여 혐오할 만한 일이라고들 나무"란 사람들에게서, 그리고 "내가 제 집에서 객살이를 하고 아내가 있는데도 중처럼 지낸다며 놀"린 사람들에게서 그런 시선을 일정하게 느낄 수 있다. 이런 시선들은 모두 연암과 자신을 구별하면서 연암을 '타자화'하는 성격을 갖는다.

더욱 주목되는 것은, 연암은 타자화되고 있음에도 그런 것에 그다지 개의치 않으면서 계속 자기 길을 가고 있다는 사실이다. 이 점에서, "그래도 나는 그만두지 않았다"라는 문장 속의 '그래도'(원문 '亦')라는 단어와 "나는 그럴수록 더욱 느긋해져 바야흐로 아무 것도 일삼지 않는 걸 흡족히 여겼다"라는 문장 속의 '그럴수록'(원문 '益')이라는 단어에 유의할 필요가 있다. 이 두 단어에는, 세상이 자기를 어떻게 보든, 사람들이 자기를 뭐라고 비난하든, 그런 따위에는 아랑곳하지 않겠다는 연암의 고집이랄까 의지랄까 그런 것이 담겨 있다.

그런데 이 시기 연암이 경조사도 끊고 마치 폐인처럼 지낸 데에는 그럴 만한 이유가 있었으니, 절친했던 친구 이희천李羲天(1738~1771)의 죽음으로 인한 충격이 바로 그것이다. 이희천은 한산 이씨 명문가 출신의 저명한 고사高士인 이윤영李胤永(1714~1759)의 아들이다. 연암은 이윤영에게 『주역』을 수학한 것이 계기가 되어 그 아들 이희천과 1756년 이래 친밀한 교유를 맺어 왔다. 연암보다 한 세대 위의 선배인 이윤영은 당시 영조가 주도한 탕평책이 현실적으로 아첨꾼 및 척신戚臣과 권귀權貴를 낳으면서 사도士道(선비의 기풍)를 타락시키고 있다는 판단 하에 노론老論의 신임의리辛壬義理(1721년 신축년과 그 이듬해인 임인년에 있었던 사화士禍는 전적으로 소론의 잘못이며 노론이 전적으로 옳았다고 하는 입장)를 강조하는 비타협적인 입장을 평생 견지하다 포의로 늙어 죽은 인물이다. 이런 정치 노선을 견지한 이윤영 같은 인물을 '노론 청류淸流'라고 부른다. 연암에게 정신적으로 큰 영향을 끼친 연암의 장인 이보천李輔天도 바로 이 노론 청류에 속했다. 주변의 이런 인적 관계에서 알 수 있듯 연암은 청년 시절 이래 바로 이 노론 청류의 정치적 노선을 따랐던바, 이 때문에 당대의 정치 현실과 집권 세력에 대단히 비판적인 자세를 취하였다. 이 점에서 연암이 이윤영의 아들인 이희천과 각별한 교유를 유지한 것은 퍽 상징적인 의미를 갖는다고 할 만하다. 그런데 이희천은 『명기집략』明紀輯略이라는 중국 책을 소지하고 있었다는 이유로 체포되어 1771년 5월 26

일 효수되었다. 왜 이 책을 소지한 게 그리 문제가 되었는가 하면 이 책 내용 중에 조선 왕실을 욕되게 하는 말이 일부 들어 있었기 때문이다. 하지만 이 책의 원래 소장자는 영조의 부마 박명원朴明源이었다. 이희천은 그것을 빌려 갖고 있었을 뿐이다. 그렇건만 유독 이희천만 극형을 받았다. 왜인가? 이는 필시 영조의 탕평책과 그 정국 운영에 대해 몹시 비판적이었던 노론 청류 세력에 대한 정치적 경고의 의미가 담겨 있다고 생각된다. 말하자면 영조와 그 측신側臣들은 평소 밉게 보고 있던 노론 청류를 견제하려는 의도에서 하나의 모델케이스로서 이희천에게 가혹한 응징을 가했던 것이다. 그러므로 설사 이 책을 소지했다고 할지라도 그리 밉게 본 사람이 아니라면 극형까지는 받지 않았을 터이다.

연암은 이희천의 이런 억울한 죽음 앞에서 망연자실할 수밖에 없었다. 그는 정치 현실과 지배 권력에 더욱 큰 환멸감을 느꼈을 법하다. 이 엄청난 충격으로 인해 연암은 과거를 완전히 포기하기에 이르며, 연암협에 은거하려는 뜻을 품게 된다. 『과정록』에 보면 연암은 "세상일에 대해 마음이 재처럼 되어 점차 골계滑稽를 일삼으며 이름을 숨기고자 하는 뜻이 있었으니, 말세의 풍속이 걷잡을 수 없어 더불어 말을 할 만한 자가 없었다. 그래서 매양 사람을 대하면 우언과 우스갯소리로 둘러대고 임기응변을 했지만, 마음은 항상 우울하여 즐겁지 못했다"(『나의 아버지 박지원』, 50면)라며 자신의 중년 이래의 삶을 스스로 술회하고 있는바, 연암이 중년 이래 특히 기행奇行과 파탈을 일삼게 된 데에는 이희천의 죽음이 크게 작용하고 있는 게 아닌가 추정된다. 연암은 주변 사람들의 죽음과 맞닥뜨림으로써 인간적으로든 문예적으로든 더욱 깊어지는 면모를 보여주지만, 특히 이희천의 죽음은 그의 삶과 문학에 크나큰 영향을 미치며 하나의 중요한 분기점이 되고 있다고 판단된다. 연암은 이희천이 죽은 지 3년 후인 1774년 「이몽직의 요절을 애도하는 글」을 짓는데, 연암은 이 글에서 이희천의 어이없는 죽음과 그로부터 자신이 받은 충격을 대단히 슬프고도 감동적인 필치로 서술해 놓고 있다. 그 중에 이런 구절이 있다.

> 나는 내 친구 이사춘李士春(사춘은 이희천의 자字)이 죽고부터 다시는 남과 사귀고 싶지 않았다. 아울러 경조사도 폐하였다. 평소 친하게 지내던 벗인 유사경兪士京(사경은 유언호의 자)이나 황윤지黃允之(윤지는 황승원黃昇源의 자) 같은 이들이 벼슬길에서 어려움을 만나 해도海島에 귀양 가 거의 죽게 되었는데도 위로하는 편지 한 글자 쓴 적이 없다. 비록 남과 상종하는 일이 있다 해도 이웃집에 물이나 불을 빌리러 가거나 가까운 일가친척을 방문하는 일이 고작이었다. 그래서 사람들은 자못 원망하고 화를 내었으며 꾸짖음과 책망을 보냈지만 나는 감히 스스로 그 사정을 말할 수 없어, 버려지거나 절교당하는 걸 감수했으며, 비록 나를 가리켜 미치광이에 바보라고 해도 원망치 않았다.

이제 다른 데로 시선을 돌려보자. 연암이 땔나무 장수나 참외 장수를 불러 효제충신이며 예의염치에 대해 이런저런 이야기를 정답게 나눈 것은 대체 무슨 의미를 갖는 걸까? 연암은 왜 비난을 받으면서까지 이런 일을 계속한 걸까? 하도 심심해서일까? 아니면 사람이 어긋나 영 못쓰게 되어서였을까? 그건 아니다. 나는 연암의 이런 행위에 안팎으로 두 가지 의미가 내재되어 있다고 생각한다. 하나는 사회적 저항이고, 다른 하나는 자신을 버텨내기이다. 이 둘은 서로 밀접히 연관되어 있다.

먼저, 사회적 저항이란 무엇을 말하는가? 당대의 사대부들은 외관상 점잖고 고상하며 예법을 따르고 있는 것처럼 보이지만 실은 위선과 자기기만에 가득 차 있다고 연암은 보았다. 연암은 이미 10대 후반에 이 점을 간파했다. 그리하여 「마장전」馬駔傳이나 「예덕선생전」穢德先生傳 같은 작품을 통해 당대 조선 사대부의 허위의식과 거짓됨을 신랄하게 비판한 바 있다. 연암은 이 두 작품에서 시정 세계市井世界의 미치광이나 비렁뱅이 같은 인간들, 더러운 똥을 퍼다 나르는 미천한 인간이 오히려 외관상 고상해 보이는 저 사대부들보다 더 진실되고 고결하다는 생각을 펼쳐 보이고 있다. 연암이 못 배우고 무식한 거리의 장사치들을 불러다 놓고 인간의 도덕적 덕목에 대해 정답게 이야기를 나눈 건, 청년 연암이 가졌던 이런 생각의 연장선상에 있는 행위로 이해된다. 어쩌면 이는 청년 연암보다 더 진전된 면모를 보여주는 것일지도 모른다. 왜냐면, 비록 청년기의 작품들이 사대부에 대한 비판과 미천한 인간들에 대한 긍정을 보여주기는 하나 그럼에도 연암 스스로 미천한 인간들에게 다가가 그들에게 손을 내밀고 있지는 않은 데 반해, 이 작품은 손을 내밀며 그들과 대화하는 적극적인 면모를 보여줌으로써다. 어떤 의미에서 이 시기 연암은 곤핍한 자신의 존재 조건으로 인해 자연스럽게 민중(=도시 서민)과의 접촉면을 넓혀 가고 있었던 것으로 이해된다.

연암이 비록 민중과 대등한 입장이 아니라 어디까지나 양반 사대부의 입장에서 그들과 이야기를 나누었다손 치더라도 장사치들을 진지한 대화의 상대로 인정했다는 점, 그리하여 그들과 인간의 가장 기본적인 도덕적 덕목들에 대해 말을 주고받았다는 점은 대단히 파격적인 시도이며 놀라운 사실이 아닐 수 없다. 민중이란 무식한 존재이고, 따라서 지배의 대상일 뿐, 효제충신이나 예의염치 등에 대해 함께 이야기를 나눌 대상은 아니다. 그건 어디까지나 고상한 사대부들끼리 해야 될 이야기이다. 이것이 당대 사대부의 일반적인 통념이다. 그러기에 연암의 행위는 "오활하고 가당찮은" 짓이라고 비난받을 수밖에 없다. 바로 이 맥락에서 연암의 행위는 위선적이고 타락한 양반 사대부들 및 그들의 통념에 대한 저항으로서의 의미를 띠게 된다. 연암이 사대부로서의 예절을 무시하면서 서민들에게는 오히려 예의염치의 중요성에 대해 이야기하는 역설도 그런 점에서 잘 이해될 수 있다.

연암의 이런 행위는 다른 한편 '자신을 버텨내기'로서의 의미를 갖는다. 연암은 이 무렵 과거 시험을 완전히 포기했다. 그것은 출세에 대한 포기이자 스스로 사회적 출구를 닫아 버림을 의미하는 일이었다. 연암은 오래

전부터 계속되어 온 경제적 곤궁 속에서 점점 더 '하릴없는 마음'이 되어 갔을 터이다. 이런 상황에서 사대부로서의 본분, 사대부로서의 에토스를 과연 어디서 찾을 수 있을 것인가? 연암에게 있어 이를 확보한다는 건 비유컨대 백척간두百尺竿頭에서 자신을 버텨내는 일에 상응하는 의미를 갖는 게 아니었을까. 만일 이를 확보하지 못한다면 자신의 도덕적 정당성, 자신의 존재감이 사라져 버리고 마는 게 아닐까. 이 때문에 연암이 비천한 서민들과 접촉하며 그들과 대화를 나눈 행위는 사회적으로 소외된 자기 자신을 버텨내게 하는 행위로서의 의미를 갖는다. 요컨대 연암은 하릴없는 상황 속에서도 백성을 교화함으로써 '치인'治人이라는 사대부적 책무와 경세적 자세를 방기하지 않을 수 있었던 것이다. 말하자면 연암은 생애의 최저 지점에서 자신의 사대부적 면모를 이런 방식으로 드러냄과 동시에 확인하고 있는 셈이다. 이 글은 연암 생애의 최저 지점을 자전적自傳的으로 보여줌과 동시에 연암이 그 생애 중 민중에게 가장 가까이 다가간 지점을 보여주고 있다는 점에서 흥미롭다. 이 점에서 이 글은 연암이 남긴 글 가운데서 특히 기념비적인 의의가 있다고 판단된다.

이 단락은 그 뒷부분에서 화제話題가 전환되어 까치 새끼 이야기가 나온다. 이 이야기는 글의 서술에 돌연 변화와 생기를 주고 있다. 우리는 연암이 「술에 취해 운종교를 밟았던 일을 적은 글」이라는 작품에서 '오'라는 개를 등장시켜 글에 특이한 미감을 부여하고 있음을 살펴본 적이 있지만, 여기서도 한쪽 다리가 부러진 까치 새끼라는 다소 특이한 자연적 상관물을 등장시켜 글에 이채異彩를 더하고 있다. 이 이야기는 한편으로 익살스럽지만 한편으로 처연한 느낌을 자아낸다. 아마도 익살스런 느낌은 표면에 불과하고 그 이면에는 서글픔의 느낌을 담고 있다고 해야 옳을 것이다. 연암은 돈도 없고 찾아오는 손님도 별로 없는 자신의 처지를 이 이야기를 통해 말하고 있는 것이리라. 젊은 시절 그토록 촉망받아 날마다 손님들이 그 집을 가득 메웠다는 연암, 그런 연암의 중년의 을씨년스런 삶이 이 이야기 속에 그려져 있다. 바야흐로 천하의 연암이 다리 부러진 까치 새끼하고 농담이나 하면서 긴 여름날을 소일하고 있는 것이다.

3️⃣   잠에서 깨면 책을 보고 책을 보다가 다시 잠이 들곤 했는데, 깨우는 사람이 없으면 어떤 때는 하루 종일 잠에 곯아떨어지기도 했다. 때때로 글을 지어 뜻을 드러내 보이기도 하고, 몹시 권태로우면 새로 배운 구라철사금歐邏鐵絲琴을 몇 곡조 타기도 했다. 어쩌다가 친구가 술이라도 보내오면 좋아라 마시고는 취하여 이렇게 스스로에 대한 찬贊을 지었다.

제 몸 위함은 양주楊朱를 닮았고
겸애兼愛함은 묵자墨子를 닮았고
집안에 양식이 자주 떨어지는 건 안회顔回를 닮았고
고요히 앉았기는 노자老子를 닮았고
자유롭고 거리낌 없기는 장자莊子를 닮았고
참선하는 듯함은 부처를 닮았고
불공不恭스럽기는 유하혜柳下惠를 닮았고
술 잘 마시는 건 유령劉伶을 닮았고
밥 얻어먹는 건 한신韓信을 닮았고
하염없이 자는 건 진단陳摶을 닮았고
거문고 타는 건 자상호子桑戶를 닮았고
저술하는 건 양웅揚雄을 닮았고
자신을 큰 인물에 견주는 건 공명孔明을 닮았으니
나는 얼추 성인聖人일세!

다만 키가 조교曹交만 못하고
청렴함이 오릉於陵을 못 따라가니
부끄럽네 부끄러워!

그리고는 혼자서 껄껄 웃었다.

주해 '구라철사금'은 구라파의 쇠줄로 된 금琴이라는 뜻인데, 양금洋琴을 말한다. 본래 이슬람 음악에 쓰이다가 십자군전쟁 이후 유럽에 전파되었고, 우리나라에는 조선 영조英祖 때 중국을 통해 들어왔다. 직사각형 판면의 양쪽 끝에 긴 괘棵(현을 괴는 기둥)를 하나씩 세우고 그 위에 네 줄의 철현鐵絃을 한 벌로 하여 14벌 56선을 걸친 모양이다. 대나무 채로 줄을 쳐서 소리를 낸다. 연암은『열하일기』「동란섭필」銅蘭涉筆에서, 1772년 6월 18일 오후 6시경 담헌 홍대용의 집에서 담헌이 처음 양금 연주에 성공하던 장면을 자기가 목격했다고 적고 있다. 한편『과정록』은, 연암이 담헌의 집에서 담헌과 함께 가야금으로 음을 조율하여 처음으로 양금을 연주했다고 서술해 놓고 있는바, 연암 자신의 기록과는 다소 차이가 있다. 연암 자신의 기록을 따라야 하지 않을까 생각된다.『과정록』에는 또 연암과 담헌이 당시 거문고의 명인이었던 김억金檍 등과 어울려 양금과 생황의 합주를 즐겼다는 기록도 보인다. 아무튼 연암이 이 글을 쓰기 얼마 전에 양금 연주하는 법을 알게 됐다는 점만큼은 분명하다.

'찬'贊은 한문 문체의 한 종류로, 어떤 사람을 찬미하는 글이다.

'양주'楊朱는 양자楊子를 말한다. 전국시대의 사상가로, 자기 몸의 터럭 하나를 뽑기만 한다면 온 천하를 이롭게 할 수 있는 상황이라 할지라도 자기 몸을 위해 절대 그렇게 하지 않겠다는, 극단적인 이기주의 사상을 주장한 사상가이다. 여기서는, 세수도 않고 망건도 쓰지 않고 경조사도 폐하는 등 예법을 따르지 않고 자기 편한 대로 사는 태도를 가리키기 위해 양주를 들먹거렸다.

'묵자'墨子는 묵적墨翟을 말한다. 전국시대의 사상가로, 자신을 사랑하듯이 남을 사랑하라는 겸애설兼愛說을 주장하였다. 맹자가 양주와 묵적을 이단으로 지목하여 배격한 이래 이 두 사상가는 유가儒家에서 이단시되었다. 여기서는 땔나무 장수나 참외 장수를 불러 효제충신과 예의염치 등에 대해 이야기 나눈 것을 두고 한 말이다.

'안회'顔回는 공자의 제자이다. 학문을 즐겼으나 몹시 가난해 자주 끼니를 걸렀다는 말이 『논어』에 보인다.

'유하혜'柳下惠는 노魯나라의 대부大夫로, 공자가 거듭 그 어짊을 칭찬했던 인물이다. 맹자는 유하혜가 자신의 고결함이 타인에 의해 더럽혀지지 않는다는 걸 지나치게 자신하여 나쁜 군주를 섬김을 부끄러워하지 않았다면서 이를 '불공'不恭(삼가지 않다)한 태도로 간주하고, 백이伯夷의 협애함과 더불어 군자가 취할 길이 아니라고 평가한 바 있다. 『맹자』에 해당 내용이 보인다.

'유령'劉伶은 위진 시대魏晉時代 죽림칠현竹林七賢의 한 사람으로, 술을 좋아한 것으로 유명하다.

'한신'韓信은 한漢나라의 개국공신인데, 젊은 시절 곤궁하여 빨래하는 아낙에게 밥을 얻어먹었다는 고사가 『사기』에 보인다.

'진단'陳搏은 오대五代 말 북송北宋 초의 인물로, 도가道家 사상가이다. 호북성湖北省의 무당산武當山에서 선술仙術을 닦았는데, 한 번 잠을 자면 100일을 내리 잤다고 한다.

'자상호'子桑戶는 『장자』莊子에 보이는 인물인데, 이 책에 이렇게 언급되어 있다: "자상호, 맹자반孟子反, 자금장子琴張, 이 세 사람이 속세를 초탈하여 어울려 지냈다. 얼마 뒤 자상호가 죽자 맹자반과 자금장은 곡조를 지어 거문고를 타며 '자상호여, 자상호여! 너는 자연으로 돌아갔건만 우린 아직 인간 세상에 머물러 있구나!'라고 노래하였다."

'양웅'揚雄은 서한西漢의 저명한 학자이자 문인인데, 『주역』을 모방한 『태현경』太玄經과 『논어』를 모방한 『법언』法言을 지었다. 그는 자신이 저술한 책을 이해할 만한 사람이 당세에 없다고 여겨 후대에 자신의 뜻을 알아줄 또다른 양웅을 기다린다고 말한 것으로 유명하다.

'공명'孔明은 삼국시대 촉한蜀漢의 승상 제갈량諸葛亮을 말한다. 유비의 막하에 들어가기 전 형주荊州에서 농사짓고 살면서 늘 자신을 춘추시대 제齊나라의 재상이던 관중管仲과 전국시대 연燕나라의 대장군이던 악의樂毅에 견주었다고 한다. 『삼국지』三國志 「제갈량전」諸葛亮傳에 해당 내용이 보인다.

'조교'曹交는 전국시대 조曹나라 군주의 아우로, 키가 9척 4촌(약 2미터)이나 되었다고 한다.

'오릉'於陵은 전국시대 제나라의 진중자陳仲子를 말한다. '오릉'은 산동성山東省에 있던 현縣 이름인데, 진중자는 이곳에 살았기에 '오릉자'於陵子라 불렸다. 불의를 용납하지 않고 청렴결백하게 살았던 인물로 유명하다. 형이 제나라의 고관이었으나 불의한 벼슬을 한다 여겨 오릉으로 피해 궁핍하게 살았다는 고사가 『맹자』에 보인다. 맹자는 진중자의 청렴함을 인정하면서도 그것을 작은 절개라 치부한 바 있다.

평설 　②단락에서 말한 게으름은 이 단락에까지 이어진다. 정말 하릴없는 인간의 하릴없는 모습을 약여히 보여주고 있다. 그런데 이 단락에서 묘사하는 연암의 모습은 앞서 검토한 글인 「주영염수재라는 집의 기문」에 등장하는 양인수라는 인물과 꼭 빼닮았다. 그 글을 분석할 때 지적했듯이, 연암은 자신의 체험으로 인해 하릴없는 처지에 놓인 인간의 모습과 심리를 너무나도 잘 묘파해 낼 수 있었던 것이다. 한국문학사에서 이런 유의 인간에 대한 이처럼 핍진하고 기막힌 묘사로 연암을 능가할 자는 아마 없으리라.

　이 단락은 그 뒷부분에 '찬'贊, 정확히 말한다면 '자찬'自贊을 붙인 게 이 채롭다. '누구를 닮았다'는 말이 열세 줄이나 길게 이어지는 이 찬은 퍽 유희적인 성격의 글이다. 연암은 자신의 문학 행위를 '유희문자'遊戲文字(장난으로 짓는 글)라고 말한 적도 있지만, 이 경우 '유희문자'란 정말 순전히 장난으로 지은 글이라는 의미는 아니다. 불우하여 뜻을 붙일 데가 없어 문자 행위를 일삼으면서 그에 가탁해 자신의 심정과 생각을 펼쳐 보인다는 의미이다. 바로 이런 의미에서 이 찬은 '유희문자'라 할 만하다.
　이 자찬은 여러 성현과 위인을 나열하면서 자신이 그와 닮았다고 말하는 방식을 취하고 있다는 점이 특징적이다. 연암 자신의 현재 처지와 모습을 이들 인물의 어떤 특징적인 면을 빌어 표현하고 있는 것이다. 그 어조에서는 전체적으로 완세불공玩世不恭의 기운이 느껴진다. 연암은 자신을 유수한 위인들에 견준 다음 자신이 "얼추 성인聖人"이라는 익살스런 결론을 내리고 있다. 익살이라고는 하나 당시의 통념에서 본다면 몹시 불공스런 말인데, 이 말에서 연암의 높은 기개와 자부를 엿볼 수 있다.
　이 자찬에 거론된 인물들에는 이단異端이 많다. 이들 인물은 하나의 문학적 수사修辭로서 호명된 측면이 없지 않지만, 전적으로 그렇게만 볼 것은 아니다. 중년의 연암은 주자학으로 대표되는 정통 유학 사상에서 이탈해 장자莊子, 불교, 관자管子 등의 이단 사상을 공부하며 그 장점을 비판적으로 흡수해 가고 있었다. 이를 통해 연암은 경직된 이데올로기로서의 성향을 보이며 허학화虛學化하고 있던 조선 성리학의 말폐를 극복하고자 하였다. 이 자찬에 이단이 많이 보이는 것도 중년 연암의 이런 사상적 지향과 무관하지 않을 것이다.
　또 하나 이 자찬에서 주목할 점은 "겸애함은 묵자를 닮았고"라는 표현이다. 이 말은 연암이 땔나무 장수나 참외 장수를 불러서 예의염치 등에 대해 이야기 나눈 것을 가리켜 한 말인데, 문제는 나와 남을 모두 사랑한다는 뜻인 '겸애'라는 단어를 쓰고 있다는 점이다. 연암은 무슨 생각을 하며 이 단어를 쓴 걸까? 아마도 효제충신, 예의염치 등의 인륜성人倫性(이는 인간을 인간답게 하는 소이연이다)을 '나'(=사대부)만이 아니라 민民도 가져야 한다는 생각에서 이 말을 사용했을 것으로 생각된다. 말하자면 연암은 인륜성의 독점이 아니라 그 공유를 생각했던 것 같고, 이를 '애'愛, 즉 '사랑'으로 파악한 것으로 보인다. 이 경우 '애'는 넓게 보아 '애민'愛民(민을 사랑함)과 연결된다. 이렇게 본다면 이 '겸애'라는 단어에는 연암의 경세적 면모가 집약되어 있다고 할 만하다. 그러므로 이 단어는 ②단락에서 서술된 연암의 행위에 대한 자주自註의 성격을 갖는다고 말해도 좋을 것이다.

앞서 말했듯 연암은 이 '찬'에 거론된 여러 사람들의 종합으로서 스스로를 묘출描出하고 있다. 이는 연암을 읽어 나가고 있는 우리에게 하나의 중요한 시사점 내지 관점을 제공한다. 즉, 연암은 오직 하나의 면모 오직 하나의 이미지로 단순화될 수 없으며, 다중적 면모, 다중적 지향을 지니고 있다는 사실이다. 다시 말해 연암이라는 주체는 다중적 구성체라는 사실을 환기시켜 준다. 하지만 이 말이 연암의 주체가 분열되어 있다는 말은 아니다. 다만 연암이라는 주체가 서로 얽혀 있거나 갈등하거나 공존하는 다양한 지향들, 다양한 행위 패턴들의 '대대적'對待的(음과 양처럼 서로 대립하면서 보완적인 상태 내지 관계) 통일을 이루고 있음을 강조하기 위해 한 말이다. 그렇긴 하나 우리의 연암 읽기에서 그 다양한 지향과 다양한 행위 패턴들을 그저 현상적으로 이해하거나 등가적等價的으로 받아들이는 게 능사는 아니다. 중요한 것은 하나의 지향과 다른 지향, 하나의 행위 패턴과 다른 행위 패턴 사이에 어떤 숨겨진 연관 관계가 있는가, 어떤 것이 좀 더 규정적인 지위를 점하고 어떤 것이 부차적인 지위를 점하는가, 그리고 어떤 것이 기저적基底的이거나 원리적이며 어떤 것이 표피적이거나 수사적修辭的인가 하는 등등에 대해 이리저리 곱씹으며 깊이 있게 따져 보는 일일 터이다.

이 단락의 마지막 문장 "그리고는 혼자서 껄껄 웃었다"는 얼핏 호방해 보이지만 기실은 처연하며, 겉으로는 유쾌하지만 속으로는 우울하다.

4 당시 내가 과연 사흘을 굶었는데, 행랑 사람이 남의 집에 지붕을 얹어 주고 품삯을 받아 와 밤에서야 밥을 지었다. 아이가 밥투정을 해 울며 먹으려 들지 않자 행랑 사람은 성이 나서 밥을 엎어 개에게 주고는 자식한테 욕을 하며 '뒈져 버려라!'라고 악담을 하였다. 그때 나는 막 식사를 마치고 곤하여 누워 있던 중이었다. 나는 장괴애張乖崖가 촉蜀의 지방관으로 있으면서 어린아이의 목을 벤 일을 들어 행랑 사람을 타이르는 한편 이렇게 말했다.
"평소에 가르치지 않고 꾸짖기만 하면 커서 은혜를 원수로 갚는 법일세!"
그러면서 하늘을 보니 은하수가 지붕에 드리웠는데 별똥별이 서쪽으로 흐르며 하늘에 하얀 자취를 남기고 있었다. 말이 채 끝나기도 전에 낙서가 찾아와 묻는 것이었다.
"어르신께서는 혼자 누워서 누구랑 이야기하십니까?"
이른바 행랑 사람과 말을 주고받더라는 것은 이를 두고 한 말이다.
낙서는 또 그 글에서 언젠가 눈 오는 날 함께 떡을 구워 먹었던 일에 대해 말했던데, 내가 예전에 살던 집이 낙서의 집과 문을 마주하고 있었기에 낙서는 어려서부터 내 집에 손님이 날마다 가득 들어찬 것과 내가 세상에 뜻을 두었던 걸 목도한 바 있다. 그렇건만 이제 내 나이 채 마흔이 못 되어 이미 머리가 허옇게 세었으니 이 때문에 낙서는 자못 그 서글픈 느낌을 적었던 것이다. 하지만 나는 이미 병들고 곤궁한 데다 기백은 쇠락하였으며, 덤덤하니 세상사에 뜻이 없어 더는 예전 같지가 않다. 이에 낙서를 위해 이 글을 써서 답한다.

주해 '장괴애'張乖崖는 북송 초의 문신인 장영張詠을 말한다. '괴애'는 그 호다. 익주 자사益州刺史와 이부상서를 지냈다. 장영이 촉蜀(지금의 사천성四川省)의 지방관으로 있을 때다. 한 늙은 병사가 어린 자식을 안고 있었는데 그 아이가 장난으로 아비의 볼을 때렸다. 장영은 이를 보고 노하여 아무리 아이라 해도 그대로 둘 수 없다며 그 애를 죽인 일이 있다.

평설 이 단락은 ①단락과 직접적인 호응 관계에 있다. 이 단락에 이르기 위해 ②단락과 ③단락이라는 우회로가 필요했다. 이들 우회로 덕에 독자는 이제 처음보다 훨씬 고양된 인식 위에서, 그리고 아주 자연스러운 감정 상태에서, ①단락에서 제시된 주안主案에 대한 이 단락의 설명을 받아들일 수 있게 된다.

"식사를 마치고 곤하여 누워 있던 중"이라고 했는데, 이는 사흘을 내리 굶은 탓이다. 굶었다가 밥을 먹으면 심한 식곤증이 몰려온다. 이 단락에 보이는 행랑 사람과의 이야기에서도 연암의 선비적 면모랄까, 경세적 면모랄까, 그런 것이 느껴진다. 이 점에서 이 이야기는 ②단락에 제시된 땔나무 장수와의 이야기와 서로 연결된다. 연암은 어떤 어려운 상황, 어떤 처지에서도 선비의 책무를 방기하지 않고 있다. 연암에게 있어 그것은 흡사 본능처럼 보인다.

연암은 행랑 사람에게 "평소에 가르치지 않고 꾸짖기만 하면 커서 은혜를 원수로 갚는 법일세!"라고 말한다. 이 말 다음에는 "**그러면서** 하늘을 보니 은하수가 지붕에 드리웠는데 별똥별이 서쪽으로 흐르며 하늘에 하얀 자취를 남기고 있었다"라는 말이 나온다. 이처럼 이 두 문장 사이에는 '그러면서'라는 단어가 있다. 이 단어의 원문은 '而'다. 이 '而'라는 글자는 아무 뜻이 없으며, 한 행위와 다른 행위가 맺고 있는 다양한 연관 관계를 암시하는 하나의 표지일 뿐이다. 그런데 주목되는 것은 연암의 글에서 종종 이 '而'자가 말할 수 없이 중요하고도 미묘한 미학적·심리적 함축을 내포한다는 사실이다. 우리는 일찌감치 「큰누님 박씨 묘지명」에서 그 한 용례를 살펴본 바 있다. 거기서 '而'자는 이 지상의 일(즉 인간사)에서 문득 눈을 떼어 무심결에 자연에로 눈을 돌릴 때 등장한다. 즉 인간 사회의 일에서 자연의 세계로 무심하게 눈을 돌릴 때 이 글자가 구사된다. 바로 이 점에서 이 글자는 맥락의 미묘한 연속과 단절, 인식의 비선형적非線型的 비약과 확장, 근경近景과 원경遠景의 느닷없는 병치, 시선의 전환과 확대, 산문적 세계에서 시적 세계로의 전입轉入이라는 특이한 미적 효과를 낳는다. 요컨대 이러한 효과는 이 글자에 의해 이룩되는 '자연에의 무심결의 응시'를 통해 초래된다. 이 단락의 '而'자도 마찬가지다. 이 글자를 경계로 서사의 세계는 서정의 세계로 전환되며, 그에 따라 글의 느낌은 확 달라진다. 이 글자의 등장과 함께 서정성이 강화되고, 우리의 시선은 원경으로 확대된다. 그 때문에 글은 아름다워지고, 특별한 정취를 풍기며, 풍부한 여운을 갖게 된다.

이 단락은 두 부분으로 구성되어 있다. 그 뒷부분은 마치 이 글의 에필로그처럼 읽히기도 하는데, 전편全篇을 마무리 지으면서 무한한 여운과 정취를 남기고 있다.

연암과 이서구는 열일곱 살의 나이차가 있다. 함께 떡을 구워먹던 이 일은 아마도 연암이 백탑白塔, 즉 지금의 탑골공원 부근에 살던 때의 일일 것이다. 당시 연암은 30대 초반이었다. 그 무렵 백탑 주변에는 이덕무, 이서구, 유득공, 유금의 집이 있어 연암은 늘 이들과 어울려 시문을 짓고 세상사에 대한 이야기를 나누었다. 연암은 서른두 살 때부터 이 백탑 근처에 거주한바, 당시 이서구는 겨우 열다섯에 지나지 않았다. 이서구는 당시 연암과 교유하던 사람 중 가장 나이가 어렸지만 재주가 몹시 빼어난 데다 식견과 도량이 있어 연암이 매우 어여삐 여겼다(『나의 아버지 박지원』, 35면 참조).

이 단락의 뒷부분은 연암의 30대 초반 시절과 30대 후반인 지금을 대조해 보임으로써 독자로 하여금 서글픈 느낌이 들게 만든다. 특히 그 마지막 구절, 즉 "나는 이미 병들고 곤궁한 데다 기백은 쇠락하였으며, 덤덤하니 세상사에 뜻이 없어 더는 예전 같지가 않다"라는 구절은 세상에 꺾이고, 낙담하고, 지친 연암의 모습과 마음을 떠올리게 해 독자의 가슴을 아프게 한다. 연암은 왜 이런 말을 했을까? 상대가 이서구이기에 그랬을 것 같다. 이서구는 연암의 문생 중 가장 나이 어린 사람이었던바, 연암에 대한 존숭이 남달리 컸을 법하다. 하지만 연암은 지금 몹시 영락하여 힘든 삶을 영위하고 있다. 이런 연암으로서 자신을 안쓰러운 눈으로 바라보는 문생 이서구에게 이렇게밖에 달리 말할 수 있겠는가. 이런 경우 당신이라면 뭐라고 말하겠는가? 객기를 부리며 호언장담할 마음이 되겠는가?

그렇다면 당시 연암은 이 글의 마지막 구절이 보여주는 것처럼 낙담과 실의에 빠져 정말 폐인이 되어 있었다고 해야 할 것인가? 물론 낙담과 좌절의 마음이 없지는 않았을 터이다. 하지만 그렇다고 해서 연암의 말을 액면 그대로 받아들여 그가 온통 실의와 좌절감에 빠져 세상에 아무런 뜻도 없이 잿빛과 같은 마음으로 살았다고 생각한다면 그건 연암을 오독誤讀하는 일일 것이다. 이 글의 ②단락과 ③단락에서 보았듯 이 시기 연암은 어려운 처지에서도 여전히 기개와 자긍심을 잃지 않고 있으며, 선비로서의 경세적 책임감을 방기하지 않고 있기 때문이다. 이런 점에서 본다면 이 마지막 단락은 수사법상 '억양돈좌'抑揚頓挫(옛 수사법의 하나로 한번 올렸다가 한번 내리며 문세를 전환시키는 수법)를 구사한 측면이 없지 않다. 그렇다면 진실은 무엇일까? 아마 그 모두일 터이다. 다시 말해 연암은 이 시기에 기개와 자부심과 실의와 낙담을 다 가지고 있었다고 해야 하지 않을까. 이 글은 당시 연암의 그런 복합적이고 착잡한 심리 상태를 마치 정직한 한 폭의 자화상처럼 보여주고 있는 것은 아닐까. 그 점에서 이 글은 몇 개의 '켜'를 갖고 있으며, 몹시 중층적重層的이라 할 것이다.

■ 낙서의 글은 다음과 같다.

음력 6월 어느 날, 걸어서 서쪽 인근의 연암 어르신을 찾아뵈었다. 하늘에는 옅은 구름이 끼어 있어서 숲속에 걸린 달이 어스름하였다. 초경初更을 알리는 종소리가 울렸는데 처음은 크게 들리더니 마지막에는 희미해져 마치 물거품이 흩어지는 것같이 느껴졌다. 어르신께서 댁에 계시려나 생각하며 골목에 들어서기가 무섭게 그 댁 창문부터 봤는데, 마침 불이 켜져 있었다. 문을 들어서니 어르신께서는 사흘을 굶으신 채 맨발에다 망건도 쓰지 않고 창문에다 다리를 턱 걸치고는 행랑 사람과 말을 주고받고 계셨다. 내가 온 것을 보시고는 마침내 옷매무새를 바로하고 앉으시더니 고금의 정치 및 당대 문장의 유파流派와 당론黨論의 동이同異에 대해 거침없이 말씀하셨다. 나는 그 말씀을 듣고 퍽 신기하게 여겼다.
시각은 이미 3경을 지나 있었다. 창밖을 쳐다보니 하늘에 갑자기 빛이 번쩍번쩍하더니 은하수에 흰 빛이 뻗치는데 점점 더 희뜩희뜩하며 사라지지 않았다. 나는 놀라 이렇게 여쭈었다.
"저건 어째서 저렇사옵니까?"
어르신은 웃으며 말씀하셨다.

"자네 곁을 한번 보게나!"

촛불이 꺼지려고 하면서 불꽃을 깜빡이며 더욱 커다랗게 되어 있지 않은가.
나는 그제야 방금 전에 본 게 촛불이 비쳐 그랬다는 걸 깨달았다.

곧 초가 다 타 버려 마침내 컴컴한 방 안에 두 사람이 앉았으나 그럼에도 태연자약하게 웃으며 이야기하였다. 나는 이런 말을 했다.

"지난 날 어르신께서 저와 한동네에 사실 적에 어느 눈 오는 밤 어르신을 찾아뵌 일이 있지 않습니까? 어르신은 저를 위해 직접 술을 데우셨고 저는 손으로 떡을 집어 질화로에 노릇노릇 굽는 참이었는데, 불기운이 솟구쳐 올라 제 손이 너무 뜨거운지라 자꾸 재 속에 떡을 떨어뜨리자 그걸 보시며 즐거위하셨더랬지요. 그랬건만 이제 몇 년 새에 어르신의 머리는 벌써 허옇게 세고 저는 수염이 무성해졌습니다."

이 말끝에 서로 한참을 서글퍼하였다.

이날 밤으로부터 열사흘째 되는 날 글을 완성하다.

주해 '초경'初更은 오후 8시경이고, '3경'은 밤 12시경이다.

'당론'黨論이란 당파적 견해를 말한다. 당시 조선에는 노론老論, 소론少論, 남인南人, 소북小北, 네 당파가 있었으며 연암은 노론에 속해 있었다.

"지난 날 어르신께서 저와 한동네에 사실 적"이라고 했는데, 이는 1768년 연암이 백탑 부근으로 이사하여 이덕무·이서구·서상수徐常修·유금·유득공 등과 한동네에 살던 시절을 가리킨다.

평설 이서구의 이 글도 정취가 뚝뚝 넘친다.

| 총평

- 이 글은 서른여섯 살 무렵의 연암의 자화상이라 이를 만하다. 연암은 자신의 착잡한 심리 상태와 자의식을 기복起伏이 풍부한 필치로 솜씨 있게 그려 내고 있다.

- 이 글은 현실에 절망하면서도 힘겹게 버티며 저항하고, 또 힘겹게 버티고 저항하면서도 자신이 지치고 낙담에 빠져 있다는 것을 스스로 응시하는 한 인간의 내면 풍경을 잘 보여준다. 그것은 한편으로는 아름답고, 한편으로는 슬프다. 연암의 산문 중 이 작품만큼 페이소스가 그득한 작품도 없을 것이다.

한여름 밤에 모여 노닌 일을 적은 글

　　22일, 국옹麯翁과 함께 걸어서 담헌湛軒의 집에 갔는데 풍무風舞도 밤에 왔다. 담헌이 슬瑟을 연주하자 풍무는 거문고로 화음을 맞추고 국옹은 갓을 벗어 던지고 노래를 불렀다. 밤이 깊어지자 구름이 사방으로 흩어져 더위가 건듯 물러나 거문고 소리가 더욱 맑았다. 좌우에 앉은 사람들이 고요하니 말이 없는 게 마치 도가道家의 단丹을 닦는 이가 생각을 끊고 가만히 마음을 들여다보고 있는 것도 같고, 참선 중인 승려가 전생을 문득 깨치는 것 같기도 했다. 무릇 스스로를 돌이켜 떳떳할진댄 삼군三軍과도 맞설 수 있는 법이거늘, 국옹은 노래를 부를 때 옷을 풀어헤치고 턱하니 다리를 벌리고 앉아 방약무인하였다.
　　언젠가 매탕梅宕은 처마의 늙은 거미가 거미줄 치는 걸 보고서는 기뻐하며 내게 이런 말을 한 적이 있다.
　　"절묘하지 않습니까! 때때로 멈칫멈칫하는 것은 무슨 생각을 하는 것 같고, 때때로 잽싸게 움직이는 것은 흡사 득의한 바가 있는 것 같습니다. 보리 파종할 때 씨를 밟는 발 모양 같기도 하고 거문고 탈 때 줄 누르는 손가락 같기도 합니다."

지금 담헌과 풍무가 소리를 맞추는 모습을 보고 내 비로소 늙은 거미에 대한 매탕의 말이 이해되었다.

지난 여름 내가 담헌의 집에 갔을 때 담헌은 한창 악사樂師 연씨延氏와 거문고에 대해 이야기하고 있었다. 하늘은 비를 머금어 동쪽 하늘가 구름은 온통 먹빛이어서 한번 우레라도 치면 금방 비가 쏟아질 참이었다. 이윽고 긴 우렛소리가 하늘을 지나갔는데 담헌은 연씨에게 "저 소리는 어떤 음에 속할까요?"라고 묻더니 마침내 거문고를 가져와 그 소리에 화답하였다. 나는 이에 감발되어 「하늘의 우레」라는 노래를 지었다.

---

[1] 22일, 국옹麴翁과 함께 걸어서 담헌湛軒의 집에 갔는데 풍무風舞도 밤에 왔다. 담헌이 슬瑟을 연주하자 풍무는 거문고로 화음을 맞추고 국옹은 갓을 벗어 던지고 노래를 불렀다. 밤이 깊어지자 구름이 사방으로 흩어져 더위가 걷듯 물러나 거문고 소리가 더욱 맑았다. 좌우에 앉은 사람들이 고요하니 말이 없는 게 마치 도가道家의 단丹을 닦는 이가 생각을 끊고 가만히 마음을 들여다보고 있는 것도 같고, 참선 중인 승려가 전생을 문득 깨치는 것 같기도 했다. 무릇 스스로를 돌이켜 떳떳할진댄 삼군三軍과도 맞설 수 있는 법이거늘, 국옹은 노래를 부를 때 옷을 풀어헤치고 턱하니 다리를 벌리고 앉아 방약무인하였다.

언젠가 매탕梅宕은 처마의 늙은 거미가 거미줄 치는 걸 보고서는 기뻐하며 내게 이런 말을 한 적이 있다.

"절묘하지 않습니까! 때때로 멈칫멈칫하는 것은 무슨 생각을 하는 것 같고,

때때로 잽싸게 움직이는 것은 흡사 득의한 바가 있는 것 같습니다. 보리 파종할 때 씨를 밟는 발 모양 같기도 하고 거문고 탈 때 줄 누르는 손가락 같기도 합니다."

지금 담헌과 풍무가 소리를 맞추는 모습을 보고 내 비로소 늙은 거미에 대한 매탕의 말이 이해되었다.

주해 '국옹'麴翁은 누구의 호이겠는데 누군지는 미상이다. 아마도 술을 몹시 좋아해 이렇게 자호自號한 듯하다. 성은 이씨다. 나는 국옹이 이유동李儒東(1753~1787)의 호가 아닐까 하는 의심을 품고 있다. 이유동은 '취미'翠眉라는 호로 널리 알려져 있다. 본관은 함평이고, 유명한 문인화가인 표암豹菴 강세황姜世晃의 손녀사위이며, 정조 7년(1783)에 진사시에 합격했다. 연암, 이덕무, 박제가 등과 교유가 있었다. 협기俠氣가 있어 자잘한 법도에 구애되지 않았으며, 술을 좋아했고, 악회樂會에서 곧잘 노래를 하거나 춤을 춘 기인으로 전한다. 연암은 이유동을 위해 「취미루기」翠眉樓記라는 글을 써 준 바 있다.

'담헌'湛軒은 홍대용(1731~1783)의 당호堂號다. 이 당호는 홍대용의 스승 김원행金元行이 충청도 천원군天原郡 수촌壽村에 있던 홍대용의 시골집 이름으로 지어 준 것인데 홍대용은 이를 자신의 호로 삼았다. 그런데 이 글 중 '박지원과 국옹이 걸어서 담헌에 갔다'고 한 말이나 서울에 거주한 당대의 유명한 악사樂師 김억이 모임에 참가했다고 한 말을 감안할 때, 여기서 말한 '담헌의 집'이란 수촌이 아니라 서울에 있던 홍대용의 집을 가리키는 것으로 보인다. 연암과 홍대용이 음악과 관련해 자주 모임을 가진 시기는 1772년부터 몇 년 간인데 이 시기 홍대용은 서울의 남산 집에 거주하고 있었다.

홍대용은 박지원보다 여섯 살 위다. 그는 박지원과 함께 북학파의 리더였다. 박지원이 문학을 통해서 새로운 사유와 미학을 모색했다면, 홍대용은 경학經學과 자연과학을 통해 동아시아의 낡은 패러다임을 깨뜨리면서 인간과 세계에 대한 새로운 관점을 수립해 갔다. 홍대용은 음악에도 깊은 조예가 있었다. 연암의 가장 가까운 벗이자 가장 존경한 벗이 바로 홍대용이었다. 연암의 아들인 박종채의 말에 의하면 두 사람은 평생 동안 처음 사귈 때처럼 서로 공경했다고 한다.

한편 홍대용의 문집인 『담헌서』湛軒書에 「벗의 시에 차운하여 이국옹에게 부치다」(次友人韻, 却寄李麯翁)라는 시가 수록되어 있어 국옹과 홍대용의 교분을 짐작케 한다. 이 시 중의 "취한 후 노래 소리 하늘에 가득컨만 / 세상 사람 뉘라서 그 마음 알리?"(醉後高歌聲滿天, 世人誰得窺其中)라는 구절로 미루어 짐작컨대 국옹은 낙척불우하여 술로 자오自娛했던 것 같다.

'풍무'風舞는 조선 후기의 이름난 거문고 연주자였던 김억金檍의 호다. 서얼 출신이다. 당시 예악禮樂의 종장宗匠 노릇을 하며 노론계 후배들의 존경을 받고 있던 안동 김씨 명문가 출신의 효효재嘐嘐齋 김용겸金用謙(1702~1789)이 이 호를 지어 주었다. 성대중成大中(1732~1812)의 『청성집』青城集에 실려 있는 「유춘오의 악회樂會를 기록하다」(記留春塢樂會)라는 글에 홍대용의 가야금에 맞추어 김억이 양금을 연주했다는 말이 보인다. 봄이 머무는 언덕이란 뜻의 '유춘오'留春塢는 남산에 있던 담헌의 집 이름이다.

'슬'瑟은 25줄의 현악기로, 고려 시대 이후 주로 아악 연주에 사용되었다.

'삼군'三軍은 원래 제후가 보유한 군대를 일컫는 말인데 여기서는 대군大軍 정도의 뜻으로 쓰였다고 보면 된다. "스스로를 돌이켜 떳떳할진댄 삼군과도 맞설 수 있는 법이거늘"이라는 말은 『맹자』의 "스스로를 돌이켜 정직하다면 비록 천만 명이 있더라도 내가 가서 대적할 수 있다"라는 구절을 염두에 두고 한 말이다. 여기서 '삼군에 맞설 수 있다'는 것은 아무 두려움이 없다는 뜻이다.

"옷을 풀어헤치고 턱하니 다리를 벌리고 앉아"라는 말의 원문은 '해의방박'解衣磅礡이다. 이 말은 『장자』의 다음 고사에서 유래한다: 송宋나라 군주가 화공들에게 그림을 그리게 하자 뭇 화공들이 인사를 드린 뒤 공손히 자리에 서 있었는데 늦게 온 한 화공만은 유유히 걸어와 인사를 한 후 곧장 방으로 들어가 버렸다. 군주가 이상히 여겨 그가 뭘 하는지 엿보게 했더니, 옷을 풀어헤치고 두 다리를 쭉 뻗은 채 앉아 있다고 하는 것이었다. 이 말을 들은 군주는 규범에 얽매이지 않는 이 화공의 태도에 감탄하며 이 사람이야말로 진정한 예술가일 것이라고 칭찬하였다. 이 고사로 인하여 '해의방박'은 높은 경지에 오른 예술가의 자유로운 정신을 형용하는 말로 쓰인다.

'매탕'梅宕은 이덕무의 호인데, 매화를 혹애하여 이런 호를 지었다. 이덕무의 다른 호로는 선귤당蟬橘堂, 형암炯庵, 단좌헌端坐軒, 주충어재注蟲魚齋, 학초목당學草木堂, 향초원香草園, 청장관青莊館, 영처嬰處, 무문無文, 무일산인無一散人, 요매산사聱昧散士 등이 있다. 이덕무의 이 많은 호 중 하필 매탕이라는 호를 이 글에서 쓴 것은 매화를 몹시 좋아한다는 뜻의 이 호가 예술적 풍류와 관련된 이 글의 성격에 특히 잘 어울린다고 생각해서가 아닐까?

평설 이 글은 "22일"이라는 날짜를 명기하면서 시작된다. 그래서 마치 연암이 쓴 일기의 한 구절을 읽는 듯한 느낌을 준다. 몇 월인지는 밝히지 않았지만 한창 무더운 때였던 듯하니 음력 5, 6월쯤 될 터이다. 연도는, 서울의 전의감동에 우거하던 1772년 전후로 추정된다. 그러니까 이 작품은 「소완정이 쓴 '여름 밤 벗을 방문하고 와'에 답한 글」과 비슷한 시기에 씌어진 것으로 보인다. 곧 36세 전후의 작품인 셈이다.

"22일"이라고 날짜를 명기하면서 시작되는 이 글의 서두는 파격이라면 파격이다. 그런데 왜 이런 파격을 시도한 걸까? 연암은 이날을 기념하고 싶었는지도 모른다. 기실 이 글은 홍대용의 서울 집에서 있었던 음악회를 기념하는 성격의 글이다. 홍대용의 서울 집은 남산 기슭에 있었으며, 집 이름을 '유춘오'留春塢라고 했다. 홍대용은 1731년생으로 연암보다 여섯 살 위다. 그러니 당시 그는 42세 전후였다. 앞서 설명했듯 '유춘오'는 봄이 머무는 언덕이라는 뜻인데, '언덕'은 곧 남산 기슭을 가리키는 말일 테고, '봄이 머문다' 함은 아직 젊은 마음을 담고 있는 표현처럼 느껴진다. 당시 연암과 그 우인友人들은 담헌의 이 유춘오에서 음악회를 갖곤 하였다. 뜻이 맞는 동인들끼리 일종의 실내악을 즐긴 셈이다. 당시 유춘오의 악회 현장을 증언하고 있는 글로는 이 글 외에도 성대중이 쓴 「유춘오의 악회를 기록하다」가 있다. 다음이 그 전문이다.

홍담헌 대용이 가야금을 준비하고, 홍성경洪聖景 경성景性이 거문고를 갖고 오고, 이경산李京山 한진漢鎭이 퉁소를 소매에 넣어 오고, 김억이 양금을 갖고 왔다. 장악원의 악공인 보안普安 역시 국수國手인데 생황을 잘 분다. 이들이 담헌의 유춘오에 모였다.
유성습兪聖習 학중學中은 노래로 흥을 돋우었다. 효효재嘐嘐齋 김공 용겸用謙은 나이가 많고 덕이 높으신 어른이라 상석上席에 앉으셨다. 좋은 술에 조금 취하자 뭇 악기가 함께 연주되었다. 뜰은 깊고 낮은 고요한데 낙화가 섬돌에 가득했다. 궁성宮聲과 우성羽聲이 갈마들더니 곡조가 그윽하고 오묘한 경지에 접어들었다. 그때다. 김공이 갑자기 자리 아래로 내려가 절을 하는 게 아닌가. 뭇 사람들은 깜짝 놀라 피하였다. 그러자 공은 이렇게 말했다.
"제군은 괴이하게 여기지 말라! 옛날 우임금도 남의 좋은 말을 들으면 일어나 절을 했거늘, 지금 연주한 음악은 균천광악勻天廣樂이 아닌가. 그러니 노부老夫가 어찌 일배一拜를 아끼겠는가."
당시 홍태화洪太和 원섭元燮도 이 악회에 있었는데, 나에게 이와 같이 이야기해 주었다. 담헌이 세상을 뜬 다음 해에 이 글을 쓴다.

'균천광악'은 '균천악'鈞天樂이라고도 하는데, 아주 미묘한 천상의 음악을 말한다. 김용겸은 안동 김씨 명문가 출신으로, 영의정을 지낸 김수항金壽恒의 손자다. 그는 예禮와 악樂에 조예가 깊고 인품이 맑아 연암과 같은 노론계 후배들의 섬김을 받았다. 위 인용문은 김용겸이 유춘오의 악회에서 연주된 음악에 감동한 나머지 자리에서 벌떡 일어나 연주자들에게 절을 했던 일화를 전하고 있다. 이를 통해 당시 유춘오 악회의 수준이 어떠했는지를 짐작할 수 있다.

다시 연암의 글로 돌아가 보자. 이 단락은 그 앞부분에서, 담헌과 풍무의 연주가 앙상블을 이루고 이를 반주 삼아 국옹이 노래를 부르는 광경을 대단히 절도 있는 필치로 묘사하고 있다. 이 세 사람이 빚어내는 광경은 조화와 자유로움으로 가득하다. 그것은 마치 현대의 재즈 음악처럼 즉흥적이면서 자유로워 보인다. 예술의 본질은 필경 바로 이런 자유와 조화에 있을 터이다. 주목되는 것은, 연주하거나 노래하고 있는 인물들만 그윽하고 자유로운 것이 아니라 음악을 듣고 있는 사람들 역시 그윽하고 자유로워 보인다는 사실이다. 그들은 마치 도가道家의 내단內丹 수련을 하고 있는 사람이 눈을 반쯤 감고 고요하니 앉아 자기 내면을 들여다보고 있는 듯한 태도를 취하고 있고, 혹은 깊은 선정禪定에 든 승려가 어떤 깨달음에 이른 듯한 모습을 하고 있다. 말하자면 저마다 음악에 침잠하여 망아忘我의 상태를 맛보고 있는 것이다. '망아'란 무엇인가? 자신을 잊는 것이다. 자신을 잊는다는 것은 무엇인가? 영욕榮辱과 세속적 이해관계, 자신에 대한 집착과 허망한 생각들을 깡그리 잊는 것을 말한다. 자신에 대한 집착과 일체의 망상을 잊으면 어떻게 될까? 외물外物에 구속되지 않으면서도 외물과 하나가 될 수 있다. 이것이 바로 '물아일체'이고, 인간이 도달할 수 있는 가장 자유로운 정신의 경지다. 연암이 "도가의 단"과 "참선"을 운운한 것은 기실 이런 경지를 가리켜 보이기 위해서다. 다시 말해 음악을 듣고 있는 그들이 자신을 비우고 음악과 하나가 됨으로써 그윽하고 자유롭기 그지없는 마음이 되어 있는 것을 형용하기 위해서인 것이다. 그것은 동시에 음악을 연주하는 사람과 음악을 듣는 사람 양쪽이 음악을 매개로 깊은 정신적 교감을 나누는 과정이기도 하다. 이런 것을 소위 '예술삼매'藝術三昧라고 한다.

이 단락은 정靜과 동動이 잘 배합되어 있다. 말없이 음악을 듣고 있는 사람들에 대한 묘사가 '정'이라면, 음악을 만들어 내고 있는 사람들에 대한 묘사는 '동'이라 할 것이다. 그런데 흥미로운 것은, '동' 속에 또 '동'이 있으니 국옹에 대한 묘사가 그것이다. 국옹의 묘사는 자칫 단조롭거나 정태적으로 보일 수 있는 이 글에 생기와 악센트를 부여한다. "갓을 벗어 던지고"라거나 "옷을 풀어헤치고 턱하니 다리를 벌리고 앉아 방약무인하였다"라는 국옹에 대한 묘사는 유춘오 악회가 어떤 가식이나 꾸밈도 없이 자유롭고 진실되게—그러면서도 속되지 않고 운치 있게—예술 감정이 유로流露되고 소통되는 공간임을 잘 보여준다. 그림으로 친다면, 국옹이라는 이 인물은 그림에 큰 동감動感을 낳는 인물이라 할 것이다.

한편, 삼매경에 대한 서술 바로 뒤에 나오는 다음의 구절, 즉 "무릇 스스로를 돌이켜 떳떳할진댄 삼군과도 맞설 수 있는 법이거늘"이라는 구절은 특별한 주목을 요한다. 연암은 이 말로써 선비의 당당함과 기개, 올곧음에 대해 말하고 있기 때문이다. 연암은 국옹의 방약무인함과 방달한 태도 뒤에 선비로서의 이런 기개와 올곧음이 자리하고 있음을 굳이 말하고 싶었던 것이리라. 선비가 올곧다면 세상에 무서울 게 뭐가 있겠는가!

이 단락은 매탕의 말을 인용하고 있는 뒷부분에서 문세文勢가 확 바뀐다. 이전까지는 비록 완만하지만 시간의 흐름에 따라 서사敍事가 진행되었지만 이제 그것이 중단되고, 시점은 과거의 어느 때를 향한다. 매탕의 말은 늙은 거미의 거미줄 치는 모습을 비유적으로 형용한 말이다. 사실 이 거미 이야기는 그냥 거미 이야기일 뿐 악회와는 아무 상관이 없다. 하지만 연암은 예전에 들었던 이 거미 이야기를 지금 눈앞에 펼쳐지고 있는 악회의 연주 장면과 묘하게 연결시키고 있다. 어째서 연암은 과거의 이 이야기를 불현듯 떠올리게 된 걸까? 아마도 거미 이야기의 마지막 부분에 나오는 "거문고 줄 누르는 손가락"이라는 비유가 그러한 연상 작용의 매개물이 되지 않았나 생각된다. 이 비유를 고리로 하여 담헌과 풍무의 악기 연주는 늙은 거미의 절묘하기 그지없는 거미줄 치는 행위와 전면적으로 연결되게 된다. 인간이 보여주는 고도의 숙련된 예술 행위가 마침내 한갓 기교의 차원을 넘어 도道의 경지에 이르듯이, 저 자연의 세계가 보여주는 온갖 경이로운 몸짓들도 바로 '도'의 경지가 아닐까. 그렇다면 이 '도'라는 것은 인간사와 자연을 함께 포괄하면서 관통하는 거대한 원리가 아닌가. 이 '도' 앞에서 인간과 자연은 결국 하나가 아닌가. 이런 생각은 『장자』에 담겨 있는 근본 사상이기도 하다. 연암이 여기에 거미 이야기를 끌어들인 데에는 이런 긴 상념의 과정이 은연중에 전제되어 있는 건 아닐까.

이 단락은 그 마지막 문장, 즉 "지금 담헌과 풍무가 소리를 맞추는 모습을 보고 내 비로소 늙은 거미에 대한 매탕의 말이 이해되었다"는 문장에서 다시 현재로 시점이 이동된다. 이 마지막 문장은, 예술에 대한 이해를 통해 자연에 대한 좀 더 깊은 이해에 이를 수 있다는 깨달음을 보여준다는 점에서 주목할 만하다. 아마 그 역도 참이리라.

당시 유춘오에 모인 사람은 누구누구였을까? 담헌, 풍무, 국옹, 연암 이네 사람밖에 없었을까? 그렇지는 않은 것 같다. "좌우에 앉은 사람들" 운운한 말로 봐서 연암 외에도 음악을 감상한 사람이 더 있었던 것 같다. 그게 누굴까? 알 수 없다. 혹 그 중에 매탕이 있지는 않았을까 하는 의심도 한번 해 보지만 그 역시 단언할 수는 없는 일이다.

2️⃣ 지난 여름 내가 담헌의 집에 갔을 때 담헌은 한창 악사樂師 연씨延氏와 거문고에 대해 이야기하고 있었다. 하늘은 비를 머금어 동쪽 하늘가 구름은 온통 먹빛이어서 한번 우레라도 치면 금방 비가 쏟아질 참이었다. 이윽고 긴 우렛소리가 하늘을 지나갔는데 담헌은 연씨에게 "저 소리는 어떤 음에 속할까요?"라고 묻더니 마침내 거문고를 가져와 그 소리에 화답하였다. 나는 이에 감발되어 「하늘의 우레」라는 노래를 지었다.

주해 '악사樂師 연씨延氏'는 조선 후기 궁중의 거문고 연주자였던 연익성延益成을 말한다. 『담헌서』에는 홍대용이 쓴 연익성의 제문이 실려 있는데, 이에 의하면 그는 조정의 음악을 관장하는 벼슬을 했으며, 홍대용과 30년간 거문고로 친분을 맺었다고 한다.

평설 홍대용은 중국인 벗에게 보낸 어떤 편지에서 "저는 열여섯·일곱 살 적부터 동국의 거문고를 연주할 줄 알았는데 오래 배워 오는 사이에 자못 그 묘리를 터득하게 되었습니다"(『항전척독』杭傳尺牘 중의「소음篠飮에게 준 편지」)라고 말한 바 있다. 홍대용은 1765년 연행 사절의 일원으로 북경에 갈 때도 거문고를 휴대했다. 이처럼 홍대용의 삶에서 거문고는 떼어놓을 수 없는 물건이었다. 거문고에 조예가 깊었던 그였던 만큼 당대의 거문고 고수인 연익성과도 평생 깊은 교분을 맺었다. 연익성은 거문고의 고수라고는 하나 궁중의 악공 출신으로 신분이 미천한 인물이다. 하지만 담헌은 그런 것엔 아랑곳하지 않았던 듯하다. 음악을 통해 신분을 뛰어넘은 사귐이 이루어졌던 셈이다. 이 단락은 바로 이 연익성과 홍대용의 일화를 언급하고 있다.

이 단락에서 시점은 다시 과거를 향하고 있다. 이처럼 이 작품은 시점이 자주 왔다 갔다 하는바, 이 점이 재미있다. 이 단락 역시 여름날 유춘오에서 있었던 작은 즉흥 음악회 이야기다. 퍽 짧은 이야기지만 아주 운치가 있고, 그 내용이 의미심장하다. 특히 주목되는 것은, 이 단락의 서술이 음악과 자연의 조응, 예술과 자연의 깊은 내적 관련을 잘 보여주고 있다는 사실이다. 적어도 이 단락의 맥락 속에서 본다면 예술은 자연의 모방임과 동시에 자연과의 교감이다. 자연은 예술의 근원적 원천이며, 예술에 심오한 영감을 제공한다. 음악과 자연은 분리될 수 없으며, 음악은 자연의 소리를 배우고 경청함으로써 새롭고 창의적인 게 될 수 있다.

　앞 단락의 거미 이야기가 인간의 예술 행위, 즉 인간의 예술적 몸짓이 자연의 몸짓과 얼마나 닮아 있으며 서로 연결되어 있는가를 말하고 있다면, 이 단락의 우레 이야기는 인간의 소리(=음악)가 자연의 소리와 어떻게 연속되어 있으며 서로 조화될 수 있는가를 말하고 있다고 보인다. 담헌은 음악을 통해 자연과 교감하고, 자연과 합일하고 있다. 연암은 '최고의 독서와 최고의 글쓰기는 자연이다'라고 생각했으며, 그래서 자연의 미묘한 움직임과 변화, 그 생동감과 생기를 잘 읽어 내어 그것을 글쓰기로 연결시켜야 한다고 말한 바 있다. 어떤 의미에서 연암 문학의 요체는 바로 이 점에 있다고 말할 수 있을지 모른다. 연암의 글은 설사 자연에 관해 말하고 있지 않은 글조차도 이런 원리를 구현하고 있는 것처럼 보인다. 말하자면 연암은 문학이란 부단히 자연을 통해 자기 자신으로 회귀하는 것이라고 생각했던 것이다. 그런데 이 단락에서 읽을 수 있는 음악과 자연의 관계 역시 이와 비슷하다고 여겨진다.

　조금 더 생각을 진전시켜 본다면, 예술과 자연, 문학과 자연을 이토록 연속적으로 파악하려고 한 연암의 태도는, 그리고 또 이 단락에서 확인되는 바 우렛소리에 거문고 소리로 '화답'하는 담헌의 독특한 면모는, 이 두 분의 철학적 입장과 관련이 있지 않은가 하는 의심을 해 봄직하다. 잘 알려져 있다시피 연암과 담헌은 '인물성 동론'人物性同論이라는 철학적 입장을 견지하였다. '인물성 동론'이란 간단히 말해 사람의 본성과 '물'物(이 단어는 유정有情·무정無情의 자연 세계를 두루 포괄한다)의 본성이 근본적으로 같다는 주장이다. 이런 입장을 취할 경우 인간과 자연, 인간사人間事와 자연사自然事의 연속적 관계가 특별히 강조되게 된다. 물론 꼭 인물성 동론이 아니더라도 무릇 유학 일반에 이런 연속성에의 지향이 기본적으로 있는 것은 사실이나 문제는 인물성 동론의 경우 이런 지향과 이해방식이 아주 유별나다는 점일 터이다. 그리하여 연암은 「호질」이라는 글에서 "천하의 이치는 하나이니, 만일 범이 악하다면 사람의 본성 역시 악하다고 할 것이고, 사람의 본성이 선하다면 범의 본성 역시 선하다고 할 것이다"라는 주장을 펼치기에 이르며, 담헌은 『의산문답』醫山問答에서 '인물균'人物均(사람과 물물이 근원적으로는 똑같다는 주장)을 주장하며 "우레란 그 본성이 굳세고 강렬한바" 그 성정이 인간의 성정과 다르지 않다고 봤던 것이다.

아무튼 이 단락은 당대 거문고의 두 명인인 연익성과 담헌의 모습을 아주 운치 있게 그려놓고 있다. 담헌이 연익성에게 "저 소리는 어떤 음에 속할까요?"라고 묻는 말은, 범인凡人이 범접할 수 없는 두 고수의 경지를 말해주는 듯하다. 담헌이 "거문고를 가져와 그 소리에 화답하였다"라는 표현도 아취雅趣가 넘치고 신운神韻이 돈다고 이를 만하다. 이 단락은 "나는 이에 감발되어 「하늘의 우레」라는 노래를 지었다"라는 문장으로 아주 급작스럽게 종결된다. 급작스러운 만큼 뭔가 아쉬운 느낌이 들고, 그래서 독자는 한참 동안 여운 속에 푹 잠기게 된다.

총평

- 이 글은 연암 그룹의 예술 취향과 그 정신적 깊이를 썩 잘 보여 준다. 그리하여 자유로움과 초속적超俗的 태도가 글 전편에 넘친다. 이 글은 길이는 짧되, 그 깊이는 아주 깊고, 그 운치는 한량없다.

- 이 글은 유춘오 악회를 기념해 쓴 글이라 할 만하다. 이를 의식하기라도 한 듯 연암은 유춘오에서 있었던 두 건의 일을 두 개의 단락으로 병치해 구성하고 있다. 이 두 건의 일은 유춘오 악회의 수준과 분위기를 잘 집약해 보여주고 있다고 판단된다. 연암이 유춘오 악회와 관련하여 쓴 글은 이것이 유일하다.

- 이 글은 이중二重의 교감과 소통을 보여준다. 하나는 인간 대 인간의 교감과 소통이요, 다른 하나는 인간 대 자연의 교감과 소통이다. 특히 후자의 경우 연암의 예술철학이랄까 예술과 자연의 관계에 대한 사념이랄까 그런 것이 스며 있어 주목을 요한다.

- 연암은 이 시기 아주 힘들고 우울한 처지에 있었다. 그는 유춘오 악회에서 벗들과 함께 음악삼매音樂三昧에 빠지곤 함으로써 조금 위안을 받거나 잠시 울울한 심정에서 벗어날 수 있지 않았을까 싶다. 예술에는 이처럼 사람을 어루만져 주는 힘이 있다.

- 이 글에서 연암은 글 속에 있기도 하고 글 밖에 있기도 하다. 다시 말해 악회의 일원으로서 음악을 감상하고 있기도 하고, 거기서 빠져나와 서술자로서 사태를 기술해 나가기도 한다. 이 점이 특이하다. 그것은 흡사 한 폭의 산수화 속에 화가가 산수 감상자로서 들어와 있기도 하고, 작가로

서 그림 밖에 나가 있기도 한 것에 견줄 만하다.

• 이 글이 묘사하고 있는 담헌의 면모는 평화로움 그 자체다. 『예기』의 「악기」樂記가 잘 말해 놓고 있듯, 음악의 본질은 '화'和다. 이 '화'는 내면에서 비롯되지만, 외면에 영향을 받거나 외면과 교섭하며, 또한 외면에 영향을 끼칠 수도 있다. '화'는 꼭 평화만으로 한정되지 않지만 평화와 밀접히 관련된다. 담헌의 사상에는 '평화주의'라고 이름할 만한 지향이 강하게 내재되어 있다(나는 『녹색평론』 2005년 1·2월호에 실린 「생태주의와 평화주의」라는 글에서 이 점에 대해 논한 바 있다). 담헌은 음악에 깊은 조예가 있었고 1급의 거문고 연주자였는데, 그의 이런 면모는 그가 전개한 평화주의 사상과 전연 무관하지 않다고 생각된다. 이 글 중 음악을 통해 천인합일天人合一에 이르고 있는 담헌의 모습에 대한 묘사는 이런 견지에서도 주목할 만하다.

130

『중국인 벗들과의 우정』에 써 준 서문

  삼한三韓 서른여섯 도회지에 노닐다 동쪽으로 가 동해를 굽어보면 바다는 하늘과 맞닿아 가없는데 이름난 산과 높다란 봉우리가 그 사이에 솟아 있어 백 리 이어진 들이 드물고 천 호戶 되는 고을이 없으니, 그 땅덩어리가 참으로 좁다 하겠다.
  옛날의 이른바 양자楊子, 묵자墨子, 노자老子, 부처와 같은 유도 아니건만 네 가지 의론이 존재하고, 옛날의 이른바 사士, 농農, 공工, 상商도 아니건만 네 가지 신분이 존재한다. 단지 그 숭상하는 바가 같지 않아서일 뿐이건만 서로 헐뜯는 의론을 펼쳐 진秦나라와 월越나라가 소원한 것보다 더 소원하고, 그 처한 바가 달라서일 뿐이건만 신분에 차등을 둠이 중화中華와 오랑캐를 구분하는 것보다 더 엄격하다.
  그리하여 그 의론이 다름을 꺼려, 이름은 들어 알고 있으면서도 친구 하지는 아니하고, 지체가 다름에 구애되어, 서로 접촉은 하면서도 감히 벗 삼으려고는 않는다. 그 사는 마을이 같고 종족이 같으며 언어와 의관衣冠이 나와 저 사이에 별로 다른 것이 없건만 서로 친구 하지 않으니 서로 혼인인들 하겠는가? 서로 벗을 삼지 않으니 더불어 도道를 꾀할 수 있겠는가? 이

네 가지 의론과 네 가지 신분이 아득히 수백 년 동안 사람들을 진나라와 월나라, 중화와 오랑캐의 관계처럼 만들었으나 지붕을 맞대고 담장을 나란히 한 채 생활하고 있다. 그 습속이 어찌 이리 편협할까!

홍군洪君 덕보德保는 일찍이 한 필 말을 타고 사행使行을 따라 중국에 간 적이 있다. 시가지를 배회하고 여항閭巷의 좁은 골목을 바장이다가 마침내 항주杭州에서 온 세 명의 선비를 만나게 되었다. 그리하여 몰래 그들이 묵는 여관을 찾아가 마치 오랜 친구처럼 환담했으니, 하늘의 명命이 사람에게 성性으로 품부稟賦된 이치라든가 주자학朱子學과 육왕학陸王學의 차이라든가 세도世道가 성하고 쇠한 기미라든가 벼슬길에 나아가거나 물러나는 일의 영광스러움과 욕됨의 분간 등등에 대하여 샅샅이 논하며, 근거를 들어 고찰하고 입증하니, 서로 마음에 맞지 않는 게 없었다. 서로간에 잘못을 지적하고 충고하는 말은 모두 지성스럽고 간절한 데서 우러나온 것이었다. 이에 처음에 서로 지기知己로 허여하다가 종국에는 의형제를 맺었다. 서로 흠모하고 좋아함은 마치 성색聲色을 좇는 것 같았고, 서로 저버리지 않음은 마치 하늘에 맹세한 것 같았으니, 그 의義가 족히 사람들을 감읍感泣시킬 만했다.

아! 우리나라에서 항주까지는 거의 만 리이니 홍군은 이제 다시는 세 선비를 만나볼 수 없으리라. 그런데 접때 자기 나라에 살 땐 같은 동네에 살면서도 서로 친구 하지 않더니 지금 만 리나 먼 곳에 있는 사람들과 교우하고 있고, 접때 자기 나라에 살 땐 같은 종족이면서도 서로 사귀지 않더니 지금 다시는 만나볼 수 없는 사람들을 벗 삼고 있으며, 접때 자기 나라에 살 땐 언어와 의관이 같아도 서로 벗 삼지 않더니 지금 갑자기 서로 말도 다르고 옷차림도 다른 사람들을 친구로 받아들이니 어떻게 된 일일까?

홍군은 서글픈 표정으로 이윽히 있더니 이렇게 말했다.

"나는 우리나라에 사람이 없어 벗을 사귈 수 없다고 생각지는 않지만, 실로 지경地境에 국한되고 습속에 구애되어 답답한 마음이 없지 않았사외다. 지금의 중국이 옛날의 중국이 아니고 그 사람들이 입고 있는 옷이 저 옛날 중국의 선왕先王들이 만든 옷이 아니라는 걸 난들 왜 모르겠습니까? 그렇기는 하나 그들이 살고 있는 땅은 어찌 요堯임금, 순舜임금, 우禹임금, 탕湯임금, 문왕文王, 무왕武王, 주공周公, 공자孔子가 밟던 땅이 아니겠습니까? 또 그들이 사귀는 선비는 어찌 제齊, 노魯, 연燕, 조趙, 오吳, 초楚, 민閩, 촉蜀 땅의 넓은 견문과 멀리 노닌 경험을 지닌 선비가 아니겠습니까? 그리고 그들이 읽는 책은 어찌 삼대三代 이래 사해四海 만국萬國에서 나온 온갖 서적이 아니겠습니까? 제도는 비록 변했어도 도의道義는 바뀌지 않거늘, 이른바 옛날의 중국이 아니라고 한 그곳에 어찌 그 백성은 될지언정 그 신하는 되지 않겠다는 사람이 없다고 하겠습니까? 그렇다고 한다면 저들 세 선비가 나를 볼 때 중화와 오랑캐의 구별이라든가 의론이나 지체가 다른 데 대한 거리낌이 왜 없었겠습니까? 그럼에도 번거로운 법도를 깨뜨리고 자잘한 예절도 치워 버리고는 진정眞情을 드러내고 간담을 토로했으니 그 크고 너른 마음이 쩨쩨하게 명예나 권세나 이익의 길에서 아득바득하는 치들과 어찌 같다고 하겠습니까?"

마침내 홍군은 항주의 세 선비와 이야기 나눈 것을 적은 세 권의 초고를 꺼내서 내게 보여주며,

"서문을 부탁하외다!"

라고 하였다.

나는 그 책을 다 읽고 탄복하여 혼자 이렇게 중얼거렸다.

"홍군은 벗 사귀는 법에 통달했구나! 나는 이제야 벗 사귀는 법을 알았다. 그가 누구를 벗으로 삼는지를 보고, 누가 그를 벗으로 삼는지를 보며, 또한 그가 누구를 벗으로 삼지 않는지를 보는 것, 이것이 나의 벗 사귀는 방법이다."

1️⃣   삼한三韓 서른여섯 도회지에 노닐다 동쪽으로 가 동해를 굽어보면 바다는 하늘과 맞닿아 가없는데 이름난 산과 높다란 봉우리가 그 사이에 솟아 있어 백 리 이어진 들이 드물고 천 호戶 되는 고을이 없으니, 그 땅덩어리가 참으로 좁다 하겠다.

주해   『중국인 벗들과의 우정』은 홍대용洪大容이 엮은 책으로, 그 원제原題는 『회우록』會友錄이다. 아마도 홍대용이 처음 붙였던 책이름은 『간정동 회우록』乾淨衕會友錄(간정동은 북경 유리창琉璃廠의 지명)이었던 것으로 생각된다. 홍대용의 작은아버지 홍억洪檍은 1765년 11월 중국으로 출발한 외교사절단에서 서장관書狀官의 직책을 맡았는데, 홍대용은 이 작은아버지의 수행원으로 중국 여행길에 올랐다. 홍대용은 이해 12월 27일 북경에 도착했으며, 이듬해 북경의 유리창에서 항주의 세 선비 엄성嚴誠·반정균潘庭筠·육비陸飛를 알게 되어 서로 필담을 나누며 교유하다가 3월 1일 북경을 출발해 4월 11일 압록강을 건너 귀국하였다. 홍대용은 귀국 후 북경에 체류할 때 이들과 주고받았던 필담筆談, 시문詩文, 편지들을 정리해『중국인 벗들과의 우정』이라는 책을 엮었다. 홍대용의 문집인 『담헌서』湛軒書 외집外集 권2의 『간정동필담』乾淨衕筆談 및 외집 권3에 실린 『간정동필담 속』乾淨衕筆談續과 「간정록 후어」乾淨錄後語가 이에 해당한다. 『중국인 벗들과의 우정』은 1766년 6월 15일에 완성되었다.
   '삼한'三韓은 원래 마한馬韓, 진한辰韓, 변한弁韓을 총칭하는 말인데, 흔히 조선을 가리키는 말로 썼다.
   "서른여섯 도회지"란 당시 전국의 여러 도회지를 총칭하는 말이라 생각된다.

평설 대단히 거창하게 서두를 열고 있다. 아주 높은 곳에서 한반도의 땅덩어리를 내려다보면서 말하고 있는 듯한 느낌이다. 연암은 29세 때인 1765년 가을 유언호·신광온申光蘊 등의 벗들과 함께 금강산을 유람하였다. 이 글은 그 이듬해인 1766년에 쓴 것으로 추정되는데, "동쪽으로 가 동해를 굽어보면" 운운한 말에 전년도에 있었던 금강산 유람의 경험이 반영되어 있는 듯하다. 이 단락의 요지는 맨 마지막 문장에 있다. 즉 조선이라는 땅덩어리가 너무나 작다는 사실을 지적하는 데 있다. 그런데 연암은 왜 하필 이 사실을 글의 서두에 부각시키고 있는 것일까? 계속 읽어야 이 의문이 풀린다.

2 옛날의 이른바 양자楊子, 묵자墨子, 노자老子, 부처와 같은 유도 아니건만 네 가지 의론이 존재하고, 옛날의 이른바 사士, 농農, 공工, 상商도 아니건만 네 가지 신분이 존재한다. 단지 그 숭상하는 바가 같지 않아서일 뿐이건만 서로 헐뜯는 의론을 펼쳐 진秦나라와 월越나라가 소원한 것보다 더 소원하고, 그 처한 바가 달라서일 뿐이건만 신분에 차등을 둠이 중화中華와 오랑캐를 구분하는 것보다 더 엄격하다.

그리하여 그 의론이 다름을 꺼려, 이름은 들어 알고 있으면서도 친구 하지는 아니하고, 지체가 다름에 구애되어, 서로 접촉은 하면서도 감히 벗 삼으려고는 않는다. 그 사는 마을이 같고 종족이 같으며 언어와 의관衣冠이 나와 저 사이에 별로 다른 것이 없건만 서로 친구 하지 않으니 서로 혼인인들 하겠는가? 서로 벗을 삼지 않으니 더불어 도道를 꾀할 수 있겠는가? 이 네 가지 의론과 네 가지 신분이 아득히 수백 년 동안 사람들을 진나라와 월나라, 중화와 오랑캐의 관계처럼 만들었으나 지붕을 맞대고 담장을 나란히 한 채 생활하고 있다. 그 습속이 어찌 이리 편협할까!

주해 　"양자, 묵자, 노자, 부처와 같은 유도 아니건만 네 가지 의론이 존재하고"는 당시 조선에 노론老論, 소론少論, 남인南人, 소북小北의 네 당파가 있음을 가리키는 말이다. 양자는 양주楊朱라고도 하는데, 전국시대 사상가로 극단적인 이기주의利己主義를 표방했으며, 묵자는 양자와는 반대로 이타주의利他主義에 해당하는 겸애설兼愛說를 주장했고, 노자는 무위자연無爲自然을 주장하였다. 연암은 당시 조선의 사색당파가 이런 사상적 대립도 못 되는 주제에 서로 자기주장을 내세워 상대방을 헐뜯고 공격하고 배척하는 것을 비꼬기 위해 이런 말을 했다. 이 비꼬는 어투에서 서른 살 연암의 패기가 느껴진다.

"사, 농, 공, 상도 아니건만 네 가지 신분이 존재한다"는 말은, 문반·무반·서족庶族(서얼)·중인을 가리키는 게 아닌가 한다. 19세기 말 20세기 초의 저명한 한학자 창강滄江 김택영金澤榮(1850~1927)은 이를 사당인四黨人, 비 사당인非四黨人, 중인, 서족이라고 보았으나 수긍하기 어렵다.

"진秦나라와 월越나라" 운운했는데, 두 나라는 춘추시대의 나라로, 진나라는 중국 서북부에, 월나라는 중국 동남부에 있어 서로 멀리 떨어져 있었다. 그래서 멀리 떨어져 있거나 소원한 관계, 피차 상관없는 것을 비유할 때 흔히 '진나라와 월나라의 사이'라고 한다.

"종족이 같으며"라고 했는데, 곧 민족이 같다는 말이다. '종족'이라는 말의 원문은 '족류族類이다. '민족'이라는 말은 서양어 'nation'의 번역어로 근대 일본이 처음 만들어 쓴 용어인데 이후 동아시아에 두루 통용되었다. 전근대 시기에는 '민족'이라는 말보다는 '종족'이라는 말이 더 적절하지 않나 싶다.

평설 　이 단락의 문체적 특징은 시시비비를 따지고 자신의 주장을 펼치는 데 있다. 우리는 이 글 이전에 일곱 편의 연암 글을 읽었지만, 그것은 대개 풍경 묘사나 서사敍事에 특장特長이 있었다. 이처럼 논리적으로 어떤 주장을 펼친 글은 이것이 처음이다. 이처럼 논리를 바탕으로 시시비비를 따지거나 주의·주장을 펼치는 글을 '의론문'議論文이라고 한다. 동아시아의 전통적 산문은 의론문과 서사문이 주요한 두 축을 이룬다. 연암은 서사문을 쓰는 데 특히 귀신같은 재주가 있었지만, 의론문도 아주 잘 썼다.

연암은 이 단락에서 당시 조선 사대부들이 사색당파로 나뉘어 자기 당파의 사람이 아니면 혼인 관계도 맺지 않고 친구도 하지 않으면서 서로 헐뜯고 공격하는 행태를 비판하고 있다. 또한 크게 보아 다 '사'士이건만 지나치게 지체를 따져 무반이나 서얼, 중인을 차별하거나 천시하는 현실을 비판하고 있다. 그리하여 한동네에 살면서도 당색과 지체가 다르면 결코 벗으로 사귀지 않는 데 대해 "그 습속이 어찌 이리 편협할까!"라며 탄식하고 있다. '편협할까'라는 말은 ① 단락의 마지막 문장 "그 땅덩어리가 참으로 좁다 하겠다"의 '좁다'와 그 의미가 통한다. 아마도 연암은 조선이 땅덩어리가 좁다 보니 그 사대부적 기습氣習도 편협해진 것이 아닐까, 이렇게 생각한 듯하다.

③ 홍군洪君 덕보德保는 일찍이 한 필 말을 타고 사행使行을 따라 중국에 간 적이 있다. 시가지를 배회하고 여항閭巷의 좁은 골목을 바장이다가 마침내 항주杭州에서 온 세 명의 선비를 만나게 되었다. 그리하여 몰래 그들이 묵는 여관을 찾아가 마치 오랜 친구처럼 환담했으니, 하늘의 명命이 사람에게 성性으로 품부稟賦된 이치라든가 주자학朱子學과 육왕학陸王學의 차이라든가 세도世道가 성하고 쇠한 기미라든가 벼슬길에 나아가

거나 물러나는 일의 영광스러움과 욕됨의 분간 등등에 대하여 샅샅이 논하며, 근거를 들어 고찰하고 입증하니, 서로 마음에 맞지 않는 게 없었다. 서로간에 잘못을 지적하고 충고하는 말은 모두 지성스럽고 간절한 데서 우러나온 것이었다. 이에 처음에 서로 지기知己로 허여하다가 종국에는 의형제를 맺었다. 서로 흠모하고 좋아함은 마치 성색聲色을 좇는 것 같았고, 서로 저버리지 않음은 마치 하늘에 맹세한 것 같았으니, 그 의義가 족히 사람들을 감읍感泣시킬 만했다.

주해 '덕보'德保는 홍대용의 자字다. 호는 담헌湛軒이다.

'항주'杭州는 중국 절강성浙江省의 지명으로, 송대宋代 이래 사대부 문화와 예술의 중심지였다.

'육왕학'陸王學이란 송나라 육구연陸九淵(1139~1192)과 명나라 왕수인王守仁(1472~1528)의 학문을 일컫는 말이다. 홍대용과 항주 선비들이 북경에서 주고받은 필담 및 서신에는 이 두 인물의 사상에 대한 토론이 자주 보인다. 주자와 육구연은 송대 유학의 중요한 두 흐름을 대표하는 인물이다. 주자학자들은 육구연이 학문 연구를 경시하고 마음의 수양만 중시한 점을 들어 그를 이단시하면서 공격하였다. 왕양명은 처음엔 주자학을 공부했으나 그것이 공소空疎하고 지나치게 번쇄하다는 점을 깨닫고는 마음공부와 지행합일知行合一을 강조하는 새로운 사상 체계를 창시하였다. 이것이 곧 양명학陽明學이다. 주자학에서는 '물'物을 객관적 실체로 인정함과 동시에 '이'理를 초월적이면서도 내재적인 실체로 간주한다. 한편 '심'心에는 하늘의 '이'가 품부되어 있는바 이것이 곧 '성'性이라고 보았다. 그러나 양명학에서는 '물'物이란 '심'의 자기 확대에 불과하며, '심' 자체가 곧 '이'라는 입장을 취한다. 따라서 주자학에서는 마음과 사물에서 부단히 '이'를 궁구해 가는 일이 요구되는 반면, 양명학에서는 간단히 '심'만 닦으면 된다. 전자가 객관유심론이라면, 후자는 주관유심론이다. 이 점에서 양명학은 선학禪學과 친연성이 있다. 조선과 달리 명나라에서는 주자학보다 양명학이 성했으며, 이러한 경향은 청초淸初까지 이어졌다. 더군다나 항주는 왕수인의 고향인 여요餘姚 인근으로 특히나 양명학이 강세를 보이던 곳이다.

조선은 주자학의 나라다. 일찍이 퇴계가 양명학을 이단이라 비판한 이래 조선에서 양명학은 늘 이단으로 간주되었다. 그렇기는 하나 17세기 이후 소론少論 가문을 중심으로 은밀하게 그 학맥이 이어져 왔다. 하지만 조선의 학문 풍토에서는 설사 자신이 양명학자라 할지라도 그것을 대놓고 표방할 수 없는 분위기였다. 그래서 조선의 양명학자들은 주자학의 외피外皮로 자신의 사상을 은폐하였다. 그만큼 조선은 주자학의 자장磁場이 강했으며, 주자학 일변도였다. 주자학이든 양명학이든 모두 중국에서 전래한 사상이다. 그러나 정작 중국과는 달리 조선은 사상적 융통성을 갖지 못했으며, 아주 경직되고 편협하며 대단히 배타적인 방향으로 하나의 사상을 절대화해 갔다. 이는 조선 사대부의 고루함 내지는 이념적 편협성과 관련된다.

평설 이 단락에서 비로소 본론이 전개된다. 그런데 주목되는 것은, 홍대용을 "홍군 덕보"라고 부르고 있다는 점이다. 그리고 이 아래부터는 덕보라는 말도 빼 버리고 아예 '홍군'이라고 부르고 있다. 오늘날에도 호칭 속에는 부르는 사람과 불리는 사람 양자의 관계와 친밀도 등이 함축되어 있지만, 전근대 사회에서는 지금과 도저히 비교할 수 없을 정도로 호칭이 까다롭고 다양했다. 다시 말해 인간관계에 따라 아주 섬세하게 호칭을 골라 쓰는 것이 일반적인 관례였다. 당시는 '예'禮를 강조하는 사회였던지라, 그렇게 하는 것이 곧 '예'였기 때문이다. 이렇게 본다면 홍대용을 처음 언급할 때 "홍군 덕보"라고 하고 그 다음부터는 '홍군'이라는 칭호를 쓴 데에는 이 글을 쓸 당시 연암과 홍대용의 관계가 반영되어 있다고 봐야 옳다. 어떤 관계일까? 당시 친구간이나 친한 사람들끼리는 보통 '자'字로 불렀다. 혹은 '자'에다가 '씨'氏라는 말을 덧붙이기도 했다. 그러나 친밀하다고 해서 어른뻘의 사람을 '자'로 부르지는 않았다. 그 경우 호로 부르거나 호에다가 '장'丈(어른이라는 뜻)이나 '선생'이라는 말을 덧붙여 불렀다. 존장尊丈뻘의 사람이 아랫사람을 부를 때도 '자'로 불렀다. 이렇게 본다면, 연암이 홍대용을 그 '자'로 부른 것은 자연스러운 일이고 하등 이상하지 않다. 문제는 '홍군'이라는 칭호다. 연암은 이 글 말고는 홍대용을 '홍군'이라고 부른 사례가 발견되지 않는다. 그냥 '자' 아니면 '호'로 불렀다. '군'君이라는 칭호는 지금은 윗사람이 아랫사람을 부를 때에만 사용되지만, 예전에는 그런 경우만이 아니라 친구 간의 평교平交에도 사용되었다. 하지만 연암이 자신의 벗들에 대해 '군'이라는 호칭을 쓴 용례는 잘 발견되지 않는다. 그런데 연암은 이 글에서 처음에만 "홍군 덕보"라 하고 그 다음부터는 계속 '홍군'이라는 말을 쓰고 있다. 이는 무엇을 의미하는 걸까? 이 글을 써 줄 당시 연암과 홍대용은 아직 그다지 친분이 없던 사실의 반영이 아닐까? 홍대용은 연암이 글을 잘한다는 말을 듣고 연암을 찾아와 자기 책의 서문을 부탁했지만 그 당시 둘 사이에는 별로 친교가 없었던 것을 말해 주는 게 아닐까? 어쩌면 홍대용이 서문을 부탁하기 위해 연암을 찾아온 이때 두 사람은 처음 해후한 것인지도 모른다. 추측컨대 이후 홍대용이 이덕무, 박제가 등과 교유하게 되는 것도 박지원과의 이 만남이 계기가 된 게 아닌가 생각된다. 한편 당시 서른 살의 박지원은 홍대용과의 만남을 계기로 과학과 기술의 세계에 눈을 뜨게 되는 한편, 당시 조선 사대부 일반이 견지하고 있던 존명배청론尊明排淸論의 비현실성을 깨닫고 현실주의적 시각으로 청나라를 직시하면서 조선의 낙후된 현실에 대한 타개책을 적극적으로 모색해 나가는 방향으로 사상을 '업그레이드'하게 된다. 이것이 이른바 '북학'北學이다. 연암과 홍대용의 첫 만남을 적고 있는 것으로 여겨지는 이 단락은 바로 이 북학의 최초의 출발점을 보여주는 게 아닌가 한다.

이 단락은 홍대용이 작은아버지 홍억의 수행원으로 북경에 갔다가 그곳의 유리창에서 항주의 세 선비를 만나 한 달 가까이 사귀며 학문적 토론과 인간적 친교를 나눈 일을 말하고 있다. "시가지" 운운했는데, 바로 '유리창'을 가리킨다. 지금도 북경에는 유리창이 남아 있어 그곳에 쭉 들어서 있는 점포들이 미술품과 골동품, 서적 등을 판매하고 있지만, 당시의 유리창은 지금보다 훨씬 규모가 컸다. 유리창은 자금성紫禁城 가까이에 있었고 게다가 그 인근에 조선 사신들이 묵던 조선관朝鮮館이 있었기에 당시 사행使行의 일원으로 북경에 간 문인들은 유리창을 찾아가 견문을 넓히거나 서적과 서화, 문방구 등을 구입해 오는 게 일반적인 관례였다. 뿐만 아니라 당시 과거에 응시하기 위해 북경에 올라온 중국의 지방 유생들이 유리창에 있는 여관에 묵는 경우가 많았으므로 혹 이들과 접촉해 학문과 예술에 대한 이야기를 나눌 수 있을까 해서 유리창을 찾는 조선 지식인들도 없지 않았다. 홍대용 역시 그런 기대를 갖고 유리창을 찾았던 것이다. "시가지를 배회하고 여항의 좁은 골목을 바장이다가 마침내 항주에서 온 세 명의 선비를 만나게 되었다"라는 문장은 그 점을 말하고 있다. "항주에서 온 세 명의 선비"란 엄성, 반정균, 육비를 말한다. 당시 엄성은 35세, 반정균은 25세, 육비는 48세였다. 이 셋은 모두 과거를 보기 위해 항주에서 올라와 유리창 일대의 간정동乾淨衕이라는 곳에 있는 여관에 묵고 있는 중이었다.

그런데 우리는 여기서 잠시 '항주'라는 곳에 주목할 필요가 있다. 중국 학술사 내지 예술사에서 항주는 독특한 지위를 점하는 곳이다. 그곳은 예로부터 물산이 풍부하여 학문과 예술의 요람이었다. 항주는 그 인근의 소주蘇州와 함께 이른바 '강남'江南으로 일컬어지면서 중국 사대부 문화의 기지基地를 형성하고 있었다. 특히 남송대南宋代 이래 강남은 중국 문화를 견인하는 핵심적 역할을 하였다. 오늘날 우리가 접하는 문인화文人畵 양식이란 것도 명대明代에 바로 이 강남에서 개화한 것이며, 강남이 그 본거지였다. 더군다나 당시 조선의 지식인들은 청나라를 만주족이 세운 나라라고 업신여겼기 때문에 한족漢族이 이룩한 중화 문명의 거점으로서 강남을 주목하거나 동경하고 있었다. 이 점에서 당시 조선 사대부에게 있어 강남은 지리적 공간을 넘어 가치문제가 개입된 하나의 이념적 공간이기도 하였다. 이런 점을 고려한다면, 항주 선비를 만난 홍대용의 설렘과 기쁨이란 이루 말할 수 없는 것이었을 터이다.

홍대용은 이들이 묵고 있는 여관으로 찾아가 학문, 사상, 역사, 문학, 예술 등의 온갖 주제를 대상으로 진지하고 열띤 토론을 했으며, 찾아가지 아니한 날은 편지로 의견을 교환하였다. 이들은 비록 서로 말은 통하지 않았지만 당시 동아시아의 공동 문자라 할 한문에 의한 필담筆談을 통해 깊은 속내까지 서로 주고받을 수 있었다. 당시 홍대용은 필담이 적힌 종이들의 일부를 둘둘 말아 가지고 숙소로 돌아왔으며, 귀국한 후 이를 바탕으로 『중국인 벗들과의 우정』이라는 책을 편찬하였다. 이 책은 원래 제목이 『간정동 회우록』이며, 일명 '간정동 필담'이라고도 했다.

담헌 홍대용의 글들은 일제 강점기에 위당爲堂 정인보鄭寅普 선생에 의해 수습되어 『담헌서』湛軒書라는 제목의 책으로 간행되기에 이른다. 이 『담헌서』 속에 『간정동 필담』이 수록되어 있어 그 내용을 확인할 수 있다. 이에 의하면, 중국의 세 선비는 양명학과 불교를 넘나들면서 비교적 활달하고 자유로운 입장에서 유학을 논하고 있는 데 반해, 홍대용은 엄정한 자세로 양명학을 비판하고 주자학을 옹호하고 있다. 특히 첫날의 만남에서 홍대용과 중국 선비들은 그 사상적 풍모에 있어 현저한 차이를 보여준다. 그것은 단지 조선의 어떤 개인과 중국의 어떤 개인의 차이라기보다 이념적이고 교조적이며 편협한 면모가 강했던 조선 사대부의 성격적 특질과 비교적 유연하고 회통적會通的이며 실제적인 면모가 강했던 중국 사대부의 성격적 특질의 맞부딪침으로 이해되어야 옳다. 항주의 세 선비에게 주자朱子는 일개 사상가에 불과했으며, 조선 사대부들이 우러러 떠받드는 것과 같은 그런 존재는 아니었다. 아마 홍대용은 이들의 이런 태도와 말투를 처음 대했을 때 내심 몹시 당혹스러워하며 충격에 휩싸였을 터이다. 하지만 시간이 지나면서 홍대용의 태도는 달라져 간다. 만남이 거듭되면서 홍대용은 자신이 견지했던 사상과 이념적 태도를 되돌아보게 된 것 같으며, 항주 선비들의 사상적 활달함에 호감을 갖게 되면서 양명학은 물론이려니와 불교 등 다른 이단 사상에 대하여 이전에 비해 좀 더 유연한 태도를 취하게 된다. 그런 미묘한 변화가 『간정동 필담』을 읽어 보면 감지된다.

　홍대용은 귀국 후 십 수 년에 걸쳐 이들 중국인 친구들과 편지를 주고받으며 세속적 이해관계를 초월한 인격적 교유를 나눈다. 그들은 어떻게 이 세상을 살아가야 할 것인지에 대해, 그리고 어떻게 학문과 인격을 닦아 나가야 할 것인지에 대해 격의 없으면서도 절절한 어조로 서신을 통해 의견을 나누며, 격려와 충고를 했다. 그것은 명예와 이해관계와 국경을 초월한, 그리고 상호이해와 겸손함 위에 펼쳐진, 전근대 동아시아에서 달리 유례를 찾기 어려운 순수하고 아름다운 우정이었다. 홍대용은 자기보다 한 살 아래인 엄성과 특히 가까웠다. 엄성은 훗날 병으로 위독할 때 홍대용이 선물로 보내 준 조선산 먹을 꺼내어 그 향기를 맡다가 가슴에 올려놓은 채 운명하였다. 그래서 가족들은 그 먹을 관에다 넣어 주었다고 한다. 이 일은 연암이 쓴 「홍덕보 묘지명」에 기록되어 있다.

　홍대용이 체험한 1766년 초봄의 이 만남은 이후 홍대용이 자신의 독특한 사상을 만들어 나가는 데 중요한 계기가 되며, 한중 교류사에서도 중요한 출발점이 된다. 홍대용은 귀국 후 박지원과 함께 이른바 '북학'을 제창하기에 이른다. 하지만, 흔히 오해되고 있듯, 홍대용의 사상적 성취가 고작 북학에만 한정되는 것은 아니다. 홍대용은 그보다 훨씬 멀리 나아갔다. 즉 그는 오랜 숙고를 거쳐, 진리의 배타적 독점성을 주장하던 당대의 주자학에서 벗어나 양명학, 서학西學, 불교, 노장老莊, 묵가 등 모든 이단 사상도 그것대로의 장점이 있으며 궁극적으로 '징심구세' 澄心求世, 즉 인간의 마음을 맑게 하고 세상을 구하는 데 목적을 두고 있는 바, 공평무사한 마음으로 그 장점을 배워야 한다고 주장하기에 이른다. 뿐만 아니라, 인간 중심주의, 자기 중심주의를 비판하면서 인간과 다른 존재의 경계, 나와 남의 경계, 이 종족과 저 종족의 경계, 지구와 다른 별의 경계를 허물어뜨리고, 공생과 공존, 호혜互惠의 철학을 구축해 내기에 이른다. 그것은 중국 측의 중화주의=중국 중심주의와 조선 측의 조선 중화주의=조선 중심주의, 이 양자를 근사하게 깨뜨려 버리고 전혀 새로운 이론적 대안을 모색한 의의를 갖는다. 그것은 또한 자기 존재에 대한 정당한 긍정과 발견이면서 동시에 자기에 사로잡히지 않고 다른 존재, 즉 타자他者를 향해 자신을 열고 손을 내미는 그런 성격의 철학이라 요약될 수 있다. 그러므로 이 철학은 인간과 자연, 한 인간과 다른 인간, 하나의 종족과 다른 종족이 서로 이해하고 자신을 낮추며 서로 평등한 눈으로 관계를 맺어야 한다는 '평화'의 메시지를 담고 있다고 말할 수 있다. 홍대용이 제기한 이 평화의 메시지는 중국과 일본을 포함한 당대 동아시아의 어떤 사상가에게서도 발견되지 않는 것이고, 21세기인 지금 보더라도 여전히 진취적이고 매력적이다. 홍대용의 이런 철학은 『의산문답』이라는 책을 통해 완성되었다.

한편 한중 교류사에서도 홍대용은 중요한 출발점이 된다. 홍대용의 이 만남이 선례가 되어 이후 박지원, 이덕무, 박제가, 유득공 등 북학파의 여러 인물들이 중국에 가 중국인들과 교유하게 되며, 이런 현상은 19세기로 이어진다. 추사秋史 김정희金正喜라든가 추사의 제자인 우선藕船 이상적李尙迪이 그 좋은 예다. 이 두 사람은 당대 중국의 저명한 문인·학자들과 폭넓은 친교를 맺었으며, 이는 홍대용이나 박지원이 교유했던 중국인들이 별로 명망 있는 사람이 못 되었던 점과 큰 대조가 된다. 중국의 명망가들과 접촉하면서 그들과 시를 수창酬唱하거나 그들의 글씨나 그림을 얻어 오는 것을 자랑으로 삼는 경향은 박지원의 문생인 박제가(1778년 이래 네 차례 중국에 갔다) 등에서부터 이미 나타나고 있지만, 열두 번이나 중국을 드나든 역관 출신 이상적과 같은 문인에 이르러 가히 그 절정에 이른다고 할 만하다. 이상적은 국내의 중인 출신 문인들과는 거의 친교를 맺지 않은 반면 중국의 문인 및 석학들과 광범한 교유를 맺어 그들에게서 높은 문학적 평가를 받았다. 중국의 저명한 문인·학자들과 시를 수창하거나 편지를 주고받는 것을 자랑스럽게 여긴 이상적은 급기야 자신의 문집을 북경에서 간행하기에 이른다. 이러한 현상은 요새 말로 하면 한국 문학의 세계화라 할 만한 일이니, 긍정적으로 봐야 할 측면이 없는 것은 아니다. 더군다나 당시는 중국이 동아시아의 '중심'이었으니, 중국에서 인정받고 통한다는 것은 기분 좋은 일일 뿐만 아니라 대단히 자랑스러운 일이었다.

 하지만 단순히 그렇게만 볼 수 없는 측면도 있다는 점을 놓쳐서는 안 된다. 앞서 말했듯 홍대용의 경우 중국인들과의 교유는 명예나 이익 따위를 넘어서 있는 것이었고, 그 점에서 그것은 인격을 담보한 퍽 순수한 성격의 것이었다고 할 만하다. 하지만 박제가 등에 이르면 사정이 좀 달라지는 듯하다. 즉 박제가의 경우 중국인과의 교유는 단지 순수한 동기에서만 이루어졌다고 보기 어렵고, 중국인과의 교유를 통해서 얻게 되는 명예나 이익에 대한 고려가 의식적이든 무의식적이든 없지 않았다고 여겨진다. 박제가는 이른바 모화사상慕華思想이 아주 강했던 인물이었던 만큼 중국 문인이나 지식인과의 친교는 그의 문화적 욕구를 채워 주었으리라 짐작된다. 뿐만 아니라 중국인과의 친교는 박제가의 국내에서의 문화적 위상을 높여 주었으리라 생각된다. 가령 그가 양주 팔괴揚州八怪의 한 사람으로서 당대 중국의 저명한 화가였던 나빙羅聘과 접촉한 사실이나 그의 그림을 소장한 사실은 국내 문사들의 부러움을 사기에 족한 일이었을 것이다. 이것은 박제가로 하여금 묘한 자의식을 갖게 만들고, 우월감이랄까 으스대는 마음이랄까 이런 기분을 다소간 갖게 했던 게 아닐까 생각된다. 이처럼 박제가에게서 중국인과의 교유—편지를 주고받는 일까지 포함해—는 그 자체가 바로 명예였으며, 현실에 작동하는 하나의 문화적 힘이 되고 있었다. 요컨대 저명한 중국인을 안다는 것은 당시 조선에서는 크든 작든 하나의 '문화 권력'이 될 수 있었던 것이다. 지금의 한국도 당시와 뭐 그리 크게 사정이 달라진 것은 아니지 않을까? 가령 내가 미국이나 유럽의 저명한 인물 누구와 안다거나 누구와 개인적으로 편지를 주고받는 사이라고 한다면 사람들은 나를 다시 보지 않을까?

그런데 홍대용이나 연암은 그렇지 않았는데 왜 박제가에게서 이런 미묘한 변화가 야기되었을까? 이는 신분 문제와 상당히 관련이 있다고 생각된다. 당시 조선은 서얼을 반쪽 양반으로 취급하면서 사회적·정치적 자기실현의 길을 막아 놓고 있었다. 이러한 제도적 모순 때문에 조선 사회 내에서 서얼들은 자기 비하와 콤플렉스와 불만을 안고 살아야 했다. 하지만 중국은 그렇지 않았다. 중국이라는 공간에선 서얼이나 중인에 대한 차별 같은 건 존재하지 않았다. 따라서 중국인과의 교유―그리고 중국인들로부터의 높은 평가―는 서얼이라는 신분적 콤플렉스를 보상하는 하나의 장치가 될 수 있었다. 박제가와 마찬가지로 이상적의 경우도 역관이라는 그 신분과 관련해 중국에의 경도傾倒가 설명될 수 있을 터이다. 하지만 추사의 경우는 이렇게 설명될 수 없다. 추사는 명문가 출신이니 신분적 콤플렉스 같은 것이 있을 리 만무하다. 따라서 추사의 경우, 조선의 지적·사상적 현실의 변화와 관련해 설명되어야 할 터이다. 즉 추사의 시대에 오면 이제 청나라는 더 이상 오랑캐의 나라가 아니다. 더 정확히 말한다면 이전의 선배들이 가졌던 것과 같은, 청나라를 오랑캐의 나라로 치부하는 관념은 아주 희박해졌거나 소거淸去되어 있었다. 청나라를 오랑캐의 나라라고 시비 거는 사람은 이제 더 이상 찾아볼 수 없는 현실이 되어 있었던 것이다. 오히려 청나라는 금석학과 고증학과 문학과 예술의 선진국으로서 조선 사대부들이 배우고 따라야 할 전범典範으로 간주되게 되었다. 존명배청尊明排淸이라는 헛된 명분론으로부터는 벗어났다고 할지 모르나, 조선적 주체성은 그만큼 휘발되거나 약화되어 버렸다는 점, 그리고 조선과 중국의 관계에 대한 긴장된 인식이 소거되어 버렸다는 점이 간과되어서는 안 된다.

홍대용과 연암이 북학(=중국 배우기)을 제창했다고는 하나 이런 현실을 희구한 것은 아니었다. 그들은 청나라에 대한 경계심은 경계심대로 지닌 채, 헛된 명분론을 벗어나 청나라의 선진 기술과 문물을 배움으로써 조선 인민의 생활을 향상시키고 조선의 활로를 모색해야 한다고 생각했기 때문이다. 이 점에서 이들의 청나라에 대한 태도는 '양가적'兩價的이다. 한편으로는 청나라에 대한 경계의 눈초리를 늦추지 않으면서 다른 한편으로는 청나라를 학습하자는 것, 이것이 그들의 기본 구상이었다. 이 구상은 어찌 보면 모순 같기도 하나, 바로 이 모순에서 조선적 주체성이 발아發芽할 '틈'이 생겨 나온다는 점을 주목하지 않으면 안 된다. 이렇게 본다면 홍대용과 연암의 입점立點은 아주 묘하고 아슬아슬하다. 그것은 한편으로는 이전의(그리고 동시대의) 경직된 의리론과 대립하는 것이면서 다른 한편으로는 곧 도래할 청 추수주의追隨主義와 대립하는 것이기 때문이다. 이 점에서 홍대용과 연암의 사유에서는 팽팽한 지적 긴장감이 느껴진다. 이 지적 긴장감은 조선적 주체성에 대한 암중모색과 무관하지 않다. 요컨대 홍대용과 연암의 경우 북학의 제창이 곧 청에의 귀복歸服을 의미하는 것은 아니다. 하지만 북학파라고 해서 다 그런 것은 아니다. 북학파 내부에도 차이가 있다. 가령 박제가의 경우 청에 대한 학습만 있지 청에 대한 경계감은 존재하지 않는 것처럼 보인다. 이 점에서 그의 『북학의』는, 비록 청나라의 문물을 배워 조선을 개혁하고자 하는 의지는 높이 살 만한 것이라 할지라도, '북학론'을 단순화한 혐의가 없지 않다. 이처럼 박제가-추사-이상적으로 넘어가면서 학청學淸만 남고, 청에 대한 대타의식對他意識은 슬그머니 소멸되어 버린다.

이야기가 길어져 버렸다. 하지만, 홍대용이 열어 놓은 중국인과의 교유가 갖는 의미를 논하면서 그 후대적 변전變轉 양상에 대하여도 조금 언급해 두는 것이 독자들이 이 시기의 상황을 거시적으로 이해하는 데 도움이 되지 않을까 싶다. 연암의 글을 읽자는 것이 연암의 글만 읽자는 것이 아니요, 연암 당대의 이런저런 문제, 그리고 지금 우리 시대의 문제까지도 더러 읽으면서, 곁들여 드문드문 나의 소회所懷까지 말하는 기회로 삼자는 것이 나의 글쓰기 책략이요 목적이니, 어찌겠는가.

4 아! 우리나라에서 항주까지는 거의 만 리이니 홍군은 이제 다시는 세 선비를 만나볼 수 없으리라. 그런데 접때 자기 나라에 살 땐 같은 동네에 살면서도 서로 친구 하지 않더니 지금 만 리나 먼 곳에 있는 사람들과 교우하고 있고, 접때 자기 나라에 살 땐 같은 종족이면서도 서로 사귀지 않더니 지금 다시는 만나볼 수 없는 사람들을 벗 삼고 있으며, 접때 자기 나라에 살 땐 언어와 의관이 같아도 서로 벗 삼지 않더니 지금 갑자기 서로 말도 다르고 옷차림도 다른 사람들을 친구로 받아들이니 어떻게 된 일일까?
홍군은 서글픈 표정으로 이윽히 있더니 이렇게 말했다.
"나는 우리나라에 사람이 없어 벗을 사귈 수 없다고 생각지는 않지만, 실로 지경地境에 국한되고 습속에 구애되어 답답한 마음이 없지 않았사외다. 지금의 중국이 옛날의 중국이 아니고 그 사람들이 입고 있는 옷이 저 옛날 중국의 선왕先王들이 만든 옷이 아니라는 걸 난들 왜 모르겠습니까? 그렇기는 하나 그들이 살고 있는 땅은 어찌 요堯임금, 순舜임금, 우禹임금, 탕湯임금, 문왕文王, 무왕武王, 주공周公, 공자孔子가 밟던 땅이 아니겠습니까? 또 그들이 사귀는 선비는 어찌 제齊, 노魯, 연燕, 조趙, 오吳, 초楚, 민閩, 촉蜀 땅의 넓은 견문과 멀리 노닌 경험을 지닌 선비가 아니겠습니까? 그리고 그들이 읽는 책은 어찌 삼대三代 이래 사해四海 만국萬國에서 나온 온갖 서적이 아니겠습니까? 제도는 비록 변했어도 도의道義는 바뀌지 않거늘, 이른바 옛날의 중국이 아니라고 한 그곳에 어찌 그 백성은 될지언정 그 신하는 되지 않겠다는 사람이 없다고 하겠습니까? 그렇다고 한다면 저들 세 선비가 나를 볼 때 중화와 오랑캐의 구별이라든가 의론이나 지체가 다른 데 대한 거리낌이 왜 없었겠습니까? 그럼에도 번거로운 법도를 깨뜨리고 자잘한 예절도 치워 버리고는 진정眞情을 드러내고 간담을 토로했으니 그 크고 너른 마음이 쩨쩨하게 명예나 권세나 이익의 길에서 아득바득하는 치들과 어찌 같다고 하겠습니까?"

주해 "중국의 선왕"이란 중국 고대의 성인들을 가리킨다. 요임금, 순임금, 우임금, 탕임금, 문왕, 무왕, 주공 등이 그런 인물이다.
'삼대'三代란 중국 상고시대의 세 나라인 하夏나라, 은殷나라, 주周나라를 가리킨다.

평설 이 단락의 두 번째 문장은 저 앞의 ②단락과 호응한다. 즉 이 문장은 앞에 기술된 ②단락의 논의와 홍대용이 중국에 가서 친구를 사귄 일을 서로 연결 짓는 역할을 하고 있다. 동시에 그것은 바로 뒤에 길게 이어지는 홍대용의 말을 이끌어 내기 위한 일종의 '방법적 질문'에 해당한다. 비록 이 문장은 연암이 직접 홍대용에게 묻는 방식으로 서술되고 있지는 않지만 그럼에도 그것이 질문으로서의 성격을 갖는 것은 분명하다. 그런 점에서 이 단락은 하나의 물음과 하나의 대답이라는 문답체 구성을 취하고 있다고 말할 수 있다.

홍대용이 대답한 말 중 "나는 우리나라에 사람이 없어 벗을 사귈 수 없다고 생각지는 않지만, 실로 지경地境에 국한되고 습속에 구애되어 답답한 마음이 없지 않았사외다"에서 "지경에 국한되고"는 ①단락과 호응하는 말이고, "습속에 구애되어"는 ②단락과 호응하는 말이다. 홍대용은, 지금의 중국이 오랑캐인 만주족이 세운 청나라이고, 그래서 그 인민들이 입고 입는 옷이라든가 하고 있는 변발이 원래 한족漢族의 고유한 것이 아니긴 하나, 그럼에도 그 인민들이 밟고 있는 땅은 옛날의 그 중국이고 선비는 옛날의 그 선비이며 학술과 문화 역시 옛날의 중국 것이 아니겠는가, 그리고 비록 어쩔 수 없이 청나라의 백성으로서 살고 있기는 해도 청나라에 신복臣服(신하가 되어 복종함)하지 않으려는 사람이 없다고 어찌 장담할 수 있겠는가라고 말하고 있다. 요컨대 만주족이 중국을 점거했다고는 하나 그 땅과 인민과 학술과 문화는 의연히 옛 중국의 그것이라는 논리다. 주목해야 할 것은, 이것이 바로 북학의 기저논리基底論理라는 점이다.

　17세기 후반 이래 조선 사대부들은 중국이 청나라의 지배하에 들어가 비린내 나는 땅으로 변했으며 따라서 야만국인 중국에서 배울 점은 없으며 이제 조선이 중화 문명의 유일한 계승자임을 자부하였다. 조선 사대부들은 특히 청나라가 들어서면서 복식과 두발의 모양이 만주족의 방식으로 바뀐 것을 개탄해 마지않았다. 중화 문명의 빛나는 전통이 그로써 사라졌다고 본 것이다. 더욱 가관인 것은, 중화 문명의 유일한 계승자인 조선이 청나라를 쳐서 다시 한족의 나라를 회복시켜야 한다고 자임했다는 사실이다. 이른바 북벌론이 그것이다. 하지만 북벌론은 허구였으며, 기실은 효종과 노론 세력, 이 둘의 공통된 이해관계에서 나온 통치용 이데올로기에 지나지 않았다. 어찌 보면 그것은 가증스런 자기기만이었다. 연암이 이 글을 쓴 시기가 되면 북벌론이든 존명배청론이든 예전보다는 약화되고 있었다고 보이지만 그럼에도 그것은 지배 이데올로기로서 현실에서 의연히 힘을 발휘하고 있었다. 이런 상황에서 홍대용은 위와 같은 방식으로 북학의 논리를 제기한 것이다. 홍대용이 제기한 이 논리는 이후 박지원에게서도 똑같이 되풀이된다. 그러므로 우리는 이 단락을 통해 북학이 조선에서 최초로 그 자태를 드러내는 순간, 혹은 북학이 처음 선언되는 역사적 현장을 목도하게 되는 셈이다. 흥미로운 것은, 북학의 최초의 자태가 우정론의 외피外皮 속에서 개진

되고 있다는 사실이다. 주지하다시피 이 '우정론'은 10대 후반 이래 연암의 지적 전매특허 같은 것이었다.

홍대용의 마지막 말은 예例의 그 우정론이다. 이 말은 다시 [2] 단락과 호응 관계를 이룬다. 명예나 권세나 이익을 떠나 순수한 동기에 따라 인격적으로 이루어지는 우정, 구차한 예절이나 법도에도 구속되지 않고 오직 진정眞情에 바탕한 우정, 이것은 10대 이래 연암이 늘 꿈꾸고 실천해 왔으며 죽을 때까지 단 한시도 놓은 적이 없던 화두였다. 우도友道에 관한 한 홍대용 역시 연암에 못지않은 일가견이 있었다. 그렇기에 이 두 사람은 사별할 때까지 평생 명리名利를 초월한 우정을 나눌 수 있었다.

홍대용은 귀국한 후 명분론을 견지하던 국내의 보수적 선비들로부터 적지 않은 비방을 받았던 듯하다. 김종후金鍾厚와 주고받은 논쟁적 편지에서 그러한 사정을 짐작할 수 있다. 김종후는 정조 때 영의정의 벼슬을 지낸 김종수金鍾秀의 친형인데, 당시 재야의 선비로 명망이 있었다. 김종후는 홍대용에게 몇 차례 편지를 보내, 더러운 원수의 나라에 들어가 변발한 거자擧子(과거 응시생)들과 형제처럼 사귀며 온갖 말을 다했다고 신랄히 비난하였다. 의리로 볼 때 조선의 선비가 해서는 결코 안 될 일을 했다는 것이다. 하지만 홍대용은 김종후의 비난을 정면으로 반박하면서 자신은 어떤 부끄러운 일도 하지 않았음을 밝히고 있다. 당시 홍대용이 자신이 편찬한 『중국인 벗들과의 우정』이라는 책 때문에 받은 비난은, 15년 후 연암이 중국을 다녀와 쓴 『열하일기』가 '노호지고'虜號之藁(오랑캐의 연호를 쓴 글)라고 비난받았던 일을 상기시킨다.

5   마침내 홍군은 항주의 세 선비와 이야기 나눈 것을 적은 세 권의 초고를 꺼내서 내게 보여주며,
"서문을 부탁하외다!"
라고 하였다.
나는 그 책을 다 읽고 탄복하여 혼자 이렇게 중얼거렸다.
"홍군은 벗 사귀는 법에 통달했구나! 나는 이제야 벗 사귀는 법을 알았다. 그가 누구를 벗으로 삼는지를 보고, 누가 그를 벗으로 삼는지를 보며, 또한 그가 누구를 벗으로 삼지 않는지를 보는 것, 이것이 나의 벗 사귀는 방법이다."

평설 어째서 이 서문을 쓰게 되었는지를 밝히고 있다. 홍대용이 보여주는 우도友道에 대해 탄복하면서 그것을 통해 자신이 새로 깨달은 바를 적어 놓고 있는 마지막 대목이 퍽 인상적이다.

총평

- 19세기 말 20세기 초의 한학자漢學者 김택영은 이 글에 대해 "솜씨가 걸출하며" "호방하고 깨끗함이 마치 태사공(사마천)의 글 같다"고 평한 바 있다.

- 이 글은 문예적으로만이 아니라 사상사적 견지에서도 중요한 글이다. 북학이 고고지성呱呱之聲을 지르며 탄생하는 역사적 현장을 보여주고 있음으로써다.

• 17세기 이래 조선의 사대부들이 이른바 '단안'單眼으로 청나라를 봤다면, 이 글에서 확인되는 홍대용의 ― 그리고 박지원의 ― 청을 보는 눈은 이른바 '복안'複眼이라 할 만하다. 놀랍게도 만주족 지배층과 한족 인민, 외관상의 변화와 본질적 연속성, 명분과 현실 등을 구분해 파악하는 관점을 보여주고 있기 때문이다.

• 중국인 벗들과의 친분을 무조건 동아시아적(혹은 국제적) 연대라고만 말할 것은 아니다. 공허한 수사修辭에 앞서 그러한 친분의 내적 구조와 현실적 의미를 비판적으로 따져 봐야 한다. 특히 조선적 주체성의 문제에 대한 고민이 필요하다.

• 연암은 이 글에서 조선 사대부들이 당파와 신분에 구애되어 진정한 우도友道를 실현하지 못하고 있음을 비판하고 있다. 그렇다면 연암 자신은 어땠는가? 연암의 절친한 벗 가운데에는 노론이 아닌 사람이 꽤 있다. 정철조는 소북小北이었으며, 서얼인 박제가·유금·유득공도 소북이었다. 또 소론인 서유린·서유방 형제와도 가깝게 지냈다. 이 집안의 서유구는 어린 시절 연암의 지도를 받았다. 한편, 연암은 서얼들과 폭넓은 교유를 맺었고 이 때문에 구설수에 오르기도 했다. 이처럼 연암은 비교적 지체와 당색을 가리지 않고 취향과 뜻이 맞으면 벗으로 사귄 듯하다. 그렇기는 하나 연암이 당색으로부터 완전히 자유로웠던 것은 아니다. 남인과의 교류는 보이지 않는다. 연암은 이익李瀷, 이용휴李用休, 이가환李家煥(1742~1801), 정약용과 같은 빼어난 남인 계열 문인·학자들의 소식을 당연히 듣고 있었을 터이다. 이들은 모두 연암과 동시대인들이기 때문이다. 그럼에도 연암의 글에는 이들에 대한 언급이 일체 보이지 않는다. 누구도 자기 시대를 완전히 벗어날 수는 없는 일이니만큼 연암이 보여주는 이런 한계는 이해될 수 없는 것은 아니다. 요컨대 연암은 자기 시대 사대부 사회의 문제점을 냉철히 지적하면서

스스로 그러한 문제점을 넘어서려고 노력했긴 하나, 시대의 제약 때문에 한계를 보일 수밖에 없었던 것이리라.

홍덕보 묘지명

　　덕보德保가 숨을 거둔 지 사흘째 되던 날 어떤 객客이 북경으로 가는 사신을 따라 중국으로 떠났는데 그 가는 길이 삼하三河를 지나게 되어 있었다. 삼하에는 덕보의 벗이 있는데 이름은 손유의孫有義이고 호는 용주蓉洲다. 3년 전 내가 북경에서 돌아오는 길에 용주를 방문했으나 만나지 못해 편지를 남겨 덕보가 남쪽 땅에서 고을살이를 하고 있다는 소식을 자세히 전하고 아울러 우리나라의 토산품 두어 가지를 정표情表로 두고 온바 용주는 그 편지를 읽어 내가 덕보의 친구인 줄 알고 있을 터였다. 그래서 떠나는 객에게 다음과 같은 부고訃告를 용주에게 전하게 하였다.

　　건륭乾隆 계묘년癸卯年 모월 모일에 조선의 박지원은 용주 족하足下께 머리 숙여 아뢰나이다. 우리나라의 전 영천 군수榮川郡守 남양南陽 홍담헌洪湛軒 휘諱 대용大容, 자字 덕보德保가 금년 10월 23일 유시酉時에 운명하였나이다. 평소 병이 없었는데 갑자기 풍중이 생겨 입이 돌아가고 말을 못하더니 얼마 되지 않아 이런 일이 닥쳤습니다. 향년 53세입니다. 고자孤子 원薳은 곡을 하며 슬픔에 잠겨 있는지라 손수 글을 써 부고하지

155

못하나이다. 게다가 양자강 이남은 편지를 전할 길이 없사오니 바라옵건대 이쪽을 대신하여 오중吳中에 부음訃音을 전해 천하의 지기知己들이 그 운명한 일시日時를 알도록 해 주신다면 살아있는 분이든 돌아가신 분이든 여한이 없을 것이옵니다.

중국 가는 사람을 보내고 난 뒤 나는 항주杭州 사람들이 덕보에게 보낸 서화書畵며 서로 주고받은 편지와 시문詩文이며 이런 것 열 권을 손수 찾아내어 빈소 옆에 벌여 놓고 관을 어루만지며 통곡하였다.

아아! 덕보는 통달하고 명민하고 겸손하고 고아高雅했으며, 식견이 심원하고 아는 것이 정밀하였다. 특히 율력律曆에 정통하여 그가 만든 혼천의渾天儀 등 여러 기구들은 깊이 생각하고 오래 궁구하여 슬기를 발휘해 제작한 것이었다. 애초 서양인은 땅이 둥글다는 것만 말하고 회전한다는 사실은 말하지 않았다. 덕보는 일찍이 지구가 한 번 돌면 하루가 된다고 논했는데 그 이론이 미묘하고 심오하였다. 그는 미처 이에 관한 책을 쓰지는 못했지만 만년에 이르러 지구가 회전한다는 사실을 더욱 자신하여 의심치 않았다. 덕보를 흠모하는 사람들조차도 그가 일찍부터 스스로 과거를 단념한 채 명리名利에의 생각을 끊고서 조용히 집에 들어앉아 좋은 향을 피우거나 거문고를 타며 지내는 것을 보고는 그가 담박하게 자중자애하면서 세속을 벗어나 마음을 닦고 있구나 하고 생각할 뿐이었다. 그래서 덕보가 백사百事를 두루 잘 다스리고, 문란하고 그릇된 일을 척결할 수 있으며, 나라의 재정을 맡기거나 먼 나라에 사신으로 보냄 직하며, 군대를 통솔해 나라를 방어하는 데 뛰어난 책략을 지녔다는 걸 통 알지 못했다. 하지만 덕보는 자신의 재주가 남에게 드러나는 걸 좋아하지 않았으므로 한두 고을의 수령으로 지낼 때에도 그저 관아의 장부를 잘 정리하고, 일을 미리미리 처리하며, 아전들을 공손하게 만들고, 백성들을 잘 따르게 함이 고작이었다.

덕보는 일찍이 서장관書狀官인 작은아버지를 수행하여 북경에 가 육비,

엄성, 반정균을 유리창에서 만났다. 이 세 사람은 모두 집이 전당錢塘인데다 문장과 예술에 능한 선비였으며, 그 사귀는 이들도 모두 중국의 저명한 인사들이었다. 그러나 그들은 모두 덕보를 대유大儒로 떠받들며 심복心服하였다. 덕보는 그들과 수만 글자의 필담을 나눴는데, 그 내용은 경전의 취지며 하늘의 명命이 사람에게 품부稟賦된 이치며 고금古今 출처出處의 도리를 분변한 것으로, 그 견해가 웅대하고 결출하여 기쁘기 그지없었다. 급기야 그들은 헤어질 때 서로 마주보고 눈물을 흘리면서 이렇게 말했다.

"이제 한번 헤어지면 천고千古에 다시 만나지 못할 테지요. 지하에서 만날 그날까지 부끄러운 일이 없도록 합시다."

덕보는 특히 엄성과 마음이 맞았다. 그래서 군자는 때를 살펴 벼슬을 하기도 하고 벼슬을 않고 처사處士로 살아가기도 하는 법이라고 엄성에게 넌지시 일러 줬는데, 엄성은 크게 깨달아 그만 남쪽의 고향으로 돌아가기로 뜻을 정하였다. 그로부터 두어 해 뒤 엄성은 민중閩中에서 객사하였다. 반정균이 글을 써서 덕보에게 부음을 전하자 덕보는 애사哀辭를 짓고 향을 갖추어 용주에게 부쳤는데 그것이 전당에 전해진 그날 저녁이 마침 엄성의 대상大祥 날이었다. 서호西湖 주변의 두어 고을에서 대상에 참예하러 왔던 사람들은 모두 경탄해 마지않으며 혼령이 감응한 결과라고들 하였다. 엄성의 형인 과果가, 덕보가 보내온 향을 피운 뒤 그 애사를 읽고 초헌初獻을 하였다.

엄성의 아들 앙昻이 덕보를 백부伯父라 일컫는 편지를 써서 아버지의 글을 모은 『철교유집』鐵橋遺集을 덕보에게 부쳤는데, 이리저리 떠돈 지 9년 만에야 도착하였다. 그 책에는 엄성이 손수 그린 덕보의 작은 초상이 있었다. 엄성은 민閩에서 병이 위독한 중에도 덕보가 선물한 우리나라 먹을 꺼내어 그 향기를 맡다가 가슴에 올려놓은 채 운명하였다. 그래서 가족들은 그 먹을 관에 넣어 주었다. 오중에서는 이 일이 기이한 일로 널리 전파되었으며 사람들이 서로 다투어 시문을 지어 이 일을 기렸다. 주문조朱文藻라는 사람이 편지로 이러한 사실을 알려 주었다.

아아! 덕보는 생전에 이미 우뚝하여 옛사람의 기이한 자취와 같았으니, 훌륭한 덕성을 지닌 벗이 이 일을 널리 전해 그 이름이 한갓 강남에만 유포되는 데 그치지 않게 한다면 굳이 묘지명을 쓰지 않더라도 덕보의 이름은 불후不朽가 되리라.

그 부친은 이름이 역櫟인데 목사牧使를 지내셨고, 조부는 이름이 용조龍祚인데 대사간大司諫을 지내셨으며, 증조부는 이름이 숙潚인데 참판叅判을 지내셨다. 모친은 청풍淸風 김씨金氏이니, 군수 방枋의 따님이시다. 덕보는 영조 신해년(1731)에 태어났으며, 음보蔭補로 선공감 감역에 제수되었고, 곧 돈녕부敦寧府 참봉叅奉으로 옮겼으며, 다시 세손익위사世孫翊衛司 시직侍直에 제수되었다가 사헌부司憲府 감찰監察로 승진되고, 종친부宗親府 전부典簿로 전임되었다가 태인 현감泰仁縣監으로 나갔으며, 영천 군수로 승진하여 두어 해 재임하다 노모 봉양을 이유로 사직하고 돌아왔다. 처는 한산韓山 이홍중李弘重의 따님인데, 1남 3녀를 낳았다. 사위는 조우철趙宇喆·민치겸閔致謙·유춘주兪春柱이다. 돌아가신 그해 12월 8일에 청주淸州 모좌某坐의 땅에 장사지냈다.

명銘은 다음과 같다.

하하 웃고, 덩실덩실 춤추고, 노래하고 환호할 일,
서호西湖에서 이제 상봉하리니.
서호의 벗은 나를 부끄러워하지 않으리.
입에 반함飯含을 하지 않은 건,
보리 읊조린 유자儒者를 미워해서지.

[1] 덕보德保가 숨을 거둔 지 사흘째 되던 날 어떤 객客이 북경으로 가는 사신을 따라 중국으로 떠났는데 그 가는 길이 삼하三河를 지나게 되어 있었다. 삼하에는 덕보의 벗이 있는데 이름은 손유의孫有義이고 호는 용주蓉洲다. 3년 전 내가 북경에서 돌아오는 길에 용주를 방문했으나 만나지 못해 편지를 남겨 덕보가 남쪽 땅에서 고을살이를 하고 있다는 소식을 자세히 전하고 아울러 우리나라의 토산품 두어 가지를 정표情表로 두고 온바 용주는 그 편지를 읽어 내가 덕보의 친구인 줄 알고 있을 터였다. 그래서 떠나는 객에게 다음과 같은 부고訃告를 용주에게 전하게 하였다.

건륭乾隆 계묘년癸卯年 모월 모일에 조선의 박지원은 용주 족하足下께 머리 숙여 아뢰나이다. 우리나라의 전 영천 군수榮川郡守 남양南陽 홍담헌洪湛軒 휘諱 대용大容, 자字 덕보德保가 금년 10월 23일 유시酉時에 운명하였나이다. 평소 병이 없었는데 갑자기 풍증이 생겨 입이 돌아가고 말을 못하더니 얼마 되지 않아 이런 일이 닥쳤습니다. 향년 53세입니다. 고자孤子 원薳은 곡을 하며 슬픔에 잠겨 있는지라 손수 글을 써 부고하지 못하나이다. 게다가 양자강 이남은 편지를 전할 길이 없사오니 바라옵건대 이쪽을 대신하여 오중吳中에 부음訃音을 전해 천하의 지기知己들이 그 운명한 일시日時를 알도록 해 주신다면 살아있는 분이든 돌아가신 분이든 여한이 없을 것이옵니다.

주해 '덕보'德保는 홍대용洪大容(1731~1783)의 자字다. 옛날에 친한 친구 사이에는 자로 불렀다.

'삼하'三河는 직예성直隸省 순천부順天府의 현縣 이름이다. 당시 중국 북경에 간 우리나라 외교 사절단은 이곳을 거쳐 귀국하였다.

'손유의'孫有義는 삼하현三河縣에 살고 있던 한족漢族의 선비로, 자는 심재心栽이고, 호는 용주蓉洲다. 일찍이 북경을 방문한 홍대용이 귀국길에 올라 삼하를 지났는데, 이때 손유의가 홍대용을 찾아와 서로 알게 됐으며, 이후 두 사람은 편지를 주고받으며 교유하였다.

"3년 전"이란 1780년을 말한다. 이해 연암은 중국 외교 사절단의 정사正使로 임명된 삼종형三從兄 박명원朴明源의 수행원으로 중국 여행길에 오른 바 있다. 이때 홍대용은 중국의 손유의에게 연암을 소개하는 편지를 써서 연암에게 건네준 적이 있다. 연암은 손유의를 만나지 못했으므로 그 집에 홍대용의 친서 및 자신의 편지를 남겨 두고 왔다.

"남쪽 땅에서 고을살이를 하고 있다"는 말은, 당시 홍대용이 경상도 영천에서 고을 수령을 한 것을 이른다.

"건륭乾隆 계묘년癸卯年"은, 정조 7년인 1783년을 말한다. 이해에 홍대용이 세상을 하직하였다. '건륭'은 청나라 제6대 황제인 순황제純皇帝의 연호다.

'족하'란 상대방을 몹시 높이는 말로, 요즘의 '귀하'쯤에 해당한다.

'남양'南陽은 홍대용의 본관이다. '휘'諱는 이름을 이르는 말이다. 예전에는 남의 이름을 부르는 것을 큰 실례로 여겼기에 '꺼린다'는 뜻의 '휘' 자를 '이름'을 뜻하는 말로 쓰게 되었다.

'고자'孤子란 아버지를 잃은 자식을 이르는 말이다. 어머니를 잃은 자식은 '애자' 哀子라고 한다. '원' 薳은 홍대용의 아들 이름이다.

'오중'吳中은 중국 강소성江蘇省 소주蘇州를 가리킨다. 그런데 이는 연암의 착각이다. 홍대용의 중국인 벗들은 소주가 아니라 항주 사람들이기에 '오중'吳中이 아니라 '월중'越中이라고 해야 옳다. 예전에 중국 절강성 항주를 '월'越이라고 했다.

평설 이 묘지명은 그 서두가 대단히 파격적이다. 보통 묘지명은 대상 인물의 자나 호가 무엇이며, 이름은 무엇이며, 본관은 어디며, 가계家系는 어떠하며, 언제 운명했으며, 대상 인물과 글 쓰는 이의 관계는 어떠한지 등등에 대해 서술하는 데서부터 시작하는 것이 일반적이다. 그런데 이 묘지명은 그런 것 일체 없이 다짜고짜 "덕보가 숨을 거둔 지 사흘 째 되던 날" 중국으로 출발하는 어떤 객에게 부고를 전하게 된 경위에 대해 말하고 있다. 이어서 부고의 내용이 소개된다. 이 부고를 통해 비로소 독자는 죽은 이가 누구이며, 언제 죽었으며, 죽기 직전의 관직은 무엇이었으며, 무슨 병으로 죽었으며, 향년이 몇 세며, 상주가 누구인지 등등에 대한 정보를 전달받게 된다. 연암은 부고를 독자들에게 직접 들이미는 방식으로 글을 쓰고 있는 셈이다. 이 때문에 독자는 마치 당시의 현장을 직접 접하는 것 같은 생생한 느낌을 받게 된다.

그런데 연암은 왜 이 글의 첫 단락에서 대뜸 중국인에게 보낸 부고 이야기부터 하는 것일까? 국내의 인사도 아니고 외국의 인물에게 부고를 보냈다는 걸 이리도 자세히 서술하고 있는 것은 참 이상한 일이 아닌가? 이 의문을 풀기 위해서는 글을 계속 읽어야 한다.

이 단락의 끝 부분에 보이는 "천하의 지기"라는 말을 잘 기억해 두기 바란다. 그 이유는 뒤에 밝혀질 것이다.

2   중국 가는 사람을 보내고 난 뒤 나는 항주杭州 사람들이 덕보에게 보낸 서화書畵며 서로 주고받은 편지와 시문詩文이며 이런 것 열 권을 손수 찾아내어 빈소 옆에 벌여 놓고 관을 어루만지며 통곡하였다. 아아! 덕보는 통달하고 명민하고 겸손하고 고아高雅했으며, 식견이 심원하고 아는 것이 정밀하였다. 특히 율력律曆에 정통하여 그가 만든 혼천의渾天儀 등 여러 기구들은 깊이 생각하고 오래 궁구하여 슬기를 발휘해 제작한 것

이었다. 애초 서양인은 땅이 둥글다는 것만 말하고 회전한다는 사실은 말하지 않았다. 덕보는 일찍이 지구가 한 번 돌면 하루가 된다고 논했는데 그 이론이 미묘하고 심오하였다. 그는 미처 이에 관한 책을 쓰지는 못했지만 만년에 이르러 지구가 회전한다는 사실을 더욱 자신하여 의심치 않았다. 덕보를 흠모하는 사람들조차도 그가 일찍부터 스스로 과거를 단념한 채 명리名利에의 생각을 끊고서 조용히 집에 들어앉아 좋은 향을 피우거나 거문고를 타며 지내는 것을 보고는 그가 담박하게 자중자애하면서 세속을 벗어나 마음을 닦고 있구나 하고 생각할 뿐이었다. 그래서 덕보가 백사百事를 두루 잘 다스리고, 문란하고 그릇된 일을 척결할 수 있으며, 나라의 재정을 맡기거나 먼 나라에 사신으로 보냄 직하며, 군대를 통솔해 나라를 방어하는 데 뛰어난 책략을 지녔다는 걸 통 알지 못했다. 하지만 덕보는 자신의 재주가 남에게 드러나는 걸 좋아하지 않았으므로 한두 고을의 수령으로 지낼 때에도 그저 관아의 장부를 잘 정리하고, 일을 미리미리 처리하며, 아전들을 공손하게 만들고, 백성들을 잘 따르게 함이 고작이었다.

주해 '율력'이란 원래 악률樂律(음률에 관한 이론)과 역법曆法을 이르는 말인데, 여기서는 요즘의 천문학을 가리키는 말로 썼다. 담헌은 수학과 천문학에서 당대 제1인자였다.

'혼천의'란 천체의 운행과 그 위치를 측정하여 천문 시계의 구실을 한 기구인데, 중국과 우리나라에서 오래전부터 제작되어 왔다. 홍대용은 전라도 동복同福에 살고 있던 선배 과학자 나경적羅景績의 도움을 받아 두 대의 혼천의를 제작하여 충청도 천원군의 향리에 농수각籠水閣이라는 사설 천문대를 짓고 거기에 비치하였다. 조선 초기와 중기에 만들어진 혼천의들이 수력으로 작동된 데 반해, 홍대용이 만든 혼천의는 톱니바퀴로 자명종과 연결되어 그 힘에 의해 움직이게 되어 있었다.

이 단락의 끝 부분에 홍대용이 "한두 고을의 수령"을 지냈다고 했는데, 태인 현감과 영천 군수를 지낸 것을 말한다. 연암은 이 글의 마지막 단락에서 이 점을 자세히 밝히고 있다.

평설 이 단락의 첫 문장에 보이는 "항주 사람들"이란 육비, 엄성, 반정균을 말한다. 이들에 대해서는 다음 단락에서 자세히 언급된다.

이 단락의 포인트는 "덕보는 통달하고 명민하고 겸손하고 고아高雅했으며, 식견이 심원하고 아는 것이 정밀하였다"라는 구절에 압축되어 있다. '통달하다'는 것은 이치를 환히 알아 툭 트였다는 말이고, '명민하다'는 것은 머리가 좋다는 말이며, '겸손하다'는 것은 뭘 많이 알고 식견이 높아도 나대지 않고 티를 안 낸다는 말이며, '고아하다'는 것은 사람됨이 속되거나 야비하지 않고 기품이 있다는 말이다. '심원하다'는 것은 얕지 않고 대단히 깊이가 있다는 말이고, '정밀하다'는 말은 아주 정확하고 세밀하다는 말이다. '통달' '명민' '겸손' '고아'가 주로 인간적 자질 내지 특성과 관련된 말이라면, '심원'과 '정밀'은 학문의 태도나 학문의 경지와 관련된 말이다.

학문은 박학이 능사가 아니다. 박학은 학문의 필요조건은 될지언정 충분조건은 될 수 없다. 그런데도 조금 박학한 이들은 그것을 뽐내거나 으스대며 마치 대단한 학문을 이루기라도 한 것처럼 착각하는 경우가 많다. 하지만 기실 그것은 잡동사니 지식이든가, 남들의 생각을 이것저것 주워 모아 외고 있는 것에 불과하다. 그러므로 박학자는 대체로 사고의 깊이가 얕거나, 창조적이지 못하다. 그래서 예전의 학자들은 남들이 자신을 '박람강기'博覽强記(이런저런 책을 많이 보고 기억을 잘하는 것)하다고 하는 말을 좋게 생각지 않았다.

연암은 박학의 학문적 한계를 아주 잘 알고 있었던 인물이었다. 그러므로 홍대용이 경학經學에서부터 수학, 천문학, 음악학, 병학兵學, 정치학, 재정

홍덕보 묘지명 163

학財政學에 이르기까지 다양한 분야에 걸쳐 두루 조예와 공부가 없는 것은 아니었으되, 이 점을 들어 말하기보다는 '심원'과 '정밀'이라는 두 단어로써 그 학문이 도달한 경지를 평하고 있다고 보인다. 학문이 심원한 데다 정밀하기까지 하다면 그 학문은 가히 최고의 학문일 것이다. 학문의 테두리를 벗어나서 말한다면 혹 모르겠거니와 만일 학문의 테두리 안에서 논한다고 한다면 이 경지보다 더 높은 경지가 어디 있겠는가? 그러므로 연암의 이런 기술은 홍대용의 학문에 대한 최대의 헌사獻辭라 이를 만하다.

이 단락의 이하의 서술은 "덕보는 통달하고 명민하고 겸손하고 고아했으며, 식견이 심원하고 아는 것이 정밀하였다"라는 문장의 부연 내지 주석에 해당한다. 연암은 우선 홍대용이 천문학에 조예가 깊었으며, 지구 자전설을 처음 밝혔다는 사실을 대서특필하고 있다. "미처 이에 관한 책을 쓰지는 못했지만"이라고 한 것으로 보아, 연암은 홍대용 만년의 저작인『의산문답』을 보지는 못한 듯하다. 이 책에는 지구 자전설이 분명히 언급되어 있기 때문이다.

이처럼 자연과학 분야에서 창안을 내놓은 당시 동아시아 최고 수준의 학자(당시 동아시아 최고 수준의 학자면 곧 '천하'의 학자를 뜻한다)를 국내 지식인들은 제대로 알아보고 있었을까? 알아보지 못하였다. 그렇다면 국내 지식인들은 홍대용을 어떤 인물로 생각했을까? 연암은 당시 홍대용을 존경하는 사람들조차도 기껏해야 그를 '일찍부터 스스로 과거를 단념한 채 명예와 이익에 대한 생각을 끊고서 조용히 집에 들어앉아 좋은 향을 피우거나 거문고를 타면서 담박하게 지내며 세속을 벗어나 마음을 닦는 사람' 정도로만 여기고 있었다고 말하고 있다. 다시 말해 은둔하여 자족적으로 지내면서 조촐히 심성이나 닦는 사람으로 알 뿐이었다는 것이다. 홍대용을 흠모한다는 사람들조차 이러했으니 당시 그 누가 홍대용의 진면목, 홍대용의 출중한 식견과 탁월한 경세적 능력을 알았겠느냐는 것이 연암이 말하고자 하는 바다. 요컨대 조선에서는 홍대용의 진가를 알아본 사람이 아무도 없다는 이 비통한 사실을 극도로 감정을 절제한 채 서술하고 있는 셈이다. 그렇다면 홍대용의 진면목은 어디에 있는가? 연암은 그것이 학문과 식견에 바탕한 빼어난 경세적 능력 바로 거기에 있다고 보았다. 연암은 홍대용의 경세적 능력을 다음과 같이 아주 구체적으로 하나하나 꼽아 가며 명시하고 있다: "백사百事를 두루 잘 다스리고, 문란하고 그릇된 일을 척결할 수 있으며, 나라의 재정을 맡기거나 먼 나라에 사신으로 보냄 직하며, 군대를 통솔해 나라를 방어하는 데 뛰어난 책략을 지녔다." 여기서 '백사를 두루 잘 다스릴 수 있었다'는 말은, 그가 영의정과 같은 재상의 자질이 있음을 말한 것이라는 점을 놓쳐서는 안 된다. 아무리 죽은 사람을 미화한다 할지라도 이런 말을 아무에게나 할 수 있는 것은 아니다. '문란하고 그릇된 일을 척결할 수 있었다'는 말은, 대사헌과 같은 벼슬을 맡아 할 수 있는 자질을 갖추고 있음을 말한 것이다. '나라의 재정을 맡길 수 있었다'는 말은, 나라의 재정을 관장하는 호조戶曹의 책임자 노릇을 할 수 있는 역량을 지녔다는 말이다. '사신으로 보냄 직했다'는 말은, 정사正使의 책임을 맡겨 외국과 외교적 교섭을 벌이게 할 만한 경륜을 갖췄다는 말이다. 이 비슷한 표현은 『열하일기』에 실려 있는 「허생전」에도 보인다. 다음이 그것이다.

> 조성기趙聖期 같은 분은 적국敵國에 사신으로 보낼 만한 인물이었건만 아무 벼슬도 하지 못한 채 늙어 죽었고, 유형원柳馨遠 같은 분은 군량軍糧을 조달할 만한 재능이 있었건만, 저 바닷가에서 소요하고 있지 않소? 그러니 지금의 국정을 맡은 자들이 어떤 자들인지 알 수 있소이다.

조성기나 유형원처럼 식견이 높고 학문이 빼어난 선비들이 그 역량을 발휘하지 못한 채 궁벽한 곳에서 하릴없이 처사로 늙어 간 것에 대한 허생의(실은 연암의) 개탄이다. 계속해서 위의 본문을 검토해 보자. '군대를 통솔해 나라를 방어하는 데 뛰어난 책략을 지녔다'라는 말은, 병법에 뛰어나고

군사 제도에 밝아 병조판서 정도는 거뜬히 할 수 있는 역량이 있었다는 말이다. 사실 홍대용은 실학을 독실하게 연구하여 나라를 다스리는 방략에서부터 나라의 재정 문제, 민생 문제, 교육 문제, 군사 문제, 외교 문제 등에 대해 자기대로의 일가견을 갖고 있었다. 현재 전하는 「임하경륜」林下經綸이라는 글에 홍대용의 이런 면모가—물론 빙산의 일각이라고 생각되지만—나타나 있어 참조할 만하다.

연암은 홍대용이 일국을 경영할 만한 재상의 자질을 지녔다고 했는데, 그렇다면 실제 홍대용의 삶은 어떠했는가? 이 점은 이 단락의 끝 부분에서 언급되고 있는바, 한두 고을의 수령을 지내면서 관아의 장부나 정리하고, 아전들을 공손하게 만들고, 백성들을 잘 따르게 함이 고작이었다는 것이다. 이런 역설이 있는가. 그런 학문과 재주와 식견으로 고작 작은 고을 수령을 하면서 장부나 정리했다니!

연암은 홍대용이 "자신의 재주가 남에게 드러나는 걸 좋아하지 않았"기에 그랬다고 말하고 있다. 이는 앞에서 말한 홍대용이 지닌 인간적 미덕 중 겸손함을 구체적으로 보여준다고도 할 수 있겠으나, 그러나 기실 연암이 드러내고자 한 바는 당대의 조선 사대부 사회에서 홍대용처럼 걸출한 선비가 맞닥뜨려야 했던 지독한 '역설'이었을 터이다. 천리마에게 소금 수레를 끌게 하면 노둔한 말보다도 못한 법이다. 조정에 우뚝 서서 일국을 경영할 책략을 갖춘 제갈량과 같은 선비에게 5천 호나 만 호의 조그만 고을을 다스리게 한다면 그 역량을 제대로 발휘하겠는가. 홍대용이 "스스로 과거를 단념한 채 명리에의 생각을 끊고서 조용히 집에 들어앉아 좋은 향을 피우거나 거문고를 타며" 지낸 것도 그런 생활 자체를 좋아해서라기보다 현실에 분만憤懣을 느낀 나머지 하릴없음에서 그랬던 게 아닐까. 연암은 이런 생각을 하면서 이 부분을 기술한 게 아닐까.

이렇게 본다면 이 단락은 역설로 가득 차 있고, 비록 숨겨져 있어 눈에 잘 띄지는 않지만 당대의 부조리한 현실에 대한, 그리고 당대의 집권층에 대한 연암의 분노랄까 비분강개랄까 그런 감정이 그 바닥에 깔려 있다고 하지 않을 수 없다. 이 분노감은 직접적으로는 홍대용으로부터 촉발된 것이지만 그것은 동시에 연암 자신의 처지, 연암 자신이 직면해야 했던 역설과도 무관하지 않다.

이 단락의 구성을 보면 두 부분으로 되어 있음을 알 수 있다. 앞부분은 중국인들이 보내온 서화와 편지 등을 빈소에 벌여 놓았다는 내용이고, 뒷부분은 우리가 조금 전에 검토한 내용이다. 주목해야 할 것은 이 두 부분이 묘한 대비를 보여준다는 사실이다. 중국인들은 홍대용을 몹시도 알아주어 서화를 보내고 편지를 보내고 한 것이라면, 조선의 위정자와 사대부는 홍대용을 통 제대로 알아보지 못했다는 것이 이러한 대비의 골자다. 이 단락이 취하고 있는 이러한 대비적 구성 때문에 역설은 더욱 커지고 비분은 더욱 깊어진다.

3 덕보는 일찍이 서장관書狀官인 작은아버지를 수행하여 북경에 가 육비, 엄성, 반정균을 유리창에서 만났다. 이 세 사람은 모두 집이 전당錢塘인데 다 문장과 예술에 능한 선비였으며, 그 사귀는 이들도 모두 중국의 저명한 인사들이었다. 그러나 그들은 모두 덕보를 대유大儒로 떠받들며 심복心服하였다. 덕보는 그들과 수만 글자의 필담을 나눴는데, 그 내용은 경전의 취지며 하늘의 명命이 사람에게 품부稟賦된 이치며 고금古今 출처出處의 도리를 분변한 것으로, 그 견해가 웅대하고 걸출하여 기쁘기 그지없었다. 급기야 그들은 헤어질 때 서로 마주보고 눈물을 흘리면서 이렇게 말했다.
"이제 한번 헤어지면 천고千古에 다시 만나지 못할 테지요. 지하에서 만날 그날까지 부끄러운 일이 없도록 합시다."

덕보는 특히 엄성과 마음이 맞았다. 그래서 군자는 때를 살펴 벼슬을 하기도 하고 벼슬을 않고 처사處士로 살아가기도 하는 법이라고 엄성에게 넌지시 일러 줬는데, 엄성은 크게 깨달아 그만 남쪽의 고향으로 돌아가기로 뜻을 정하였다. 그로부터 두어 해 뒤 엄성은 민중閩中에서 객사하였다. 반정균이 글을 써서 덕보에게 부음을 전하자 덕보는 애사哀辭를 짓고 향을 갖추어 용주에게 부쳤는데 그것이 전당에 전해진 그날 저녁이 마침 엄성의 대상大祥 날이었다. 서호西湖 주변의 두어 고을에서 대상에 참예하러 왔던 사람들은 모두 경탄해 마지않으며 혼령이 감응한 결과라고들 하였다. 엄성의 형인 과果가, 덕보가 보내온 향을 피운 뒤 그 애사를 읽고 초헌初獻을 하였다.

엄성의 아들 앙昻이 덕보를 백부伯父라 일컫는 편지를 써서 아버지의 글을 모은 『철교유집』鐵橋遺集을 덕보에게 부쳤는데, 이리저리 떠돈 지 9년 만에야 도착하였다. 그 책에는 엄성이 손수 그린 덕보의 작은 초상이 있었다. 엄성은 민閩에서 병이 위독한 중에도 덕보가 선물한 우리나라 먹을 꺼내어 그 향기를 맡다가 가슴에 올려놓은 채 운명하였다. 그래서 가족들은 그 먹을 관에 넣어 주었다. 오중에서는 이 일이 기이한 일로 널리 전파되었으며 사람들이 서로 다투어 시문을 지어 이 일을 기렸다. 주문조朱文藻라는 사람이 편지로 이러한 사실을 알려 주었다.

주해 "육비, 엄성, 반정균을 유리창에서 만났다"고 했는데, 육비는 자字가 기잠起潛이고 호는 소음篠飮이며 1719년생이다. 엄성은 자가 역암力闇이고 호는 철교鐵橋이며 1732년생이고, 반정균은 자가 난공蘭公이고 호는 추루秋庫이며 1742년생이다. 홍대용은 첫날은 엄성과 반정균을 만났으며, 나중에 엄성과 반정균의 소개로 육비를 알게 되었다. 이들은 북경에서 6천 리 떨어진 항주에서 과거를 보기 위해 올라왔던 한족漢族 선비들인데, 홍대용은 이들과 약 한 달에 걸쳐 일곱 번을 만났다. '유리창'은 현재 중국 북경시北京市에 있는 문화의 거리다. 화평문和平門 남쪽과 호방교虎坊橋 북쪽에 위치하며, 행정구역상 선무구宣武區에 속한다. 원元·명明 때 이곳에 유리가마 공장이 있었기에 이런 명칭이 붙었다. 청나라 초기에는 북경 외성外城의 상업이 날로 번창하여 한족 관리들이 선무문宣武門 밖에 저택을 짓고 살았다. 이로써 외지고 쓸쓸했던 유리 공장 일대가 점차 번성하여 고서적·골동품·그림·탁본·문방사구 등을 판매하는 상점 거리가 형성되었으며, 상인·관리·학자·서생 등이 끊이지 않는 문화의 거리가 되었다.

'전당'錢塘은 지금의 절강성 항주시杭州市의 옛 이름이다. '민'閩은 지금의 복건성 일대를 가리키는 말이다.

'애사'는 일찍 세상을 떠난 이를 애도하는 글이다. 엄성은 홍대용이 귀국한 2년 뒤인 1768년 37세의 나이로 세상을 하직하였다. 당시 홍대용은 부친상 중이었지만 엄성이 죽었다는 부고를 받고 몹시 애통해하였다.

'대상 날'은 죽은 지 2년 만에 지내는 제삿날로, 이날 삼년상이 끝난다. '초헌'은 제사에서 첫 번째 술을 올리는 것을 이르는 말이다.

'서호'는 항주에 있는 유명한 호수 이름이다. 『철교유집』鐵橋遺集은 엄성의 유고집으로, 그 아들인 엄앙이 편집했다. '주문조'朱文藻는 항주의 선비다.

평설   앞서 이 글의 ②단락이 대비적인 두 부분으로 구성되어 있음을 지적한 바 있다. 이 단락은 ②단락의 첫째 부분을 잇는 반면, 그 둘째 부분과 대립한다. 그리하여 조선에서는 홍대용을 제대로 알아보는 사람이 없었지만, 중국 강남의 선비들은 홍대용에게 심복心服(마음으로 감복함)하여 그를 대유大儒(큰 선비)로 떠받들었다는 사실이 강조된다.

"군자는 때를 살펴 벼슬을 하기도 하고 벼슬을 않고 처사處士로 살아가기도 하는 법"이라는 말은 공자의 말에서 유래한다. 이후 유자儒者들은, 세상이 어지러워 도를 실현하기 어렵겠다고 판단되면 벼슬길에 나서지 않고 만일 도를 실현할 만하다 싶으면 벼슬길에 나서는 것, 이것이 군자의 도리요 올바른 처세의 태도라고 생각해 왔다. 그런데 왜 홍대용은 엄성에게 이를 환기시킨 걸까? 그리고 엄성이 홍대용의 이 말에서 깨달음을 얻어 고향으로 돌아갔다는 건 무슨 의미일까? 그리고 연암은 왜 굳이 이 이야기를 한 걸까? 홍대용은 비록 청나라와 중화 문명, 청나라와 한족의 인민, 청나라와 한족의 선비를 구분해 파악하는 관점을 취함으로써 북학이라는 사상으로 나아갈 수 있었지만, 그럼에도 만주족의 나라인 청나라 자체에 대해서는 반감이 없지 않았다. 청나라는 한때 조선을 침략하여 큰 수모를 안겨 준 나라이고, 부녀를 비롯한 많은 조선 인민들을 강제로 붙잡아 갔을 뿐더러 왕족과 사대부들을 인질로 끌고 가 억류하거나 처형한 바 있다. 비록 그 사이 많은 시간이 흘렀지만 이런 역사적 기억은 사대부의 일원인 홍대용에게 있어, 그리고 연암에게 있어, 아직 망각되지 않고 있었다. 더더군다나 두 사람은 노론의 자제子弟였다. 물론 홍대용과 연암은 청나라에 대한 반감 때문에 무조건 중국과의 교류를 배격하거나 중국의 존재를 무시하는 보수 일변도의 경직된 입장에는 분명히 반대하고 있었다. 바로 이 점에서 두 사람의 현실주의적 관점이 잘 확인된다. 그렇기는 하지만, 홍대용과 연암이 청나라에 대해 반감이 없었던가 하면 그것은 아니다. 이 미묘한 지점을 우리는 잘 이해할 필요가 있다. 연암이 『열하일기』의 「허생전」이나 「호질 후기」나 「심세편」審勢篇 같은 글에서 표명해 놓고 있는 청나라에 대한 반감과 당대 동아시아의 정세에 대한 부정적 인식은 연암이 마음에도 없는 말을 한 것이 아니다. 그것은 정녕 연암 심중의 말을 토로한 것이라 봐야 옳다. 그러므로 홍대용이 고금 인물들의 출처관出處觀을 환기시키며 엄성에게 벼슬길에 나아가지 말도록 권한 것, 그리고 스스로도 과거를 포기한 것 등은 청나라의 지배하에 있던 당대 동아시아의 정세에 대한 부정적 인식에서 연유하는 행위들이라고 할 만하다. 홍대용이 엄성과 특히 가까웠던 것은 나이가 비슷해서만이 아니라 이런 깊은 속내에서 서로 통하는 점이 있었기 때문일 터이다.

엄성이 죽을 때 조선산 먹을 가슴에 얹고 죽었으며 그래서 그 먹을 관 속에 넣어 주었다는 이야기, 홍대용이 엄성의 부고를 받고 써 보낸 애사가 2년 뒤 엄성의 대상 날에 도착했다는 이야기, 엄성의 아들이 엮어 보낸 아버지의 유집이 돌고 돌아 9년 만에 홍대용에게 도착했으며 그 유집 속에 홍대용의 작은 초상이 그려져 있었다는 이야기 등은 그 자체로도 읽는 이의 가슴을 뭉클하게 한다. 국경과 생사를 넘은 우정에 감동되어서다. 현재 서울대 도서관에 『철교전집』鐵橋全集이 소장되어

— 『철교전집』에 수록된 홍대용의 초상화

있는데 제5책에 홍대용의 작은 초상화가 들어 있다. 엄성은 이 책에서 홍대용을 '고사'高士라 칭하고 있으며, '호걸지사'豪傑之士로 소개하고 있다. '호걸지사'란 재능과 식견이 빼어나고 기개가 있는 선비를 일컫는 말이다. 이 책의 한두 대목을 인용해 본다.

2월 초팔일 내가 묵는 여관으로 그(홍대용)가 찾아와 심성心性의 학문에 대해 토론했는데, 대략 수만 언言이나 되었다. 그는 참으로 진실한 선비였다. 재주란 정말 그가 어디에 사는가 하는 것과는 관계없는 것 같다. 우리들의 구두선口頭禪이 부끄럽게 여겨지는 게 많았다.

12일, 다시 내가 묵는 여관으로 그가 찾아왔다. 이번이 세 번째 방문이다. 수만 언의 필담을 나눴는데, 다 기록할 수 없다. 그는 이렇게 말했다.

"우리는 이제 영영 다시 만나지 못할 테니 가슴이 아픕니다. 그러나 이는 작은 일이니, 바라건대 각자 노력하여 피차 서로 벗으로 삼은 안목을 저버리는 일이 없도록 합시다. 이것이야말로 대사大事이니, 빈둥빈둥 지내면서 이 생生을 잘못 보내는 일이 없도록 합시다. 훗날 각자 성취가 있다면 서로 만 리나 떨어져 있어도 매일 조석朝夕으로 만나는 것보다 나을 겁니다. 우리나라 사신이 매년 중국에 들어가니 1년에 한 번은 소식을 전할 수 있겠지요. 만약 내 편지가 오지 않는다면 이는 내가 두 형을 잊어버렸거나 내가 죽은 때문일 겁니다."

연암은 이 단락의 끝에 홍대용과 엄성의 생사를 뛰어넘은 아름다운 우정이 중국 강남에 회자되었으며 사람들이 시문으로 이 일을 기렸다고 적고 있다. 그렇다면 홍대용과 중국인 벗들과의 우정을 기리는 데 이 단락의 목적이 있는 것일까? 그렇지는 않다고 생각된다. 홍대용과 강남 선비들 간의 이 감동적인 우정을 통해 연암이 정작 말하고 싶었던 것은, 홍대용이 국내에서와는 달리 중국에서는 대유大儒로 인정받았다는 점, 숨이 넘어가는 순간까지 홍대용에 대한 경모敬慕의 염念을 놓지 않은 중국인이 있다는 점이 아닌가 한다. 즉 중국인들과의 이 우정을 통해 연암은 홍대용의 어떤 면모에 대해, 다시 말해 홍대용의 출중한 학문과 그 빼어난 인품에 대해 말하고자 했던 것이다. 그러므로 이 단락은 앞의 2 단락에서 설정된 대비적 구성의 연장선상에서 이해되어야 할 터이다. 이렇게 본다면, 이 단락에서 항주의 세 선비가 "다 문장과 예술에 능한 선비였으며, 그 사귀는 이들도 모두 중국의 저명한 인사들이었다"라고 한 말이 잘 이해된다.

사실 항주의 세 선비는 문장과 예술에서 그리 빼어난 인물들이 아니었다. 일찍이 일본인 학자 후지츠카 치카시藤塚隣는 당시 홍대용이 대진戴震(1724~1777)과 같은 청나라의 석학을 만나지 못한 것을 애석해한 바 있다. 대진은 고증학자로서 기철학氣哲學을 토대로 다양한 학문 세계를 펼쳐 나갔다. 20세기 전반기 중국의 걸출한 교육가인 채원배蔡元培는 청대淸代의 가장 위대한 세 사상가로 황종희黃宗羲(1610~1695), 대진, 유정섭兪正燮(1775~1840)을 꼽은 바 있다. 홍대용 역시 기철학 위에 자신의 사상을 구축해 갔던 만큼 만일 두 사람이 만났더라면 서로 도움이 되었을 터이다. 하지만 대진의 사상은 크게 보아 구래舊來의 중국 철학의 틀에서 벗어나 있지 않다. 그에게는 홍대용의 『의산문답』에서 확인되는 바와 같은 기존의 틀을 허무는, 인간학적이자 정치학적인 새로운 패러다임의 모색이 발견되지 않는다. 말하자면 대진의 상상력은 홍대용의 그것보다 훨씬 작으며, 그 문제의식은 홍대용의 그것과 달리 퍽 진부하다. 내 말이 믿기지 않으면 대진의 대표 저작인 『맹자자의소증』孟子字義疏證과 홍대용의 대표 저작인 『의산문답』을 읽고 직접 한번 비교해 보라. 그러므로 홍대용이 대진을 만났더라면 더 좋았겠지만, 만나지 못했다고 해서 후지츠카처럼 홍대용이 이 때문에 구투를 벗지 못했다고 생각할 이유는 없다. 후지츠카가 보여주는 사고방식은 조선은 늘 중국의 아류이고 그 영향 아래 있었다는 관점에 바탕을 두고 있다는 점을 간과해서는 안 된다.

다시 본제本題로 돌아가자. 항주의 세 선비의 실상이 이러했으므로, "그 사귀는 이들도 모두 중국의 저명한 인사들"이라는 연암의 말은 사실과는 거리가 있다. 연암 스스로도 이 점을 몰랐을 리 없다. 그런데 연암은 왜 굳이 이렇게 말했을까? 아마도 홍대용이 조선에서와 달리 중국에서 제대로 인정을 받았다는 점을 강조하려다 보니 이런 과장이 나타나게 된 것이리라.

4️⃣　아아! 덕보는 생전에 이미 우뚝하여 옛사람의 기이한 자취와 같았으니, 훌륭한 덕성을 지닌 벗이 이 일을 널리 전해 그 이름이 한갓 강남에만 유포되는 데 그치지 않게 한다면 굳이 묘지명을 쓰지 않더라도

덕보의 이름은 불후不朽가 되리라.

그 부친은 이름이 역櫟인데 목사牧使를 지내셨고, 조부는 이름이 용조龍祚인데 대사간大司諫을 지내셨으며, 증조부는 이름이 숙潚인데 참판參判을 지내셨다. 모친은 청풍淸風 김씨金氏이니, 군수 방枋의 따님이시다. 덕보는 영조 신해년(1731)에 태어났으며, 음보蔭補로 선공감 감역에 제수되었고, 곧 돈녕부敦寧府 참봉參奉으로 옮겼으며, 다시 세손익위사世孫翊衛司 시직侍直에 제수되었다가 사헌부司憲府 감찰監察로 승진되고, 종친부宗親府 전부典簿로 전임되었다가 태인 현감泰仁縣監으로 나갔으며, 영천 군수로 승진하여 두어 해 재임하다 노모 봉양을 이유로 사직하고 돌아왔다. 처는 한산韓山 이홍중李弘重의 따님인데, 1남 3녀를 낳았다. 사위는 조우철趙宇喆·민치겸閔致謙·유춘주兪春柱이다. 돌아가신 그해 12월 8일에 청주淸州 모좌某坐의 땅에 장사지냈다.

주해 '음보'란 조상의 음덕으로 벼슬함을 이르는 말이다.

'세손익위사 시직'이란 벼슬은 세손世孫을 시위侍衛하는 직책이다. 당시 세손은 훗날의 정조正祖다. 홍대용은 이 벼슬에 있으면서 학문적으로 정조를 가르치며 정조와 많은 대화를 나누었다. 홍대용은 당시 정조와 주고받았던 말을 일기로 자세히 기록해 두었는데, 그것이 지금 전하는 『계방일기』桂坊日記(계방은 세손익위사의 별칭)이다.

"영천 군수로 승진하여 두어 해 재임하다"라고 했는데, 홍대용은 1780년 영천 군수가 되었다가 1783년 모친이 연로하다는 이유로 사직하고 돌아왔다. 내관內官 3년, 고을 원으로 6년, 도합 9년의 벼슬살이를 했다. 김태준 교수가 작성한 홍대용 연보에 의하면 홍대용은 이해 10월 22일 중풍으로 상반신에 마비가 왔고 이튿날 별세하였다.

'모좌'란, 무슨 방향이라는 뜻인데, 무덤이 향하는 위치를 가리키는 말이다. 홍대용은 향리인 충남 천원군 수신면 장산리, 속칭 구미들 기슭에 묻혔다.

평설 이 단락은 두 부분으로 나뉘는데, 그 첫 부분에서는 ②단락과 ③단락의 서술을 총괄하면서 홍대용이 생전 얼마나 위대한 인간이었나 하는 점을 다시 언급하고 있다. 그런 다음, 홍대용의 중국인 벗들은 이처럼 위대한 인간이 단지 중국의 강남에만 알려지게 하지 말고 천하에 알려지게 해 홍대용이 불후不朽하도록 해 주기 바란다는 완곡한 말을 붙이고 있다. 여기서 '불후'라는 말에 주목할 필요가 있다. 기실 연암의 이 묘지명 역시 '불후'를 위한 것이기 때문이다. 필자는 ①단락의 평설 중 독자들에게 '천하의 지기'라는 말을 잘 기억해 두기 바란다는 말을 한 바 있다. 그것은 이 대목을 염두에 두어서다. '천하의 지기'란 홍대용의 중국인 벗들을 가리키는 말이지만, 주목해야 할 점은 연암이 이 말로써 홍대용이 '천하지사'天下之士임을 넌지시 말하고 있다는 사실이다. 선비에는 '일향지사'一鄕之士가 있고, '일국지사'一國之士가 있으며, '천하지사'가 있다. '일향지사'란 한 고을에서나 통하는 선비를 말하고, '일국지사'란 한 나라에서 통하는 선비를 말하며, '천하지사'란 천하, 즉 세계에 통하는 선비를 말한다. 홍대용은 '천하의 지기'로부터 심복心服과 존경을 받았으니 '천하지사'라 이를 만하다. 연암은 바로 이 대목에서, "중국인 벗들이여! 천하지사인 홍대용을 중국 전역에 알려 불우했던 그로 하여금 불후를 누리도록 하라!"는 말을 완곡한 어법으로 하고 있는 것은 아닐까?

이 단락의 두 번째 부분에서는 홍대용의 가계와 벼슬, 그 자녀들, 그리고 장례일과 산소의 소재지가 서술된다. 보통의 묘지명에서는 이런 사항은 대체로 묘지명의 앞부분에 서술되며, 묘지명의 핵심적 내용을 이룬다. 하지만 연암의 묘지명에서는 끝 부분에서 이런 사실이 서술되고 있다. 이 점, 파격적 구성이라 할 만하다. 그런데 재미있는 것은, 연암은, ①단락에 제시된 부고 중에서 언급한 사항은 되도록 이 대목에서는 언급하지 않고 있다는 사실이다. 다시 말해 중복을 피하는 방식으로 글을 쓰고 있다. 가령 홍대용의

홍덕보 묘지명 175

본관이 남양이라는 점, 그 자호字號, 운명한 일시, 향년, 아들 이름 등은 여기서는 일체 언급되지 않고 있다. 이런 데서 연암 글쓰기의 용의주도함이 확인된다. 그리하여 부고 내용과 이 대목에서의 서술을 합쳐 놓아야 비로소 망자亡者에 대한 신원이 온전하게 파악된다.

⑤ 명銘은 다음과 같다.

하하 웃고, 덩실덩실 춤추고, 노래하고 환호할 일,
서호西湖에서 이제 상봉하리니.
서호의 벗은 나를 부끄러워하지 않으리.
입에 반함飯含을 하지 않은 건,
보리 읊조린 유자儒者를 미워해서지.

주해 '서호'西湖란 항주에 있는 서호를 말하는바, 여기서는 곧 항주를 뜻한다. '서호'라는 지명은 이미 ②단락에 나온 바 있다.

'반함'이란 옛날에 염습殮襲(죽은 사람의 몸을 씻긴 뒤 옷을 입히고 염포로 묶는 일)할 때 죽은 사람의 입에 구슬이나 쌀을 물리는 일을 말한다. 이와 관련해 연암의 아들 박종채가 쓴 『과정록』에 이런 말이 보인다: "담헌공(홍대용)은 평소 주장하기를, 장례 때 꼭 반함을 할 필요는 없다고 했으며, 또한 아버지(연암)에게 자신의 장례를 돌봐 달라고 당부하셨다. 급기야 공께서 돌아가시자 아버지는 이 사실을 그 아들 원薳에게 일러 주었다. 원 또한 부친의 유지遺旨를 들은 터라, 부친이 쓰시던 물건들을 무덤에 묻었을 뿐 반함하지는 않았으니 그 뜻에 따른 것이다."

연암 역시 담헌이 한 것처럼 자신의 장례 때 반함을 하지 말라는 말을 죽기 전에 자식에게 남겼다.

"보리 읊조린 유자"라는 말은, 『장자』에서 유래하는 말이다. 『장자』 「외물」外物편에 보면, 유자儒者란 입만 열면 시詩와 예禮를 거론하지만 실제로는 남의 무덤을 몰래 파헤쳐 시체의 입안에 있는 구슬을 빼내는 도둑이라는 이야기가 나온다. 이 이야기에서 유자는 가증스럽게도 이런 시를 읊고 있다: "푸릇푸릇한 보리 / 무덤가 언덕에 무성하네 / 생전에 남에게 보시한 적 없으면서 / 죽어서 어찌 구슬을 머금고 있나?" 이 이야기를 통해 『장자』는 점잖은 체하면서 실제로는 더없이 위선적인 유자를 야유하고 있다. 연암은 『장자』의 이 고사를 끌어들여 양심적인 실학자 홍대용을 당시 조선의 위선적인 유자들과 대비하고 있다.

평설 이 명銘은 짧지만 대단히 문제적이다. 연암의 문집 전체가 간행된 것은 일제 강점기인 1931년에 와서였다. 당시 박영철이라는 사람이 돈을 대고 출판을 주관하였다. 이 본本을 보통 박영철본 『연암집』이라 부른다. 그런데 박영철본 『연암집』에는 이 명이 빠져 있다. 하지만 『과정록』에는 다음과 같이 이 명을 특별히 소개해 놓고 있다.

서호에서 이제 상봉하면, 相逢西子湖
서호의 벗은 나를 부끄러워하지 않으리. 知君不羞吾
입에 반함을 하지 않은 건, 口中不含珠
보리 읊조린 유자를 미워해서지. 空悲詠麥儒

한편, 연암 후손가에 소장되어 있는 필사본 『열하일기』에도 이 명이 실려 있는데 거기에는 다음과 같이 되어 있다.

넋이 떠난다고 초혼할 것 없네, 魂去不冥招
서호에서 이제 상봉하리니. 相逢西子湖
입에 반함을 하지 않은 건, 口裏不含珠
보리 읊조린 유자에 분개해서지. 怊悵詠麥儒

　본서에서 제시한 명은 원래 연암 후손가에 소장되어 있던『연암산고』燕巖散稿라는 책에 실려 있는 명이다. 이처럼 이 명은 현재 세 가지 이본異本이 존재하는데, 조금씩 그 모습이 다르다. 그런데 주목되는 점은,『연암산고』와『과정록』의 경우,『연암산고』쪽이 "하하 웃고, 덩실덩실 춤추고, 노래하고 환호할 일"(宜笑舞歌呼)이라는 구절이 하나 더 있을 뿐 나머지는 완전히 같다는 사실이다. 추측컨대 원래는 명 속에 "하하 웃고, 덩실덩실 춤추고, 노래하고 환호할 일"이라는 구절이 들어 있었는데, 후에 연암 스스로 이 부분이 너무 과격하다고 판단해 빼 버린 게 아닌가 생각된다. 덧붙여 추측컨대, 지금의 박영철본『연암집』에 이 명이 빠진 것도 연암 자손 중의 누군가가 가장본家藏本『연암집』─박종채가 편차編次한 것으로 추정된다─에서 고의로 이 명을 없애 버렸기 때문이 아닌가 한다. 그 사람이 누구일까? 박종채일까? 아니면 연암의 손자인 박규수朴珪壽일까? 알 수 없는 일이다. 만일 박종채가 그랬다면 그는 이 명이 뭔가 문제를 일으킬 수 있다고 판단해 문집에서는 일단 빼 버리고, 멸실을 막기 위해『과정록』에다 살짝 언급해 놓았다는 추론이 가능하다. 하지만 추론일 뿐 단언할 수는 없는 일이다.
　이런 일에 대해 추론해 보는 것도 흥미로운 일이기는 하나, 그보다 더 중요한 일은 왜 이 명이 이처럼 삭제되거나 변개되는 운명을 겪게 되었을까 하는 물음에 답하는 일이다. 정말 왜 그랬을까? 한마디로 답한다면, 이 명에 내포된 불온함과 과격함 때문이다.
　우선 이 명의 제1구를 보자. 이 구절은 '웃다' '춤추다' '노래하다' '환호하다'라는 네 개의 동사로 이루어져 있다. 이 네 개의 동사는 참을 수 없는 지극한 기쁨을 몸과 관련된 동작으로 표현하고 있다는 공통점을 지닌다. 이 네 개의 동사가 결합해 만들어 내는 이미지는 대단히 격정적이고 직절적直截的인 것이다. 그것은 점잖음, 절제, 온유돈후溫柔敦厚 등과는 너무나 거리가 멀다. 이처럼 표현 방식에 있어 이 명의 제1구는 감정을 여과 없이 적나라하게 그대로 쏟아 내고 있다는 특징을 보인다. 이는 오늘날의 관점에서 본다면 감정의 꾸밈없는 표현이라고 말할 수 있을지 모르지만, 당시의 관점에서 본다면 경망스럽거나 천박한 표현으로 받아들여질 수 있다.

그런데 이 제1구는 이처럼 그 자체의 표현도 문제거니와 제2구와 의미론적으로 연결될 때 더욱 그 문제성이 증폭된다. 제2구는 이 글의 ③단락에서 서술된 다음의 말, 즉 "이제 한번 헤어지면 천고千古에 다시 만나지 못할 테지요. 지하에서 만날 그날까지 부끄러운 일이 없도록 합시다"와 호응한다. 요컨대 이 명의 제1·2구는, 이제 홍대용이 죽었으니 그 넋이 중국의 강남땅으로 가 그리도 그리워하던 중국인 벗들을 만날 수 있게 되었으므로 기쁜 일이라는 뜻이다. 문제는 여기에 있다. 죽은 게 기쁜 일이라니! 이 말에는 지독한 역설이 스며 있다. 그토록 높은 식견과 탁월한 학문을 지녔건만 본국에서는 알아주지 않았는데 중국의 선비들은 홍대용이 대유大儒임을 알아보고 벗으로 사귀며 심복心服했으니 차라리 죽어서 그 혼령이 중국의 벗들과 상봉할 수 있게 된 것이 더 잘된 일이며 축하할 일이 아니냐는 것이다. 이는 당대의 조선 사회, 당대의 위정자들에 대한 신랄한 야유와 풍자에 다름 아니다. 이런 풍자성 때문에 이 명의 제1구는 그 불온성이 증폭된다.

이 명의 제3구 역시 방금 전에 인용한 ③단락의 "지하에서 만날 그날까지 부끄러운 일이 없도록 합시다"라는 말과 호응한다. "서호의 벗은 나를 부끄러워하지 않으리"라는 말은, 선비로서 떳떳하게 살았음을 의미한다. 이 명은 이 제3구를 매개로 하여 제4구와 제5구로 옮겨 간다.

이 마지막 두 구에서 이 명의 풍자는 절정에 달한다. 평생 양심적 실학자로 살았던 홍대용이야 스스로에게 아무런 부끄러움도 없었지만, 선비들이라고 다 그런가? 주변을 돌아보면 위학偽學과 허학虛學으로 자신을 속이고 남을 속이는 선비들이 수두룩하다. 그런 자들이 학자로 행세하고, 명성을 누리고, 권력에 빌붙어 출세하고, 부귀를 누리지 않던가? 이처럼 이 두 구는 홍대용의 삶과 극명히 대비되는 당대 사대부들의 위선적 삶에 대한 야유와 조소다. 『과정록』에 나오는 말이지만, 연암의 장인 이보천李輔天은 연암이 악을 미워하는 마음이 너무 강함을 늘 걱정했다고 한다. 이 두 구에서도 그런 연암의 면모를 읽을 수 있다. 연암이 세상 물정을 알게 된 10대 후반 이래 전생全生에 걸쳐 가장 못 견뎌 한 것이 있다면 그것은 아마 입으로는 온갖 그럴 듯한 말, 고상한 말을 늘어놓으면서도 뒤로는 추악하고 야비하며 위선적인 행태를 서슴지 않는 사대부들의 자기기만이 아니었던가 한다. 문제는 이런 자들이 학문으로 행세하고, 권력을 장악하고, 도덕과 예禮의 수호자처럼 행동한다는 사실일 터이다. 이에 대한 분노감을 담고 있는 연암의 작품은 아주 많지만 대표적인 것을 몇 개만 들어 본다면 젊은 시절에 쓴「마장전」과「역학대도전」易學大盜傳, 중년기에 쓴「호질」같은 작품을 꼽을 수 있을 것이다. 「역학대도전」은 지금 비록 전하고 있지는 않지만 그 제목으로 알 수 있듯이 학문을 팔아 행세하는 위선적 선비의 행태를 '대도'大盜, 즉 '큰 도둑놈'이라고 풍자한 작품이다. 대학자로 명성이 높지만 뒤로는 과부와의 사통을 일삼는, 「호질」에 등장하는 썩은 선비 북곽선생 역시 '역학대도'易學大盜, 즉 학문을 파는 큰 도둑놈이다. 이 명의 제5구에 보이는 "보리 읊조린 유자"란 바로 이런 위선적인 선비들에 대한 비아냥거림이다.

　　연암은 혹시 구체적으로 어떤 인물을 염두에 두고 이런 말을 한 것은 아닐까? 그건 알 수 없는 일이다. 다만 이 점과 관련해, 홍대용이 중국에서 돌아온 직후 예학자禮學者 김종후金種厚와 격렬한 논쟁을 주고받은 적이 있다는 사실, 그리고 그 논쟁 중에 김종후가 예학을 강조한 반면 홍대용은 예학이란 아무 쓸모가 없으며 이용후생에 도움이 되는 실학이야말로 진정한 학문이라는 주장을 펼쳤다는 사실, 그리고 김종후가 훗날 김귀주金龜柱에게 붙었다가 다시 홍국영에게 붙는 등 권력에 이리저리 빌붙는 행태를 보였다는 점 등은 일고一考할 만하다.

홍대용은 자신이 죽은 후에 반함을 하지 말라고 유언했다고 하는데 이는 위선적인 유자들을 미워해서일까? 그렇지는 않을 것 같다. 그러면 연암은 왜 이 명에서 그렇게 말했을까? 이는 하나의 문학적 책략으로 봐야 할 성격의 것이 아닌가 싶다. 즉 연암은 홍대용이 반함하지 않은 사실에 착안하여 『장자』의 이 유명한 고사를 끌어와 현실의 어떤 문제를 풍자하고자 했던 게 아닌가 한다. 하지만 이 제5, 6구는 구체적 맥락을 떠나서 읽는다면 유자儒者 일반에 대한 폄하와 조롱으로 읽힐 수 있다. 그 경우 그것은 곧 조선의 지배계급과 지배 이념과 사대부 문화의 정체성을 그 근간에서 부정하거나 조롱하는 것으로 받아들여질 수 있다. 왜냐하면 『장자』의 이 고사는 이른바 이단異端의 입장에서 유학을 공격하고 유학의 정당성을 전복하는 성격을 띠기 때문이다. 이런 점에서 이 구절은 몹시 불온하고 위험한 것으로 간주되었을 수 있다. 아마 이 때문에 이 명은 제거되는 운명을 겪을 수밖에 없지 않았나 생각된다.

총평

• 연암은 이 글에서 홍대용과 자신의 우정, 홍대용과 국내 지인들과의 우정에 대해서는 한마디도 하고 있지 않다. 이는 글의 초점을 중국인들과의 우정 쪽에 맞추기 위해서 일부러 그렇게 한 것이다.

• 이 글의 주제가 '홍대용과 중국인 벗들과의 우정'이라고 생각한다면 그건 이 글을 제대로 읽은 게 못 된다. 이 글에서 말하고 있는 중국인 벗들과의 우정은 비록 몹시 감동적으로 묘사되고 있기는 하나 그럼에도 그것은 어디까지나 주제를 효과적으로 드러내기 위한 방편이라고 해야 할 것이다. 연암은 이 방편을 통해 홍대용에 대해, 그리고 당대의 조선 사회에 대해 발언하고 있는 것이다. 그렇다면 이 글의 주제는 무엇인가? 이미 많은 말을 했으니 독자들께서 한번 생각해 보시기 바란다.

• 이 글의 가장 밑바닥에 놓여 있는 감정은 '비분'悲憤이다. 이를 느끼지 못한다면 마음이 없거나, 마음이 아니라 눈으로만 글을 읽는 사람일 터이다.

• 창강 김택영은 이 글에 이런 평을 붙인 바 있다.

"앞부분과 뒷부분에 중국과 관련된 일을 말하고, 그 속에다 자신의 비통한 마음을 담은 구절을 삽입하여 몰래 자기와 덕보가 모두 본국本國에서 뜻을 펴지 못한 것을 말했거늘, 필세筆勢가 풍격風格이 있고, 변화가 지극하다."

발승암 기문

　내가 동東으로 금강산을 유람할 적이다. 골짝 어귀에 들어서자마자 옛 사람과 요즘 사람들이 자신의 이름을 바위에 써 놓은 게 보였는데 큼지막한 글씨로 깊이들 새겨 놓아 작은 틈도 없었으니 마치 장 보러 나온 사람들이 북적거려 어깨가 부딪는 것 같기도 하고 교외의 묘지에 빽빽이 들어선 무덤 같기도 했다. 옛날에 새긴 이름은 이끼에 덮여 있었고, 새로 쓴 이름은 붉은 글씨가 환히 빛났다.
　깎아지른 듯한 천 길 벼랑의 바위 위에 이르매 날아가는 새 그림자도 없었으며 오직 '金弘淵'김홍연이라고 새긴 세 글자만 눈에 들어왔다. 나는 내심 참 이상하다고 여기며 혼자 이렇게 중얼거렸다.
　"예로부터 관찰사의 위세란 족히 사람을 죽일 수도 있고 살릴 수도 있을 만큼 대단하고, 또 저 양봉래楊蓬萊 같은 이는 기이한 경치를 좋아하여 그 발자취가 이르지 아니한 곳이 없었다. 하지만 그들 모두 감히 이런 곳에 이름을 새기지는 못하였다. 그런데 저기다 이름을 새긴 자는 대체 누구기에 석공石工으로 하여금 다람쥐나 원숭이와 목숨을 다투게 한 걸까?"
　그 후 나는 나라 안의 명산들을 두루 돌아다닌바, 남으로는 속리산과 가야산, 서西로는 천마산과 묘향산에 올랐다. 깊숙하고 외딴 곳에 이르러 세상 사람들이 도저히 올 수 없는 곳까지 왔다고 자부할 양이면 그때마다 늘 김홍연이 새겨 놓은 이름자가 눈에 들어오는 게 아닌가. 나는 화가 치밀어 이렇게 욕을 했다.

"홍연이 어떤 놈이기에 감히 이리도 당돌한가!"

무릇 명산을 유람하기 좋아하는 사람은, 지극히 위험한 곳까지 찾아가 온갖 어려움을 감당하지 않는다면 기이한 경치를 구경할 수 없는 법이다. 나는 평소 이전에 산에 오른 일을 회상할 적마다 오싹해지며 자신의 무모함을 뉘우치지 않은 적이 없었다. 그렇지만 다시 산에 오르면 그만 지난날의 경계를 소홀히 해 가파른 바위에 오르기도 하고 깊은 낭떠러지를 내려다보기도 하며, 몸을 모로 하여 아슬아슬하게 썩은 잔도棧道를 밟고 낡은 사다리를 오르기도 하면서 왕왕 천지신명에게 무사하기를 빌며 살아 돌아가지 못할까봐 벌벌 떨면서 두려워하곤 하였다. 그러나 그때마다 주사朱砂로 사슴 정강이 크기는 될 정도로 큼지막하게 쓴 붉은 글씨가 늙은 나무 등걸과 오래된 등나무 사이로 보일 듯 말 듯 서렸는데, 어김없이 '김홍연' 세 글자였다. 나는 마침내 험난하고 궁박하고 위태롭고 곤란한 상황에서 옛 친구를 만난 것처럼 기뻐 그로 인해 힘을 내어 더위잡고 앞서거니 뒤서거니 나아갈 수 있었다.

어떤 이가 본래 김金의 행적을 잘 알아 나에게 얘기해 줬는데, 그에 의하면 김은 곧 왈짜였다. 왈짜란 대개 여항의 허랑방탕하고 오활한 이들을 일컫는 말인데, 이른바 검객이나 협객俠客과 같은 부류를 말한다. 그는 젊은 시절 말 타기와 활쏘기를 잘하여 무과武科에 합격했으며, 힘이 세어 범을 때려잡거나 좌우 옆구리에 기생 둘을 끼고 몇 길의 담을 뛰어넘을 수 있을 정도였지만 쩨쩨하게 벼슬자리를 얻으려고 하지 않았다는 것이다. 그리고 집이 본래 부유하여 돈을 물 쓰듯 하였고, 고금古今의 유명한 서첩書帖과 좋은 그림, 칼이며 거문고며 골동품, 기이한 꽃과 풀 따위를 수집하는 취미가 있어, 혹 하나라도 마음에 드는 게 있으면 천금을 아끼지 않았으며, 준마駿馬와 송골매를 늘 좌우에 두었단다. 하지만 지금은 이미 늙어 머리가 세었으며, 자루에다 끌과 정을 넣고 다니며 명산에 두루 노니는데, 이미 한라산에 한 번 올랐고 백두산에 두 번 오른바 그때마다 손수 바위에 자기 이름을 새겨 후세 사람들로 하여금 세상에 자기가 있었음을 알리려고 한다는 거였다.

내가 물었다.

"그 사람이 뉜가?"

"김홍연이외다."

"이른바 김홍연은 뉜가?"

"그 자字가 대심大深이외다."

"대심이라는 이는 뉜가?"

"자호自號를 발승암髮僧菴이라고 하외다."

"이른바 발승암은 뉜가?"

이야기하던 자가 대꾸가 없자 나는 웃으며 말했다.

"옛날 사마상여司馬相如가 '없다'라는 분과 '있을 리가 있나'라는 선생을 허구적으로 설정해 서로 문답하게 하는 글을 쓴 적이 있거늘 지금 나와 그대가 우연히 절벽 아래 흐르는 물가에서 만나 서로 문답하고 있네그려. 먼 훗날 생각하면 우리 모두가 '있을 리가 있나' 선생일 터이니 이른바 발승암이란 자가 있을 리가 있나?"

그러자 그는 발끈하여 얼굴에 노기를 띠고 말했다.

"내 어찌 황당한 말을 지어낸 것이겠습니까? 정말 김홍연은 존재하외다!"

나는 껄껄 웃으며 말하였다.

"그대는 너무 집요하이. 지난날 왕안석王安石이 「진秦나라를 비판하고 신新나라를 찬미함」이라는 글에 대해 변증辨證하면서 '이건 필시 곡자운谷子雲이 지은 글이지 양자운揚子雲이 지은 글이 아니다'라고 하였고, 또 소동파蘇東坡는 '서경西京에 과연 양자운이 존재했는지 모르겠다'라고 했네. 대저 두 사람의 문장은 당세에 밝게 빛나 역사책에 이름이 전하는데도 뒷사람이 그들을 논할 적엔 오히려 이런 의심을 두거늘, 하물며 심산유곡에 헛된 이름을 새겨 비바람에 깎이고 패여 백 년도 못 가 잊힐 사람이야 말해 무엇하겠나!"

이 말을 듣고 그 사람 또한 껄껄 웃고는 가 버렸다.

그로부터 9년 뒤다. 나는 평양에서 김을 만날 수 있었다. 누가 그의 뒷모습을 가리키며 "저 사람이 김홍연입니다"라고 하는 게 아닌가. 나는 그의 자字를 부르며 이렇게 말했다.

"대심! 발승암 아닌가!"

김군은 고개를 돌려 물끄러미 보더니,

"어떻게 저를 아시지요?"

라고 하였다. 나는 이렇게 대꾸했다.

"옛날 만폭동에서 이미 자네를 알게 됐지. 집은 어딘가? 옛날에 수집한 물건들은 잘 간직하고 있는가?"

김군은 서글픈 얼굴로 말했다.

"가난해져 다 팔아 버렸지요."

"왜 발승암이라고 하나?"

"불행히도 병 때문에 불구가 된 데다 늘그막에 아내도 없어 늘 절집에 붙어사는 까닭에 그렇게 자호自號하지요."

그 말과 행동거지를 살펴보니 옛날의 모습과 태도가 아직 남아 있었다. 나는 젊을 적의 그를 보지 못한 걸 참 애석하게 생각하였다.

어느 날 그는 나의 우거寓居에 찾아와 이런 부탁을 했다.

"제가 이제 늙어 머잖아 죽을 터인데, 마음인즉슨 진작 죽었고 머리카락만 남아 있을 뿐이며, 거주하는 곳은 모두 중들의 암자입니다. 바라건대 선생의 문장에 의탁해서 후세에 이름을 전했으면 합니다."

나는 그가 늙어서도 그 뜻을 아직 잊지 못하고 있는 게 슬펐다. 나는 마침내 그 옛날 함께 산에 노닐던 객과 주고받았던 말을 글로 써서 보내 주면서 그 글 끝에 다음과 같은 게偈를 붙였다.

까마귀는 뭇 새가 검다고 믿고,
백로는 안 흰 새를 의아해 하네.
흑백 모두 자기가 옳다고 하니,
하늘도 판정하길 싫어한다지.
사람들 모두 두 눈 있지만,
한쪽 눈 없어도 또한 본다네.
하필 두 눈 있어야 밝게 보일까?
외눈박이만 사는 나라도 있는데.
두 눈도 오히려 적다고 여겨,
이마에 눈 하나를 보태기도 하네.
또한 저 관음보살은,
변신하여 눈이 일천 개라지.
천 개의 눈을 어디에 쓰리?
장님도 검은 것은 볼 수 있다마다.
김군은 몹쓸 병 걸려 몸이 불편해,
부처에 의지해 연명한다지.
돈을 쌓아 두고 쓰지 않으면,
가난한 거지와 무어 다를까?
중생들 제각각 살면은 되지,
억지로 남을 배울 건 없네.
대심大深이 뭇사람과 다르다 보니,
이 때문에 의아히들 여기는 게지.

① 　내가 동東으로 금강산을 유람할 적이다. 골짝 어귀에 들어서자마자 옛사람과 요즘 사람들이 자신의 이름을 바위에 써 놓은 게 보였는데 큼지막한 글씨로 깊이들 새겨 놓아 작은 틈도 없었으니 마치 장 보러 나온 사람들이 북적거려 어깨가 부딪는 것 같기도 하고 교외의 묘지에 빽빽이 들어선 무덤 같기도 했다. 옛날에 새긴 이름은 이끼에 덮여 있었고, 새로 쓴 이름은 붉은 글씨가 환히 빛났다.

깎아지른 듯한 천 길 벼랑의 바위 위에 이르매 날아가는 새 그림자도 없었으며 오직 '金弘淵'김홍연이라고 새긴 세 글자만 눈에 들어왔다. 나는 내심 참 이상하다고 여기며 혼자 이렇게 중얼거렸다.

"예로부터 관찰사의 위세란 족히 사람을 죽일 수도 있고 살릴 수도 있을 만큼 대단하고, 또 저 양봉래楊蓬萊 같은 이는 기이한 경치를 좋아하여 그 발자취가 이르지 아니한 곳이 없었다. 하지만 그들 모두 감히 이런 곳에 이름을 새기지는 못하였다. 그런데 저기다 이름을 새긴 자는 대체 누구기에 석공石工으로 하여금 다람쥐나 원숭이와 목숨을 다투게 한 걸까?"

주해　『과정록』에 따르면, 박지원은 29세 때인 1765년 가을에 유언호·신광온申光蘊 등의 벗들과 함께 금강산을 유람한 것으로 되어 있다.

'양봉래'楊蓬萊는 양사언楊士彦(1517~1584)을 말한다. '봉래'는 그 호다. 큰 글씨의 초서를 잘 썼으며, 산수에 노니는 것을 몹시 좋아한 인물로 유명하다. 회양 군수로 있을 때 금강산을 유람하며 만폭동萬瀑洞 바위에다 '蓬萊楓嶽元化洞天'봉래풍악 원화동천 여덟 자를 새겼다는 일화가 널리 알려져 있다.

평설 이 단락은 연암이 '김홍연'이라는 이름 석 자를 처음 알게 된 경위를 밝히고 있다. 그 문장 서술은 독자에게 잔뜩 호기심과 궁금증을 품도록 만들고 있다. 연암은 대체 무슨 말을 하려는 걸까? 인적이 미치기 어려운 높디높은 곳에다 자신의 이름을 새겨 놓은 '김홍연'이라는 자는 대체 어떤 인물일까? 왜 그는 위험을 무릅쓰면서 남이 감히 엄두도 내지 못하는 곳에다 자신의 이름을 새겨 놓은 걸까? 이름을 새긴다는 것은 과연 의미가 있는 것일까? 도대체 이름이란 무엇인가?

독자는 이 단락의 도입부가 보여주는 '어조'에 특히 유의할 필요가 있다. 잠시 그 대목을 보자. "골짝 어귀에 들어서자마자 옛사람과 요즘 사람들이 자신의 이름을 바위에 써 놓은 게 보였는데 큼지막한 글씨로 깊이들 새겨 놓아 작은 틈도 없었으니 마치 장 보러 나온 사람들이 북적거려 어깨가 부딪는 것 같기도 하고 교외의 묘지에 빽빽이 들어선 무덤 같기도 했다." 특히 진하게 표시한 부분은 해학적 느낌을 자아낼 뿐만 아니라, 약간 비아냥거리며 비틀어서 말하는 기분을 느끼게 한다는 점을 놓쳐서는 안 된다. 골짜기에 들어서기가 무섭게 고금의 사람들이 바위에다 온통 새까맣게 이름들을 새겨 놓았는데, 저마다 큼지막하고 깊이들 새겨 놓았다는 것, 그래서 그것은 마치 장터에 사람들이 북적거리는 것을 연상하게도 하고, 빽빽이 들어선 무덤을 연상하게도 한다는 것. 이 연상 자체에 이름 새기기에 대한 연암의 부정적 시선이 스며들어 있다. 말하자면 연암은 "이게 대체 무슨 짓들이람!"이라고 말하고 있는 듯하다.

그런데 방금 인용한 구절 뒤에는 이런 말이 이어진다. "옛날에 새긴 이름은 이끼에 덮여 있었고, 새로 쓴 이름은 붉은 글씨가 환히 빛났다." 연암은 이 문장으로써 무엇을 말하려고 한 걸까? 그것은 곧, 사람들이 바위에 이름을 새겨 불멸을 꾀하지만 이는 부질없는 짓일 뿐이며, 이름을 새긴다고 해서 시간의 마모를 견뎌낼 수 있는 것은 아니라는 사실이 아닌가 한다. 여기서는 그러한 메시지가 극히 암시적인 수준에서 제시되어 있을 뿐이지만, 뒷 단락에서는 이 점이 분명하게 제시된다.

　이 단락의 앞부분과 뒷부분은 선명한 대조를 보인다. 보통 사람들은 골짜기 입구의 새기기 쉬운 곳에 다닥다닥 이름들을 새겨 놓은 데 반해, 김홍연은 새 그림자조차도 보이지 않는 천 길 낭떠러지 고절孤絶한 곳에다 홀로 자신의 이름 석 자를 새겨 놓았다고 했기 때문이다. 연암은 이런 대조를 통해 김홍연이 결코 녹록한 인물이 아님을 슬쩍 시사하고 있다.

　②　그 후 나는 나라 안의 명산들을 두루 돌아다닌바, 남으로는 속리산과 가야산, 서西로는 천마산과 묘향산에 올랐다. 깊숙하고 외딴 곳에 이르러 세상 사람들이 도저히 올 수 없는 곳까지 왔다고 자부할 양이면 그때마다 늘 김홍연이 새겨 놓은 이름자가 눈에 들어오는 게 아닌가. 나는 화가 치밀어 이렇게 욕을 했다.
"홍연이 어떤 놈이기에 감히 이리도 당돌한가!"

　주해　연암은 35세 때인 1771년(영조 47) 과거科擧를 포기한 후 송도와 평양을 유람하며 천마산과 묘향산에 올랐으며, 남쪽으로는 속리산, 가야산, 화양동華陽洞, 단양 등지를 유람하였다. 연암이 백동수와 함께 황해도 금천의 연암협을 답사하여 그곳을 은거지로 정한 것도 바로 이때의 일이다.

평설 앞 단락에서 홍연에 대한 호기심을 보였다면, 이 단락에서는 홍연에 대한 분노를 표현하고 있다. 재미있는 것은 이 분노가 명산의 외딴 곳에서 '김홍연'이라는 이름 석 자와 계속해서 조우함으로써 폭발하고 있다는 사실이다. 연암은 아직 김홍연이 누군지 알지 못하고 있다. 하지만 그는 명산에 새겨진 그 이름자를 자꾸 접하면서 이 인물에 점점 빠져들어 간다. 이처럼 이 단락의 연암은 흥미롭게도 김홍연에 대해 실제로는 아무 것도 알지 못하면서 김홍연에 대해 익히 잘 아는 듯한 느낌을 갖게 되는, 그런 이상한 상황에 처해 있다.

연암은 35세 무렵 과거에의 뜻을 완전히 접었다. 이는 연암이 현실 속으로 들어가 입신立身하는 일, 벼슬을 통해 자신의 뜻을 현실에 펴는 일의 포기를 뜻한다. 연암은 왜 그랬을까? 그 직접적 계기는 절친한 벗 이희천의 죽음이었다. 이 점에 대해서는 「소완정이 쓴 '여름날 벗을 방문하고 와'에 답한 글」에서 이미 자세히 언급했으므로 다시 말하지 않는다.

연암이 이 무렵 산에 노닌 것은 과거 포기와 밀접한 관련이 있다. 아마도 그는 울적하고 답답한 마음을 풀기 위해 국내의 명산들에 두루 노닐었으며, 사람들이 잘 가지 않는 험한 곳이나 외딴 곳을 찾는 것으로 보람을 삼았던 듯하다. 하지만 그런 곳에 이르러 가쁜 숨을 가누고 주위를 살펴보면 그때마다 늘 '김홍연'이라는 이름 석 자가 새겨져 있는 게 아닌가! 아무도 온 적이 없는 곳이라 여겼는데 김홍연이 이미 다녀간 것이다. 매번 이러하매 연암은 드디어 분통을 터뜨리게 된다. 이 자식, 어떤 놈이기에 매번 이러는 거야! 바로 이런 심정이 이 단락에 표현되어 있다.

그렇기는 하지만, 연암의 분노와 욕설은 딱히 적대적인 성격의 것이라기보다 다소간 해학적인 면모를 띤다는 점에 유의할 필요가 있다. 특히 그 어조에서 그런 점이 느껴진다. 비록 화를 내면서이기는 하지만 연암은 김홍연에게 점점 더 다가서고 있다.

3　　무릇 명산을 유람하기 좋아하는 사람은, 지극히 위험한 곳까지 찾아가 온갖 어려움을 감당하지 않는다면 기이한 경치를 구경할 수 없는 법이다. 나는 평소 이전에 산에 오른 일을 회상할 적마다 오싹해지며 자신의 무모함을 뉘우치지 않은 적이 없었다. 그렇지만 다시 산에 오르면 그만 지난날의 경계를 소홀히 해 가파른 바위에 오르기도 하고 깊은 낭떠러지를 내려다보기도 하며, 몸을 모로 하여 아슬아슬하게 썩은 잔도栈道를 밟고 낡은 사다리를 오르기도 하면서 왕왕 천지신명에게 무사하기를 빌며 살아 돌아가지 못할까봐 벌벌 떨면서 두려워하곤 하였다. 그러나 그때마다 주사朱砂로 사슴 정강이 크기는 될 정도로 큼지막하게 쓴 붉은 글씨가 늙은 나무 등걸과 오래된 등나무 사이로 보일 듯 말 듯 서렸는데, 어김없이 '김홍연' 세 글자였다. 나는 마침내 험난하고 궁박하고 위태롭고 곤란한 상황에서 옛 친구를 만난 것처럼 기뻐 그로 인해 힘을 내어 더위잡고 앞서거니 뒤서거니 나아갈 수 있었다.

　　주해　'잔도'란, 발을 붙일 수 없는 험한 벼랑 같은 곳에 선반을 매듯이 하여 낸 길을 말한다.
　　'주사'는 '단사'丹砂라고도 하는데, 붉은색의 염료다. 부적이나 글씨를 쓰는 데 사용한다. 명승지 같은 데 가면 바위에 이름을 새긴 뒤 붉은색을 칠해 놓은 것을 종종 볼 수 있는데, 이 붉은색이 바로 주사이다.
　　'사슴 정강이'라는 표현은 해학미를 띤 표현이다.

　　평설　동아시아에는 산에 노니는 것을 즐기는 문화가 있다. 그것은 연원이 아주 오래다. 가령 『논어』 같은 책에도 '요산'樂山(산을 즐김)이라는 말이 보이며, 또 '공자가 태산에 올랐다'는 말이 보인다. 그 후 한대

漢代나 남북조 때에 이르면 고사高士들이 어지러운 현실을 피해 산수에 노니는 게 하나의 풍조를 이루었다. 그리하여 '유산'遊山(산에 노님)이라는 용어도 생겨나기에 이르렀다. 급기야 당대唐代에 이르면 당송팔대가의 한 사람인 유종원柳宗元에 의해 '산수유기'山水遊記라는 문학 장르가 확립된다. 산수유기는 줄여서 '산수기'山水記라고도 하는데, 동아시아의 독특한 회화 장르인 '산수화'와 대응된다. 산수기와 산수화는 사대부가 지배 계급으로 자리 잡은 송대宋代 이후 대단히 성행하게 되며, 명대明代에 이르면 급기야 방대한 산수기 선집들이 여럿 엮어지게 된다. 우리나라 조선 시대의 경우 조선 전기에도 산수기는 창작되었지만, 조선 후기에는 특히 사대부 문인이라면 너나없이 산수에 노니는 일과 산수기 짓는 일을 운치 있는 일로 여기는 분위기가 팽배했다. 이는 중국 명나라 사대부들의 취미에 영향 받은 면이 적지 않다. 특히 18세기 조선 사회에는 중국에 여진족이 세운 청나라가 들어선 데 대한 반감으로 벼슬에 나아가지 않거나, 당쟁을 피해 재야에 있거나, 당대의 정치 현실을 혐오하여 재야 선비로 살아가는 사람들이 늘어나면서 산수 유람이 큰 유행으로 번지고 있었다. 그리하여 이에 대한 선비 사회의 반성을 촉구하는 글까지 나오게 되었다.

　이 단락의 앞부분에서 우리는 위험을 무릅쓰면서까지 '유산'遊山에 탐닉하는 연암의 모습을 읽을 수 있다. 연암은 연암대로의 개인적 이유가 있어 이처럼 산수 유람에 경도傾倒하고 있는 것이지만, 그럼에도 그것은 당시 조선 사대부 사회의 문화적 풍조를 배경으로 하고 있다는 점을 알아둘 필요가 있다.

　하지만 연암의 유산에의 탐닉을 보여주는 이 단락의 앞부분은 비록 흥미롭기는 해도 그 자체가 목적은 아니다. 그것은 "그러나 그때마다"로 이어지는 뒷부분을 말하기 위한 일종의 뜸들이기 같은 것에 불과하기 때문이다.

"늙은 나무 등걸과 오래된 등나무 사이로 보일 듯 말 듯" 바위에 붉게 새긴 '김홍연'이라는 이름 석 자가 보였다는 구절에서 우리는 당시 연암이 느꼈던 안도감을 느낄 수 있다. 고립무원의 지경, 공포에 사로잡힌 상황에서 낯익은 이름이 나무 사이로 얼핏 보이자 연암은 이루 말할 수 없는 반가움과 기쁨을 느꼈던 것이리라. 그리하여 연암은 "마침내 험난하고 궁박하고 위태롭고 곤란한 상황에서 옛 친구를 만난 것처럼 기뻐 그로 인해 힘을 내어 더위잡고 앞서거니 뒤서거니 나아갈 수 있었다." 연암은 드디어 김홍연과 벗이 된 것이다. 벗이란 무엇인가. 어려운 상황에서 힘이 되어 주고, 만나면 기쁘고, 그로 인해 자기가 격려 받고 용기를 낼 수 있는 그런 존재가 아니던가. 이 단락은 연암과 김홍연이 어느새 이런 의미의 벗이 되어 있음을 보여주고 있다.

이 단락에 이르기까지 연암은 김홍연에 대해 뚜렷한 심리 변화를 보여준다. 연암은 ①단락에서 김홍연에 대해 강한 호기심을 피력하고 있고, ②단락에서는 분노를 표하고 있으며, 이 단락에 와서는 고마움과 반가움의 마음을 보여주고 있다. 즉 김홍연은 처음에는 호기심의 대상이었다가, 곧 질시의 대상이 되며, 종국에는 우애의 대상으로 바뀌고 있다. 이처럼 연암의 심리가 변화하는 데 맞추어 글은 심한 기복起伏과 굴곡을 보여준다. 요컨대 김홍연은 처음에는 단순한 타자他者의 위치에 있었으나 거듭된 대면과 우여곡절을 거쳐 마침내 '비타자'非他者, 혹은 '또다른 나'로 정립되기에 이른다. 생각해 보면 이 과정은 우리가 친구를 사귀는 과정, 혹은 한 인간이 다른 인간과 손을 맞잡고 서로 깊은 유대를 형성하게 되는 과정과 닮아 있다는 점에서 흥미롭다. 웃기는 것은, 연암이 아직도 실제로는 김홍연을 만난 적이 없다는 사실이다. 연암은 바위에 새긴 이름자와의 대면만을 통해 김홍연과 친구가 된 셈이다.

[4] 어떤 이가 본래 김金의 행적을 잘 알아 나에게 얘기해 줬는데, 그에 의하면 김은 곧 왈짜였다. 왈짜란 대개 여항의 허랑방탕하고 오활한 이들을 일컫는 말인데, 이른바 검객이나 협객俠客과 같은 부류를 말한다. 그는 젊은 시절 말 타기와 활쏘기를 잘하여 무과武科에 합격했으며, 힘이 세어 범을 때려잡거나 좌우 옆구리에 기생 둘을 끼고 몇 길의 담을 뛰어넘을 수 있을 정도였지만 쩨쩨하게 벼슬자리를 얻으려고 하지 않았다는 것이다. 그리고 집이 본래 부유하여 돈을 물 쓰듯 하였고, 고금古今의 유명한 서첩書帖과 좋은 그림, 칼이며 거문고며 골동품, 기이한 꽃과 풀 따위를 수집하는 취미가 있어, 혹 하나라도 마음에 드는 게 있으면 천금을 아끼지 않았으며, 준마駿馬와 송골매를 늘 좌우에 두었단다. 하지만 지금은 이미 늙어 머리가 세었으며, 자루에다 끌과 정을 넣고 다니며 명산에 두루 노니는데, 이미 한라산에 한 번 올랐고 백두산에 두 번 오른바 그때마다 손수 바위에 자기 이름을 새겨 후세 사람들로 하여금 세상에 자기가 있었음을 알리려고 한다는 거였다.

주해 '왈짜'란 허랑방탕한 짓을 일삼는 난봉꾼을 이르는 말이다. 이들은 기생의 기둥서방 노릇을 하거나, 각종 유흥으로 소일하거나, 협객으로 행세하면서 당시의 도시 공간에 독특한 존재 방식을 구축하였다. 조선 후기에 상업자본과 도시의 발달에 따라 유흥 공간이 생성·확장되면서 이런 유의 인간이 서식할 수 있는 토양이 마련되었다. 왈짜를 소재로 한 문학작품으로는 판소리 열두 마당 중의 하나인 「왈짜타령」이 유명하다.

당시 무과에 급제했으나 벼슬자리를 얻지 못해 놀고 있는 사람을 '선달'이라고 불렀는데, 김홍연이 이에 해당한다. 김택영의 『소호당집』韶濩堂集에 실려 있는 「김홍연전」金弘淵傳에 의하면, 김홍연은 원래 개성의 부유한 양반집 아들이었다. 하지만 그는 독서보다는 기방妓房에 출입하는 걸 더 좋아했던 듯하고, 자식의 이런 잘못된 행실을 바로잡는 데 도움이 될까 해서 그의 부친은 그로 하여금 무과에 응시하게 하였다. 하지만 김홍연은 끝내 방탕한 생활을 청산하지 못해 집안의 가산을 탕진하고 말았다. 이런 점을 고려한다면 김홍연은 원래 출신은 양반이었으나 실제로는 중간계급으로서의 삶을 살았으며, 협객의 부류였다고 생각된다.

  평설 이 단락에 이르러 글은 확 바뀐다. 앞의 ①, ②, ③단락이 흡사 산수기에 방불한 서술이라면, 이 단락은 그와 달리 김홍연이라는 인물에 대한 서사敍事다. 그래서 시냇물이 쭉 흐르다가 이 대목에 이르러 소沼를 이루어 잠시 구비 도는 듯한 느낌을 자아낸다. 혹은 빠른 호흡으로 진행되던 이야기가 이에 이르러 잠시 숨을 고르는 듯한 느낌이기도 하다. 연암은 앞에서 김홍연과의 기이한 인연을 이리저리 서술했으나 김홍연은 여전히 베일에 싸여 있고 독자는 그에 대해 아무 것도 아는 것이 없다. 연암은 이처럼 독자를 잔뜩 궁금하게 만들어 놓은 다음 이 대목에서 비로소 김홍연에 대한 개략적인 정보를 제공하고 있다. 고도로 계산된 글쓰기라 할 만하다. 금방 '개략적인 정보'라고 말했지만, 여기서 제공된 김홍연에 대한 정보는 충분한 것이 아니다. 연암은 김홍연을 잘 아는 어떤 사람으로부터 전해 들은 이야기임을 밝히면서 김홍연의 인물 됨됨이 중 몇 가지에 대해 말하고 있다. 가뭄에 단비라는 말이 있지만, 이 정도 정보도 독자로서는 고마운 일일지 모른다.

  하지만 유의해야 할 점은 이 단락에서 제시된 김홍연에 대한 정보가 세간 사람들의 '눈'에 비친 김홍연의 상像이라는 사실이다. 따라서 그것은 대체로 외면적인 상이요, 이 외면적인 상에서는 김홍연의 내면 풍경 같은 것은 잘 확인되지 않는다. 이 역시 고도로 계산된 것이라 생각되지만, 연암은 이 글의 뒷부분에서 김홍연에 대한 내면 정보, 김홍연의 내면 풍경을 살짝 살짝 드러내는 방식으로 글을 써 나가고 있다. 요컨대 김홍연이라는 인간에 대해 한꺼번에 말하지 않고 단락의 여기저기에 정보를 분산해 배치함으로써 독자가 외부에서 내부로, 개략적인 데서부터 정세精細한 데로, 먼 곳에서부터 가까운 곳으로, 행위로부터 마음으로 이동하며 김홍연을 이해하도록 만들고 있는 셈이다. 이러한 글쓰기 책략에서 우리는 인간 본질에 깊숙이 다가가고자 한 연암의 노력을 읽을 수 있다.

조선 후기 도시의 발달과 상업 발전은 중간계급의 성장을 가져왔다. 특히 중인 서리층은 이런저런 이권에 개입함으로써 많은 부를 축적해 갔다. 이들의 부富는 판소리를 비롯한 서민 예술의 물질적 기초가 되기도 했으나 그 대부분은 유흥 공간으로 흘러들어 갔다고 생각된다. 이들은 재력을 바탕으로 서화를 사 모으기도 하고, 골동품이나 값비싼 중국 물건, 사치품 따위로 집을 장식하기도 했다. 혹은 유협遊俠이나 협객으로 행세하기도 했다.

하지만 이들의 부富는 서유럽의 발흥기 시민계급처럼 생산적이고 진취적인 방향으로 그 출로를 찾지는 못했다. 조선 후기의 중간계급은 비록 물질적 힘은 획득했지만 정치적·사회적 진출의 가능성은 봉쇄되어 있었다. 이 때문에 이들은 퇴영적이거나 유흥적인 생활에 빠져 들기 십상이었.

연암은 밝히고 있지 않지만 김홍연은 개성 사람이었다. 조선 시대에 개성이 정치·사회적으로 얼마나 소외된 공간이었던가 하는 점에 대해서는 「주영염수재라는 집의 기문」을 검토하는 자리에서 비교적 자세히 언급한 바 있으므로 재론하지 않는다.

당시 무과에 급제했다고 해서 다 벼슬을 한 건 아니다. 극히 일부만이 벼슬을 할 수 있었다. 벼슬을 하기 위해서는 권력가에 줄을 대거나 관계 요로에 뇌물을 주거나 하지 않으면 안 되었다. 하다못해 관찰사의 비장裨將 자리 하나를 얻어 하기 위해서도 평소 그 집에 드나들며 공을 들이지 않으면 안 되었다. 게다가 김홍연은 개성 사람이 아닌가. 이러니 그가 말단 벼슬이라도 얻어 한다는 것은 결코 쉬운 일이 아니었을 터이다. 김홍연이 무과에 급제하고도 벼슬을 하려 하지 않은 데에는 이런 사정이 있다고 보지 않으면 안 된다.

이 단락 중 김홍연이 "쩨쩨하게 벼슬자리를 얻으려고 하지 않았다"는 구절에 특히 눈을 줄 필요가 있다. 아마도 연암은 이 구절을 아주 힘주어서 썼을 것으로 여겨진다. 쩨쩨하게 벼슬자리를 얻으려고 하지 않았다는 것. 연암은 김홍연의 이런 면모에서 자신과의 기질적 동질성을 발견했을 것임이 틀림없다. 연암은 쩨쩨한 인간을 누구보다 싫어했고, 비록 곤궁한 생활을 하면서도 권력에 빌붙거나 현실에 영합해 벼슬하기를 거부했기 때문이다. 그러므로 쩨쩨하지 않고 호쾌하며, 비루하게 벼슬하려고 하지 않은 김홍연에게서 연암은 신분을 넘어 어떤 유대감 같은 것을 느꼈을 법하다.

연암은 젊은 시절부터 민간의 협객에 호감을 품고 있었다. 이런 부류의 인간은 좀스럽거나 약삭빠르거나 아첨을 잘하거나 고분고분한 인간 유형과는 정반대의 기질을 지닌바, 선이 굵고 오만하며, 위선적이지 않고 의리가 있다. 하지만 이들의 태도나 행위는 유교적 예법에 잘 들어맞지 않음은 물론 그에 저촉될 수도 있다. 이 점에서 점잖은 선비나 도학자라면 이런 부류의 인간에 호감을 가지기는커녕 그들을 불온시하게 마련이다. 그런데 연암은 왜 젊은 시절 이래 여항의 이런 인물들에게 호감을 보인 것일까? 여기에는 두 가지 이유가 있다.

하나는, 연암의 독서 체험과 관련된다. 연암은 10대 중반에 『사기』 열전을 공부하면서 사마천의 글쓰기와 인간학에 심취한 바 있다. 몇 천 년의 중국 문학사를 통틀어 가장 빼어난 문장가 두 사람을 꼽으라면 단연 사마천과 장자莊子를 꼽을 수 있을 터이다. 예로부터 전해오는 말에 '장천마지'莊天馬地라는 말이 있다. 세상에는 하늘과 땅이 있는데 장자의 문장이 곧 하늘이라면 사마천의 문장은 땅이라는 말이다. 장자는 인간 상상력의 한계에 도

전하기라도 하듯 기궤奇詭하고 희한하기 짝이 없는 문장을 구사했다면, 사마천은 어찌 이리도 예리하게 인간의 심리와 본질을 통찰했을까 싶은 글을 남기고 있다. 두 사람의 문장은 모두 기세가 펄펄 넘치며 신출귀몰하다. 그래서 중국과 한국의 후대 문인들은 늘 장자와 사마천을 우러르며, 그들의 문장 필법을 배우고자 노력했다. 하지만 대부분의 문인들은 두 사람의 문장을 흉내만 내었을 뿐 그 정수精髓를 터득하지는 못하였다. 그 이유는 간단하다. 장자와 사마천의 문장을 배우려면 기氣가 강해야 하기 때문이다. 기가 약한 사람이 기가 펄펄 넘치는 이 두 사람의 문장을 제대로 소화할 수는 없다. 연암은 타고난 기가 아주 강한 사람이었다. 그러므로 젊은 시절 사마천의 열전을 읽고 그 정수를 자기 것으로 만들 수 있었으며, 중년에는 『장자』를 읽고 상상력의 경계를 한껏 확장시킬 수 있었다.

　이야기가 조금 옆으로 샜지만 다시 본제本題로 돌아가자. 『사기』 열전 중에 「유협열전」과 「자객열전」이 있다. '유협'이란 협객을 말한다. 이 두 편의 열전에서 다룬 유협과 자객은 모두 유교적 규범에 들어맞지 않는 인간 부류로서, 질서와 예법을 강조하는 입장에서 본다면 모두 불온시 되거나 비판받아야 할 인간들이다. 그렇건만 사마천은 이들의 미덕을 찬양하고 기리어 역사에 편입하였다. 이를 두고 후대의 학자들은 두고두고 사마천을 비난하였다. 불온한 인물들을 미화하고 역사에서 다루었다는 게 비난의 이유였다. 연암이 이런 사실을 몰랐을 리 없다. 그럼에도 그는 『사기』 열전의 이 두 편, 특히 「유협열전」에서 깊은 감명을 받았던 것 같다. 바로 이런 독서 경험과 관련해 연암은 젊은 시절 여항의 협객적 인물에 관심을 가질 수 있었던 게 아닌가 싶다.

　하지만 『사기』 「유협열전」을 읽었다고 해서 누구나 다 협객에 호감을 갖는 건 아니다. 그러므로 연암이 『사기』 열전에 경도되었다는 점 하나만으로 모든 걸 설명할 수는 없다. 연암이 협객에 호감을 품게 된 또다른 이유는, 연암의 기질 내지 연암의 현실 인식에서 찾아야 하리라 본다. 연암은 철들기 시작하면서 당대 조선 사대부의 위선적 행태 및 약삭빠르게 권력과 이익을 붙좇는 태도에 심한 혐오감을 느끼며 그에 대해 몹시 비판적인 입장을 취하였다. 그러다 보니 좀스럽고 위선적인 사대부와 대척적인 지점에 서 있는 인간 타입으로 여항의 협객이라는 존재에 호감을 느끼게 된 게 아닌가 한다. 연암의 불온성이 이런 데서도 확인된다.

연암이 10대 후반에서 20대 초반 사이에 쓴 것으로 추정되는 작품으로 「광문이라는 자의 전傳」(원제 '광문자전'廣文者傳)이 있다. 이 작품의 주인공 광문廣文은 원래 거지 출신인데, 협객적 면모가 없지 않았다. 연암은 자기 시대의 인물인 이 광문의 전기를 씀으로써 이 인물이 지닌 미덕을 부각시키고 있다. 그런데 흥미로운 것은, 광문이 조선 팔도에 명성이 높자 그 이름을 팔아 역모를 꾀하려는 자가 나타나 당시에 문제가 되었다는 사실이다. 연암은 「광문이라는 자의 전」을 쓰고 난 다음의 어느 시점에 다시 「광문이라는 자의 전 뒤에 적다」라는 글을 써서 이 일에 대해 언급하고 있다. 그런데 이 글 가운데 당시 이름을 떨친 협객의 이름이 두엇 보인다. 가령 김군경이란 이는 미남자로서 기생을 끼고 담장을 뛰어넘을 정도로 용력이 출중했고 돈 쓰기를 물 쓰듯 했다고 했으며, 싸움꾼으로 유명한 표철주는 집에 돈이 많아 '황금투구'라고 불렸다고 했다. 이들은 모두 광문의 친구들이었던 듯한데, 이제는 나이 들어 김군경은 용호영龍虎營에서 구실아치를 하고 있고, 표철주는 재산을 탕진해 가난하게 되어 집주름(부동산 중개업자)을 하고 있다고 했다. 연암은 이들을 자못 우호적인 눈길로 바라보며 그 삶을 운치 있게 그려 놓고 있다.

이 단락에서 소개되고 있는 김홍연의 삶은 김군경이나 표철주의 삶과 비슷한 데가 적지 않다. 그런데 이 단락은 그 앞부분에서 김홍연의 호협豪俠한 삶을 말한 다음 뒷부분에서 그가 지금은 늙어 명산에 노닐며 바위에 손수 이름을 새기고 있다는 사실을 말하고 있다. 이 뒷부분은, "하지만 지금은 늙어 머리가 세었으며"로 시작된다. 그러니까 김홍연이 바위에다 이름 새기는 일을 시작한 것은 그가 늙어서의 일인 셈이다. 이 글의 ①단락에서 연암은 바위에 새겨진 '김홍연'이라는 이름 석 자를 보고 김홍연이란 자는 "대체 누구기에 석공石工으로 하여금 다람쥐나 원숭이와 목숨을 다투게 한 걸까"라고 혼자 중얼거린 바 있다. 그런데 이 단락의 끝 부분을 보면 김홍연은 석공을 데리고 다니면서 그런 것이 아니라 몸소 도구를 갖고 다니면서 자기가 직접 이름을 새겼음을 알 수 있다. 김홍연은 왜 석공도 없이 스스로 그 위험한 곳에 올라가 이름을 새기는 짓을 한 걸까? 석공도 없이 그랬다는 것은 퍽 이상한 일이 아닌가? 그리고 하필 노년에 들어 그런 짓을 한 걸까? 혹시 김홍연은 표철주처럼 그 많던 재산을 탕진하고 노년에 그만 쓸쓸한 신세가 되어 버린 건 아닐까? 세심한 독자라면 이 단락의 끝 부분에서 이런 의문을 품음 직하다.

⑤　내가 물었다.
"그 사람이 뉜가?"
"김홍연이외다."
"이른바 김홍연은 뉜가?"
"그 자字가 대심大深이외다."
"대심이라는 이는 뉜가?"
"자호自號를 발승암髮僧菴이라고 하외다."
"이른바 발승암은 뉜가?"
이야기하던 자가 대꾸가 없자 나는 웃으며 말했다.
"옛날 사마상여司馬相如가 '없다'라는 분과 '있을 리가 있나'라는 선생을 허구적으로 설정해 서로 문답하게 하는 글을 쓴 적이 있거늘 지금 나와 그대가 우연히 절벽 아래 흐르는 물가에서 만나 서로 문답하고 있네그려. 먼 훗날 생각하면 우리 모두가 '있을 리가 있나' 선생일 터이니 이른바 발승암이란 자가 있을 리가 있나?"
그러자 그는 발끈하여 얼굴에 노기를 띠고 말했다.
"내 어찌 황당한 말을 지어낸 것이겠습니까? 정말 김홍연은 존재하외다!"
나는 껄껄 웃으며 말하였다.
"그대는 너무 집요하이. 지난날 왕안석王安石이「진秦나라를 비판하고 신新나라를 찬미함」이라는 글에 대해 변증辨證하면서 '이건 필시 곡자운谷子雲이 지은 글이지 양자운揚子雲이 지은 글이 아니다'라고 하였고, 또 소동파蘇東坡는 '서경西京에 과연 양자운이 존재했는지 모르겠다'라고 했네. 대저 두 사람의 문장은 당세에 밝게 빛나 역사책에 이름이 전하는데도 뒷사람이 그들을 논할 적엔 오히려 이런 의심을 두거늘, 하물며 심산유곡에 헛된 이름을 새겨 비바람에 깎이고 패여 백 년도 못 가 잊힐 사람이야 말해 무엇 하겠나!"
이 말을 듣고 그 사람 또한 껄껄 웃고는 가 버렸다.

주해   '사마상여'司馬相如(기원전 179~기원전 117)는 한漢나라 초기의 저명한 문장가다. 특히 '부'賦라는 장르의 글을 잘 쓴 것으로 유명하다. 그는 무제武帝에게「사냥」(원제 '유렵부'遊獵賦)이라는 제목의 '부'를 바친 적이 있다. 이 글은 허구적인 인물인 '없다'라는 님과 '있을 리가 있나'라는 선생의 문답을 통해, 임금이 동산을 화려하게 꾸며 거기서 사냥을 즐기는 일에 탐닉해서는 안 된다는 사실을 말하고 있다. 원문에는 '없다'라는 님이 '무시공'無是公으로 되어 있고, '있을 리가 있나'라는 선생이 '오유선생'烏有先生으로 되어 있다. '무시'는 '그런 사람이 없다'는 뜻이며, '오유'烏有는 '어찌 있겠는가'라는 뜻이다.
    '왕안석'王安石(1021~1086)은 송나라 신종神宗 때의 문인이자 정치가이다. 문장에 능해 당송팔대가의 한 사람으로 꼽힌다. 신법新法을 통해 개혁을 시도한 것으로 유명하다. 그의 신법은 국가재정의 확보 등에 일정한 성과를 거두기도 했지만 급격한 개혁으로 많은 부작용을 낳기도 했다. 그는 기존의 유학자들과 견해를 달리하는 부분이 많았는데, 양웅揚雄에 대해서도 보통의 유학자들과 달리 그 행위와 공적을 높이 평가했다.

「진나라를 비판하고 신나라를 찬미함」의 원제는 '극진미신'劇秦美新이다. 진나라를 비판하고 왕망王莽이 세운 신新나라를 찬미한 글인데, 양웅이 신나라를 세운 왕망에게 아첨하기 위해 지었다고 하나, 일설에는 양웅이 지은 것이 아니고 양웅과 동시대의 인물인 곡자운谷子雲이 지었다고 한다.

'곡자운'은 곡영谷永을 말한다. '자운'子雲은 그 자字다. 전한前漢 말 성제成帝 때의 학자로, 양웅과 동시대인이다. 경서에 이해가 깊고 문장이 뛰어났지만, 당시 권세가였던 왕봉王鳳에게 아부해 출세를 꾀했으므로 후에 간신으로 칭해졌다.

'양자운'揚子雲은 양웅을 말한다. '자운'子雲은 그 자다. 『태현경』太玄經과 『법언』法言 등 경전 해석과 관련된 저작 외에 성제의 사치를 풍자한 부賦를 남기기도 하였다. 왕망이 정권을 찬탈해 신나라를 세우자 이를 찬미하는 문장을 써서 후대 사람들의 비난을 받았다. 하지만 그런 문장을 쓴 적이 없다는 설도 있다.

'소동파'蘇東坡는 소식蘇軾(1036~1101)을 말한다. '동파'는 그 호다. 소순蘇洵의 아들이자 소철蘇轍의 형으로, 대소大蘇라고도 불린다. 촉蜀 사람으로, 구양수歐陽修의 인정을 받아 그의 후원으로 문단에 등장하였다. 왕안석의 신법이 실시되자 구법당舊法黨으로 지목되어 지방관으로 전출되었고, 나중에는 해남도海南島로 유배되었다. 당송팔대가의 한 사람이며, 시詩·서書·화畵에 모두 능했다.

'서경'西京은 서한西漢의 수도인 장안長安을 가리킨다. 한편 동한東漢 때의 도읍인 낙양洛陽은 동경東京이라고 부른다.

"두 사람의 문장"이라는 말 중의 '두 사람'은 양자운과 곡자운을 가리킨다.

평설 이 단락은 마치 선문답 같다. 단락 전체가 물음과 대답으로 구성되어 있다. 선문답이란 무엇인가? 통념과 지식을 허물어뜨려 깨달음, 즉 절대의 진리에 이르는 방편 아닌가. 이 단락에서 연암이 툭툭 던지는 물음은 이런 의미의 선문답적 물음이다.

연암은 먼저 '김홍연'이 누구인지를 묻는다. 그러자 상대방은 '대심'이라고 답한다. 연암은 다시 '대심'은 누구냐고 묻는다. 상대방은 '발승암'이라고 대답한다. 연암은 다시 '발승암'은 누구냐고 묻는다. 상대방은 아무 말도 못한다. '김홍연'은 성명이고, '대심'은 자이며, '발승암'은 호다. 이 셋은 모두 존재에 붙여진 '이름'이라고 말할 수 있다. 하지만 그것 자체가 존재는 아니다. 실제 존재와는 아무 상관없이 외부에서 덧붙여진 것에 불과하다. 그것은 존재의 일부도 아니며, 존재의 고유한 본질도 아니다. 그럼에도 사람들은 이름에 집착하며, 어떻게든 이름을 남기고자 한다. 이름이란 실재가 아니라 허상인데, 미망에 빠져 허상을 좇는 것이다. 연암이 상대방에게 계속 질문을 던진 것은 이 점을 일깨우기 위해서다. 이름이라는 건 허상이라는 것, 그러므로 그것을 실체로 착각해 손에 잡으려 하거나 그에 집착하는 것은 부질없고 어리석은 짓이라는 것, 이름과 '나'는 별개이니 그것을 남긴다고 해서 '나'가 영속하는 것은 아니라는 것.

이 문답에서 연암은 김홍연을 "이른바 김홍연"이라고 말하고 있고, 발승암을 "이른바 발승암"이라고 말하고 있다는 사실에 주목해야 한다. 이름 앞에 '이른바'라는 말을 붙인 것은 이름이란 기실 가상임을 보이기 위해서다. 가상은 아무리 추궁하더라도 실체에 이를 수 없다. 실체와 아무 관계가 없기 때문이다. 그러므로 "이른바 발승암은 누굽니까"라는 물음 앞에 상대방은 마침내 말문이 막혀 버리고 만다. 지금까지 이름에 대한 물음에 이름으로 대답해 왔지만 더 이상의 이름이 없으니 대답할 도리가 없다. 이로써 이름이 실제 존재에 고유한 것이 아니라는 사실이 드러날 뿐 아니라, 이름이 곧 그 존재라는 우리의 통념이 커다란 착각임이 현시된다. 이 문답을 통해 연암이 노린 효과는 바로 이것이다.

상대방이 아무 말이 없자 연암은 사마상여의 작품에 등장하는 두 허구적 인물인 '없다'님과 '있을 리가 있나' 선생을 끌어와 자신의 생각을 좀 더 구체적으로 밝히고 있다. 사실 연암이 말하고자 한 바는 이름에 대한 추궁의 결과 상대방이 말문이 막혀 버린 대목에서 이미 다 드러났다고 할 수 있다. 하지만 이는 선문답 같은 것으로, 도가 높은 사람만이 알아챌 수 있다. 보통 사람이 볼 땐, 뭔 말인가 싶고, 말장난 하나 싶을 뿐이다. 그래서 연암은 바로 다음 구절에 '없다'님과 '있을 리가 있나' 선생 이야기를 꺼낸 것이다. 그러므로 이 부분부터는 앞에서 나눈 문답의 주석이요, 부연 설명에 지나지 않는다 할 것이다. 이 대목에서 연암이 말하고자 한 바는, 모든 존재는 시간의 풍화 작용 앞에서 소멸하게 마련이라는 사실이다. 지금 문답을 나누고 있는 우리도 몇 백 년이 지난 후에는 없었던 것처럼 되어 버릴 거라는 이야기다. 그러니 "이른바 발승암"이라는 자가 "있을 리가 있"겠는가?

그런데 상대방은 연암의 이 말을 연암이 발승암이라는 사람의 실존을 부정하는 것으로 잘못 이해하고는 화를 내며 이런 어투로 말한다: 정말로 김홍연은 있다니까요! 정말 그런 사람이 있다구요! 이 대목은 참 재미있다.

그래서 연암은 껄껄 웃으며, 다시 설명을 시작한다. 연암은 이번엔 유명한 역사적 인물을 끌어와 이야기를 펼친다. 「진나라를 비판하고 신나라를 찬미함」이라는 글은 일반적으로 양자운이 지은 글로 알려져 있다. 하지만 이 글의 작자는 양자운이 아니라는 설도 있다. 그뿐만이 아니다. 양자운이라는 인물이 서경에 과연 존재했는지에 대한 의문을 제기하는 사람까지 있다. 역사책에 이름이 전할 뿐더러 그 저작이 지금 전해지는 이런 유명한 사람조차도 이런 판이니, 심산유곡에 이름자를 새겨 놓는다고 해서 불멸이 보장될 것인가? 불멸은커녕 백 년이나 가겠는가?

이 말에 비로소 상대방은 연암의 뜻을 깨닫고 웃으며 자리를 떴다고 했다. "껄껄 웃고는 가 버렸다"는 이 단락의 마지막 구절 역시 재미있다.

이상 살펴본 것처럼 이 단락은 그 필치가 경쾌하고 해학적이지만 그 속에 깊은 철리哲理가 담겨 있다. 한편 독자는 이 단락에 이르러 비로소 김홍연이 바로 발승암이라는 사실을 고지告知받는다. 그리하여 왜 이 글의 제목이 '발승암기'髮僧菴記인지를 간취하게 된다. 이 점 또한 묘미가 있다. 연암은 독자의 심리를 이리저리 저울질해 가며 글을 쓰고 있는 것이다. 대상 인물의 심리를 통찰하는 데 썩 뛰어날 뿐 아니라 독자 심리학에도 일가견이 있다 할 만하다. 천하의 문장가는 아무나 되는 게 아니다.

이름이라는 것이 실체가 없는 허상이라는 것, 그것은 허깨비에 불과하며, 따라서 그에 집착하는 것은 부질없는 짓이라는 것, 이는 20대 중반 무렵에 연암이 깨달은 사실이었다. 연암은 이런 깨달음을 「선귤당이라는 집의 기문」과 「관재라는 집의 기문」이 두 편의 글에서 잘 보여주고 있다. 이름이 헛된 것이라는 데 대한 연암의 사유는 연암의 여러 글에서 다양하게 변주되어 나타난다. 이 문제는 연암이 평생에 걸쳐 씨름한 화두의 하나로, 연암의 사유를 구성하는 몇 가지 주요한 원리의 하나이다. 연암은 기본적으로 유자儒者다. 유교에서는 이름을 대단히 중요시한다. 공자도 『논어』에서 "사십, 오십이 되어서도 세상에 이름이 나지 않으면 그런 사람은 두려워할 게 없다"라고 말하지 않았던가.

일반적으로 유교에서는 자신의 이름을 후세에 전하는 일에 놀라울 정도로 집착한다. '입신양명'이니 '불후'니 하는 말은 모두 유교에서 나온 말이다. 연암은 유자였던 만큼 유교의 이런 문화 의식으로부터 완전히 자유롭지는 못했을 터이다. 하지만 중요한 것은 그가 이름에 집착하는 이런 유교 문화를 반성적으로 성찰해 내고 있다는 사실이다. 역시 그다운 면모다. 이름에 대한 연암의 이런 반성적 사유는 불교 공부를 통해 가능했다고 생각된다. 연암은 인륜적 측면에서는 불교를 비판했지만 불교가 지닌 어떤 교리들과 그 사유 방식은 적극적으로 수용하는 입장을 취했다. 그 결과 연암의 사유는 단순히 유교에 고착되지 않는 폭과 깊이를 확보할 수 있었다.

그런데 이 단락에서 연암과 문답을 주고받은 사람은 과연 누굴까? 앞 단락에 의하면 그는 본래 김홍연의 행적을 잘 아는 사람이다. 단정할 수는 없지만 나는 이 사람이 백동수白東脩(1743~1816)가 아닐까 생각한다. 백동수는 서얼 출신의 무반武班으로, 이덕무의 처남이다. 연암은 35세 때인 1771년 과거를 완전히 포기하고 이 자와 더불어 명산에 노닐었던 것으로 알려져 있다. 그는 용력이 절륜하고 무예에 출중한 인물이었다. 하지만 한미한 신분 때문에 몹시 불우하였다. 이 글은 1779년경에 쓴 게 아닌가 추측되는데, 당시 백동수는 건달 신세였다. 훗날 그는 무직武職인 장용영壯勇營 장교將校를 거쳐 박천 군수를 지냈다. 정조 때 왕명으로 편찬된 『무예도보통지』武藝圖譜通志(조선의 무예를 집대성해 놓은 책)는 그와 이덕무·박제가가 힘을 합쳐 만든 책이다. 아마도 그는 무예에 정통해 있었던 듯하다. 백동수는 비록 생애 후반에 말단 벼슬을 얻어 함으로써 형편이 다소 나아지기는 했으나 그전까지는 가난을 면치 못하였다.

『과정록』에 보면 백동수가 연암 앞에서 술주정을 부리다 볼기를 얻어맞은 일이 서술되어 있다. 이 인물의 개성이 이 일화에 잘 집약되어 있다고 판단해 아래에 잠시 인용한다.

백동수는 힘이 몹시 세고, 몸이 매우 날랬으며, 지략이 있었다. 예禮를 갖춰 아버지(연암)를 섬기기를 마치 비장裨將이 장수를 섬기듯 하여, 어려운 일이든 쉬운 일이든 궂은일이든 좋은 일이든 조금도 수고를 아끼지 않았다. 하루는 어디서 잔뜩 취해 갖고 와 아버지 앞에서 술주정을 했다. 아버지는,
"자네 소행이 무례하니 볼기를 맞아야겠다!"
고 말씀하시더니 판자때기로 볼기짝 열 대를 쳐서 그 거칠고 경솔함을 나무랐다. 백군은 처음에 장난으로 그러시는 줄 여겼는데 나중에 그것이 꾸지람인 줄 알게 되었다. 이 일이 있고 나서부터 백군은 감히 다시는 술을 마신 채 아버지를 뵙지 않았으며 사람들에게
"내가 언젠가 연암공의 책망을 들은 적이 있소이다."
라고 말했다 한다.

이에서 보듯 백동수 역시 협객적 면모를 지닌 인물이었다. 그러므로 그는 필시 김홍연과 친교가 있었을 것이다.

6 그로부터 9년 뒤다. 나는 평양에서 김을 만날 수 있었다. 누가 그의 뒷모습을 가리키며 "저 사람이 김홍연입니다"라고 하는 게 아닌가. 나는 그의 자(字)를 부르며 이렇게 말했다.
"대심! 발승암 아닌가!"
김군은 고개를 돌려 물끄러미 보더니,
"어떻게 저를 아시지요?"
라고 하였다. 나는 이렇게 대꾸했다.
"옛날 만폭동에서 이미 자네를 알게 됐지. 집은 어딘가? 옛날에 수집한 물건들은 잘 간직하고 있는가?"
김군은 서글픈 얼굴로 말했다.

"가난해져 다 팔아 버렸지요."
"왜 발승암이라고 하나?"
"불행히도 병 때문에 불구가 된 데다 늘그막에 아내도 없어 늘 절집에 붙어 사는 까닭에 그렇게 자호自號하지요."
그 말과 행동거지를 살펴보니 옛날의 모습과 태도가 아직 남아 있었다. 나는 젊을 적의 그를 보지 못한 걸 참 애석하게 생각하였다.

<small>주해</small> "그로부터 9년 뒤"라고 했는데, 앞 단락의 명산 유람 시기를 고려하면 1779년경이 된다. 연암은 1778년 홍국영을 피해 연암협으로 이거移去했다. 그리고 1780년 5월에 연행을 떠나 같은 해 10월에 귀국한 후 서울과 연암협을 오가는 생활을 하며 『열하일기』를 집필한 것으로 알려져 있다.

"병 때문에 불구"가 됐다고 했는데, 김홍연은 노년에 이르러 한쪽 눈을 보지 못하는 장애를 갖게 되었던 듯하다. 김홍연은 혹 천연두를 앓았던 게 아닐까 하는 의심이 든다. 천연두에 걸리면, 죽지 않고 살아난다 할지라도 얼굴이 몹시 얽게 되고 또 실명하게 되는 경우가 많았다. 당시 실명한 사람의 대부분은 바로 이 천연두 때문이었다.

<small>평설</small> 그 사이 9년이 흘렀다. 이 단락은 9년 뒤 연암이 김홍연을 평양에서 만나 나눈 대화를 기록하고 있다. 이 대화를 통해 김홍연의 만년 모습과 그 쓸쓸한 내면이 그려진다.

연암이 대뜸 김홍연의 자字를 부르며 "대심! 발승암 아닌가!"라고 말을 건네는 장면에선 한편으로는 연암의 장난스러움이 느껴지기도 하고 다른 한편으로는 연암의 기뻐하는 마음이 느껴지기도 한다. 비록 자기 혼자 그랬

던 것이기는 하나 오랜 동안 그를 알아 왔던 만큼 연암에게는 김홍연과의 이 만남이 몹시 반가웠을 법하다. 그래서 마치 친한 벗을 부르듯이 자호字號로써 그를 불렀던 것이리라. 하지만 김홍연이 연암을 알 리는 없다. 그래서 김홍연은 연암을 물끄러미 보다가 "어떻게 저를 아시지요?"라고 반문한다. 이 단락 초입의 이 대화는 붓끝이 살아 있고, 신운神韻이 생동한다. 말은 간략하지만 연암의 기뻐하는 얼굴과 김홍연의 의아해하는 표정이 생생히 재현된다. 그래서 독자는 마치 그 현장을 지켜보는 듯한 느낌에 사로잡힌다. 상황의 기미와 인간의 심리를 극히 절제된 묘사로 예리하고 깊이 있게 포착해 내는 연암 문장의 특징과 묘미가 여기서 잘 드러난다.

　이어지는 연암의 물음과 김홍연의 답변 역시 절묘하다. 연암은 이 문답을 통해 김홍연의 현재 처지를 그려 냄과 동시에 김홍연을 둘러싸고 있는 서글프고 쓸쓸한 분위기를 통해 그 내면을 살짝 느끼게끔 만든다. 묘한 것은, 김홍연 스스로로 하여금 스스로에 대해 말하게 하고 있다는 사실이다. 이를 통해 독자는 김홍연이 그 많던 재산을 다 날리고 집도 아내도 없이 절간에 붙어살고 있다는 사실을 알게 된다. 그리고 김홍연이 왜 자신의 호를 '발승암'이라고 했는지에 대해서도 알게 된다. 그러고 보니 '발승암'髮僧菴이라는 말은 '머리 기른 중이 사는 암자'라는 뜻이다. '발승'髮僧은, 머리만 길렀을 뿐이지 아내도 집도 없이 절에서 연명하는 자신의 신세가 중과 다를 바 없음을 자조해 붙인 이름이리라. '암'菴은 흔히 사대부들이 겸손의 뜻으로 자신이 거주하는 곳을 '○○암'이라 이름하고 이를 자호로 삼곤 하였다. '발승암'이라는 호에 보이는 '암'자는 이런 용례에 따른 것이다. 하지만 사대부들의 호에 보이는 '암'자가 청빈과 겸손의 뜻을 붙인 것이라면, 발승암의 경우 '암'자는 절의 암자를 뜻하는 말이다. 이렇게 본다면 김홍연의 이 자호 속에는 지독한 자조감이 담겨 있다고 할 수 있고, 독자는 그 말뜻을 음미하는 과정에서 한 인간의 운명에 대해 생각해 보며 연민의 감정을 품게 된다.

　그런 점에서 이 단락은 앞의 단락들과는 전혀 다른 정서와 미감을 자아낸다. 이 단락을 읽으면서 우리는 이전에 가졌던 유쾌한 마음이 싹 가시고, 왠지 서글프고 쓸쓸한 느낌에 사로잡히게 된다.

연암은 이 단락의 끝에서 "그 말과 행동거지를 살펴보니 옛날의 모습과 태도가 아직 남아 있었다. 나는 젊을 적의 그를 보지 못한 걸 참 애석하게 생각하였다"라는 말을 덧붙이고 있다. 김홍연은 늙고 병들어 이빨 빠진 호랑이처럼 되어 있었지만 그래도 여전히 협객의 풍모가 남아 있었던 모양이다. 그래서 연암은 그를 보며 이렇게 생각했으리라: 지금도 저러한데 젊을 때는 오죽했을까. 그 걸출한 풍모를 못 본 게 한스럽다!

우리는 이 단락에서 김홍연이 병으로 장애인이 되었다는 사실을 김홍연 자신의 말을 통해 알게 된다. 그것은 아주 완곡하게 표현되어 있어 무슨 장애이며 어느 정도의 장애인지, 그리고 신체가 얼마큼 손상되었는지에 대해서 통 알 수 없다. 왜 이렇게 모호하게 표현해 놓은 걸까? 이렇게 묻는 까닭은, 장애에 대한 이런 표현 방식에 연암의 마음이 담겨 있기 때문이다. 연암은 김홍연의 장애에 연민을 느꼈고, 그래서 그것을 까발리지 않고 은근히 말하는 방식을 택했던 것이다. 장애인에 대한 연암의 속 깊은 배려다. 혹 누가 "당신이 연암 마음속으로 들어가 봤나요? 어찌 그런 줄 아세요?"라고 묻는다면 나는 이렇게 대답하리라. "그럼요, 들어가 보다마다요!"

7 어느 날 그는 나의 우거寓居에 찾아와 이런 부탁을 했다. "제가 이제 늙어 머잖아 죽을 터인데, 마음인즉슨 진작 죽었고 머리카락만 남아 있을 뿐이며, 거주하는 곳은 모두 중들의 암자입니다. 바라건대 선생의 문장에 의탁해서 후세에 이름을 전했으면 합니다."

나는 그가 늙어서도 그 뜻을 아직 잊지 못하고 있는 게 슬펐다. 나는 마침내 그 옛날 함께 산에 노닐던 객과 주고받았던 말을 글로 써서 보내 주면서 그 글 끝에 다음과 같은 게偈를 붙였다.

    까마귀는 뭇 새가 검다고 믿고,
    백로는 안 흰 새를 의아해하네.
    흑백 모두 자기가 옳다고 하니,
    하늘도 판정하길 싫어한다지.
    사람들 모두 두 눈 있지만,
    한쪽 눈 없어도 또한 본다네.
    하필 두 눈 있어야 밝게 보일까?
    외눈박이만 사는 나라도 있는데.
    두 눈도 오히려 적다고 여겨,
    이마에 눈 하나를 보태기도 하네.
    또한 저 관음보살은,
    변신하여 눈이 일천 개라지.
    천 개의 눈을 어디에 쓰리?
    장님도 검은 것은 볼 수 있다마다.
    김군은 몹쓸 병 걸려 몸이 불편해,
    부처에 의지해 연명한다지.
    돈을 쌓아 두고 쓰지 않으면,
    가난한 거지와 무어 다를까?
    중생들 제각각 살면은 되지,
    억지로 남을 배울 건 없네.
    대심大深이 뭇사람과 다르다 보니,
    이 때문에 의아히들 여기는 게지.

주해 '게'偈는 '게송'偈頌이라고도 하는데, 원래 부처의 공덕이나 가르침을 찬미하는 시를 말한다. 하지만 여기서는 연암이 김홍연을 위로하며 자신의 생각을 말하기 위해 이 '게'의 형식을 끌어다 썼다. '게'의 창조적 전용轉用이라 이를 만하다.

"까마귀는 뭇 새가 검다고 믿고 / 백로는 안 흰 새를 의아해하네"라는 구절은, 까마귀는 자기가 검으므로 다른 새들도 다 검다고 믿으며 백로는 자기가 희므로 희지 않은 새들을 보면 의아해한다는 말이다.

"외눈박이만 사는 나라" 운운했는데,『산해경』山海經에 보면 눈이 하나뿐인 사람들만 사는 일목국一目國이라는 나라가 있다. 연암은 중국 고대의 책인 『산해경』을 읽은 바 있다.

"두 눈도 오히려 적다고 여겨 / 이마에 눈 하나를 보태기도 하네"라고 했는데,『산해경』에 보면 이마에 눈이 하나 더 있는 삼안인三眼人이 나온다.

'관음보살'은 자비를 상징하는 보살 이름이다. 그는 여러 중생의 모습으로 변신하여 중생을 구제한다고 한다. 여기서는 그 화신化身의 하나인 천수천안관세음千手千眼觀世音(손이 천 개이고 눈이 천 개인 관세음보살)을 지칭한다. 천 개의 눈(千眼)은 모든 세상을 비추는 것을 상징하고, 천 개의 손(千手)은 모든 중생을 구제한다는 의미이다.

평설 이 단락에서 연암은 이 글을 쓴 이유를 밝히고 있다.

'우거'란 타향에서 임시로 몸을 붙여 사는 집을 이르는 말이다. 여기서는 연암이 잠시 유숙하고 있던 평양의 어떤 집을 가리킬 터이다. 김택영의 「김홍연전」에 의하면, 당시 김홍연은 평양의 영명사永明寺에 기거하고 있었으며 연암이 평양에 왔다는 말을 듣고는 연암의 거처로 찾아와 자신의 기문記文을 부탁했다고 한다.

"제가 이제 늙어 머잖아 죽을 터인데"로 시작되는 김홍연의 말은 너무나 처량하다. 한때 협객으로 날리며 멋지게 살던 그가 어찌 이리 됐나 싶다. 그럼에도 그는 여전히 이름에의 집착을 버리지 못하고 있다. 정말 대단한 집착이다. 그런데 이 집착은 김홍연의 비참한 처지와 관련이 있다. 앞 단락에서 우리는 김홍연이 산에 다니며 바위에 자기 이름을 새기는 일을 늙어서 하기 시작했음을 확인한 바 있다. 즉 김홍연은 몰락한 이후부터 자기 이름을 후세에 전해야 한다는 집착에 사로잡히게 된 것으로 보인다. 왜 그리 되었을까? 회한과 자기 보상에의 욕구 때문이었을 것이다. 김홍연은 뜻이 크고 호방한 사내였으나 이 세상에 이루어 놓은 것이 아무 것도 없고, 게다가 병에 걸려 한쪽 눈을 잃은 장애인이 되고 말았으며, 절집에 기식寄食해 연명하는 비참한 신세가 됐다. 그러니 자신의 삶을 돌아보면 회한이 가득할 수밖에 없고, 회한이 가득하면 할수록 어떻게든 자신의 삶을 보상받고 싶다는 생각이 강렬해져 갔을 터이다. 이런 심리가 자기 이름만큼은 후세에 꼭 전해야겠다는 비정상적일 정도의 과도한 집착을 낳은 게 아닐까 생각된다. 그 집착은 급기야 대문장가 연암에게 글을 부탁하도록 만들고 있다.

김홍연의 요청에 대해 연암은 "나는 그가 늙어서도 그 뜻을 아직 잊지 못하고 있는 게 슬펐다"라고 적고 있다. 이 말 속에는 저토록 이름에 집착하는 김홍연의 심리를 안쓰러워하는 연암의 마음이 담겨 있다. 연암은 왜 김홍연이 저리도 이름에 집착하는지를 꿰뚫어보고 있었던 것이다. 그래서 문득 그에게 연민을 느끼며 슬퍼하는 마음이 되었을 터이다. 또한 그래서 그에게 글을 써 주었으리라. 이처럼 연암의 이 글은 '연민'의 마음에서 비롯되고 있으며, 연민의 감정 위에 축조되고 있음을 각별히 기억할 필요가 있다.

그렇기는 하나 이름에의 집착은 결국 헛된 것이며, 김홍연 자신도 이 점을 깨달았으면 하는 생각에서 연암은 어떤 객과 주고받은 문답을 이 글의 한 부분으로 넣었을 터이다.

앞의 ⑤단락에서 보았듯이 연암은 문장을 통해 후세에 이름을 전하는 일에 대해서조차 회의를 제기한 바 있다. 그것은 바위에 이름을 새기는 것보다는 오래 갈지 모르지만 그럼에도 영원히 시간의 풍화작용을 견뎌 낼 수 있는 것은 아니지 않을까? 연암은 스스로에게 이렇게 묻고 있는 건지 모른다. 그럼에도 불구하고 연암은 김홍연의 부탁에 선선히 글을 써 주었다. 그것도 온 힘을 쏟아 명문 중의 명문이라 할 만한 글을 써 줬다. 이런 게 바로 '연민'이다. 김홍연은 연암의 가슴속에 피어 오른 이 연민에 힘입어 오늘날까지 자신의 이름을 세상에 전할 수 있게 되었다. 그가 그렇게 집착한 바대로. 그렇다면 김홍연의 집착이 옳았던 것일까? 그렇게 묻는 것은 우문愚問일 것이다. 또한 문장에 대한 연암의 회의가 저 긴 우주적 시간 속에서 볼 때 꼭 틀렸다고 말할 수 있는 것도 아니다. 그토록 빼어난 문장을 쓸 수 있으면서도 문장에 대해 이렇게 회의할 수 있는 것, 어쩌면 그 점이 여느 문장가와 다른 연암의 독특한 면모이고, 아이러니가 번뜩이는 연암의 정신세계를 보여주는 것일지 모른다.

한편 이와는 별도로 이 대목은 문학의 역할에 대해 우리로 하여금 깊이 생각해 보게 만든다. 문학이란 무엇인가? 문학은 무엇을 할 수 있는가? 이 글은 적어도 이 점에 대해 이렇게 답하고 있는 듯하다: 잊혀 버릴 인간에 대해, 그 운명에 대해 '기록'함으로써 망각되지 않게 할 수 있다. 여기서 '잊혀 버릴 인간'이란 대개 역사와 사회에서 소외된 '소수자'일 터이다. 이런 소수자들이 망각되지 않아서 누가 좋을까? 소수자일까, 우리 자신일까? 결국 우리 자신이지 않을까. 그로부터 우리 자신의 삶을 성찰하게 되므로.

기문記文이라는 양식에는 '게송' 같은 것이 붙지 않는다. 그런데 이 글은 기문이면서도 글 끝에 게송을 붙이고 있다. 파격적 글쓰기의 극치라 할 만하다. 이처럼 연암은 전통적 글쓰기의 규범을 따르지 않고 이른바 '장르 혼성混成'을 통해 자신의 사유와 미학을 창의적이면서 자유롭게 펼쳐 나가고 있다.

이 '게'에서 특히 주목되는 점은, 이 속에 장애인에 대한 연암의 깊은 숙고熟考가 발견된다는 사실이다. 이 점에 대하여 나는 수년 전「'병신'에의 시선」(『고전문학연구』 24, 2003. 12)이라는 논문에서 처음 언급한 바 있는데, 이하의 서술은 그 논문에서 가져온 것이다.

까마귀는 자기가 검으므로 다른 새들도 으레 다 검은 줄로만 알고, 백로는 자기가 희므로 희지 않은 새들을 보면 의아해한다. 까마귀와 백로의 이 비유는 자기중심적인 판단, 자기중심적인 인식의 국한성 내지 부당성을 지적하고 있다. 사람들은 저마다 흑黑이다 백白이다, 옳다 그르다라고 말하며 싸우지만 '하늘'의 입장에서 보면 옳음도 그름도 정상도 비정상도 없이 다 똑같을 따름이다. 모든 인식과 판단은 상대적일 뿐, 절대적인 건 없다. 자기를 기준으로 삼아 자기만이 옳고 정당하다고 주장하는 것은 편견일 수 있다. 모든 사물은 평등하되 다만 다를 뿐인 것이다. 박지원이 까마귀와 백로를 통해 말하고자 하는 메시지는 이와 같은 것이다.

사람들은 대개 눈이 둘이다. 하지만 눈은 꼭 둘만은 아니다. 두 눈이 보이지 않는 사람이 있는가 하면, 눈이 하나인 사람도 있고, 눈이 세 개인 사람, 눈이 천 개인 사람도 있다. 그러므로 꼭 눈이 두 개인 사람을 기준으로 삼아 생각할 것은 아니다. 눈이 두 개인 사람을 기준으로 생각할 경우 그런 사람만이 옳고 나머지는 다 옳지 않은 것이 되고 만다. 하지만 눈이 두 개라고 해서 눈이 하나뿐인 사람보다 나은 건 아니다. 또한 눈이 세 개나 천 개나 된다고 해서 그렇지 못한 사람보다 나은 것도 아니다. 눈이 보이지 않는 장님도 그 나름대로 사물을 본다고 할 수 있다. 심안心眼(마음의 눈)을 갖고 있음으로써다. 이렇게 본다면, 사람들의 눈이 보통 둘이라는 이유 때문에 눈이 하나인 사람이나 장님을 비정상으로 간주하거나 얕잡아보는 것은 정당한 일이 아니다. 눈이 둘인가, 하나인가, 장님인가는 다만 차이의 문제이지 옳고 그름의 문제가 아니며, 또 반드시 어느 것이 절대적으로 옳은 것도 아니다. 박지원이 '눈'으로 말하고자 한 메시지는 이와 같은 것이다.

박지원의 이 게는 병 때문에 '폐질인'廢疾人(=장애인)이 된 김홍연의 처지를 위로하고 있다. 하지만 유의해야 할 것은, 이 게가 보여주는 시선이 한갓 동정의 시선은 아니라는 점이다. 현대 한국 사회는 장애인에 대한 편견이 아주 심하다. 박지원의 이 게에는 장애인을 보는 독특한 시선—오늘날의 우리가 경청해야 할—이 발견된다. 그건 곧 장애인과 비장애인의 경계 설정을 허물어 버리는 시선이다. 장애인을 보는 박지원의 시선에는 정상/비정상의 엄격한 기준이 존재하지 않으며, 따라서 비장애인과 장애인이 우/열로 위계화 되지도 않는다. 그의 시선에 따르면 장애인에 대한 긍정이 비장애인에 대한 부정이 되는 것도 아니요, 비장애인에 대한 긍정이 장애인에 대한 부정이 되는 것도 아니다. 둘 사이에 가치의 우열이란 존재하지 않으며, 각각 자신의 처지와 조건에 따라 자기 방식대로 살아가면 그만이다. 그러므로 어느 한쪽이 다른 쪽을 선망하거나 경멸할 하등의 이유도 없으며, 어느 한쪽이 다른 쪽을 배제하거나 억압할 근거도 없다. 이런 시선에서는 '차이를 인정하면서 함께 살아가기'가 장애인과 비장애인 공동의 사회적 이상이 된다. 따라서 장애를 보는 이런 시선에서는 폭력 혹은 폭력의 메타퍼metaphor가 원천적으로 성립되기 어렵다. 박지원의 이런 시선은 장애인에 대한 부당하고도 '비정상적'인 억압과 경멸에 대한 논리적 시정이라는 점에서만 중요한 것이 아니라, 비장애인들 내면의 뒤틀림과 폭력성 및 억압/피억압의 사회적 모순 관계에 따른 자기의식의 분열을 시정하는 것이기도 하다는 점에서 중요하다.

그런데 장애를 보는 박지원의 이런 시선은 우연한 것이 아니다. 그것은 사물에 대해 박지원이 견지했던 저 도저한 상대주의적 인식 태도의 관철에 다름 아니기 때문이다. 박지원의 이 상대주의적 인식 태도가 차별과 독선과 자기중심성에 기초해 있던 당대 조선의 현실 주자학 및 문화 패턴에 대한 안티테제로서의 성격을 다분히 갖는다는 점, 그리고 불교와 장자 사상의 수용을 통해 다양성을 긍정하면서 편견이나 차별심을 넘어서고자 한 노력의 결과였다는 것은 더 말할 나위도 없다. 요컨대 우리는 장애인을 보는 시선의 문제에 있어서도 박지원의 남다른 비판적 통찰과 사상가로서의 면모를 확인할 수 있다.

그 많던 돈을 다 탕진하고 비참한 처지에 빠진 협객 김홍연에 대한 세간의 평이 그리 좋았을 리는 없다. 이 게는 그런 점을 의식한 듯 끝 부분에서 김홍연의 삶을 도덕적으로 재단하는 대신 그 삶을 적극 옹호하고 있다. 그리하여 "돈을 쌓아 두고 쓰지 않으면 / 가난한 거지와 무어 다를까 / 중생들 제각각 살면은 되지 / 억지로 남을 배울 건 없네"라고 말하고 있다. 즉, 사람들은 저마다 자기대로—즉 자신의 조건과 처지와 방식에 따라—살아가면 되지, 굳이 남을 기준이나 모범으로 삼아 살아갈 필요는 없다고 말하고 있다. 요컨대 누구의 삶은 옳고 누구의 삶은 틀렸다라고 말해서는 안 된다는 것이다. 이처럼 이 게에는 삶과 인간에 대한 중년기 연암의 관점이 잘 드러나 있다. 한마디로 말해, 그것은 도덕주의로부터 벗어나 개개의 생을 편견 없이 긍정하는 태도라고 말할 수 있다.

총평

- 이 글은 전체적으로 '김홍연 알아 가기'의 과정을 보여준다. 재미있는 것은, 김홍연을 알아 감에 따라 작자의 심리 상태가 수시로 바뀐다는 사실이다. 작자는 호기심에서 시작하여 분노와 우호의 감정을 거쳐 연민

의 마음에 이르고 있다. 그리고 이 글은 역으로 이 연민의 감정에서 출발해 씌어지고 있다. 그리하여 이 글의 기저에서 연암은 김홍연이라는 인간에 대해 아주 따뜻한 눈길을 주고 있다. 김홍연에 대한 작가의 감정 기복에 따라 글도 심하게 출렁거리며 기복과 파란波瀾을 보여준다.

- 만년의 김홍연은 벼랑 끝에 서 있는 인간이라 말할 수 있다. 그는 아무 것도 갖고 있지 않으며, 아무 것도 내세울 것이 없다. 이런 존재는 어떻게 자신을 지탱할 수 있을까? 이 글은 이에 대한 인간학적 탐구의 기록이다. 이 글은 인간 존재와 그 운명에 대한 연암의 통찰력과 깊은 눈을 유감없이 잘 보여준다. 인간에 대한 이해의 방식과 깊이, 여기서 우리는 연암 문학의 한 본령과 만나게 된다.

- 이 글은 왠지 삐딱하다. 다시 말해 불온함이 느껴진다는 말이다. 이는 생에 대한, 그리고 인간에 대한 연암의 관점과 관련된다. 도덕적 관점에서 본다면 김홍연 같은 인물은 결코 긍정적으로 봐줄 수 없는 인물이며, 따라서 글을 통해 후세에 전할 만한 가치가 있는 인물이 아니다. 그럼에도 연암은 이 인물에 대해 깊은 연민을 느끼고, '게'까지 동원해 가며 그의 삶을 옹호하고 있다. 적어도 이 글만으로 본다면 연암은 도덕적 관점만으로 인간을 보거나 세상을 보고 있지 않다. 그래서 삐딱하고 불온하다.

- 김홍연을 보는 연암의 이런 시선은 연암이 자기 자신을 응시하는 시선과 일정하게 연결되어 있다. 남을 보는 시선과 자기 자신을 들여다보는 시선, 이 둘은 뫼비우스의 띠처럼 종종 맞물려 있다. 그러니 묻지 말 일이다, 누구를 위해 조종弔鐘이 울리는지를.

- 이 글은 '기문'記文이다. 기문에는 크게 세 종류가 있다. 하나는

집이나 누정樓亭을 세운 연유를 밝힌 글이요, 둘은 산수에 노닌 일을 기록한 글이요, 셋은 어떤 사건이나 인물에 대해 기록한 글이다. 첫 번째 것을 보통 '누정기'樓亭記라 하고, 두 번째 것을 '산수유기'山水遊記라 하며, 세 번째 것을 '인물 기사'人物記事라고 한다. 이 글은 그 제목(원제가 '발승암기'임)만 갖고 보면 꼭 누정기 같고, 열심히 명산을 쫓아다닌 일을 기록한 부분만 갖고 보면 꼭 산수유기 같으며, 김홍연이라는 인물의 일을 서술한 것이라는 점에서 본다면 인물 기사 같다. 이처럼 이 글은 이 셋의 그 어느 것만도 아니고, 그 모두다. 어떤 인물을 후세에 전하기 위한 장르로는 '전'傳이라는 것이 있는데 연암이 이 장르를 택하지 않고 굳이 '기'記라는 장르를 택한 데에는 두 가지 이유가 있다고 보인다. 하나는 '기'가 좀 더 자유롭기 때문이고, 다른 하나는 김홍연이 '전'이라는 장르에 담을 만큼 특별한 미덕이 있지는 않기 때문이다.

• 연암의 동시대인은 이 작품을 이렇게 평했다.
"붓이 춤추고 먹이 살아 움직이는 것 같으니, 저 『시경』에 나오는 '북을 둥둥치자 / 펄쩍 뛰면서 칼을 휘두르네'라는 구절은 이런 걸 가리키는 것일 터이다."
한편, 김택영은 이 글에 대해 이런 평을 남겼다.
"바위에 이름을 새겨 후세에 전해짐을 구하는 것은 남의 기이한 글을 얻어 이름이 전해지는 것만 못하다. 그러므로 바위에 이름 새긴 일을 잔뜩 언급하기를 천 리의 연파烟波로 삼고 끝에 가서 기문記文을 청한다는 구절에서 강물이 한데 어우러지는 격이다. 문채는 날듯이 춤을 추고, 음절은 유머러스하고 몹시 예리하다."

기린협으로 들어가는 백영숙에게 주는 서序

영숙永叔은 장수 집안의 후예다. 그 선조 중에 나랏일로 죽은 충신이 있으니 지금도 사대부들은 그 일을 슬피 여긴다. 영숙은 전서篆書와 예서隸書를 잘 쓰고, 옛일과 전거典據에 밝으며, 젊어서부터 말 타기와 활쏘기를 잘해 마침내 무과에 급제하였다. 비록 벼슬은 운세 때문에 막히고 말았지만 임금에게 충성하고 나라를 위해 죽으려는 뜻은 족히 선대의 위업을 이을 만하여 사대부들에게 부끄러울 게 없었다. 아! 영숙은 어찌하여 온 식솔을 이끌고 예맥濊貊의 땅으로 가려 하는가?

전에 영숙은 나를 위해 금천金川 연암협燕巖峽에 집터를 봐 준 일이 있다. 산은 깊고 길은 험해 종일 가 봐야 사람 하나 만날 수 없는 곳이었다. 영숙은 나와 함께 갈대밭 가운데 말을 세우고 채찍으로 높은 언덕배기를 이리저리 구획하며 이런 말을 했다.

"저기에다 울타리를 치고 뽕나무를 심으면 좋겠습니다. 갈대에 불을 질러 밭을 일구면 해마다 좁쌀 천 석은 거둘 수 있겠습니다."

시험 삼아 부시를 치자 바람 따라 불이 번졌다. 그러자 꿩이 푸드득 놀라서 날고, 새끼 노루가 앞에서 튀었다. 영숙은 팔뚝을 걷어붙이고 그걸 쫓다가 시내에 막혀 돌아왔다. 이에 나를 보고 웃으며 이리 말했다.

"백 년도 못 살 인생인데, 어찌 답답하게 나무와 바위뿐인 곳에 살며 조밥 먹고 꿩, 토끼나 쫓는 사람이 되겠습니까!"

이제 영숙은 기린협麒麟峽에서 살겠다고 한다. 송아지를 업고 들어가 그걸 키워 농사를 짓겠다는 것이다. 그곳엔 소금도 메주도 없어 아가위와 돌배로 장을 담가야 한단다. 그 험준하고 궁벽하기가 연암협보다 훨씬 심하니 어찌 같이 비교나 할 일인가.

나는 갈림길에서 망설이며 거취를 정하지 못하고 있거늘 감히 떠나는 영숙을 막을 수 있겠는가. 나는 그의 뜻을 장하게 여길지언정 그의 곤궁함을 슬퍼하지 않으련다.

---

① 영숙永叔은 장수 집안의 후예다. 그 선조 중에 나랏일로 죽은 충신이 있으니 지금도 사대부들은 그 일을 슬피 여긴다. 영숙은 전서篆書와 예서隸書를 잘 쓰고, 옛일과 전거典據에 밝으며, 젊어서부터 말 타기와 활쏘기를 잘해 마침내 무과에 급제하였다. 비록 벼슬은 운세 때문에 막히고 말았지만 임금에게 충성하고 나라를 위해 죽으려는 뜻은 족히 선대의 위업을 이을 만하여 사대부들에게 부끄러울 게 없었다. 아! 영숙은 어찌하여 온 식솔을 이끌고 예맥濊貊의 땅으로 가려 하는가?

주해 '기린협'麒麟峽은 지금의 행정구역상으로는 강원도 인제군 기린면에 해당하지만, 당시에는 춘천도호부에 속해 있었다. 『신증동국여지승람』에 의하면, '기린'은 동쪽으로는 양양과 접하고, 남쪽으로는 강릉과 접하고, 서쪽으로는 홍천과 접하고, 북쪽으로는 인제와 접한다고 되어 있다.

'영숙'永叔은 백동수白東脩(1743~1816)의 자字다. 호號는 야뇌野餒 혹은 인재靭齋이며, 1771년 무과에 급제했다. 1773년 기린협으로 들어가 직접 농사를 짓고 목축을 하다가 1780년 다시 서울로 돌아왔다. 1788년에는 장용영壯勇營 초관哨官에 임명되었으며, 1789년 『무예도보통지』를 간행하는 일을 맡았다. 1791년에 충청도 비인 현감, 1802년에 평안도 박천 군수에 임명되었다.

"영숙은 장수 집안의 후예"라고 했는데, 이는 증조부 백시구白時耉(1649~1722)가 무과에 급제하여 황해도·함경도·평안도의 병마절도사를 지낸 일을 가리킨다. 하지만 백영숙의 조부인 백상화가 백시구의 서자였으므로 백영숙은 서얼 신분이었다.

"선조 중에 나랏일로 죽은 충신이 있으니"라고 했는데, 이는 증조부 백시구가 경종景宗 때 벌어진 노론과 소론 간의 권력 투쟁인 신임사화辛壬士禍에 연루되어 죽은 일을 가리킨다. 경종은 장희빈의 아들인데, 병약한 데다 후사가 없었다. 이 때문에 노론측은 경종의 이복동생인 연잉군(뒤의 영조)을 후계자로 세울 것을 집요하게 요구하였다. 이에 연잉군이 우여곡절 끝에 왕세제로 책봉되었다. 얼마 있지 않아 노론측은 다시 왕세제의 대리청정을 요구하였다. 그러자 경종을 비호하며 노론과 대립하고 있던 소론은 노론이 역모를 꾀한다는 상소를 올렸다. 이에 영의정을 비롯한 노론 대신大臣 넷이 역모 죄로 사사되고, 그 외 노론측 인사 수백 명이 사형당하거나 유배되었다. 이 일이 신축년辛丑年(1721)과 임인년壬寅年(1722) 사이에 일어났으므로 간지의 첫 글자를 각각 따서 신임사화辛壬士禍라고 이른다. 신임사화 당시 백시구는 노론의 거두였던 영의정 김창집金昌集과 연루되었다는 자백을 강요받

다가 고문으로 옥사하였다. 이에 노론측 인사들은 백시구가 노론의 의리를 지키다 순절했다고 평가하여 충절을 지킨 무장이라고 기렸다.

'전거'란 근거가 되는 문헌상의 출처를 이르는 말이다. 백동수는 무인이지만 문학에도 밝았다.

당시 서얼 출신은 비록 무과에 급제하더라도 벼슬자리를 얻기가 쉽지 않았다. 그런데 1772년 영조는 서얼을 중용하라는 교시를 내렸다. 그러나 병조兵曹에서 실제 서얼을 기용한 경우는 영조가 직접 거명한 한 사람뿐이었다. 이듬해 영조는 이 일이 임금의 명령을 가볍게 여긴 것이라 하여 훈련도감의 수석 선전관이던 백동준 및 그 밖의 선전관들을 유배 보냈다. 그리고 무과에 급제해 선전관에 추천된 후보자 중에서 그 자리를 채우게 하였다. 이때 백동수도 후보 명단에 올랐으나 유배 간 백동준이 재종형이었으므로 그를 대신하여 벼슬할 수는 없었다. 또 조정의 논의도 재종형제 사이의 교체는 안 된다는 쪽으로 결론이 났다. 이런 일을 겪은 후 백동수는 기린협으로 들어가게 된다.

'예맥'濊貊은 강원도를 가리킨다.

평설 이 글은 '송서'送序라는 장르에 해당한다. '서문'序文의 한 종류인데, 책의 앞에 붙이는 서문과 달리 멀리 떠나는 사람에게 기념으로 주는 글이다. 옛날에는 멀리 떠나는 사람에게 전별연을 베풀기도 하고 여비에 보태 쓰라고 돈을 주기도 했으나 좋은 말을 해 주는 것을 으뜸으로 쳤다. 그래서 이런 독특한 장르가 성립될 수 있었다. 이 장르를 창안한 사람은 당나라의 문장가 한유韓愈다.

이 단락은 영숙이 어떤 인물인지를 간략히 서술하고 있다. "전서와 예서를 잘 쓰고, 옛일과 전거에 밝으며" 운운한 것은 무인이지만 문예에도 조예가 깊다는 것을 말하기 위해서다. 이 단락에는 '충'忠이라는 말을 두 번 쓰고 있는데, 이를 통해 백동수의 집안이 충신의 집안이며 백동수 역시 이런 집안 내력으로 인해 나라에 충성하려는 뜻이 높다는 것을 강조하고 있다. 백동수는 "사대부들에게 부끄러울 게 없었다"라고 했는데, 왜 '사대부'를 거론한 걸까? 그가 무인이고 서얼이어서 그렇게 말한 것일 터이다. 즉 신분은 그러하나 사대부에게 전연 꿀릴 것이 없다는 뜻이다.

이 글은 억양돈좌抑揚頓挫가 퍽 심하다. "영숙은 장수 집안의 후예다"에서부터 "무과에 급제하였다"까지가 '양揚'이라면, "비록 벼슬은 운세 때문에 막히고 말았지만"은 '억抑'이다. "임금에게 충성하고 나라를 위해"에서부터 "부끄러울 것이 없었다"까지가 또다른 양이고, "아! 영숙은 어찌하여 온 식솔을 이끌고 예맥의 땅으로 가려 하는가?"가 또다른 '억'이다. 연암은 이 억양법을 통해 영숙이 훌륭한 자질과 집안 배경을 갖고 있음에도 불구하고 불우하다는 사실을 효과적으로 드러내고 있다.

이 단락은 그 마지막인 "아! 영숙은 어찌하여 온 식솔을 이끌고 예맥의 땅으로 가려 하는가"에서 돌연 호흡이 급해지고, 긴장감을 자아낸다. 이 점에서 이 단락의 정채精彩는 이 마지막 문장에 있으며, 이 단락의 모든 서술은 이 마지막 문장으로 수렴된다고 말할 수 있다. 뿐만 아니라 이후의 단락은 이 물음을 중심에 두고서 전개된다. 한편 이 마지막 문장이 의문형으로 끝나고 있음에 주목해야 한다. 왜 의문형으로 이 단락을 끝낸 걸까? 두 가지 의도가 담겨 있다고 생각된다. 하나는, 인물도 출중하고 집안도 훌륭한 이런 사람을 산골로 내모는 현실에 대한 물음이며, 다른 하나는 독자들로 하여금 호기심을 갖고 이후 전개되는 글에 집중하도록 만들기 위해서다.

모든 글에는 넓은 의미에서 '당파성'이 개입된다. 당파성이 없다고 하는 것도 일종의 당파성이다. 그래서 어떤 글을 읽든 비판적 대면이 요구된다. 이 경우 '비판적'이란 말은 '주체적'이라는 말과 관련된다. 주체적이기 위해서는 비판적이지 않으면 안 된다. 그러지 않고서는 텍스트에 속고, 텍스트에 투항하게 된다. 텍스트에의 투항은 인식의 해방이 아니라 인식의 마비를 초래하게 마련이다. 텍스트의 진정한 이해를 위해서는 공감 능력이 중요하다고 생각되지만, 그에 못지않게 비판 능력 또한 중요하다. 비판 능력에 의해 견제되지 않는 공감 능력은 자폐적이거나 자의적으로 되기 쉽다. 왜 이런 말을 하느냐 하면, 훌륭한 독자라면 이 단락에서 연암의 당파성을 읽을 수 있어야 한다는 점을 지적하기 위해서다. 연암의 당파성이 어디서 확인되는가? 백동수의 증조부인 백시구를 '충신'으로 간주하고 있는 데서 단적으로 확인된다. 백시구는 노론의 입장에서 보면 '충신'일지 몰라도 소론의 입장에서 보면 '역적'이다. 국가를 노론과 일치시킬 때에만 백시구는 충신일 수 있다. 연암이 백시구의 죽음을 국가에 대한 충성으로 기리고 있음은 스스로의 내면에서 국가와 노론을 일치시키고 있음을 의미한다. 이것이 바로 연암의 당파성이다. 하지만 조선이 곧 노론만의 나라인가? 웃기지 않는가.

    연암의 조부 박필균은 신임사화와 관련해 노론이 전적으로 옳고 소론이 전적으로 그르다는 입장을 견지한 인물이었다. 연암에게는 집안의 이런 내력이 대물림되고 있었고 그것이 이 단락의 당파성으로 나타나게 된 것이리라.

        2   전에 영숙은 나를 위해 금천金川 연암협燕巖峽에 집터를 봐 준 일이 있다. 산은 깊고 길은 험해 종일 가 봐야 사람 하나 만날 수 없는 곳이었다. 영숙은 나와 함께 갈대밭 가운데 말을 세우고 채찍으로 높은 언덕배기를 이리저리 구획하며 이런 말을 했다.
"저기에다 울타리를 치고 뽕나무를 심으면 좋겠습니다. 갈대에 불을 질러 밭을 일구면 해마다 좁쌀 천 석은 거둘 수 있겠습니다."

시험 삼아 부시를 치자 바람 따라 불이 번졌다. 그러자 꿩이 푸드득 놀라서 날고, 새끼 노루가 앞에서 뛰었다. 영숙은 팔뚝을 걷어붙이고 그걸 쫓다가 시내에 막혀 돌아왔다. 이에 나를 보고 웃으며 이리 말했다.
"백 년도 못 살 인생인데, 어찌 답답하게 나무와 바위뿐인 곳에 살며 조밥 먹고 꿩, 토끼나 쫓는 사람이 되겠습니까!"

주해 '금천'金川은 황해도 남동부에 위치해 있다. '연암협'燕巖峽은 금천군에 속하며 개성에서 30리 떨어진 산골짝이다. '연암'이라는 지명은 우리말로 '제비바위'였다.

박지원은 1771년(영조 47) 백동수와 황해도 금천군 연암협을 답사한 후 장차 이곳에 은거하기로 마음을 정하며, 이때부터 '연암'이라는 호를 사용하였다. 그러면 그 전에는 어떤 호를 사용했던가? '무릉도인'武陵道人 '공작관'孔雀館 '현공'弦公 등의 호를 사용했다.

'부시'란 부싯돌을 쳐서 불이 일어나게 하는 쇳조각을 말한다.

평설 이 단락에 이르러 시제와 필치가 바뀌고 있음에 주목해야 한다. 즉 시제는, 2년 전 가을 무렵이고, 필치는 '설명'에서 '묘사'로 싹 바뀌었다. 앞 단락의 서술이 비록 간명하기는 하지만 다소 무미건조하다는 특징을 보여준다면, 이 단락은 특정 장면을 클로즈업시켜 형상적으로 그려 냄으로써 정감을 자아낸다. 뿐만 아니라, 앞 단락이 백동수에 대한 일반적인 기술이라면, 이 단락은 연암과 백동수 두 사람이 공유하는 에피소드를 서술하고 있다. 이에 따라 글은 '추상'에서 '구체'로 들어가는바, 이는 마치 영화의 도입부에서 처음에 원경遠景이 개괄적으로 제시되다가 시간이 지나면서 근경近景으로 주인공의 몸놀림과 말이 제시되는 방식과 유사하다. 이처럼 이 글은 '멀리'서 '가까이'로, '일반'에서 '구체'로 진행되는 묘미를 지닌다. 멂과 가까움, 일반과 구체가 교차되고 어우러짐으로써 글은 묘한 상승 효과를 낳는다. 이는 산수화의 원리와도 통한다고 생각되는데, 연암은 글쓰기에서 이런 방식이 불러일으키는 미적 효과를 잘 알고 있었음이 틀림없다.

이 단락의 일화는 1771년의 일이다. 이해에 연암은 각별한 정서적 유대를 갖고 있던 큰누이를 여의며, 또한 뜻하지 않은 정치적 사건으로 가까운 벗 이희천과 사별하였다. 이희천의 일은 연암으로 하여금 과거科擧를 완전히 단념하고 은거를 생각하게 만들었다고 판단된다. 백동수와 함께 연암협에 가 은거할 곳을 물색했다는 이 단락의 서술은 바로 이때의 일을 언급한 것이다.

이 단락은 두 사람만의 사적인 일을 말함으로써 연암과 백영숙의 특별한 관계를 드러내고 있다. 두 사람은 종일 가 봐야 사람 하나 만날 수 없는 깊은 산골짝을 향해 말고삐를 나란히 한 채 가고 있다. 그리고 갈대밭 속에 함께 말을 세운 채 은거할 만한 곳을 살펴보고 있다. 극히 간단한 서술이지만 두 사람의 깊은 유대와 친밀감이 더없이 잘 표현되어 있다.

시험 삼아 부시를 쳤다고 한 것은 백동수의 행위일 것이다. 이 자의 과감하고 시원시원한 태도가 이 행위에서 느껴진다. 뿐만 아니라 이어지는 문장에 보이는, 팔뚝을 걷어붙이고 노루를 쫓는 백동수의 모습에서도 날렵하고 호기로운 무인의 면모가 잘 드러난다.

이 단락의 포인트는 앞 단락과 마찬가지로 마지막 문장에 있다. 그것은 묘하게도 앞 단락의 마지막 문장과 마주보고 있다. 야릇한 대조를 보이고 있다는 말이다. 왜 야릇한가? 앞 단락에서 연암은 어찌하여 백동수는 온 가족을 이끌고 깊은 강원도 오지로 들어가려 하는가라고 물었는데, 이 단락에서 백동수는 외려 연암에게 뭣 땜에 백 년도 안 되는 인생인데 답답하게 산 속에 살려 하느냐고 힐문하고 있기 때문이다. 백동수의 이런 힐문은 은거하고자 하는 박지원을 향한 것이다. 우리는 이 힐문을 통해 백동수가 원래 은거 체질이 아님을 알 수 있다. 그런데 왜 지금 그는 온 가족을 이끌고 깊은 산 속으로 들어가려는 걸까? 독자는 한편으로 짐작은 하면서도 한편으로 점점 더 궁금해진다.

3   이제 영숙은 기린협麒麟峽에서 살겠다고 한다. 송아지를 업고 들어가 그걸 키워 농사를 짓겠다는 것이다. 그곳엔 소금도 메주도 없어 아가위와 돌배로 장을 담가야 한단다. 그 험준하고 궁벽하기가 연암협보다 훨씬 심하니 어찌 같이 비교나 할 일인가.
나는 갈림길에서 망설이며 거취를 정하지 못하고 있거늘 감히 떠나는 영숙을 막을 수 있겠는가. 나는 그의 뜻을 장하게 여길지언정 그의 곤궁함을 슬퍼하지 않으련다.

주해 "송아지를 업고 들어가"라고 했는데, 이 말은 기린협으로 들어가는 길이 워낙 험하여 송아지를 몰고 갈 수 없어 등에 업고서야 들어갈 수 있음을 말한 것이다. 『후한서』後漢書「유곤전」劉昆傳에 보면, 유곤이 혼란한 정국을 피해 하남河南의 부독산負犢山으로 들어갔다는 말이 보인다. '부독산'의 '부독'負犢은 송아지를 업는다는 뜻이다. 연암은 이러한 어구를 사용하여 뜻있는 사람이 때를 만나지 못해 깊은 곳에 은거한다는 뉘앙스를 풍기고자 한 것으로 보인다.
"소금도 메주도 없어 아가위와 돌배로 장을 담가야" 한다고 했는데, 산골짜기에서 화전火田부터 시작하려는 것이니 메주가 있을 리 없고 장도 담글 수 없을 터이다. 이 구절은 아무 것도 없는 곳에서 맨손으로 어렵게 시작해야 한다는 사실을 말하고 있다.

평설 다시 과거에서 현재로 시제가 전환되고, 독자는 ①단락 마지막 문장의 물음과 다시 대면하게 된다. "영숙은 어찌하여 온 식솔을 이끌고 예맥의 땅으로 가려 하는가?"
한편, ②단락에서 백동수는 이런 산골짝에서 어찌 답답하게 살겠는가 하며 연암을 힐난한 바 있다. 그런 그가 이제 연암협과는 비교가 안 될 정도로 험난한 오지인 기린협에 들어가 살겠다고 한다. 이 단락의 마지막 문장에 그 이유가 명시되어 있다. '가난' 때문인 것이다. 가난에 떠밀려 어쩔 수 없이 부모를 포함해 온 가족을 이끌고 저 강원도 두메산골로 떠나는 것이다. 그러니 ②단락의 "저기에다 울타리를 치고 뽕나무를 심으면 좋겠습니다. 갈대에 불을 질러 밭을 일구면 해마다 좁쌀 천 석은 거둘 수 있겠습니다"라는 말은 결국 백동수 자신을 향해 한 말로 되고 말았다.

"나는 갈림길에서 망설이며 거취를 정하지 못하고 있거늘"이라고 했는데 이는 무슨 뜻일까? 이 글을 쓴 시점인 1773년 당시 박지원은 이미 연암협에 거주지를 마련해 놓고 있었으며 때때로 그곳에 머물다 서울 집으로 돌아오곤 하는 생활을 하고 있었다. 그러나 아직 가족들과 함께 그곳으로 이주한 것은 아니었다. 그래서 이렇게 말한 것이다. 박지원이 가족들을 이끌고 연암협으로 이주한 것은 5년 후인 1778년에 와서였다. "갈림길에서 망설이며 거취를 정하지 못하고 있"다는 연암의 말에는 가난 때문에 어쩔 수 없이 온 가족과 함께 산골로 떠나가는 백동수를 보면서 느끼는 연암의 착잡한 심정이 깃들여 있다. 가난에 찌들기는 연암이라고 해서 백동수보다 나을

게 없다. 마음에 없는 말을 하는 성격이 통 못 되니 권력자에게 아첨해 말단 벼슬이라도 얻어 할 기회가 있는 것도 아니다. 어찌해야 하나? 서울을 떠나 온 가족과 함께 시골에 묻혀 살아야 하나? 예나 지금이나 서울은 생활비가 많이 든다. 산으로 들어가 농사를 지으면 생활 형편이 좀 나아지지 않을까? 하지만 서울에는 홍대용, 정철조 등의 벗과 이덕무, 박제가, 유득공 등의 문생이 있지 않은가? 그들은 모두 나의 분신이요, 내 삶의 일부다. 그들을 어찌 떠난단 말인가. 나서 자란 서울을 떠나 산중에서 답답하게 나무나 바위와 더불어 어찌 살아갈까? 하지만 점점 더 심해지는 이 가난을 어찌 할꼬? 연암은 백동수를 보면서 이런 긴 사념에 잠겼음이 틀림없다. 그런 내면의 갈등이 "갈림길에서 망설이며 거취를 정하지 못하고 있"다는 말로 표현된 것이리라.

연암은 이 글의 맨 끝에서 자기와는 달리 거취를 결단한 백동수의 뜻을 장하게 여기고 있다. 그러면서 "그의 곤궁함을 슬퍼하지 않으련다"는 말로 이 글을 끝맺고 있다. 하지만 이 말은 액면 그대로가 아니라 거꾸로 읽어야 할 것이다. 즉 연암은 곤궁함 때문에 서울을 떠나는 백동수의 처지에서 이루 말할 수 없는 슬픔을 느끼고 있으며, 그런 감정을 꾹꾹 누르고 눌러 이렇게 표현한 것이리라. 그러므로 슬퍼하지 않는다고 말한 것이 몹시 슬프다고 말한 것보다 훨씬 더 슬프게 느껴진다. 슬픔은 꼭 슬프다고 해야 슬픈 것이 아니다.

나는 몇 년째 나의 학우들과 연암 강독을 해 오고 있다. 때로는 한 글자의 의미를 갖고 몇 십 분씩 따지고 음미하기도 하는 자리다. 연암의 이 글은 이 강독회에 참여했던 김완지金宛沚가 초벌 번역 및 주석을 맡았다. 완지는 개성 출신으로 기개가 높고 명민한 사람이다. 그리고 이미 박사 과정을 수료했다. 그런 그가 이 글의 번역을 끝낸 다음 나를 찾아와 이제 공부를 그만두고 지리산에 들어가 농사를 지으며 살겠다고 한다. 2년 전 일이다. 나는 몹시 놀라 몇 번이나 만류했으나 그 결심이 굳어 어찌할 수 없었다. 완지는 그의 뜻대로 지금 지리산에 내려가 농사를 짓고 있다. 나는 그런 완지가 부럽기도 하고 왠지 야속하기도 하다. 완지를 생각하면 늘 연암의 이 글을 생각하게 되고, 내가 연암이 아님에도 왠지 완지가 이 글에 나타난 백동수와 겹쳐 떠오르곤 한다.

총평

• 이 글은 ①단락에서 백동수가 왜 강원도 산골로 들어가려 하는가 물은 다음, ②단락에서 물꼬를 바꾸어 연암협에서의 둘만의 은밀한 일을 이야기하고, 마지막 단락에서 연암협과 도저히 비교할 수 없을 정도로 험난한 오지인 기린협으로 떠나가는 백동수를 보는 자신의 착잡한 마음을 피력하고 있다. 마지막 단락은 앞의 두 단락과 각각 호응하면서 독자에게 큰 여운을 남긴다. 그 여운은 하나의 가난이 또다른 가난과 오버랩 되면서 생겨난다. 그 때문에 떠나보내는 사람의 슬픔이 곱절이나 크게 느껴진다.

이처럼 이 글은 그 구성이 아주 정교하다. 소품이지만 물샐틈없이 삼엄해, 토씨 하나 바꿀 수 없고, 쓸데없는 말이 하나도 없다.

• 이 글이 감동적인 것은 연암의 진정眞情이 담겨 있기 때문이다. 이 글은 떠나는 백동수에게 준 글이지만 백동수를 바라보는 눈에 연암의 실존이 담겨 있고, 이 때문에 글은 진한 입체적 음영陰影을 갖는다.

• 보통의 '송서送序'라면 글쓴이가 떠나는 사람에게 주는 격려와

당부의 말로 채워지게 마련이다. 그래서 '송서'는 대개 교훈적인 뉘앙스를 띤다. 하지만 이 글은 전연 그렇지 않다. 이 글의 자아는 고답적인 자세를 취하고 있지 않으며, 떠나는 사람과 마찬가지로—혹은 떠나는 사람보다 더—위로받아야 할 처지에 있는 것처럼 보인다. 이 점이 이 송서의 특징이다.

• 백동수는 협객적 인물이다. 그는 원래 집안이 부유했는데 의기義氣를 중시해 어려운 사람만 보면 돈을 아끼지 않고 주는 바람에 곤궁하게 되었다고 한다. 또한 그는 위로는 공경대부로부터 아래로는 무인, 협객, 서화가, 전각가篆刻家, 음악가, 의사, 술사術士 및 시정市井의 하인배, 농부, 어부, 백정 등과 두루 사귀었다고 한다. 연암은 이런 사실은 모두 빼 버리고 자신과 관련된 일을 중심으로 아주 간략하면서도 인상적으로 이 글을 구성하고 있다. 백동수라는 인간을 이해하는 데 혹 도움이 될까 해서 성해응成海應(1760~1839)의 『연경재전집』研經齋全集에 수록된 「백영숙의 일을 적다」라는 글에 나오는 두 일화를 아래에 소개한다.

> 영숙(백동수의 자)은 협객을 좇아 노니는 것을 좋아하였다. 언젠가 영숙의 무리와 함께 북한산에 있는 절의 누각에 올랐다. 바야흐로 술을 마시며 기생에게 노래를 부르게 했는데, 무뢰배가 떼거지로 나타나 내쫓는 것이었다. 영숙이 즉시 눈을 부라린 채 소매를 떨치고 일어나자 그 수염이 빳빳이 서는 게 아닌가. 무뢰배는 그 모습을 보자 두려워 그만 줄행랑을 쳤다.

> 무신년戊申年(1788) 봄의 일이다. 청장靑莊 이공 덕무가 줄풍류를 갖추어 노모를 즐겁게 해 드렸다. 나(성해응)는 그 자리에 가서 축하해 드렸다. 좌중에는 어떤 사람이 잠을 자고 있었다. 그는 문득 일어나 취한 눈을

비비면서 그림 잘 그리는 사람인 김홍도를 붙들고서는 '노선도'老仙圖(늙은 신선을 그린 그림)를 하나 그려 달라고 하는데, 그림 그리는 법에 대해 좔좔 설을 푸는 게 아닌가. 이 사람이 바로 영숙이었다.

성해응은 이 글에서 백동수가 '의기가 높은 기남자'라고 했다.

• 연암의 처남인 이재성은 이 글에 대해 이렇게 평했다. "그 사람을 떠나보내는 것이 이렇듯 슬프지만 도리어 슬퍼하지 않으니, 떠날 수 없는 사람이 더 슬프다는 사실을 알겠다."

김택영은 이 글에 대해 "비장하다"라는 평을 남기고 있다. 한편, "'높은 언덕배기'라는 구절 이하는 모두 영숙의 일을 서술한 것으로 이 글 끝의 '그의 뜻' 운운한 구절과 서로 호응한다"라는 평을 붙인 사람도 있다.

형수님 묘지명

　공인恭人 휘諱 모某는 완산完山 이동필李東蔤의 따님으로 왕자 덕양군德陽君의 후손이다. 열여섯에 반남潘南 박희원朴喜源에게 시집 와 아들 셋을 낳았는데 모두 일찍 죽었다. 형수님은 평소 몸이 여위고 약해 온갖 병에 시달렸다. 희원의 할아버지는 당대에 이름난 고관高官이었는데, 선왕先王께서는 매양 한漢나라 탁무卓茂의 고사故事를 거론하며 그 벼슬을 올려 주셨다. 할아버지께서는 관직에 계실 때 자손에게 물려주기 위한 재산을 손톱만큼도 늘린 적이 없어 청빈淸貧이 뼈에 사무쳤으니, 별세할 때 집안에는 돈이 몇 푼 없었다. 집안에 연거푸 상喪이 났지만 형수님은 힘써 가족 열 명의 생계를 꾸려 나갔으며, 제사를 모시거나 손님을 접대함에 대가大家의 법도를 잃는 것을 부끄럽게 여겨 이리 깁고 저리 맞추며 온갖 노력을 다하셨다. 이렇게 20년을 노심초사하며 뼈 빠지게 일했지만 적빈赤貧을 면할 수 없어 의기소침해지고 낙담했으나 어쩔 도리가 없었다. 매양 낙엽이 지고 추워지는 가을이면 형수님은 더욱 실망하고 낙심하여 병이 더욱 도졌다. 이렇게 몇 년을 시름시름 앓으시다가 마침내 금상今上 2년인 무술년戊戌年(1778) 7월 25일에 운명하셨다.

아아! 옛사람들은 가난한 선비의 아내를 약소국의 대부大夫에 견주었다. 조석朝夕도 보전키 어려운 상황에 놓인 기울고 망해 가는 나라를 부지하며 조정에서 혼자 국사國事를 맡아 고군분투하듯 하셨고, 변변찮은 것이지만 정성스레 제수祭需를 마련해 선조의 혼령이 굶주리지 않게 하셨으며, 또 좋은 음식은 못 되더라도 음식을 장만해 손들을 잘 접대하셨으니, 이 어찌 이른바 '온 힘을 다해 죽은 이후에야 그만둔다'는 데에 해당하지 않겠는가.

내가 자식을 낳아 그 아이가 겨우 태胎를 벗었을 때 형수님은 그 아이가 사내인 걸 보고 마침내 양자養子로 삼으셨는데, 지금 열세 살이다.

나는 화장산華藏山의 연암골에 새로 터를 잡아 그 산수를 어여삐 여기며 손수 가시덤불을 베어 내 나무 곁에다 집을 세웠다. 언젠가 형수님께 이런 말씀을 드린 적이 있다.

"형님이 연로하시니 장차 저와 함께 시골에서 사셨으면 합니다. 담을 둘러 천 그루의 뽕나무를 심고, 집 뒤엔 천 그루의 밤나무를 심고, 문 앞에는 천 그루의 배나무를 심고, 시냇가에는 천 그루의 복숭아나무와 살구나무를 심으렵니다. 못에는 한 말 가량 치어穉魚를 풀어 놓고, 바위 절벽 밑에는 벌통 백 개를 놓아두며, 울타리 사이에 소 세 마리를 묶어 두렵니다. 제 처가 길쌈할 때면 형수님께선 그저 계집종이 기름 짜는 일이나 살펴 제가 밤에 옛사람의 글을 읽을 수 있게만 해 주십시오."

그 당시 형수님은 병이 몹시 위독했지만 자기도 모르게 벌떡 일어나 손으로 머리를 가누고선 한 번 웃으며 이렇게 말씀하셨다.

"이는 제 오랜 꿈인 걸요."

그래서 밤낮 오시기를 바랐건만 그해 벼가 채 익기도 전에 형수님은 일어날 수 없게 되었다. 마침내 운구하여 그해 9월 10일 집 북쪽 동산의 서북쪽을 등진 묏자리에 장사지내니, 형수님의 뜻을 이뤄 주기 위해서다. 그 땅은 황해도 금천에 속한다.

나는 친구인 규장각 직제학直提學 유언호俞彦鎬에게 묘지명을 지어 줄 것을 부탁했다. 그는 마침 개성 유수로 와 있었는데 개성은 연암골에서 가까웠다. 그는 장례를 도와주었을 뿐 아니라 명銘도 지어 주었다. 그 명은 다음과 같다.

연암이라 그 골짝은,
산 깊고 물 맑은데,
시동생이 유택幽宅을 마련했지요.
아아! 온 가족이 함께 은거하려 했거늘,
마침내 이곳에 머무시게 됐군요.
계시는 곳 편안하고 굳건하니,
아무쪼록 후손들 보우하소서.

---

① 공인恭人 휘諱 모某는 완산完山 이동필李東泌의 따님으로 왕자 덕양군德陽君의 후손이다. 열여섯에 반남潘南 박희원朴喜源에게 시집와 아들 셋을 낳았는데 모두 일찍 죽었다. 형수님은 평소 몸이 여위고 약해 온갖 병에 시달렸다. 희원의 할아버지는 당대에 이름난 고관高官이었는데, 선왕先王께서는 매양 한漢나라 탁무卓茂의 고사故事를 거론하며 그 벼슬을 올려 주셨다. 할아버지께서는 관직에 계실 때 자손에게 물려주기 위한 재산을 손톱만큼도 늘린 적이 없어 청빈淸貧이 뼈에 사무쳤으니, 별세할 때 집안에는 돈이 몇 푼 없었다. 집안에 연거푸 상喪이 났지만 형수님은 힘써 가족 열 명의 생계를 꾸려 나갔으며, 제사를 모시거나 손님을 접대함에 대가大家의

법도를 잃는 것을 부끄럽게 여겨 이리 깁고 저리 맞추며 온갖 노력을 다하셨다. 이렇게 20년을 노심초사하며 뼈 빠지게 일했지만 적빈赤貧을 면할 수 없어 의기소침해지고 낙담했으나 어쩔 도리가 없었다. 매양 낙엽이 지고 추워지는 가을이면 형수님은 더욱 실망하고 낙심하여 병이 더욱 도졌다. 이렇게 몇 년을 시름시름 앓으시다가 마침내 금상今上 2년인 무술년戊戌年(1778) 7월 25일에 운명하셨다.

주해 '공인'이란 조선 시대에 국가에서 5품 관리의 아내에게 내리던 작호爵號이다. 연암의 형 박희원은 평생 벼슬 한 적이 없지만, 그 할아버지가 높은 벼슬을 지냈기에 박희원의 처가 죽자 나라에서 이런 작호를 내린 게 아닌가 생각된다. '휘'란 고인의 이름을 뜻한다. 예전에는 이름을 부르는 것을 실례라고 생각했기에 '피하다' '숨기다'는 뜻을 갖는 '휘'라는 말을 '이름'이라는 뜻으로 썼다.

'모'는 '아무개'라는 뜻이다. 남자의 묘지명에는 '휘' 다음에 이름을 적지만 여자의 묘지명에는 이름을 밝히지 않고 그냥 '모'라고만 썼다. 조선 시대의 공식적 글쓰기에서 여자는 늘 '익명'이었다. 이름이 없는 것은 아니지만 이름이 불리지 못했다. 그리하여 기껏해야 그 성에 '씨'자가 붙어 김씨니 박씨니 하고 불리든지, 서씨의 아내, 유씨의 아내라는 뜻인 서처, 유처로 불리든지, 난설헌이니 윤지당이니 하는 당호堂號로 불리든지, 수원댁이니 이진사댁이니 하는 택호宅號로 불릴 뿐이었다. 남성 중심의 가부장제가 이런 문화를 낳았다. 연암도 자기 시대의 틀을 벗어날 수는 없었던지라 이런 관습에 따라 글을 쓰고 있다.

'완산'完山은 전주의 옛 이름으로, 박지원의 형수인 이씨의 본관이다.

'이동필'李東馝(1704~1772)은 이씨의 아버지다. 호는 초은樵隱 혹은 오천梧川이며, 평생 포의로 지냈다. '덕양군'德陽君(1524~1581)은 중종中宗의 다섯째 아들이다.

'반남'潘南은 연암의 본관으로, 예전의 반남현潘南縣(지금의 전라남도 나주시 반남면)에 해당한다.

'박희원'朴喜源(1722~1787)은 연암의 형이다. '희원의 할아버지'는 장간공章簡公('장간'은 시호) 박필균朴弼均(1685~1760)을 말한다. 문과에 급제하여 경기도 관찰사, 대사간大司諫, 지돈녕부사知敦寧府事 등을 지냈다.

'선왕'은 영조英祖(1694~1776)를 가리킨다. 한漢나라 때 인물인 탁무卓茂는 백성들을 잘 다스린 유능한 관리였지만 왕망이 집권하자 벼슬을 그만두었다. 이후 광무제光武帝는 탁무의 재능과 지조를 높이 사 그를 태부太傅 벼슬에 임명하였다. 『영조실록』英祖實錄 34년 7월 24일 조條에 보면, "임금이 동돈녕同敦寧 박필균을 불러 보시고는 그 연로함을 슬퍼하신 후 그의 청렴함을 칭찬하시며 후한의 탁무 고사를 들어 그를 특별히 지중추부사에 임명하셨다"라는 말이 보인다.

'금상'이란 이 글을 쓴 시점의 임금인 정조正祖(1752~1800)를 가리킨다.

평설 이 글은 박지원의 형수 묘지명이다. 묘지명이 무엇인지에 대해서는 앞서 「큰누님 박씨 묘지명」을 검토할 때 언급한 바 있으므로 다시 말하지 않는다. 연암에게는 위로 형님이 한 분 계셨고, 이 형님 아래로 두 분의 누님이 계셨다. 즉 연암은 4남매 중 막내였다. 형님은 연암보다 열다섯 살 위였으며, 형수 이씨는 연암보다 열세 살 위였다. 형수 이씨가 시집왔을 때 연암은 고작 세 살 난 어린애였다. 연암은 형수의 아버지인 이동필의 제문을 쓴 바 있는데, 거기에 다음과 같은 말이 보인다.

아아, 제(연암)가 세살 적에
처음 말을 해

'밤'이니 '능금'이니 말 배울 때
'오천'이란 말도 뇌까렸죠.
무얼 자랑한 거냐구요?
새색시의 집이었죠.
공(이동필)께서 따님을 보러 오실 땐
늘 흰 나귀를 타고 왔죠.
눈은 깊고 수염은 길어
몹시 점잖아 보이셨지요.
달려 나가 인사한 후
기뻐서 글공부도 안하고는
덩달아 장인이라 부르며
형님을 따라 했었지요.
꼭 어제 아침 일 같은데
30여 년이 흘렀군요.
공은 성품이 굳세고 밝아
세상 사정 깊이 알고
옛날 일에 밝고 예禮를 좋아해
도덕이 갖추어지고 대의가 분명했지요.
평생 벼슬 하지 아니하고
처사로 지냈어도
하늘의 명 원망 않고
생전에 후회가 없었지요.
아아, 나의 어머니를 닮아
형수(이동필의 딸)를 어머니처럼 대했지요.
형수는 집안에서
옛날의 충신과 같았지요.

온 힘을 다해 그만두지 않았으니
공은 꼭 자기 몸이 아픈 것처럼
늘 걱정하고 근심했죠.
옛날 제후국이
이웃 나라를 돕고 백성을 보살피듯
수시로 양식을 보내 주어
갓난아이 돌보듯 했지요.

이동필은 그 딸보다 6년 앞서 세상을 떠났다. 이 제문은 그가 죽은 해인 1772년에 씌어진 것으로 추정된다. 이 제문에는 형수의 묘지명에 보이지 않는 사실이 언급되고 있어 주목을 요한다. 즉, 연암이 형수를 어머니처럼 여겼다는 것, 그리고 형수의 아버지인 이동필이 가난한 집안에 시집 가 고생하는 딸을 늘 걱정하며 수시로 도와주었다는 것이 그것이다. 한편, 연암의 아들인 박종채가 쓴 『과정록』에도 연암의 형수에 대한 언급이 두 군데 보인다. 다음이 그것이다.

할아버지가 돌아가신 후 아버지는 당신의 형과 형수를 부모처럼 섬기셨다. 친척과 친구들은 이런 아버지를 저 옛날 사마온공司馬溫公(북송의 학자)이 그 형 백강伯康을 섬긴 데 견주었다. 형수 이공인李恭人은 하도 가난을 많이 겪은지라 몸이 대단히 수척했으며 때로 우울함을 풀지 못하셨다. 아버지는 한결같이 온화한 얼굴과 좋은 말로써 그 마음을 위로해 드렸다. 매양 무얼 얻으면 그것이 비록 하찮은 것일지라도 당신 방으로 가져가지 않고 반드시 형수께 공손히 바쳤다. ─『나의 아버지 박지원』, 31면

아버지는 언젠가 이런 말씀을 하신 적이 있다.

"내가 젊을 때 쓰고 남은 돈 스무 냥이 있었더니라. 네 어머니의 의복이 해진 것을 생각하고 그 돈을 보자기에 싸서 주었더니 이렇게 말하더구나. '집안 살림을 책임지고 있는 형님(연암의 형수)은 늘 가난하고 쪼들리십니다. 이 돈을 왜 저한테 주십니까?' 내가 그 말을 듣고 몹시 부끄러웠다. 지금도 그 말이 잊히지 않는구나."
큰어머니는 성품이 현숙했으며, 시동생인 어린 우리 아버지를 길러 주셨다. 그래서 큰어머니와 우리 어머니는 우애가 깊었다. 큰어머니는 오랫동안 가난을 겪은 탓으로 만년에 결핵을 앓아 말씀을 하시는 도중에 기침을 하며 괴로움을 참지 못하곤 했다. ―같은 책, 60면

이 인용문을 통해서도 연암이 형수를 어머니처럼 섬겼다는 사실을 확인할 수 있다. 한편, 이 인용문은 형수 이씨가 만년에 결핵에 걸려 죽었다는 사실을 알려 준다. 아마도 집안을 꾸려 나가기 위해 불철주야 힘에 부친 일을 하면서 제대로 못 먹고 쉬지 못해 이런 병에 걸린 것이리라. 그리고 이 인용문 중에 "때때로 우울함을 풀지 못하였다"(원문 '有時躁鬱不能遣')라는 말이 보이는데, 이씨는 당시 너무 벅찬 생활고 때문에 우울증을 앓고 있었던 건 아닐까 하는 의심이 든다.

다시 본문으로 돌아가자. 이 단락은 먼저 이씨의 가계家系를 밝힌 다음, 반남 박씨 집안에 시집온 일과 아이 셋을 낳았으나 모두 일찍 죽은 일, 집안이 몹시 가난하여 20년을 뼈 빠지게 일을 하다 결국 병고 속에 돌아가셨다는 사실을 말함으로써 이씨의 생애를 압축적으로 제시하고 있다. 이는 대체로 묘지명의 일반적인 서술 방식이다.

연암의 집안은 반남 박씨 명문가 집안으로, 할아버지가 고관대작을 지냈는데 왜 그리 가난했을까? 이런 의문에 답하기라도 하듯 연암은 이 단락의 중간 부분에서 그 이유를 밝히고 있는바, 곧 '청빈'清貧 때문이었다. 할아

버지가 워낙 청렴결백하여 집안에 남긴 재산이 없어 가난을 면할 수가 없었다는 것. 다시 말해 할아버지가 관직에 있을 때 부정부패를 일삼지 않았음은 물론, 직위를 이용해 재산을 늘리려는 어떤 시도도 하지 않았다는 것이다. 아마도 녹봉만으로 생활했던 모양이다. 명문가 사대부라고 해서 다 연암의 할아버지 같았던 건 아니다. 서울의 대갓집 가운데에는 그 직위를 이용해 사익을 챙기거나 집안의 청지기나 노비를 동원해 이런저런 상업 활동을 꾀하는 집이 적지 않았다. 고지식하게 녹봉만으로 생활하지는 않았던 것이다. 연암 집안은 할아버지가 돌아가시면서 가세가 급격하게 기울었던 것 같다. 그럴 수밖에 없는 게 연암의 아버지와 연암의 형은 평생 벼슬하지 못했고, 연암 자신도 형수가 세상을 뜰 때까지 말단 벼슬 하나 얻어 하지 못했기 때문이다. 재지적在地的 기반을 가진 지방 사족土族과 달리 서울과 근기近畿 지역의 사족은 2대쯤 벼슬이 떨어지면 몹시 곤궁해지게 마련이며, 몰락의 징후를 보이기 시작한다. 연암 당대에 와서 연암의 집안이 바로 이런 상황에 처해 있었던 것 같다. 더구나 연암의 할아버지가 돌아가신 그 다음 해에 다시 어머니가 돌아가셨으니, 그 장례 비용이 집안의 경제 사정을 더욱 악화시켰을 것이다.

연암 집안은 대대로 청빈을 강조하던 집안이었다. 당시는 청빈을 사대부가家의 큰 미덕으로 간주하던 시대였으니 사대부들은 대개들 짐짓 청빈을 내세우고 있었지만, 그렇다고 해서 실제로 다 청빈한 것은 아니었으며 가식과 위선으로 흐르는 경우가 적지 않았다. 하지만 연암 집안의 경우 꼭 그런 것 같지는 않다. 이 점과 관련해선 『과정록』의 다음 기록을 참조할 만하다.

아버지(연암)는 일찍이 우리 형제들에게 이렇게 가르치셨다.
"너희들이 장차 벼슬하여 녹봉을 받는다 할지라도 넉넉하게 살 생각은 하지 말아라. 우리 집안은 대대로 청빈하였으니, 청빈이 곧 본분이니라."

그리고는 집안에 전해 오는 옛일들을 다음과 같이 낱낱이 들어 말씀해 주셨다.

(중략)

"조부께서는 그 지위가 공경의 반열이었으나 자주 끼닛거리가 떨어져 가난한 선비의 살림살이와 다를 바 없으셨다. 도성 서쪽의 낡은 집은 누추하고 비좁았으나 평생 거처를 옮기지 않으셨다. 한번은 집에 심하게 무너진 곳이 있어 객이 수리할 것을 청했다. 그런데 공교롭게도 바로 그때 조부께서 지방 수령에 임명되셨다. 조부께서는 이렇게 말씀하셨다.

'수령이 되어서 집을 수리하는 건 옳지 않다.'

얼마 후 통진(지금의 김포군 통진면)에 있는 농장의 방죽이 해일로 무너져 다시 쌓으려 했다. 그런데 조부께서는 마침 그때 경기도 관찰사에 임명되셨다.

조부께서 이번에는 이렇게 말씀하셨다.

'관찰사가 되어서 자기 농장을 돌보는 건 옳지 않다.'

조부께서는 마침내 사람을 보내 그 일을 중지시켰다. 객이 이렇게 탄식하였다.

'관찰사나 수령이 되려는 건 가난에서 벗어나기 위해선데 공은 도리어 손해만 보고 있다.'

이 일이 알려져 사람들의 웃음을 자아냈다. 당시 사대부들 가운데는 청렴결백한 법도로 집안을 다스리는 사람이 많았지만 우리 집의 법도는 당시로서도 너무 지나치다고 일컬어졌다.

(중략)

무릇 이런 사실들은 모두 자손들이 몰라서는 안 될 일이다. 우리 집안은 수십 대에 걸쳐 청빈함과 검소함이 이와 같았으니 이는 원래 타고난 것이었다. 내 비록 너희들이 따뜻한 옷을 입고 배부르기를 바라지만 부귀와 안일을 추구해서는 안 된다. 다만 바라는 건 사대부 집안으로서 글 읽는 사람이 끊어지지 않았으면 하는 것뿐이다."
―『나의 아버지 박지원』, 210·217·218면

이에서 보듯 연암 집안은 대대로 청빈을 강조하는 가풍을 이어 왔고, 연암 스스로도 이런 가풍에 긍지를 느끼고 있었음을 알 수 있다. 또한 『과정록』의 이 대목을 통해 이 단락 중의 "할아버지께서는 관직에 계실 때 자손에게 물려주기 위한 재산을 손톱만큼도 늘린 적이 없어"라고 한 말이 구체적으로 무엇을 뜻하는지 알 수 있다.

"집안에 연거푸 상이 났"다고 했는데, 이는 1759년 연암의 모친 함평 이씨가 59세로 세상을 하직하고 이듬해인 1760년 조부 박필균이 76세로 별세한 일을 말한다. 공인 이씨가 시어머니 상을 당한 것은 그 36세 때였다. 시집온 지 20년째 되던 해다. 이때부터 공인 이씨는 연암 집안의 맏며느리로서 '주부'主婦의 역할을 수행했다. '주부'란 오늘날의 '가정주부'라는 말과 다소 의미가 다르다. 당시 주부에게는 한 집안의 살림에 대한 책임이 주어졌을 뿐만 아니라 집안의 온갖 제사에 대해 준비해야 하는 책임이 주어졌다. 말하자면 한 집안의 경제와 제사를 책임지는 위치에 있었다. 공인 이씨가 이 역할을 맡기 전에는 시어머니 함평 이씨가 이 역할을 수행했을 터이다. 하지만 이제 함평 이씨가 죽음으로써 맏며느리인 공인 이씨가 그 역할을 할 수밖에 없게 되었다.

공인 이씨가 주부가 된 것은 그녀의 고난이 이전과는 사뭇 다른 단계로 접어들었음을 의미한다. 더군다나 그녀는 주부로서 두 해 동안 연달아 초상을 치러야 했다. 예전의 초상은 지금처럼 병원 영안실에 3일간 빈소를 마련한 후 곧바로 장례를 치르는 것과는 완전히 다르다. 복잡한 상례喪禮에 따라 한 달 이상의 기간이 소요되었다. 더구나 시어머니상은 삼년상이다. 게다가 공인 이씨는 주부의 위치에 있었으니 이것저것 챙기고 신경 쓸 일과 해야 할 일이 좀 많았겠는가. 그러므로 공인 이씨는 이 두 초상을 치르면서 몸이 더욱 더 상하게 되었을 게 틀림없다.

이 단락에는 "제사를 모시거나 손님을 접대함에 대가의 법도를 잃는 것을 부끄럽게 여겨 이리 깁고 저리 맞추며 온갖 노력을 다하셨다"라는 구절이 보이는데, 당시 사대부가에서 가장 중요한 두 가지 일은 '접빈객 봉제사'接賓客奉祭祀, 즉 집에 찾아오는 손님을 접대하고 제사를 받드는 일이었다. 예전에는 집에 친지나 일가친척이 자주 찾아왔다. 한번 찾아오면 짧으면 며칠, 길면 보름이나 달포씩 머무는 경우가 적지 않았다. 이런 때 밥을 잘 지어 대접해야 함은 물론, 그 옷까지 빨아 주어야 했다. 그리고 떠날 때는 얼마간의 노잣돈을 손에 쥐어 주어야 했다. 그래야만 사대부 집안이라는 말을 들을 수 있었다. 그리고 1년에 적어도 열 몇 번 정도는 제사를 지내지 않으면 안 되었다. 그 제수祭需 비용은 만만한 게 아니었다. 따라서 가난한 집안의 경우 접빈객 봉제사를 하느라 빚을 내기 일쑤였다. "이리 깁고 저리 맞추며"라는 말은 이런 사정을 말하고 있다고 판단된다.

이 단락에서 가장 빼어난 서술은 "이렇게 20년을 노심초사하며 뼈 빠지게 일했지만 적빈을 면할 수 없어 의기소침해지고 낙담했으나 어쩔 도리가 없었다"라는 대목이다. '20년'이란 연암의 어머니가 돌아가신 해인 1759년부터 형수가 세상을 버린 해인 1778년까지의 기간을 말한다. 이 문장은, 주부로서 공인 이씨가 살아온 삶과 그녀의 내면적 심리 상황을 놀랍도록 예리하게 묘파해 내고 있다. 가족과 집안을 위해 죽으라고 일하고 애썼지만 가난은 늘 그 자리에 있어 공인 이씨는 이루 형언할 수 없는 절망감과 좌절감에 사로잡혔다는 것. 이 절망감과 좌절감이 그녀를 죽음으로 이끌었을 터이다. "노심초사하여 뼈 빠지게"라는 말의 원문은 '嘔膓'구장이다. 이 단어는 '嘔心抽腸'구심추장이라는 말의 준말인데, 그 원래 뜻은 심혈을 토하고 창자를 뽑아낸다는 뜻이다. 연암은 온 몸을 바쳐 가족을 위해 헌신한 형수를 위해 이 말을 고르고 골라 썼을 터이다. "의기소침해지고 낙담했으나"라는 말의 원문은 '屈抑挫銷'굴억좌소이다. 이 네 글자는 평생 가난에 찌든 공인 이씨의 심리 상태를 곡진하면서도 집약적으로 표현하고 있다. '屈'굴은 '위축되다'라는 뜻이고, '抑'억은 '억눌리다'라는 뜻이며, '挫'좌는 '꺾이다'라는 뜻이고, '銷'소는 '녹아 없어지다'라는 뜻이다. 이처럼 이 네 글자는 가난으로 인한 공인 이씨의 좌절감과 절망감을 잘 드러내고 있다. '소'銷자의 용례로는 넋을 잃다는 의미의 '소혼'銷魂, 삭아 없어진다는 뜻의 '소잔'銷殘, 녹아 없어진다는 뜻의 '소훼'銷毁 등을 떠올려 볼 수 있는데, 이들 용례에서 짐작되듯 이 '소'자는 절망감으로 마음이 소멸되어 버릴 것만 같은 심리 상황을 담고 있다고 여겨진다. 마음과 몸은 둘이 아니니, 마음의 병이 몸의 병을 악화시켜 몇 년을 시름시름 앓다가 결국 일어나지 못하게 된 것이리라. 이렇게 본다면 공인 이씨는 가난 때문에 몸과 마음에 골병이 들어 죽은 셈이다. 연암은 형수가 죽음에 이르는 과정을 냉철하게 직시하면서 객관적으로 그려 보이고 있다. 비통한 마음을 억누른 채 현실을 냉정하게 분석하고 있는 것이다. 리얼리스트로서의 연암의 면모가 이런 데서 잘 드러난다 할 것이다.

죽어 가는 공인 이씨의 심리 과정을 놓치지 않고 포착해 놓은 연암의 예리한 필치를 알기 위해서는 그 다음 문장, 즉 "매양 낙엽이 지고 추워지는 가을이면 형수님은 더욱 실망하고 낙심하여 병이 더욱 도졌다"라는 문장에 대해서도 깊은 음미를 요한다. 이 문장에서 특히 "더욱 실망하고 낙심하여"라는 말에 눈을 줄 필요가 있다. 이 말의 원문은 '廓然賣沮'확연운저다. '賣沮'운저는 실망하거나 낙담한 것을 형용하는 말이다. 문제는 그 앞의 '廓然'확연이라는 말이다. 이 말은 원래 '휑뎅그렁하다' '텅 비다'라는 뜻인데, 여기서는 삶에 대한 의지나 희망이 소진된 공인 이씨의 마음 상태를 가리키고 있다. 연암은 바로 이 두 글자로써 희망을 완전히 상실해 버린 공인 이씨의 마음을 그려 내고 있다. 무섭지 않은가? 이토록 예리한 연암의 필치가. 연암의 글이 남다르다고 하는 건 이런 걸 두고 하는 말이다.

2 아아! 옛사람들은 가난한 선비의 아내를 약소국의 대부大夫에 견주었다. 조석朝夕도 보전키 어려운 상황에 놓인 기울고 망해 가는 나라를 부지하며 조정에서 혼자 국사國事를 맡아 고군분투하듯 하셨고, 변변찮은 것이지만 정성스레 제수祭需를 마련해 선조의 혼령이 굶주리지 않게 하셨으며, 또 좋은 음식은 못 되더라도 음식을 장만해 손들을 잘 접대하셨으니, 이 어찌 이른바 '온 힘을 다해 죽은 이후에야 그만둔다'는 데에 해당하지 않겠는가.
내가 자식을 낳아 그 아이가 겨우 태胎를 벗었을 때 형수님은 그 아이가 사내인 걸 보고 마침내 양자養子로 삼으셨는데, 지금 열세 살이다.

주해 "온 힘을 다해 죽은 이후에야 그만둔다"라는 말은 제갈량諸葛亮의 「후출사표」後出師表에 나오는 말이다.

평설 앞 단락이 형수의 일생에 대한 객관적인 서술이라면, "아아!"라는 감탄사로 시작되는 이 단락은 형수에 대한 연암의 주관적인 평이라 말할 수 있다. 앞 단락에서 공인 이씨가 '접빈객 봉제사'하는 일에서 대가大家의 법도를 잃지 않았음을 말했는데, 이 단락은 그에 호응하여 공인 이씨를 약소국의 충신 내지 제갈공명에 견주고 있다.

연암은 특히 "온 힘을 다해 죽은 이후에야 그만둔다"라는 제갈량의 말로써 집안을 위해 고군분투한 형수의 헌신에 감사하는 마음을 표하고 있다. 흥미로운 것은, 이 말이 6년 전인 1772년에 쓰여진 이동필의 제문에 이미 보인다는 사실이다. 즉 연암은 형수의 아버지인 이동필의 제문 가운데서 형수에 대해 언급하면서 "형수는 집안에서 옛날의 충신과 같았으니 온 힘을 다해 그만두지 않았다"라고 쓰고 있다. 이를 통해, 연암이 이 묘지명에서 처음으로 형수를 옛날의 충신이나 제갈공명에 견준 것이 아니라 형수가 살아 있을 때부터 이미 그런 생각을 하고 있었음을 알 수 있다.

이 단락은 그 뒷부분에서 의미가 전환되어, 연암이 자신의 맏아들인 종의宗儀를 형수의 양자로 들여보낸 일에 대해 언급하고 있다. 이 대목은 ①단락의 "아들 셋을 낳았는데 모두 일찍 죽었다"라는 말과 호응 관계를 이룬다. 연암은 왜 이 단락의 끝에다 이 사실을 특기한 것일까? 이 점은 형수에 대한 연암의 감정을 이해하는 데 특히 중요하다고 생각된다. 우선 『과정록』의 기록부터 보자.

> 큰어머니(공인 이씨)는 혈육이 없이 돌아가셨다. 당시 나의 형님(연암의 맏아들)은 겨우 열 살 남짓밖에 되지 않았지만, 큰집에 양자로 들어가 대를 이어야 할 입장에 있었다. 큰아버지는 형님이 너무 어림을 민망히 여겨 이렇게 말씀하셨다.
> "내가 상주 노릇을 하겠다. 좀 더 자란 다음 양자로 세워도 늦지 않다."
> 그러나 어머니(연암의 처)는 그러면 안 된다고 생각하셨으며, 끝내 형님을 불러 상복을 입혀 상주 노릇을 하게 하셨다. 이를 보고 놀라 감탄하지 않는 조문객이 없었다. ─『나의 아버지 박지원』, 60면

당시 연암에게는 사내자식이라곤 종의 하나밖에 없었다. 둘째 아들인

종채는 1780년생이니 당시 아직 태어나지도 않았다. 연암은 당시 하나밖에 없던 아들을 양자로 세워 큰집의 상주가 되게 했던 것이다. 여기에는 시집와 몇 십 년간 온갖 고생만 하다 자식도 없이 쓸쓸히 생을 마감한 형수에 대한 연암의 애틋한 마음이 들어 있을 터이다. 이 단락의 마지막 대목은 그냥 지나가는 말처럼 간단히 서술되고 있지만, 형수에 대한 연암의 이런 마음이 그 바탕에 놓여 있음을 놓쳐서는 안 된다.

3 나는 화장산華藏山의 연암골에 새로 터를 잡아 그 산수를 어여삐 여기며 손수 가시덤불을 베어 내 나무 곁에다 집을 세웠다. 언젠가 형수님께 이런 말씀을 드린 적이 있다.
"형님이 연로하시니 장차 저와 함께 시골에서 사셨으면 합니다. 담을 둘러 천 그루의 뽕나무를 심고, 집 뒤엔 천 그루의 밤나무를 심고, 문 앞에는 천 그루의 배나무를 심고, 시냇가에는 천 그루의 복숭아나무와 살구나무를 심으렵니다. 못에는 한 말 가량 치어穉魚를 풀어 놓고, 바위 절벽 밑에는 벌통 백 개를 놓아두며, 울타리 사이에 소 세 마리를 묶어 두렵니다. 제 처가 길쌈할 때면 형수님께선 그저 계집종이 기름 짜는 일이나 살펴 제가 밤에 옛사람의 글을 읽을 수 있게만 해 주십시오."
그 당시 형수님은 병이 몹시 위독했지만 자기도 모르게 벌떡 일어나 손으로 머리를 가누고선 한 번 웃으며 이렇게 말씀하셨다.
"이는 제 오랜 꿈인 걸요."
그래서 밤낮 오시기를 바랐건만 그해 벼가 채 익기도 전에 형수님은 일어날 수 없게 되었다. 마침내 운구하여 그해 9월 10일 집 북쪽 동산의 서북쪽을 등진 묏자리에 장사지내니, 형수님의 뜻을 이뤄 주기 위해서다. 그 땅은 황해도 금천에 속한다.

주해 '화장산'華藏山은 황해도 금천의 산 이름이다.

평설 이 단락에 이르러 문세가 갑자기 전환된다. 앞의 두 단락의 서술이 진술적 방식을 취하고 있다면 이 단락의 서술은 묘사적이다. 그 언어는 형상적이고, 이미지는 뚜렷하다. 연암은 자신과 형수 둘 사이에 있었던 어떤 에피소드를 말하고 있다. 이처럼 글의 특정한 단락에 에피소드를 삽입하는 것은 연암 글쓰기의 중요한 특징을 이룬다. 에피소드의 적절한 활용은 글을 생기 있게 만든다. 그렇다고 에피소드를 마구 늘어놓기만 한다고 해서 훌륭한 글이 되는 건 아니다. 연암은 일반적 진술로 이루어진 단락과 에피소드적 진술로 이루어진 단락을 잘 안배해 글을 구성함으로써 글의 문예미를 한껏 끌어올리고 있다.

동아시아의 문장가 가운데 에피소드나 일화를 잘 활용해 글을 쓴 최초의 인물은 아마도 사마천이 아닐까 한다. 사마천의 『사기』 열전은 일화나 에피소드를 통해 특정 인물의 개성과 본질을 생생하고도 예리하게 그려 낸 것으로 정평이 나 있다. 사마천의 이런 글쓰기 방식을 계승한 문학 장르는 '전'傳이다. '전'은 오늘날의 전기傳記와는 달리 대체로 아주 짧은 분량의 글인데, 한두 개 내지 두어 개의 에피소드를 통해 대상 인물의 성격적 특질과 인간적 본질을 극히 압축적으로 포착해 보여준다는 특징이 있다. 연암이 에피소드나 일화를 잘 활용한 데에는 사마천의 영향이 없지 않다고 여겨진다. 그런데 주목해야 할 점은, 연암은 비단 '전'이라는 장르에서만이 아니라 거의 모든 장르의 글에서 에피소드와 일화를 활용하고 있다는 사실이다. 묘지명에는 보통 에피소드를 서술하지 않는 법인데 연암의 이 묘지명은 그런 법식을 따르지 않고 있으며, 이 점에서 파격적이다. 연암은 글쓰기에서 늘 '법고창신'法古創新(옛날 것을 배워 새로운 것을 창조한다는 말)을 강조했는데, 이 역시 법고창신이라 할 만하다.

「기린협으로 들어가는 백영숙에게 주는 서序」를 검토하며 자세히 살핀 바 있지만, 연암은 1771년에 처음 연암협을 답사한 이래 이곳에 작은 산장을 지어 놓고 수시로 머물곤 했던 듯하다. 하지만 그가 온 가족과 함께 이곳으로 이주한 것은 1778년에 와서였다. 거기에는 다음과 같은 사정이 있었다. 1777년 정조가 즉위하면서 홍국영이 세도를 부리게 되었다. 홍국영은 정적들을 하나하나 제거해 나갔는데, 연암에 대해서도 악감정을 품고 장차 해코지를 하고자 하였다. 당시의 사정을 『과정록』은 이렇게 적고 있다.

유공(유언호)은 아버지와 우정이 아주 깊었다. 그리하여 난처한 일이 있을 때마다 아버지를 찾아와 의논하곤 하였다. 공은 아버지의 의론이 준엄하고 과격해 권세가의 비위를 거스르는 내용이 많다고 깊이 주의를 주셨다. 하루는 공이 조정에서 돌아와 수심에 잠겼다가 밤에 아버지를 찾아왔다. 공은 아버지의 손을 잡고 이렇게 말했다.
"자네는 어쩌자고 홍국영의 비위를 그토록 거슬렀는가? 자네에게 몹시 독을 품고 있으니 어떤 화가 미칠지 알 수 없네. 그가 자네를 해치려고 틈을 엿본 지 오래라네. 다만 자네가 조정 벼슬아치가 아니기 때문에 짐짓 늦추어 온 것뿐이지. 이제 복수의 대상이 거의 다 제거됐으니 다음 차례는 자넬 걸세. 자네 이야기만 나오면 그 눈초리가 몹시 험악해지니 필시 화를 면치 못할 것 같네. 이 일을 어쩌면 좋겠나? 될 수 있는 한 빨리 서울을 떠나게나."
아버지는 '평소 의론이 곧고 바르며 명성이 너무 높았던 게 화를 부른 원인'이라고 스스로 생각하셨다. 마침내 아버지는 자취를 감추어 은둔코자 하셨다. 그리하여 가족을 이끌고 연암골로 들어가 두어 칸의 초가집에서 사셨다. —『나의 아버지 박지원』, 39면

이 기록으로 볼 때 이 단락에서 연암이 형수에게 한 말은 1777년에서

1778년 사이의 일로 보인다. 연암이 형수에게 그려 보이고 있는 연암협의 풍경은 몹시 평화롭고 안온하며 유복해 보인다. 한마디로 장밋빛 청사진이다. 그것은 일찍이 도연명의 「도화원기」桃花源記가 그려 보여준 바 있는 은자의 이상향을 연상케 한다. 하지만 연암의 어조에는 과장이 느껴진다. 연암은 왜 과장하여 연암협을 미화한 걸까? 형수를 위로하고자 해서일 것이다. 연암은 형수의 평생소원이 무엇인지 너무도 잘 알고 있었고, 그리하여 위독한 형수에게 그녀의 소망이 실현된 공간을 그려 보여주고 싶었을 것이다. 그러므로 이런 과장된 어조에는 형수를 보는 연암의 착잡하고 애틋한 시선이 감춰져 있다 하겠다.

형수는 몹시 위독했지만 이 말을 듣고 자기도 모르게 벌떡 일어나 손으로 머리를 가누고선 한 번 웃으며 "이는 제 오랜 꿈인 걸요"라고 말한다. 이 구절은 이 단락에서뿐만 아니라 이 글 전체를 통틀어 가장 인상적인 부분으로 우리 눈에 박힌다. 20여 년을 생활고에 시달린 나머지 힘이 소진하여 절망과 좌절감 속에 죽어 가고 있던 형수에게 연암이 들려준 말은 그 말만으로도 기쁘고 가슴이 벅찼으리라. 그래서 자기도 모르게 벌떡 일어나 한 번 빙긋이 웃음을 머금은 것이리라. 사실 이 글 전체에서 형수가 직접 나서서 자신의 목소리로 스스로 발언한 것은 이 대목 한 군데밖에 없다. 비록 1단락과 2단락이 공인 이씨에 대해 많이 서술해 놓고 있음에도 불구하고 그것은 어디까지나 연암의 진술일 뿐이었다. "이는 제 오랜 꿈인 걸요." 이 말은 형수가 잠시 직접 그 모습을 드러내 독자에게 육성을 들려준 것에 해당한다. 그러므로 그것은 독자에게 아주 강하고 인상적인 울림으로 기억될 법하다. 그리고 그 울림은 가난한 선비 집안에 시집온 여인의 삶과 운명과 꿈을 한꺼번에 환기시키면서 독자로 하여금 형언하기 어려운 깊은 슬픔에 잠기게 한다.

이처럼 이 단락의 전반부는 연암의 과장된 말과 그로 인한 공인 이씨의 잠시 기뻐하는 낯빛으로 인해 앞 단락들과는 달리 환하고 밝은 느낌을 자아낸다. 하지만 오히려 그러한 대조 때문에 이 단락은 우리를 더욱 슬프게 만든다.

공인 이씨의 신산한 삶은 마침내 죽음으로 막을 내렸다. 연암은 "벼가 채 익기도 전에" 그만 세상을 떠났다고 서술하고 있는데, "벼가 채 익기도 전에"라는 이 표현이 우리 마음을 다시 툭 건드린다. 공인 이씨는 연암협의 집 북쪽 산기슭에 묻힌 모양이다. 이북以北에 지금도 그 묘가 남아 있을까? 언젠가 꼭 확인해 보고 싶다.

공인 이씨를 연암협에 장사 지낸 것을 두고 "형수님의 뜻을 이뤄 주기 위해서다"라고 했는데, 이 말은 주목을 요한다. 그것은 "이는 제 오랜 꿈인걸요"라는 말과 호응을 이루는바, 형수에 대해 연암이 느껴 온 미안함과 복잡한 심경을 그 속에 담고 있다고 보이기 때문이다.

4 나는 친구인 규장각 직제학直提學 유언호俞彦鎬에게 묘지명을 지어 줄 것을 부탁했다. 그는 마침 개성 유수로 와 있었는데 개성은 연암골에서 가까웠다. 그는 장례를 도와주었을 뿐 아니라 명銘도 지어 주었다. 그 명은 다음과 같다.

연암이라 그 골짝은,
산 깊고 물 맑은데,
시동생이 유택幽宅을 마련했지요.
아아! 온 가족이 함께 은거하려 했거늘,
마침내 이곳에 머무시게 됐군요.
계시는 곳 편안하고 굳건하니,

아무쪼록 후손들 보우하소서.

주해 '직제학'이라는 벼슬은 조선 시대 홍문관·예문관·규장각의 정3품 관직이다. '유언호'兪彦鎬(1730~1796)는 정조의 총애를 받아 정조 즉위 이듬해 이조참의로 발탁되었고, 후에 형조판서를 거쳐 좌의정에까지 올랐다. 연암의 절친한 벗으로 연암이 곤경에 처해 있을 때 물심양면으로 도와주었다. 문집으로 『연석』燕石이 전한다.

'유수'는 수도 외곽을 방어하는 군사적 요충지에 두었던 유수부留守府의 장長을 말한다. 조선 후기에는 개성, 강화, 화성(지금의 수원), 광주廣州의 네 곳에 유수부가 있었다.

평설 묘지명의 '지'誌와 '명'銘은 대개 한 사람이 짓는 법인데, 이 글에서는 '지'는 연암이 짓고 '명'은 유언호가 지었다. 이 점, 파격적이다. 아마 당시 장례를 치를 때 연암은 유언호에게 물심양면으로 큰 도움을 받았던 것 같다.

총평

• 공인 이씨가 열여섯에 시집올 때는 꽃다운 얼굴이었을 터이다. 하지만 이 글을 읽는 내내 우리의 뇌리를 떠나지 않는 것은 그녀의 파리하고 핏기 없는 얼굴이다. 그럼에도 그녀는 기품 있는 여인이었으리라. 아픈

몸을 일으켜 빙긋이 웃으며 "이는 제 오랜 꿈인 걸요"라고 말하는 데서 그녀의 인간 됨됨이와 기품이 느껴진다.

• 이 글은 조선 시대 가난한 선비 집안에 시집온 여성에 대한 '실록'實錄이라 할 만하다. 연암 외에도 빈사처貧士妻의 생애를 기록한 문인들은 상당수 있다. 하지만 연암의 이 글처럼 그런 여성의 내면 풍경과 심리 상황까지 냉철하게 그려 보인 글은 좀처럼 찾아보기 어렵다. 연암은 가난 때문에 사대부 집안의 한 여성이 절망과 낙담 끝에 죽음에 이르는 과정을 놀랍도록 예리하게 묘파해 놓고 있다.

• 우리가 기억하는 연암가의 여자들은 공인 이씨 외에도 연암의 큰누이, 연암의 아내 등이 있다. 이 세 여인은 모두 빈사貧士의 처로서, 신산한 삶을 살다 죽었다. 연암의 아내는 1787년 51세로 세상을 떴다. 연암은 친구 유언호의 도움으로 1786년 처음으로 선공감 감역이라는 말단 벼슬을 하나 얻어 하게 된다. 연암의 아내는 연암이 벼슬을 얻은 지 1년 만에 세상을 떴으니 그녀 역시 가난 속에 고생만 실컷 하다 죽었다 할 만하다. 연암은 평소 아내의 인품을 존경했으며, 아내가 죽자 애도하는 시 20수를 지었다. 그리고 이후 재혼하지 않았다. 연암은 첩도 둔 일이 없다. 재혼도 하지 않고 첩도 두지 않은 연암의 이런 태도는 당시로서는 퍽 이례적인 일이다. 연암의 이런 태도는 이 글이 보여주듯 집안의 여성들을 보면서 연암이 느껴 온 미안한 마음 및 감사하는 마음과 어떤 관계가 있을지 모른다. 어찌 생각하면 연암의 형수나 아내와 같은 여인들의 고생 위에 연암이 존재할 수 있었으리라. 그러므로 연암을 기뻐하는 자, 이 여인들을 꼭 기억해야 할 것이다.

• 연암의 처남인 이재성은 이 글에 대해 이렇게 평했다.
"'유순하다'거나 '바르고 정숙하다'거나 '부지런하고 검소하다'는 등의 글자는 단 한 자도 없지만, 선조를 받들고 살림살이를 하는 공인恭人의 모습이나 자애롭고 온순한 그 덕성을 마치 직접 눈으로 본 것처럼 떠올릴 수 있다. 요컨대 지극히 진실하고 지극히 맑은 글이라, 읽으면 슬프게 사람을 감동시킨다."

또 이런 평도 남겼다.

"옛날 공자의 제자인 원헌原憲은 '가난한 것이지 병든 게 아니다'라고 했지만, 요즘 가난한 선비 집 규방의 아낙들에겐 가난이 곧 병이고 병이 곧 가난이 되니, 이 둘은 얽히고설킨 채 뒤엉켜 있으니 도무지 풀 수가 없다. 백 사람이 같은 증세이고 천 사람이 한결같은 병증病症인데, 간혹 진찰 끝에 그 원인을 알아내더라도 그것을 풀이해 놓은 묘방妙方이 없고, 비록 뭐라고 풀이해 놓은 묘방이 있다 하더라도 또한 그것을 처방할 명의名醫가 없다. 동전을 끈에 꿰어 비단구렁이처럼 똬리를 틀어 놓고 비단을 상자에 담아 두고 곡식을 창고에 들여놓은 후 그것들에 손을 한 번 갖다 대기만 하면 아픈 것이 씻은 듯이 싹 없어지고, 눈을 들어 그것들을 한 번 보기만 하면 심장을 보補하고 비위를 돋우어 다 죽게 되었다가도 도로 살아난다. 이것이 바로 가장 좋은 약이다. 사슴의 뿔을 자르고 갓난아이 모양의 신령한 산삼이 있다 해도 이들 부인의 병을 고치는 데는 아무런 효험이 없을 것이다."

한편, 김택영은 이 글에 대해 "메마른 제목을 가지고 윤택한 글을 지었다. 생동감이 있는 데다가 글 끝에 와서 기세가 갑자기 꺾이는 수법을 보여 주니, 대체 이 어떤 솜씨란 말인가?"라고 평한 바 있다.

# 정석치 제문

　살아 있는 석치石癡라면 함께 모여 곡도 하고, 함께 모여 조문도 하고, 함께 모여 욕지거리도 하고, 함께 모여 웃기도 하고, 몇 섬이나 되는 술을 마시기도 하고, 맨몸으로 서로 치고받고 하며 고주망태가 되도록 잔뜩 취해 서로 친한 사이라는 것도 잊어버린 채 인사불성이 되어, 마구 토해서 머리가 지끈거리고 속이 뒤집혀 어질어질하여 거의 죽을 지경이 되어서야 그만둘 터인데, 지금 석치는 진짜 죽었구나!
　석치가 죽자 시신을 둘러싸고 곡하는 이들은 석치의 처첩과 형제, 아들과 손자, 친척 들인데, 그 곁에 함께 모여 곡하는 이들이 적지 않다. 이들은 석치 유족의 손을 잡고 이렇게 위로한다.
　"훌륭한 가문의 불행입니다. 철인哲人이 어찌해 이렇게 되셨는지……"
　그러면 그 형제와 아들과 손자들이 절하고 일어나 머리를 조아리며 이렇게 대꾸한다.
　"저희 집안의 흉액입니다."
　석치의 벗들은 서로 이렇게 탄식한다.
　"이런 사람은 정말 쉽게 얻을 수 없는데……"

함께 모여 조문하는 이들은 실로 적지 않다. 한편, 석치에게 원한이 있던 자들은 평소 석치더러 병들어 죽으라고 저주를 퍼붓곤 했거늘 이제 석치가 죽었으니 그 원한을 갚은 셈이다. 죽음보다 더한 벌은 없는 법이니까. 세상에는 참으로 삶을 한낱 꿈으로 여기며 이 세상에 노니는 사람이 있거늘 그런 사람이 석치가 죽었다는 말을 듣는다면 껄껄 웃으며 "진眞으로 돌아갔구먼!"이라고 말할 텐데, 하도 크게 웃어 입안에 머금은 밥알이 벌처럼 날고 갓끈은 썩은 새끼줄처럼 끊어질 테지.

석치는 진짜 죽었구나. 귓바퀴는 이미 문드러지고 눈알도 이미 썩었으니, 이젠 진짜 듣지도 보지도 못하겠지. 잔에 술을 따라 강신降神해도 진짜 마시지도 못하고 취하지도 못할 테지. 평소 석치와 함께 술을 마시던 무리를 진짜로 놔두고 떠나가 돌아보지도 않는단 말인가. 정말 우리를 놔두고 떠나가 돌아보지도 않는다면 우리끼리 모여 큼직한 술잔에다 술을 따라 마시지 뭐.

나는 다음과 같은 글을 지어 읽는다.

(이하 글을 잃어버렸음)

---

① 살아 있는 석치石癡라면 함께 모여 곡도 하고, 함께 모여 조문도 하고, 함께 모여 욕지거리도 하고, 함께 모여 웃기도 하고, 몇 섬이나 되는 술을 마시기도 하고, 맨몸으로 서로 치고받고 하며 고주망태가 되도록 잔뜩 취해 서로 친한 사이라는 것도 잊어버린 채 인사불성이 되어, 마구 토해서 머리가 지끈거리고 속이 뒤집혀 어질어질하여 거의 죽을 지경

이 되어서야 그만둘 터인데, 지금 석치는 진짜 죽었구나!

주해 '제문'祭文이란 죽은 사람을 애도하는 글로서, 흔히 제물祭物을 올려 축문祝文처럼 읽게 되어 있다. 그 형식은 보통 글의 서두에 '언제 누가 누구를 위해 제문을 지은바 제수를 갖춰 곡하며 읽는다'라는 말을 한 다음 망자亡者의 언행을 찬미하거나 망자와 자기 사이의 특별한 일을 거론하면서 망자를 추모함이 일반적이다. 서두에 제시되는 '언제 누가 누구를 위해 제문을 지어 제수를 갖춰 곡하며 읽는다'라는 말은 산문으로 되어 있으며, 극히 간단한 진술이게 마련이다. 이 말 뒤에 이어지는 제문의 본문은 산문일 경우도 있고 4언의 운문일 경우도 있다. 한편, 제문은 진실한 감정을 토로하되 그 문체와 어조는 공손하고 경건함이 일반적이다.

'석치'石癡는 정철조鄭喆祚(1730~1781)의 호다. 소북小北 집안으로 공조판서를 지낸 정운유鄭運維(1704~1772)의 아들이다. 18세기의 저명한 산림 학자인 미호渼湖 김원행金元行의 문인이며, 남인南人인 이가환李家煥의 처남이다. 1774년 문과에 급제하여 지평持平과 정언正言을 지냈다. 홍대용洪大容(1731~1783), 황윤석黃胤錫(1729~1791) 등과 친교가 있었으며, 영·정조 때의 뛰어난 자연과학자의 한 사람이다. 그림에도 뛰어나 정조의 초상화 제작에 관여한 적이 있다. 벼루 제작에 조예가 깊어 '석치'(연석硯石, 즉 벼룻돌에 미친 바보라는 뜻)라고 자호하였다.

평설 이 글은 제문의 일반적 형식을 완전히 벗어나 있다. 보통의 제문은 그 서두에 언제 누가 제문을 쓰며 망자는 누구며 제문을 쓴 사람과 망자의 관계는 어떠한가 등을 간단히 밝히고, 그에 이어 조촐한 제수를 갖춰 곡하며 글을 읽는다는 말을 하고, 그러고 나선 망자를 추모하는 말을 기다랗게 쭉 늘어놓은 뒤 맨 끝에 '상향'尙饗 하고서 끝맺는다. 제문의 이런 일반적 형식에 비추어 볼 때 이 글의 서두는 파격 중의 파격이라 할 만하다. 서두에 나와야 할 말은 일체 나오지 않고 다짜고짜 "살아 있는 석치라면" 운운하는 말로 시작됨으로써다. 형식만 그런 것이 아니라 이 제문은 그 어조와 문체 역시 대단히 파격적이다. 제문은 비록 진실한 정을 표출함을 귀하게 여기는 장르이긴 하나 그럼에도 그 어조와 문체는 공손하고 점잖아야 한다. 그리고 슬프다는 뜻을 갖는 영탄사인 '차호'嗟乎라든가 '오호'嗚乎라는 말을 되풀이해 사용하면서 비탄의 감정을 직접적으로 표출함이 일반적이다. 하지만 이 제문에는 그런 단어가 일체 발견되지 않으며, 공손하고 점잖다기보다 비속하다 못해 상스러운 느낌마저 든다. 이처럼 이 제문은 그 형식에서부터 어조와 문체에 이르기까지 심한 파격과 일탈을 보여준다. 독자는 지금까지 나와 함께 연암이 쓴 여러 장르의 글을 읽어 오면서 연암의 파격적인 글쓰기를 여러 차례 목도했을 줄 안다. 하지만 이 글처럼 그 장르적 규범으로부터의 심한 일탈을 보여주는 글은 여태껏 없었다. 연암은 대체 무슨 심보로 하필 정석치의 제문에 이다지도 심한 파격을 구사한 것일까? 여기에는 분명 예사롭지 않은 의도와 사연이 있을 터이다. 다시 말해 연암은 이 글에서 단지 그 내용을 통해서만이 아니라 파격적인 형식과 문체를 통해서도 뭔가 이 글을 쓴 당시 자신의 기분과 심리 상태를 전달하고 있음이 틀림없다. 이 점에 대해서는 글을 읽어 나가면서 더 생각해 보기로 한다.

먼저 주목해야 할 것은, 이 단락이 느닷없는 출발을 보이고 있다는 점이다. 서양의 산문 분석에서는 이런 시작 방식을 'sudden start'라고 부른다. 이런 방식으로 시작되는 서두는 독자의 심리에 강한 인상과 파문을 던지면서 초입에서부터 독자를 긴장시키는 효과가 있다. 다시 말해 독자는 어떤 심리적 준비 과정도 없이 단박에 대상 속으로 들어가기를 강요당한다. 그런데다가 이 단락의 문장은 그 호흡이 유장하고 느긋한 것이 아니라, 아주 짧고 촉급하다. 빠른 숨으로 단숨에 읽도록 씌어진 문장인 것이다. 왜 서두에서부터 이렇게 급한 템포의 문장을 서술한 걸까? 이는 연암의 심리 상태와 밀접한 관련이 있다.

이 단락의 통사 구조統辭構造를 단순화하면 다음과 같다.

(a) 살아 있는 석치라면 이러이러할 텐데, (b) 그럴 수 없는 걸 보니 석치가 진짜 죽었구나.

여기서 가정문 (a)의 '이러이러할 텐데'는 석치가 살아 있을 때 연암과 함께한 일상의 이런저런 행위들을 말한다. 이 일상의 행위들은 몇 개의 병렬구並列句를 통해 질풍노도와 같이 단숨에 서술된다. 그것은 너무 익숙한 것들이어서 굳이 생각지 않아도 툭 튀어나와 쭈르르 열거되는 사안들이다. 그만큼 둘은 가까웠던 것이다. 둘은 친구나 친지의 초상을 당하면 함께 문상을 가 곡을 하거나 조문을 했다. 그렇건만 지금 그런 석치가 보이지 않는다. 뿐만 아니다. 석치가 살아 있을 때 연암은 늘상 석치와 함께 껄껄대고 함께 누군가를 욕하고 말술을 마셔 고주망태가 되어 서로 엉겨 붙어 싸우기도 하고 인사불성이 되어 속칭 오바이트를 하기도 했는데 지금 그런 석치가 있어야 할 자리건만 그는 보이지 않는다. 그러니 석치는 정말 죽은 게 맞구나! 석치는 늘 연암의 일상 속에서 연암과 함께했다. 하지만 지금 석치는 연암의 일상 속에 있지 않다. 연암은 이를 통해 석치의 부재(=죽음)를 확인한다. 친한 사람의 죽음은 그와 함께했던 일상 속 그의 빈자리에서 가장 잘 느껴지는 법이다. 우리가 누군가를 사랑한다는 건 그와 무언가를 같이 한다는 걸 의미한다. 그것은 공부일 수도 있고, 여행일 수도 있으며, 자전거 타기나 등산일 수도 있고, 좋아하는 음식이나 좋아하는 음악, 좋아하는 그림일 수도 있으며, 유쾌하고 즐거운 조크일 수도 있다. 하지만 어느 순간 그런 것을 더 이상 같이 할 수 없게 되었을 때 우리는 그 사람의 부재를 뚜렷

이 느끼며 커다란 상실감에 빠지게 된다. 연암은 이런 심리적 상황 속에 놓여 있는 것으로 보인다.

그러므로 "지금 석치는 진짜 죽었구나!"라는 구절에서 '지금'(원문 '수')이라는 말에 각별히 주목할 필요가 있다. 이 단어는 긴 가정문과 그에 이어지는 단정문의 경계 부분에 서 있다. 그리하여 이 단어는 현실을 결코 인정하고 싶지 않은 마음으로부터 현실을 인정할 수밖에 없는 마음에 이르기까지의, 한편으로는 퍽 당혹스럽고 한편으로는 너무나 슬픈 연암의 심리적 추이를 응축해 내고 있다.

그런데 다시 생각해 보면 (a)의 가정문은 절묘하게도 두 가지 효과를 거두고 있다고 판단된다. 그 하나는 이를 통해 연암과 석치의 개인적인 특별한 관계를 말하고 있다는 점이고, 다른 하나는 그런 석치의 죽음을 도무지 사실로 받아들일 수 없는 연암의 감정 상태를 전달하고 있다는 점이다. 하지만 연암은 일상 속 석치의 부재를 통해 '석치가 진짜 죽은 게 맞긴 맞구나!' 하고 석치의 죽음을 받아들일 수밖에 없게 된다. 이처럼 이 단락은 가정문 (a)와 그에 이어지는 단정문 (b)를 통해 친한 벗 석치의 죽음이 도저히 믿기지 않는 연암의 심리 상태 및 그럼에도 결국 석치의 죽음을 인정할 수밖에 없는 슬픈 상황에 대해 말하고 있다. 좀 어려운 말을 쓴다면, "살아 있는"에서 시작하여 "죽었구나"로 종결되는 이 단락의 문장은 이러한 심리적 상황을 잘 '구조화'해 놓고 있다고 할 만하다. 이 단락의 문장이 몹시 짧고 촉급한 호흡을 보여주는 것은 이 글을 쓸 당시 연암의 이런 심리 상황을 반영하고 있다.

이 단락에는 "함께 모여 ······하고"라는 말이 네 번이나 반복된다. 이는 예전에 함께 모여 그런 일을 했다는 것을 말하는 데 그치지 않고, 이제 그런 일을 더 이상 할 수 없다는 의미를 내포한다. 이 점에서 "지금 석치는 진짜 죽었구나"라는 이 마지막 어구만이 아니라 "함께 모여 ···하고"라고 반복되는 말 속에도 연암의 깊은 슬픔이 담겨 있음을 놓쳐서는 안 된다.

연암은 당시의 사람들이 점잖고 고상한 말만 주워다 써야 훌륭한 글이 되는 줄들 아는데 그건 천만의 말씀이라는 투의 말을 여러 곳에서 한 바 있다. 연암은 문장이란 아름다운 말과 고상한 말만 쭉 나열한다고 해서 훌륭하게 되지 않으며, 추한 말이나 비속한 말도 적절히 잘 쓰면 진실하고 훌륭한 문장을 만들 수 있다고 보았다. 요컨대 연암은, 글에는 못 쓸 말이 하나도 없으며, 중요한 것은 진실성이라고 했다. 고상한 말만 잔뜩 늘어놓아서는 진실한 글은커녕 진부하고 뻔한 글이 되기 십상인바 그런 글은 죽은 글이며, 속담이나 비속한 말이라도 잘 살려 쓰면 생기를 발하는바 살아 있는 글을 만들 수 있다고 했다. 말하자면 연암은 언어의 아속雅俗(고상함과 비속함)을 기계적으로 구분하던 당대 사대부의 문학론에서 탈피해 글쓰기에서 언어와 표현의 영역을 확장시키면서 문학의 진실성을 회복하고자 했던 것이다. 이 단락이 보여주는 언어와 표현은 퍽 비속하여 당시 점잖은 문인이나 사대부가 이 글을 봤다면 필시 눈썹을 찌푸리거나 혀를 쯧쯧 찼을 것이다. "맨몸으로 서로 치고받고" "마구 토해서" "속이 뒤집혀" "거의 죽을 지경이 되어서야 그만둘" 따위의 말은 점잖은 신분의 사대부를 형용한 말치고는 지나치게 상스럽고 적나라하다. 게다가 이 글은 소설이나 패설류稗說類도 아니고 명색이 제문이지 않은가. 제문이란 정통 한문학의 한 문체로서, 그것대로의 족보가 있고 관습이 있으며 규범이 있지 않은가. 하지만 연암은 굳어 있는 격식이나 상투적인 언어를 따르지 않고 파격적이고 자유분방한 글쓰기를 통해 석치의 죽음에 대한 자신의 감정을 대담하고도 솔직하게 드러내고 있다. 그 결과 이 글은 의례적인 글이 아닌 연암의 진실한 마음이 속속들이 배어 있는 글이 될 수 있었던 것이다.

2 석치가 죽자 시신을 둘러싸고 곡하는 이들은 석치의 처첩과 형제, 아들과 손자, 친척 들인데, 그 곁에 함께 모여 곡하는 이들이 적지 않다. 이들은 석치 유족의 손을 잡고 이렇게 위로한다.

"훌륭한 가문의 불행입니다. 철인哲人이 어찌해 이렇게 되셨는지……"

그러면 그 형제와 아들과 손자들이 절하고 일어나 머리를 조아리며 이렇게 대꾸한다.

"저희 집안의 흉액입니다."

석치의 벗들은 서로 이렇게 탄식한다.

"이런 사람은 정말 쉽게 얻을 수 없는데……"

함께 모여 조문하는 이들은 실로 적지 않다. 한편, 석치에게 원한이 있던 자들은 평소 석치더러 병들어 죽으라고 저주를 퍼붓곤 했거늘 이제 석치가 죽었으니 그 원한을 갚은 셈이다. 죽음보다 더한 벌은 없는 법이니까. 세상에는 참으로 삶을 한낱 꿈으로 여기며 이 세상에 노니는 사람이 있거늘 그런 사람이 석치가 죽었다는 말을 듣는다면 껄껄 웃으며 "진眞으로 돌아갔구먼!"이라고 말할 텐데, 하도 크게 웃어 입안에 머금은 밥알이 벌처럼 날고 갓끈은 썩은 새끼줄처럼 끊어질 테지.

주해 '철인'이란 지혜가 탁월한 사람을 이르는 말이다. 흔히 제문이나 애도하는 말에서 죽은 사람을 높일 때 이 단어를 쓴다. 정석치는 천문학과 수학, 지리학 등의 학문에 빼어났는데, 그 학문적 면모를 보여 주는 두어 개의 기록을 아래에 소개한다.

대사간 운유運維의 아들 집이 서울 집거동集巨洞에 있는데 그는 경술년庚戌年(1730)에 태어났으며 과거科擧 문장에 능하고 천문학과 수학에 정통한바, 마테오 리치가 남긴 학문을 근본으로 삼은 지 20여 년이나 되었다. 그가 있는 방에는 서학서西學書(서양의 자연과학에 대한 책)들이 가득 쌓여 있는데, 비록 그 동생이라고 하더라도 방에 들어오는 걸 허락지 않았다. —황윤석의『이재난고』頤齋亂藁

석치는 문예적 교양이 높았을 뿐 아니라 뛰어난 기예를 지녔다. 그래서 기계로 움직이는 여러 기구들, 이를테면 무거운 것을 들어 올리는 기구, 물건을 높은 데로 나르는 기구, 회전 장치를 한 방아, 물을 퍼 올리는 기구 따위를 능히 마음속으로 궁구하여 손수 제작해 냈다. 모두 옛날의 것을 본떠 현재에 시험하여 세상의 쓰임에 이바지하고자 한 것이다.
—박종채의『과정록』

관상대 위에 있는 여러 기구들은 혼천의渾天儀나 선기옥형璇璣玉衡(일종의 천문관측 기구) 같은 것일 듯하며, 뜰에 비치해 둔 것은 내 친구 정석치의 집에서 본 것과 비슷했다. 석치는 대나무를 깎아 손수 여러 천문 관측 기구를 만들었는데 다음 날 가서 찾아보면 이미 다 부숴 버리고 없었다. 언젠가 홍덕보(홍대용)와 함께 석치의 집에 간 적이 있다. 두 사람은 황도黃道와 적도赤道, 남극과 북극에 관해 서로 토론하면서 혹은 머리를 젓고 혹은 고개를 끄덕이곤 하였다. 그 내용은 모두 난해하여 알아듣기 어려웠으며, 나는 조느라 자세히 듣지도 못하였다. 새벽에 보니 두 사람은 아직도 어두운 등불 아래 서로 마주 앉아 토론을 하고 있었다.
—박지원의『열하일기』

평설 이 단락은 잠시 숨을 고르는 부분이다. 앞 단락이 아주 빠른 템포로 감정의 직절적直截的 분출을 보여주었다면, 이 단락은 망자亡者에 대한 사람들의 반응을 관찰자의 입장에서 비교적 차분하게 서술해 놓고 있다. 앞 단락을 '급'急이라 한다면 이 단락은 '완'緩이다. 이렇듯 두 단락은 퍽 대조적이다. 이처럼 완급을 교대해 가며 서술하는 것은 한편으로는 독자를 편안하게 하고, 다른 한편으로는 글에 입체감을 부여한다. 처음부터 끝까지 '급'으로만 일관하거나 '완'으로만 일관하는 글을 한번 상상해 보라. 독자는 전자의 경우 숨이 가빠 죽을 것이고, 후자의 경우 지루해 죽을 것이다.

한편, 앞 단락이 격렬함과 당혹감이라는 감정을 거쳐 체념의 감정으로 끝나고 있고, 그것을 받아 이 단락이 시작된다는 점에 유의할 필요가 있다. 어쩌면 연암은 격한 감정이 잠시 잦아듦에 따라 초점을 잃은 듯한 멍한 눈으로 빈소를 바라보며 이런저런 생각을 하고 있는 건지 모른다. 하지만 이 대목이 보여주는 연암의 관찰과 생각들은 이 제문을 한갓 개인적 차원에 국한시키지 않고 사회적 의미를 갖게 만든다는 점에서 주목할 만하다. 역시 연암답다. 개인의 문제를 다루면서도 사회와의 연관, 사회와의 긴장 관계를 놓치지 않고 있기 때문이다. 이 때문에 석치의 죽음은 심중한 사회적 의미 관련을 획득한다.

이 단락에는 석치와의 관계에 따라 네 종류의 사람이 언급되고 있다. 그 하나는 모여서 곡을 하는 유족들과 친지들이고, 그 둘은 모여서 조문하는 벗들이고, 그 셋은 평소 석치를 미워하거나 석치에게 원한을 품고 있던 자들이고, 그 넷은 이 세상을 초월해 도인道人처럼 살아가는 사람이다.

석치의 죽음을 가장 슬퍼할 사람은 그 형제, 아내, 자식 등의 가족일 터이지만, 외가와 처가의 인척들 및 석치의 벗들 역시 슬픔에 잠겨 애도를 표한다. 석치의 학문적 재능과 예술적 출중함을 생각한다면 52세로 타계한 석치의 죽음은 몹시 안타깝고 애석한 일이다. 하지만 모든 사람이 석치의 죽음을 안타까운 일로 애도한 것은 아니다. 이 단락은 그 중간 부분, 즉 "한편, 석치에게 원한이 있던 자들은 평소 석치더러 병들어 죽으라고 저주를 퍼붓곤 했거늘"에 이르러 분위기가 싹 바뀐다. 어찌 보면 이 단락의 핵심은 바로 이 대목에 있을지 모른다. "그 원한을 갚은 셈이다. 죽음보다 더한 벌은 없는 법이니까"라는 말은 흡사 연암의 독백처럼 들리는데, 역설적 표현을 통해 그런 자들을 조소하고 있는 것으로 여겨진다.

석치를 저주한 자들은 대체 어떤 자들일까? 이 점에 대해서는 현재 기록이 남아 있지 않다. 하지만 석치가 소북小北에 속했으며 그 매부가 남인南人의 촉망받던 학자인 이가환이었음을 생각한다면 반대당인 노론의 인사들, 특히 벽파僻派 계열의 인물들이 아니었을까 짐작된다. 당시 소북은 당세黨勢가 미미했으며 대개 남인과 밀접한 관계를 맺고 있었다. 석치의 둘째 누이동생이 이가환에게 시집간 데서도 이런 사정을 엿볼 수 있다. 이가환은 성호 이익의 종손從孫으로서, 정조 즉위년에 문과에 급제했으며, 정조가 친히 임한 문신제술文臣製述(문신에게 글을 짓는 시험을 보이는 일)에서 누차 수석을 차지함으로써 일찍부터 정조의 주목과 인정을 받은 인물이다. 왕권을 강화하기 위해 탕평을 강조한 정조는 강성한 노론 세력을 견제하기 위해 남인과 소론의 도움이 절실히 필요했다. 그러므로 남인의 대학자인 성호 이래의 가학家學과 타고난 박람강기를 바탕으로 경학經學과 자연과학 등 온갖 학문에 통달해 있던 이가환은 정조에게는 좀 귀한 존재가 아니었다. 가령 『정조실록』의 정조 2년(1778) 2월 14일 조에 보면 정조가 당시 승문원 정자正字로 있던 이가환을 불러 경서와 천문역법 등에 대해 문답한 내용이 길게 실려 있는데 정조는 이가환이 '해박하다'고 평하면서 몹시 흐뭇해하는 태도를 보이고 있다. 이후 이가환은 출세가도를 달려 정조 5년 8월에는 임금의 특지特旨로 지평에 제수되기에 이른다. 지평은 사헌부 소속의 정5품관이다. 비록 품계는 그리 높지 않아도 이 벼슬은 조정의 요직 중의 요직이었다. 왜냐하면 3정승과 판서를 비롯한 백관百官의 비위 사실에 대한 탄핵권을 갖고 있었고, 인사 및 법률 개편에 대한 동의와 거부를 할 수 있었기 때문이다. 주목되는 것은 정조 5년 7월 무렵 석치 역시 지평의 벼슬에 있었다는 사실이다. 석치는 얼마 안 있다 사간원의 정6품 벼슬인 정언으로 옮긴 것으로 보이는데, 『정조실록』의 정조 5년 9월 4일자 기사에는 당시 영의정 서명선徐命善이 글을 올려 정철조를 임금의 초상화를 그리는 데 참여시킬 것을 청하는 말이 보인다. 이 기사를 끝으로 실록에는 석치에 대한 언급이 나오지 않는데, 아마 이해 9월 이후의 어느 시점에 타계한 게 아닌가 생각된다.

　이상의 사실을 통해 볼 때 석치와 이가환은 한 묶음으로 묶이는 사람이다. 둘은 중국에서 간행된 최신 서학서인 『역상고성』曆象考成(천문역법에 관한 책)과 『수리정온』數理精蘊(수학에 관한 책) 등을 깊이 탐구하는 등 실학에 대한 학문적 감수성을 공유하고 있었다. 두 사람은 문과에 급제하여 조정에서 청요직淸要職의 벼슬을 맡고 있었으며, 게다가 이가환은 그 출중한 능력으로 인해 정조의 총애를 한 몸에 받고 있었다. 석치가 저주를 받은 것은 이런 사정과 관련이 없지 않을 터이다. 노론 강경파 측에서 본다면 석치와 그 매부 이가환은 눈엣가시 같은 존재이고 질시와 음해의 대상이었을 것이다.

　이 단락의 포인트는 평소 석치를 저주하던 자들에 대한 역설적 조소에 있다고 해야겠지만, 이 단락의 가장 미묘한 대목은 석치의 죽음에 대한 도인의 반응을 언급한 구절이 아닌가 한다. 이런 도인은 『장자』라는 책에 허다하게 등장한다. 『장자』는 이런 인물을 내세워 삶이란 한낱 꿈에 지나지 않는다는 것, 삶과 죽음은 결코 분리되지 않으며 죽음이야말로 삶의 근원이라는 것, 따라서 죽음이란 특별한 일도 슬퍼할 일도 아니며 자기의 원래 고향으로 되돌아가는 일이라는 것을 말하고 있다. 이 단락 끝 부분에서 도인이 보여주는 태도는 이런 생사관을 반영하고 있다. 이런 생사관은 그야말로 아주 높은 정신적 경지로서, 석치의 유족들이나 먼 친인척들이나 친구들이 그의 죽음 앞에서 어쩔 줄 몰라 하며 슬퍼하는 태도라든가 적대적 인물들의 고소해하는 태도와는 전연 다른 차원의 것이다.

　연암은 이 단락의 맨 마지막에서 굳이 죽음에 대한 이런 태도를 언급함으로써 죽음이란 사실 슬퍼할 일이 아니다, 그건 장자가 말한 대로 근원으로 되돌아가는 일이다, 석치의 죽음도 결국 그렇게 봐야 되지 않겠는가, 이런 생각을 했을 수 있다. 이런 생각은 죽음을 반성적으로 관조케 함으로써 연암의 마음을 잠시 위로해 주었을 수 있다. 그건 사실일지 모른다. 하지만 그게 다는 아니지 않을까? 이 구절을 가만히 음미해 보면 이상한 느낌을 지울 수 없다. "그런 사람이 석치가 죽었다는 말을 듣는다면 껄껄 웃으며 '진眞으로 돌아갔구먼!'이라고 말할 터이다"라고 끝냈으면 좋았을 것을, 왜 그 뒤에 사족처럼 "하도 크게 웃어 입안에 머금은 밥알이 벌처럼 날고 갓끈은 썩은 새끼줄처럼 끊어질 테지"라는 말을 덧붙였을까? 비통한 심정을 담은 이런 제문에서도 연암은 유머러스한 표현을 즐긴 것일까? 하지만 그런 추론은 사리에 통 맞지 않는다. 그렇다면 왜일까? 그냥 재미있으라고 그렇게 과장되게 표현한 걸까? 그럴 것 같지도 않다. 연암의 글은 퍽 용의주도하여, 쓸데없는 말이나 이유 없는 말, 하나마나한 말은 일체 않는 게 특징이다. 더군다나 이 글은 장난삼아 쓴 글이 아니고, 제문이지 않은가.

나는 이 과장된 서술 속에 연암의 미묘한 심경이 담겨 있다고 생각한다. 연암은 머리로는 『장자』의 생사관을 떠올리며, 그래 죽음이란 본시 그런 거야, 그러니 슬퍼할 건 없어, 슬퍼한다는 건 뭘 모르고 그러는 거지, 하고 생각했을 수 있다. 하지만 머리로는 그렇게 생각하면서도 가슴으로는 여전히 슬프다. 좋다, 석치가 '진'으로 돌아갔다고 치자. 하지만 그딴 게 뭐가 중요한가. 그런 것하고는 관계없이 나는 지금 석치가 말할 수 없이 그립고, 석치의 부재가 애통하기만 하고, 그래서 여전히 울고 싶어진다. 이런 마음이 도인의 웃음에 대한 묘사를 왠지 이상하다 싶을 정도로 과장된 쪽으로 이끈 것은 아닐까. 만일 그렇다고 한다면 이 대목의 과장된 표현에는, 죽음이란 마땅히 돌아갈 곳으로 돌아가는 현상이기에 슬퍼할 일이 아닌 줄 번연히 앎에도 불구하고 그럼에도 슬픔을 떨쳐 버리지 못하고 있는 연암의 심경이 역설적으로 투사되어 있다고 할 만하다.

③　석치는 진짜 죽었구나. 귓바퀴는 이미 문드러지고 눈알도 이미 썩었으니, 이젠 진짜 듣지도 보지도 못하겠지. 잔에 술을 따라 강신降神해도 진짜 마시지도 못하고 취하지도 못할 테지. 평소 석치와 함께 술을 마시던 무리를 진짜로 놔두고 떠나가 돌아보지도 않는단 말인가. 정말 우리를 놔두고 떠나가 돌아보지도 않는다면 우리끼리 모여 큼직한 술잔에다 술을 따라 마시지 뭐.

주해　'강신'이란 제사의 한 절차로, 혼령을 부르기 위해 술을 따라 모사茅沙(그릇에 담은 띠풀의 묶음과 모래) 위에 붓는 일을 말한다.

평설　이 단락은 "석치는 진짜 죽었구나"라는 말로써 시작된다. ①단락의 맨 끝 문장이 "지금 석치는 진짜 죽었구나"였음을 상기한다면, 이 단락은 ①단락을 잇고 있음을 알 수 있다. 연암은 ②단락에서 잠시 숨을 돌리며 석치의 죽음에 대해 이런저런 성찰을 가한 다음 다시 이 단락에서 ①단락의 감정을 되살리면서 자신의 감정을 토로하고 있다. 주목할 것은, 이 단락에 '진짜'(원문 '眞')라는 말이 무려 네 번이나 나온다는 점이다. 이 단어에는 석치의 죽음을 받아들일 수밖에 없다는 데 따른 체념과 안타까움이 묻어 있다. 석치가 죽은 것은 이제 더 이상 부정할 수 없는 '사실'인 것이다. 석치는 이제 그 좋아하던 술을 마시지도 못한다. 같이 어울려 지내던 주당酒黨들을 놔두고 떠나 버렸다. 석치야, 너 정말 돌아보지도 않고 가 버리기냐? 우리를 놔두고 그럴 수가 있냐! 만일 네가 그런다면 너 없이 우리끼리 술을 마시면 되지 뭐. 너 없다고 우리가 술을 못 마실 줄 아냐? 우리끼리도 얼마든지 재미있게 잘 놀 수 있다. 연암은 표면적으로 이렇게 말하고 있다. 하지만 그것은 반어로 들린다. 이런 반어적 표현은 석치의 빈자리가 너무도 크며, 그래서 연암을 비롯한 벗들의 가슴이 뻥 뚫려 있음을 확인시켜 줄 뿐이다.

4 나는 다음과 같은 글을 지어 읽는다.
(이하 글을 잃어버렸음)

주해 "글을 지어 읽는다"라는 말 뒤에 비로소 본격적인 제문이 시작되었을 것으로 보이는데, 그 부분은 현재 탈락되고 없다. 아마 4언으로 된 운문이지 않았을까 추정된다. 묘지명의 '명'이 보통 아주 짤막한 운문인 것과는 달리 제문의 운문은 아주 길어 60구句 내지 100여 구에 이르는바 제문의 중심 부분을 이룬다. 가령 연암이 그 처삼촌인 이양천李亮天을 위해 쓴 제문의 경우 4언구가 96구이며, 형수의 아버지인 이동필을 위해 쓴 제문의 경우 61구이다. 이 두 제문은 4언구를 통해 고인의 인품과 생전의 언행, 고인에 대한 연암의 특별한 추억과 애통한 심정 등을 기술하고 있다. 그리고 4언구가 끝나면 '상향'이라는 말로 제문이 종결된다.

이렇게 본다면 우리가 지금까지 읽은 정석치 제문은 그 서론에 해당한다고 말할 수 있다. 유감스럽게도 운문으로 씌어진 본론 부분은 탈락되어 버린 것이다. 보통의 제문이라면 정석치 제문처럼 이렇게 서문이 길지 않다. 누가, 언제, 누구를 위해 제문을 지어 곡한다는 말이 너덧 구절 정도 나온 다음 제문의 본문이 시작되는 게 일반적이다. 이렇게 본다면 정석치 제문은 서문에 해당하는 부분이 이상하리만큼 확장되어 있다 할 만하다.

한편, 우리가 읽은 정석치 제문에는 주로 연암 자신의 심정이 토로되어 있고, 정작 망자亡者인 정석치에 대한 회고라든가 그의 인간적 특성이라든가 그의 업적이라든가 그의 학문과 예술이라든가, 이런 면에 대해서는 전연 언급이 없다. 이런 면에 대한 서술은 필시 탈락된 부분 속에 들어 있었을 터이다. 일찍이 위당 정인보 선생은 연암의 이 제문이 정석치의 학문과 예술에 대해서는 일언반구도 말하지 않고 정석치를 마치 술주정뱅이처럼 보이게 해 놓은 데 대해 불만을 토로한 적이 있지만, 이는 탈락된 부분을 고려치 않은 데 따른 오해라고 해야 할 것이다.

탈락된 부분에 대한 아쉬움을 달래기 위해, 그리고 혹 그 부분에 대한 보충이 될 수 있을까 해서, 여기서 잠시 연암과 정석치의 관계에 대해, 그리고 정석치의 인간적 특성과 재예才藝에 대해 조금 언급해 두기로 한다.

연암과 정석치는 언제부터 알게 된 걸까?『과정록』초고본에는 이런 기록이 보인다.

> 아버지는 임진년(1772)과 계사년(1773) 사이에 가족을 석마石馬(지금의 경기도 성남시 분당구 돌마 일대)에 있는 처가로 보내고 늘 홀로 서울의 전의감 동 집에 거처하셨다. 홍담헌 대용, 정석치 철조, 이강산李薑山 서구書九와 때때로 서로 왕래하셨고, 이무관 덕무, 박재선朴在先 제가齊家, 유혜풍 득공이 늘 아버지를 좇아 노닐었다.

이 기록에 의하면 연암이 정철조와 알게 된 것은 적어도 1772년 이전이다. 한편 홍대용과 정철조는 지금의 남양주시 북한강변에 있던 석실서원의 미호 김원행 문하에서 동문수학한 사이다. 두 사람은 나이도 비슷하고(정철조가 홍대용보다 한 살 위임), 천문학과 수학 등 자연과학에 대한 관심을 공유하고 있었다. 그런데 홍대용이 연암과 처음 만난 것은 1766년경으로 추정된다. 홍대용은 중국 여행에서 돌아온 그해 자신이 편찬한 책『중국인 벗들과의 우정』(원제 '회우록'會友錄)의 서문을 받기 위해 연암의 집을 찾았고 이것이 둘의 첫 만남이지 않을까 짐작된다. 홍대용과 정철조의 관계를 생각해 본다면 정철조는 빠르면 이때쯤, 늦어도 1770년대가 시작되기 전에는 연암과 교유하기 시작했다고 볼 수 있지 않을까. 아무튼 위에 인용한 『과정록』에 의하면 연암이 1772년 무렵 가장 가까이했던 사람은 홍대용, 정철조, 이서구, 이덕무, 박제가, 유득공 이 다섯 사람이다. 앞의 세 사람은 문벌이 있는 양반이고, 뒤의 세 사람은 서얼이다. 한편 이서구는 그 문벌과 훗날의 지위 때문에 홍대용 등과 함께 묶여 거론된 것으로 보이지만 연암보다 17세 연하로서 연암의 문생에 해당한다. 서얼 출신의 세 사람은 주지하다시피 모두 연암의 문생들이다. 이렇게 본다면 연암과 동급의 친구란 홍대용과 정철조 단 두 사람이다.

홍대용과 연암이 얼마나 가까웠는지에 대해서는 앞에서 누차 언급했으므로 다시 말할 필요가 없을 터이다. 연암이 키가 크고 거구였으며 소탈한 성격의 소유자였음에 반해 홍대용은 몸이 호리호리하고 성격이 단아했다. 한편 연암이 불우한 중년기 이래 술을 좋아하여 말술을 불사했음에 반해 담헌은 술을 하지 못했다. 요컨대 연암이 문인형이라면 담헌은 학자형이었던 셈이다. 두 사람은 사뭇 다른 면모를 지녔지만 서로를 존중해 처음 만난 이래 끝까지 서로 공경하는 태도를 잃은 적이 없었다고 한다.

정철조는 평생 천문학과 지리학에 전념하면서 천문 관측 기구를 직접 제작하기도 하고 지도를 만들기도 하는 등 학자로서의 삶을 살았지만 홍대용과는 달리 아주 술을 좋아했으며 주량이 크기로 유명했던 것 같다. 지도를 제작하고 천문학에 전심한 것을 보면 정철조의 성격은 꼼꼼하고 치밀했었던 게 틀림없다(지도 제작에는 대단한 세심함이 요구되는바 치밀한 성격의 소유자가 아니면 불가능하다). 하지만 그는 동시에 소탈하고 호방하기도 했던 것 같다. 이런 성격은 그의 예술가적 기질에서 기인하는 것으로 여겨진다. 정철조는 당대 1급의 자연과학자이기만 한 것이 아니라 빼어난 화가이기도 했던 것이다. 성대중의 문집에 의하면 그는 술에 대취하여 영감이 이르면 그때 붓을 휘저어 그림을 그리곤 하였다. 호방하고 술을 몹시 좋아하며 예술가적 일탈을 일삼았다는 점에서 정철조는 연암과 기질적으로 너무나 잘 통하는 둘도 없는 벗이었을 것으로 짐작된다. 연암은 홍대용과 마주해서는 점잖은 말로 대화를 주고받았지만, 정철조와는 술이 거나해지면 때로 광태狂態를 연출하면서 흉허물 없이 지냈을 것으로 생각된다.

홍국영은 1780년 2월 권력에서 축출된다. 박지원은 더 이상 연암협에 은거해 있을 이유가 없었다. 그는 다시 서울로 돌아온다. 그리고 이해 5월 중국 여행길에 올라 동년 10월에 귀국한다. 박지원은 귀국 후 서울과 연암협을 오가며 『열하일기』의 집필에 힘을 쏟는다. 『과정록』은 당시의 사정을 이렇게 전하고 있다.

아버지는 경자년(1780)에 서울로 돌아와 평계平谿에 거처하셨으니 곧 지계공芝溪公(연암의 처남인 이재성)의 집이었다. 이때 홍국영이 실세하여 화근은 사라졌지만 점잖은 옛 친구들은 거의 다 세상을 떴다. 그래서 분위기가 싹 변해 옛날 같지 않았다. 아버지는 더욱 뜻을 잃고 스스로 방달하게 지내셨는데 그것이 몸을 보존하는 비결임을 도리어 기뻐하셨다. 그러면서도 항상 답답해하시며 멀리 떠났으면 하는 생각을 갖고 계셨다.
마침 아버지의 삼종형인 금성도위錦城都尉(임금의 부마인 박명원)께서 청나라 건륭 황제의 칠순 생일을 축하하는 사절로 북경에 가시게 되어 아버지에게 함께 가자고 했다. (중략) 아버지는 귀국 후 더욱 배회하셨으며 즐거운 일이 없었다. 아버지는 당시 연암협에 혼자 들어가 지내셨는데 혹은 해를 넘기시기도 하고 혹은 반년이 지나 돌아오시기도 했다.

이 기록은 1780년을 전후한 시기 연암의 울울한 처지를 잘 전하고 있다. 당시 홍대용은 경상도 영천의 군수로 나가 있었다. 따라서 연암은 이 무렵 조정에서 벼슬을 하고 있던 정철조와 주로 어울리곤 했을 것이다. 일찍이 정철조는 연암이 은거하던 연암협을 그림으로 그린 적이 있다. 연암은 『열하일기』를 집필할 때 정철조에게 중국 책을 참조해 북경 지도를 좀 그려 달라고 부탁한 바 있다. 글을 쓸 때 참조하기 위해서였다. 연암은 『열하일기』 속에다 이 사실을 특별히 명기해 놓고 있다.

> 내가 중국에서 돌아와 여행했던 곳을 생각할 때면 기억이 흐릿하여 마치 눈앞에 안개가 낀 것 같고, 정신이 아득하여 새벽꿈에 죽은 사람을 보는 것 같았다. 그리하여 남북이 헷갈려 이름과 실상이 어긋났다. 나는 어느 날 정석치에게 『팔기통지』八旗通志(청나라 옹정제 때 편찬된 책)를 보고 북경의 자금성을 좀 그려 달라고 했다. 석치가 그려 준 지도를 펼쳐 보니 북경의 성곽, 해자垓子(성 주위에 둘러 판 못), 궁궐, 거리, 상점, 관아가 손금을 보듯 또렷했으며, 종이에서 사람들의 신발 소리가 들리는 듯했다. —『열하일기』「황도기략」黃圖紀略

당시 연암이 정철조와 얼마나 가까이 지냈던가를 잘 보여주는 기록이다. 그런 정철조가 1781년 겨울 갑자기 세상을 떴다. 연암의 충격과 상심이 오죽했겠는가.

이제 끝으로, 연암이 정석치의 제문을 왜 그리도 파격적으로 썼는지에 대해 생각해 보기로 하자. 여기에는 크게 두 가지의 이유가 있다고 여겨진다. 그 하나는, 제문의 대상 인물인 석치 자체가 몹시 파격적인 인물이었기 때문이 아닌가 한다. 제문의 대상 인물이 음전하고 순순한 인간이었다면 굳이 그렇게 쓰지 않았을 것이다. 지금까지 살펴본 것처럼 석치는 방달불기放達不羈(말과 행동에 거리낌이 없고 예법 따위에 구속되지 않는 태도)한 인간 타입이었다. 박제가가 그를 "청동 술잔으로 3백 잔을 마신 술꾼이어라"(靑銅三百酒人乎)라고 읊었듯이, 그는 당대의 주호酒豪였다.

두 번째 이유는, 당시 연암이 처해 있었던 상황과 그 심경에서 찾아야 하지 않을까 생각된다. 앞에서 말했듯 연암은 이 시기에 매우 울적한 생활을 하고 있었다. 그것은 2년 전 연암협에 은거할 때로 소급된다. 당시 홍국영이 권력을 잡자 사람들은 그에게 아부하면서 연암을 마구 비방하였다. 『과정록』에서는 당시의 일을 이렇게 적고 있다.

"당시 아버지를 비방하는 소리가 세상에 가득하였다. 대개 평소부터 질투하고 시기한 사람이 있는가 하면, 권세가에 아첨하여 따라 떠드는 자도 있었으며, 또 옛날의 친분을 꺼림칙하게 여겨 비방하는 자도 있었다. 이들이 모두 이러쿵저러쿵 입을 쉬지 않고 놀리며 아버지를 헐뜯었다." —『나의 아버지 박지원』, 40~41면

이런 상황이었으므로 홍국영이 제거되고 나서도 연암은 퍽 소조蕭條하게 지내며 고립무원의 처지에 있었던 것으로 보인다. 이런 속에서 연암과 변함없는 우정을 나눈 사람은, 적어도 연암 동급의 인물로는 홍대용과 정철조 두 사람밖에 없었다고 여겨진다. 특히 정철조는 기질적으로 연암과 잘 통했던바, 실학의 동지로서, 술친구로서, 각별한 관계에 있었다. 이런 그가 죽었으니 연암으로서는 꼭 자신의 절반을 잃은 느낌이었을 것이다. 절망적이고, 참담하기 그지없으며, 도저히 믿기지 않는 이 현실을 대체 어떻게 표현할 것인가. 이 제문이 그 형식에서든 문체나 어조에서든 파격 중의 파격을 보이게 된 데에는 이처럼 당시 연암의 처지와 심경, 연암과 석치와의 특별한 관계가 작용한 것임이 틀림없어 보인다.

총평

- 이 글은 당시 보수적인 문예관을 지닌 사람의 눈에는 경망스럽고 상스러운 글로 보였을 테지만, 제문의 매너리즘을 깨뜨리면서 인간의 진정眞情을 쏟아 내고 있다는 점에서 오늘날의 관점에서 보더라도 빛이 바래지 않으며, 퍽 감동적이다.

- 이 글에서는 정작 슬픔이라든가 애통함이라든가 이런 말은 단 한 군데도 나오지 않지만 친구의 죽음을 앞에 한 채 비탄과 슬픔에 잠겨 있는 인간 연암의 마음이 약여하게 느껴진다.

- 이 글은 연암의 심리적 추이에 따라 글이 구성되어 있다. ①단락은 석치의 죽음이 도저히 믿기지 않는, 그럼에도 그것을 사실로 받아들일 수밖에 없는 연암의 착잡하고 당혹스런 마음을 빠른 필치로 적고 있다면, ②단락은 너무나 큰 슬픔 앞에서 잠시 망연자실하여 멍한 눈으로 우두커니 빈소를 바라보고 있는 연암의 시선을 내재화하고 있고, 마지막 단락은 석치의 죽음에서 느끼는 절망감을 반어적으로 드러내고 있다.

- 이 글은 그 형식도 묘하고, 문체와 어조도 묘하고, 표현도 재미있다면 재미있다. 하지만 한갓 이런 점에만 눈을 빼앗긴다면 연암옹燕巖翁이 자못 섭섭해할지 모른다. 왜냐면 연암은 늘 글을 읽을 때 눈에 빤히 보이는 거죽이 아니라 눈에 잘 보이지 않는 작자의 고심苦心, 즉 작자의 마음을 읽을 것을 강조했기 때문이다.

어떤 사람에게 보낸 편지

　푹푹 찌는 더위에 형제분들은 두루 평안한지? 성흠聖欽은 근래 어찌 지내고 있나? 늘 생각하며 잊지 못하네. 중존仲存과는 이따금 만나 술잔을 나눌 테지만 백선伯善이 청교靑橋를 떠나고 성위聖緯도 이동泥洞에 없으니 이처럼 긴긴 여름날 무엇으로 소일하는지 모르겠군. 듣자니 재선在先은 이미 벼슬에서 물러났다던데, 그가 돌아온 후 몇 번이나 만났는가? 재선은 이미 조강지처를 잃은 데다 설상가상으로 무관懋官 같은 좋은 친구마저 잃고서는 막막한 이 세상에 외로운 신세가 됐으니 그 모습과 언사는 보지 않아도 알 만하거늘, 정말 천지간의 궁한 사람이라 하겠네.
　아아, 애통한 일일세! 내 일찍이 벗 잃은 슬픔이 아내 잃은 슬픔보다 훨씬 크다고 말한 적이 있네. 아내를 잃은 자는 두 번, 세 번 장가를 들 수도 있고 서너 차례 첩을 얻는다 해도 안 될 것이 없으니, 이는 마치 솔기가 터지고 옷이 찢어지면 깁거나 꿰매면 되고, 기물이 깨지거나 이지러지면 새것으로 바꾸면 되는 것과 같은 걸 테지. 혹 뒤에 얻은 아내가 전처前妻보다 나을 수도 있고, 혹 자신은 늙었더라도 새 아내는 어리고 예뻐 신혼의 즐거움이 초혼 때와 차이가 없을는지도 모르지.

그러나 벗을 잃는다면 행여 내게 눈이 있다 하나 내가 보는 것을 뉘와 함께 볼 것이며, 행여 내게 귀가 있다 하나 내가 듣는 것을 뉘와 함께 들을 것이며, 행여 내게 입이 있다 하나 내가 맛보는 것을 뉘와 함께 맛볼 것이며, 행여 내게 코가 있다 하나 내가 맡는 향기를 뉘와 함께 맡을 것이며, 행여 내게 마음이 있다 하나 장차 나의 지혜와 깨달음을 뉘와 함께하겠나?

종자기鍾子期가 세상을 뜨자 백아伯牙는 자신의 금琴을 끌어안고 장차 뉘를 향해 연주하며 뉘로 하여금 감상케 하겠나? 그러니 허리춤에 찼던 칼을 뽑아 단번에 그 다섯 줄을 끊어 버려 쨍 하는 소리가 날밖에. 그리고 나서 자르고, 끊고, 냅다 치고, 박살내고, 깨부수고, 발로 밟아, 몽땅 아궁이에 쓸어 넣고선 불살라 버린 후에야 겨우 성에 찼다네. 그리고는 스스로 물었다네.

"속이 시원하냐?"

"그래 시원하다."

"엉엉 울고 싶겠지?"

"그래, 엉엉 울고 싶다."

그러자 울음소리가 천지를 가득 메워 마치 종소리와 경쇠 소리가 울리는 것 같고, 흐르는 눈물은 앞섶에 뚝뚝 떨어져 큰 구슬 같은데, 눈물을 드리운 채 눈을 들어 바라보면 빈산엔 사람 하나 없고 물은 흐르고 꽃은 절로 피어 있었다네.

내가 백아를 보고서 하는 말이냐구? 그럼, 보다마다!

[1] 푹푹 찌는 더위에 형제분들은 두루 평안한지? 성흠聖欽은 근래 어찌 지내고 있나? 늘 생각하며 잊지 못하네. 중존仲存과는 이따금 만나 술잔을 나눌 테지만 백선伯善이 청교靑橋를 떠나고 성위聖緯도 이동泥洞에 없으니 이처럼 긴긴 여름날 무엇으로 소일하는지 모르겠군. 듣자니 재선在先은 이미 벼슬에서 물러났다던데, 그가 돌아온 후 몇 번이나 만났는가? 재선은 이미 조강지처를 잃은 데다 설상가상으로 무관懋官 같은 좋은 친구마저 잃고서는 막막한 이 세상에 외로운 신세가 됐으니 그 모습과 언사는 보지 않아도 알 만하거늘, 정말 천지간의 궁한 사람이라 하겠네.

주해 '성흠'聖欽은 이희명李喜明(1749~?)의 자字다. 이 인물에 대해서는 「술에 취해 운종교를 밟았던 일을 적은 글」을 살필 때 이미 언급한 바 있으므로, 자세한 것은 그쪽을 참조하기 바란다.

'중존'仲存은 연암의 처남인 이재성李在誠(1751~1809)의 자다. 연암보다 열네 살 밑이지만 연암은 그를 친구처럼 대했다. 비평적 감식안이 빼어나 연암의 글에 대한 평을 많이 남겼다. 동시대인 중 그만큼 연암 문학의 핵심과 묘처妙處를 꿰뚫어 본 사람은 없었다고 생각된다. 연암은 새 글을 쓰면 그에게 보여 비평을 부탁하곤 했다고 한다.

'백선'伯善은 남덕신南德新(1749~?)의 자다. 연암그룹의 일원으로, 이희경李喜經(1745~1805), 유득공, 박제가 등과 교분이 있었으며, 역시 서얼 출신이다. 1790년, 청나라 건륭 황제의 팔순 생신을 축하하기 위해 파견된 사절단의 서장관 이형원의 수행원 신분으로 참여하였다. 당시 이희경, 유득공, 박제가도 수행원으로 동행하였다. '백선'이라는 이름은 『연암선생 서간첩』에도 몇 차례 보인다(「고추장 작은 단지를 보내니」, 돌베개, 2006 참조). '청교'靑橋는 옛날 쌍리문동雙里門洞(지금의 서울시 중구 쌍림동雙林洞)에 있던 다리 이름이다.

'성위'聖緯는 이희경의 자다. 연암의 문생 중 한 사람이며, 이희명의 형이다. 이덕무·박제가·유득공처럼 뛰어난 글재주를 지닌 것은 아니나 실학적 문제의식을 공유하여 『설수외사』雪岫外史라는 실학적 저술을 남겼다. 연암은 만년에 그에게 집안일을 부탁하기도 하는 등 그를 각별히 신뢰했던 것 같다. 이러한 사실은 연암이 안의 현감 시절 아들에게 보낸 편지들에서 확인된다(이 편지들에 대해서는 『고추장 작은 단지를 보내니』, 돌베개, 2005를 참조할 것). 이희경의 집은 당시 '이동'泥洞에 있었다. 이동은 지금의 종로구 운니동雲泥洞에 해당한다. 우리말로는 '진골'이라고 했는데, 땅이 몹시 질어서 이런 이름이 붙었다. 지금의 운니동이라는 명칭은 일제강점기인 1914년의 행정구역 개편 때 '운현'雲峴과 '이동'에서 각각 그 머리글자를 따서 새로 붙인 이름이다. 이희경에 대한 더 자세한 사실은 「술에 취해 운종교를 밟았던 일을 적은 글」을 참조하기 바란다.

'재선'在先은 박제가朴齊家(1750~1805)의 자다. 박제가는 정조 17년인 1793년 5월 호서 암행어사가 임금께 올린 서계書啓 중의 '정사政事를 잘못했다'는 지적으로 인해 부여 현감扶餘縣監에서 파직되었다. "이미 벼슬에서 물러났다던데" 운운한 말은 이를 가리킨다.

'조강지처'糟糠之妻란 술지게미(술을 거른 뒤 남은 찌꺼기)나 쌀겨 같은 거친 음식을 함께 먹은 아내라는 뜻으로, 몹시 가난하고 천하던 시절 함께 고생한 아내를 말한다. 박제가의 처는 덕수德水 이씨李氏로 1792년 9월에 사망했다.

'무관'懋官은 이덕무李德懋(1741~1793)의 자다. 호는 형암炯菴 혹은 청장관靑莊館이다. 박학하고 재주가 있었음에도 몹시 겸손했다. 연암 주변의 서얼 출신 인물 중 연암이 마음으로 가장 가깝게 여긴 사람은 아마도 이덕무가 아니었던가 생각된다. 이덕무는 연암과 나이차가 많지 않았고(네 살 아래임), 외가가 반남 박씨였으며, 박제가처럼 경솔한 데가 있지 않고 조심스럽고 삼가는 태도를 지녔다. 이런 점 때문에 연암은 문생 중에서도 이덕무와 가장 각별한 관계를 유지했던 게 아닌가 생각된다. 이덕무는 1793년 1월, 향년 53세로 사망하였다. 연암은 안의에서 이 소식을 듣고 "무관이 죽다니!

꼭 나를 잃은 것만 같아"라고 탄식했다고 한다. 그 슬픔의 정도를 가히 짐작할 수 있다. 연암은 훗날 정조의 명에 따라 「형암행장」炯菴行狀을 지어 그를 기렸다.

"천지간의 궁한 사람"은 『맹자』「양혜왕」梁惠王 하편下篇에 나오는 말이다. 맹자는, 늙어 아내 없는 남자, 늙어 남편 없는 여자, 늙어 자식 없는 사람, 부모 없는 아이, 이 넷을 천하의 궁한 백성이라고 했다. 박제가가 아내와 벗을 비슷한 시기에 잃어 가엾게 되었으므로 이런 말을 한 것이다.

평설 옛날 편지는 요즘 편지처럼 그 첫머리에 'ㅇㅇㅇ에게'라거나 'ㅇㅇㅇ 귀하'라는 말 없이 바로 "추운 날씨에 별고 없이 잘 계시는지요?"라며 안부를 묻는 것으로 시작된다. 수신인의 명칭은 오로지 편지 피봉(=겉봉)에 기재될 뿐이다. 그래서 편지를 보관하는 과정에 피봉을 잃어버리면 그 편지가 대체 누구에게 보내진 것인지 도통 알기 어렵게 되어 있다. 이 편지의 원래 제목은 '여인'與人이다. '여인'이란 '어떤 사람에게 보낸 편지'라는 뜻이다. 하지만 원래 편지에 이런 제목이 있었을 리는 만무하고, 연암이 죽고 난 뒤 『연암집』을 편찬할 때 뒷사람이 붙인 것이다. 대개 누구에게 보낸 편지인지 알 수 없을 때 이런 제목을 붙인다. 아마도 이 편지는 그 피봉을 분실했기에 수신인을 알 수 없어 이런 제목을 붙였을 터이다.

『연암집』에는 이 편지가 박지원이 안의 현감으로 있을 때 쓴 편지임이 명기되어 있다. 연암은 1786년 친구 유언호의 주선으로 벼슬을 처음 얻어 하게 되었다. 벼슬 이름은 선공감 감역이다. '선공감'이란 궁궐과 관청의 건축 및 보수 공사를 관장하던 관청이다. '감역'은 감역관監役官이라고도 하는데, 선공감의 종9품 관직이다. 주로 공사를 감독하는 일을 맡아보았다. 감역은 대개 음직蔭職으로 받는 벼슬자리였다. 일찍이 홍대용도 이 벼슬에서부터 관직을 시작했다. 연암은 이후 평시서平市署 주부主簿, 의금부義禁府 도사都事, 제릉령齊陵令, 한성부漢城府 판관判官 등의 말단 벼슬을 전전했다. 평시서는 시전市廛, 도량형, 물가 등에 관한 사무를 맡아보던 관청이다. 주부는 종6품직 벼슬이다. 제릉령은 경기도 개풍군에 있는 태조비 신의왕후의 능 관리 책임을 맡은 관원으로 품계는 종5품이다. 한성부 판관은 요즘으로 치면 서울 시청의 공무원에 해당하는데, 품계는 종5품이다. 연암은 한성부 판관으로 있던 1791년 12월 안의 현감에 임명되었다. 처음으로 외직에 나가게 된 것이다. 연암 55세 때였다. 연암은 이듬해 1월에 임지인 안의에 부임한다.

안의는 지금의 경상남도 함양군 안의면 일대를 말하는데, 당시는 함양군과는 별도의 독립된 현이었다. 당시의 안의현은 지금의 안의면보다 훨씬 넓었다. 지금 함양군의 서상면·서하면 일대, 거창군의 북상면·위천면·마리면 일대가 모두 안의현에 속했다. 그러므로 황석산, 농월정, 거연정, 영각사, 수승대 등이 모두 안의 관할이었다. 안의가 지금처럼 축소된 것은 1914년에 단행된 일제의 행정구역 개편 때 안의현을 함양군과 거창군으로 분할하면서부터다.

안의 서남쪽에는 지리산이 있다. 안의는 경치가 무척 빼어나 당시 '안의 3동'安義三洞이라는 말이 있었다. 안의 3동은 농월정과 거연정이 있는 화림동花林洞, 용추계곡이 있는 심진동尋眞洞, 원학계곡이 있는 금원동金猿洞을 가리킨다. 모두 그윽하고, 산수가 아름다운 곳이다.

연암이 안의에 부임한 지 1년 만인 1793년 1월 이덕무가 병으로 세상을 뜬다. 이덕무는 비록 몸은 실하지 못했어도 평소 큰 병은 없었는데 이달 감기에 걸려 고생하다 갑자기 죽었다고 한다. 아마 독감 같은 병에 걸린 게 아닐까 생각된다. 이해 봄, 연암의 지인들이 떼를 지어 안의를 방문한다. 이때의 일을 『과정록』은 다음과 같이 적고 있다.

아버지는 지계공(이재성)과 김기무, 큰사위 이종목과 작은사위 이겸수를

— 김홍도의 〈포의풍류도〉 개인 소장

초대하여 물가에서 술 마시며 글을 짓는 자리를 가지셨다. 계축년(1793) 봄에는 왕희지의 고사를 본뜬 술자리를 마련해 흐르는 물에 술잔을 띄워 시를 읊으셨다. 세상 사람들은 당시 아버지가 지은 시를 외워 전했으며 그 모임을 멋진 일로 생각했다.

지계공이 어떤 사람에게 보낸 편지에 이런 말이 있다.

"나는 화림花林(안의현의 별칭)에 도착해 40일 동안 하풍죽로당荷風竹露堂에 거처했다오. 당시 풍년이 든 데다가 관아에 일이 없어 한가했으므로 사또(연암)께서는 일찍 업무를 끝내고 해가 뉘엿뉘엿 질 무렵이면 객이 묵고 있는 곳으로 찾아왔다오. 그곳에는 예스러운 거문고와 운치 있는 술동이, 잘 정돈된 책들과 아담한 칼이 비치되어 있었다오. 그리고 곁에는 종종 시에 능한 승려와 이름난 기생이 있었소이다. 술이 거나해지면 천고千古의 문장에 대해 마음껏 토론했으니, 당시의 즐거움은 백 년의 인생과 맞바꿀 만했다오. 내가 훗날 화림과 같이 아름다운 고장에서 고을살이를 할 수 있을지는 모르지만, 연암과 같은 객을 얻을 수야 있겠소?"
그때 온 사람들 중 이희경과 유인태는 아버지 문하에 출입하던 선비들이었고, 한석호韓錫祜·양상회梁尙晦 등 여러 사람은 모두 연암협에 계실 때의 문하생들이었다. 아버지는 때때로 별관에다 기악妓樂을 베풀어 주셨는데, 당신께서는 반드시 먼저 돌아오셔서 남은 사람들로 하여금 마음껏 놀게 하셨다. —『나의 아버지 박지원』, 103~104면

『과정록』에는 또 이런 기록도 보인다.

이때 임금님(정조)께서는 규장각에 근무하는 신하 아무개에게 이렇게 말씀하셨다.
"박지원은 평생 조그만 집 한 채도 없이 궁벽한 시골과 강가를 떠돌며 가난하게 살았다. 이제 늘그막에 고을 수령으로 나갔으니 땅이나 집을 구하는 데 급급하리라 생각했다. 그런데 듣자하니 정자를 짓고 연못을 파서 천 리 밖에 있는 술친구와 글 친구들을 초대하고 있다니, 문인의 행실이 이처럼 속되지 않기도 참 어려운 일이다. 또 들으니 고을 원으로서의 치적治績 또한 퍽 훌륭하다는구나." —같은 책, 105면

이 기록들에서 볼 수 있듯 연암은 친지와 문생들을 안의로 불러 술자리와 글을 짓는 자리를 갖곤 하였다. 이 편지를 쓴 시점은 1793년 여름이고, 그 수신인은 유득공으로 추정된다. 잘 알려져 있다시피 유득공은 연암이 가장 아끼던 문생의 한 사람인데, 이 무렵 서울에서 검서관 벼슬을 하고 있었다. 이 편지에는 연암의 가장 가까운 사람들—처남인 이재성, 문생인 박제

가·이덕무·이희경 등— 이 죄다 언급되고 있으나 이상하게도 유독 유득공만은 빠져 있다. 유득공이 이 편지의 수신인이었기 때문으로 보인다.

이 편지의 문투文套는 윗사람이나 평교平交 관계가 아닌 아랫사람을 대하는 문투다. 편지는, 비록 이 글처럼 격식에 얽매이지 않고 자유롭게 쓴 편지조차, 그 문투에서 발신인과 수신인 사이의 상하관계가 드러나게 마련이다. 편지의 이 단락은 서울에 있는 친지들의 안부를 묻는 말로 구성되어 있다. 그 말에 다정함이 철철 넘친다.

이 단락은 그 뒷부분에서 아내와 벗을 잃은 박제가의 궁한 처지를 말하고 있는데, 이 때문에 글의 색채가 돌연 어둡게 바뀐다. 이 점을 놓치지 않는 것이 이 단락 감상의 포인트다. 이 어두운 색조는 다음 단락을 위한 준비다.

맨 마지막 문장에 "외로운 신세가 됐으니"라는 말이 보이는데, 이 말의 원문은 '踽踽凉凉우우량량'이다. 이 단어는 홀로 터벅터벅 쓸쓸하게 걸어가는 모습을 형용한 말이다. 배우자와 친구를 잃고서는 천지 사이에 혼자 몸이 되어 살아가는 박제가의 처지를 잘 묘사한 말이라고 생각된다.

2 아아, 애통한 일일세! 내 일찍이 벗 잃은 슬픔이 아내 잃은 슬픔보다 훨씬 크다고 말한 적이 있네. 아내를 잃은 자는 두 번, 세 번 장가를 들 수도 있고 서너 차례 첩을 얻는다 해도 안 될 것이 없으니, 이는 마치 솔기가 터지고 옷이 찢어지면 깁거나 꿰매면 되고, 기물이 깨지거나 이지러지면 새것으로 바꾸면 되는 것과 같은 걸 테지. 혹 뒤에 얻은 아내가 전처前妻보다 나을 수도 있고, 혹 자신은 늙었더라도 새 아내는 어리고 예뻐 신혼의 즐거움이 초혼 때와 차이가 없는지도 모르지.

그러나 벗을 잃는다면 행여 내게 눈이 있다 하나 내가 보는 것을 뉘와 함께 볼 것이며, 행여 내게 귀가 있다 하나 내가 듣는 것을 뉘와 함께 들을 것이며, 행여 내게 입이 있다 하나 내가 맛보는 것을 뉘와 함께 맛볼 것이며, 행여 내게 코가 있다 하나 내가 맡는 향기를 뉘와 함께 맡을 것이며, 행여 내게 마음이 있다 하나 장차 나의 지혜와 깨달음을 뉘와 함께하겠나?

주해 "벗 잃은 슬픔"이라는 말의 원문은 '絶絃之悲'절현지비(악기의 줄을 끊어 버릴 정도의 큰 슬픔)이다. 여기에는 다음과 같은 고사가 있다. 백아伯牙는 중국 고대의 인물로 금琴의 명인이었다. 그의 음악을 제대로 이해하는 사람은 이 세상에 종자기鍾子期 단 한 사람밖에 없었다. 그래서 종자기가 죽자 그는 자기가 타던 악기의 줄을 스스로 끊어 버리고 다시는 금을 타지 않았다고 한다. '지음'知音(소리를 아는 사람이라는 뜻)이라는 말은 여기서 유래한다. 이 고사로부터 '절현'絶絃은 둘도 없는 절친한 지기知己의 죽음을 이르는 말로 쓰이게 되었다. 『여씨춘추』呂氏春秋라는 중국 고대의 책에 이 고사가 실려 있다.

평설 앞 단락에서 박제가가 아내와 친구를 사별했다고 말한 것을 받아 이 단락에서는 아내를 잃은 슬픔과 벗을 잃은 슬픔에 대한 비교 논의를 펼치고 있다. "아내를 잃은 자는 두 번, 세 번 장가를 들 수도 있고 서너 차례 첩을 얻는다 해도 안 될 것이 없으니"라는 말이나, "이는 마치 솔기가 터지고 옷이 찢어지면 깁거나 꿰매면 되고, 기물이 깨지거나 이지러지면 새것으로 바꾸면 되는 것과 같은 걸 테지"라는 비유는, 오늘날의 관점에서 보면 기가 차는 말이다. 아내가 뭐 옷이나 기물과 같은 물건인가? 그래서 잃어버리거나 망가지면 언제든지 다른 걸로 교체할 수 있는 대상인가?

벗은 결코 대체될 수 없는 존재이고 그래서 벗의 죽음은 애통하기 짝이 없는 일이라는 걸 강조하기 위해 한 말임을 모르는 건 아니나, 그럼에도 이 말은 지나치다. 어떤 사람은 혹 이렇게 물을지 모른다. 여성에 대한 연암의 인식이 고작 이 정도밖에 되지 않는가라고. 연암이라고 해서 모든 측면에서 당대를 넘어선 것은 아니다. 그런 생각 자체가 착각이다. 어떤 인간도 자기 시대를 완전히 넘어설 수는 없다. 한쪽 발은 자기 시대를 딛고 다른 한쪽 발을 들어 미래를 모색해 나갈 수밖에 없다. 시대를 살 수밖에 없는 인간의 운명이다. 연암이라고 다를 건 없다. 연암은 18세기 조선의 현실을 풍자하고 사대부 사회를 통렬히 비판했음에도 불구하고, 사대부 남성이었다. 그는 여성에 대해 당대 사대부의 평균적인 시각보다 보수적인 입장을 취한 것도 아니었으나 그렇다고 획기적으로 진보적인 입장을 취한 것도 아니었다.

연암이 아내를 교체할 수 있는 물건에 비유한 것은 퍽 유감스런 일이라 아니할 수 없지만, 또한 주목해야 할 점은 이러한 관점이 당대 사대부 사회의 통념을 말하고 있는 것처럼 보인다는 사실이다. 다시 말해 연암 자신의 독특한 생각을 말한 것이라기보다는 당대 사대부가 갖고 있던 남성 중심적이고 가부장적인 관점을 보여준 것이라고 여겨진다. 그렇다면 연암 스스로는 어떠했던가? 적어도 연암 스스로는 여기서 제시된 이 통념적 관점대로 살지는 않았다. 연암은 동갑내기 아내를 쉰 살에 잃었는데, 이후 재혼하지 않았으며, 평생 첩을 얻은 일도 없었다.

이 단락의 뒷부분은 연암 우정론의 변형된 표현이라 할 만하다. 연암은 젊은 시절 이래 우정의 중요성을 논하는 글을 많이 썼다. 연암에게 있어 "친구는 제2의 나"(第二吾)이고, 생을 나와 함께하는 사람이며, 새의 두 날개에서 한 날개가 나라면 다른 한쪽 날개에 해당하는 존재이고, 사람의 두 손에서 한쪽 손이 나라면 다른 한쪽 손에 해당하는 존재였다. 요컨대 '나'는 친구 없이는 온전한 존재가 될 수 없다고 본 것이다. 친구가 중요하기는 요즘 세상이라고 해서 크게 다른 것은 아닐 테지만, 연암이 친구라는 존재에 부여한 의미는 그런 정도를 넘어서는 대단히 각별한 것이었다. 주목해야 할 점은, 이 단락의 뒷부분이 동일한 구조를 갖는 다섯 개의 문장을 병렬시키고 있다는 사실이다. 그 문장 구조는 이렇게 요약될 수 있다.

행여 내게 ○○이 있다 한들 그것에 의한 즐거움을 뉘와 함께 할 것인가?

여기서 ○○은 눈, 귀, 입, 코, 마음 등 감각과 사고의 기관들이다. 요컨대 연암은 만일 친구가 없다면 나의 오감五感이 느끼는 즐거움과 마음의 깨달음을 대체 누구와 공유하겠는가라고 묻고 있으며, 그 점을 강조하기 위해 동일한 패턴의 문장을 연거푸 다섯 번이나 되풀이하고 있는 셈이다.

그런데 왜 오감의 즐거움과 마음의 깨달음을 공유해야만 하는 걸까? 그냥 혼자 즐기면 안 되는 걸까? 글쎄, 혼자 즐길 수 있는 경지에 있는 사람도 혹 있을 수 있을 것이다. 이른바 『장자』 같은 책에 나오는 도인이 바로 그런 사람이 아닐까? 그런 사람은 자기의 즐거움이나 기쁨을 남에게 전하거나 확인받고자 하지 않고 그저 홀로 유유자적하며 우주와 함께 노니는 것으로 알려져 있다. 하지만 보통 사람은 그렇지 못하다. 보통 사람은 자기가 오감이나 마음으로 느낀 것을 가까운 사람에게 전하고 싶고, 그것을 통해 자신을 이해받고 싶어한다. 왜일까? 인간에게 '소통'에 대한 근원적 욕구가 있어서가 아닐까? 인간은 누군가가 자신을 알아주고 자신을 이해해 주기를 갈망하는 존재이기 때문이 아닐까? 그래서 자신을 이해해 줄 수 있는 단 한 사람마저 이 세상에서 사라져 버렸을 때 주저 없이 목숨을 끊기도 하는 게 아닐까? 더군다나 역사적으로 볼 때 중국과 조선의 사대부 계급은 독특한 미학과 학문적·예술적 취향을 발전시켜 왔다. 이런 미학과 취향은 그것을 함께하는 사람을 필요로 한다. 이 지점에서 벗의 중요성이 대두된다. 게다가 연암은 사대부의 일원이면서도 당대 사대부 사회를 통렬히 비판하면서 그 주류적 삶에서 이탈하여 이른바 소수자로서의 삶을 살았기에 동류들과의 유대와 결속이 그만큼 더 소중할 수밖에 없었다고 생각된다. 연암이 벗의 중요성을 그토록 강조한 데에는 이처럼 자신의 사회적 처지와 밀접한 관련이 없지 않다.

오늘날의 관점에서 본다면, 좋은 것을 함께 보고, 좋은 것을 함께 듣고, 좋은 것을 함께 맛보고, 좋은 향기를 함께 맡고, 좋은 감정이나 생각을 함께 하려는 욕구는 일반적으로 연인들 사이에서 확인되는 태도가 아닌가 한다. 가령 혼자서 아름다운 경치를 보고 있노라면 자연히 이런 생각이 들지 않던가. 아, 저 아름다운 경치를 나만 혼자 볼 것이 아니라 내가 사랑하는 그 사람도 함께 볼 수 있으면 좋으련만! 그 사람은 보지 못하고 나만 혼자 본다는 건 너무 안타까운 일이야!

그렇다면 이상하지 않은가? 연암이 벗들에 대해 갖는 감정은 오늘날 연인들이 갖는 저 사랑의 감정과 너무도 유사하지 않은가? 연암이 벗들에게서 느낀 감정은 혹 동성애적인 건 아닐까? 이는 엉뚱한 물음일 터이다. 하지만 이 점과 관련해선 약간의 해명이 필요하다고 본다. 당시 사회에서 여자는 학문과 예술을 습득할 수 없었다. 물론 사대부 집안 여성 중에는 유희춘의 부인 송씨나 율곡의 어머니 신사임당, 서유본의 처 빙허각 이씨나 유명한 성리학자인 임성주의 동생 임윤지당처럼 학문이나 문예에서 성취를 보인 사람도 없지는 않다. 하지만 그것은 어디까지나 예외적인 현상에 불과했다. 일반적으로 여성은 지식과 인문적 교양 바깥에 존재하고 있었다. 여성은 부덕을 갖추고, 남편과 시부모를 잘 받들고, 아이를 잘 낳아 키우고, 집안 살림을 잘하는 것으로 족했다. 학문을 하고 시를 쓰고 예술 활동을 하는 것은 그에 방해가 될 뿐 아무 도움이 되지 않는다고 보았던 것이다. 뿐만 아니라 여성은 그 사회적 동선動線이 극도로 제한되어 있었다. 그리하여 남자들처럼 산수에 마음껏 노닐거나 먼 곳을 여행한다거나 친구들과 함께 모여 음악을 듣거나 그림을 감상한다거나 술을 마신다거나 담소를 나눈다거나 하는 일이 불가능했다. 대체로 집안에 갇혀 지냈다고 말할 수 있다. 지식, 학문, 사회생활, 이런 공적 영역은 전적으로 남성들의 것이었다. 사정이 이러했으므로 설사 부부 사이라 할지라도 미적 취향을 공유하거나 문예적 감수성을 교환하는 일은 일반적으로 불가능했다. 사대부 남성이 여성과의 사이에서 그런 일을 하려면 기껏해야 문예적 교양을 갖춘 기생하고 관계하는 것이 유일한 길이었다. 하지만 그 역시 통로가 아주 제한되어 있었다. 그러므로 학식과 교양과 문예적 재능을 갖춘 사대부 남성이 학문이나 미의식을 통해 깊은 유대감과 서로의 존재감을 확인할 수 있는 상대란 같은 사대부 남성 친구밖에 없었다. 다시 말해, 함께 아름다운 것을 보고, 함께 아름다운 것을 듣고, 함께 맛있는 것을 먹고, 함께 아름다운 향기를 맡고, 함께 정신적 깨달음과 성취에 대해 이야기하며 즐거움과 기쁨을 공유할 수 있는 존재는 벗밖에 없었으며, 그리고 이 벗은 남성일 수밖에 없었다. 여성을 꽁꽁 묶어 놓은 결과 사대부 남성은 여성과 진정한 인간적 소통을 할 수가 없었고, 오늘날 같으면 여성과 주고받아야 할 감정으로 생각되는 것들조차 벗에게서 구하지 않으면 안 되었다. 박제가가 어떤 시에서 벗을 "한 방에서 자지 않을 뿐인 부부"(夫婦而不室)에 비유한 것도 이런 특수한 여건을 반영한 말이었다. 그러므로 연암의 우정론이 혹 동성애적 뉘앙스를 갖는 것으로 오해됨은 이해할 만한 일이다.

하지만 이런 현상은 꼭 전근대의 동아시아에만 해당되는 것은 아니며, 서양이라고 해서 크게 다르지 않다. 서양의 경우도 중세에는 남성의 '우정'이 특별히 강조되었으며, 인간의 우정이란 곧 남성의 우정에 다름 아니었다. 남자와 남자 사이의 '우정'에 포함되어 있던 많은 영역이 남자와 여자 사이의 '사랑'으로 넘어간 것은 동서양을 막론하고 근대에 와서의 일이었다.

앞 단락이 서울에 있는 벗들의 안부를 묻는 말이라면, 이 단락은 자신의 생각을 펼쳐 보이는 성격을 갖는다. 이런 문장을 '의론문'議論文이라고 한다. 의론을 펼친 글이라는 뜻이다. 하지만 의론이 너무 길면 딱딱하고 지루한 느낌을 준다. 글을 정확히 재어 가면서 쓰고, 독자의 심리를 계산해 가면서 쓰는 연암이 이 점을 간과할 리 없다. 그러므로 눈치 빠른 독자라면 다음 단락에서 뭔가 큰 변화가 있지 않을까 하는 예감을 가질 법하다.

3 종자기鍾子期가 세상을 뜨자 백아伯牙는 자신의 금琴을 끌어안고 장차 뉘를 향해 연주하며 뉘로 하여금 감상케 하겠나? 그러니 허리춤에 찼던 칼을 뽑아 단번에 그 다섯 줄을 끊어 버려 쨍 하는 소리가 날 밖에. 그러고 나서 자르고, 끊고, 냅다 치고, 박살내고, 깨부수고, 발로 밟아, 몽땅 아궁이에 쓸어 넣고선 불살라 버린 후에야 겨우 성에 찼다네. 그리고는 스스로 물었다네.
"속이 시원하냐?"
"그래 시원하다."
"엉엉 울고 싶겠지?"
"그래, 엉엉 울고 싶다."
그러자 울음소리가 천지를 가득 메워 마치 종소리와 경쇠 소리가 울리는 것 같고, 흐르는 눈물은 앞섶에 뚝뚝 떨어져 큰 구슬 같은데, 눈물을 드리운 채 눈을 들어 바라보면 빈산엔 사람 하나 없고 물은 흐르고 꽃은 절로 피어 있었다네.
내가 백아를 보고서 하는 말이냐구? 그럼, 보다마다!

주해 중국 상고시대에는 다섯 줄짜리 '금'琴이 있었으며,

주周나라 때 와서 일곱 줄짜리가 생겼다고 한다. 우리나라의 거문고를 떠올리면 된다.
　'경쇠'란 악기의 한 종류로, 옥돌로 만들어 달아 뿔망치로 쳐 소리를 낸다. 그 소리는 퍽 맑고 웅숭깊다.

　　　　평설　앞 단락의 두 번째 문장에 나오는 "벗 잃은 슬픔"이라는 말의 원문이 '절현지비'絶絃之悲임은 앞에서 말한 바 있다. 이 단어는 저 유명한 백아와 종자기의 고사에서 유래하는 말이다. 이 단어는 하나의 복선이었던 셈이다. 이 복선을 받아 이 단락은 백아와 종자기의 일을 생생히 재현해 놓고 있다.
　백아는 중국 고대의 음악가인데 정확히 어느 때 인물인지는 알 수 없다.『순자』荀子「권학편」勸學篇에 그 이름이 보이는 것으로 보아 적어도 전국시대 말기인 기원전 3세기 이전의 인물임에는 틀림없다. 백아와 종자기의 고사가 실려 있는 가장 이른 문헌은 기원전 3세기 경 진秦나라에서 만들어진 『여씨춘추』라는 책이다. 이 책에 수록된 이야기를 그대로 옮겨 보면 다음과 같다.

　백아가 금琴을 타고 종자기가 그 소리를 듣고 있었다. 백아는 태산을 생각하면서 금을 탔다. 그러자 종자기가 말했다.
　"참 좋구려, 연주하는 소리가! 그 우뚝한 느낌이 마치 태산과 같구려."
　조금 있다 백아는 흐르는 강물을 생각하며 금을 탔다. 그러자 종자기는 이렇게 말하는 것이었다.
　"참 좋구려, 연주하는 소리가! 그 넘실거리는 듯한 느낌이 마치 흐르는 강물과 같구려."
　종자기가 죽자 백아는 자신의 금을 부수고 줄을 끊어 버렸으며 죽을 때까지 다시는 금을 연주하지 않았다. 이 세상에 자신의 금을 들려줄 사람이 더 이상 존재하지 않는다고 생각했기 때문이다.

이 고사로부터 지음知音이라는 말과 절현絶絃이라는 말이 생겨났다. 이 고사는 자기를 진정으로 깊이 이해해 주는 사람을 얻는다는 것이 얼마나 지난한 일인가 하는 점, 또한 이 세상에서 자신과 정신적으로 소통될 수 있는 사람이 얼마나 소중한가 하는 점, 그리하여 그러한 존재를 상실했을 때의 슬픔이 얼마만큼 큰가 하는 점 등을 상징적으로 말하고 있다. 하지만 이 고사는 종자기가 죽은 뒤 백아가 한 행위에 대해 극히 간략하게 '금을 부수고 줄을 끊어 버렸다'(원문 '破琴絶絃')라고만 서술하고 있다. 후대의 문헌에서도 더 이상의 언급은 없다. 하지만 연암은 이 단락에서 백아의 행위를 퍽 자세히 재현해 보이고 있다. 이는 순전히 연암의 상상력이다. 우리가 주목해야 할 것은 바로 이 상상력이다. 연암의 글은 이 남다른 상상력으로 인해 진부하고 상투적인 다른 문인들의 글과 완전히 구별되며, 펄펄 살아 있다는 느낌을 준다. 연암의 이 창조적 상상력은 새롭고 참신한 언어의 구사로 연결된다. 그리하여 연암은 마치 자신이 백아가 하는 짓을 그 곁에서 직접 목도하기라도 한 것처럼 대단히 생생하고 핍진하게 백아의 행위를 묘사하고 있다. 뿐만 아니라 백아의 마음속까지 들여다본 것처럼 그 생각을 옮겨 적고 있다. 이건 영락없이 소설가적 필치다. 연암은 자신의 상상력을 제어할 수 없어 급기야 편지의 이 대목을 소설적 수법으로 쓰기에 이른 것이다.

이 단락이 그려 보이고 있는 백아의 행위에는 크게 보아 네 단계의 변전變轉이 있다. 그 각 단계는 백아의 감정 상태에 각각 대응하는바 백아의 미묘한 감정 변화를 아주 세심하게 드러내 보여준다. 바로 여기서 입이 딱 벌어질 만큼 놀라운 연암 필치의 절묘함이 확인된다.

그 첫 단계는 금을 부수고 줄을 잘라 버리는 행위에 대한 묘사다. 연암은 백아가 허리춤에 차고 있던 단도를 뽑아 "단번에" 줄을 끊어 버렸으며 그러자 "쨍" 하는 소리가 났다고 적고 있다. '단번에'라는 단어나 '쨍'이라는 단어에는 백아의 마음이 깃들여 있다: 이제 이건 아무 소용이 없다. 그토록 애지중지하던 물건이지만 이젠 보기도 싫다. 내 살아 있는 동안 다시 이걸 연주하는 일은 없을 거다. 그러니 이건 놔둘 필요가 없다. 아예 없애 버리는 게 낫다. 다시 내 눈에 안 들어오게. 이런 마음으로 돌연히 칼을 뽑아 다섯 줄을 단숨에 잘라 버렸을 것이다. 하지만 줄을 잘라 버리는 것만으로는 성이 차지 않는다. 가슴은 부글부글 끓는 것 같고, 큰 돌덩어리가 하나 들어앉은 것 같기도 하다. 이에 백아는 악기를 "자르고, 끊고, 냅다 치고, 박살내고, 깨부수고, 발로 밟아, 몽땅 아궁이에 쓸어 넣고선 불살라 버린"다. "자르고, 끊고, 냅다 치고, 박살내고, 깨부수고, 발로 밟아"라는 말의 원문은 '斷之단지, 絶之절지, 觸之촉지, 碎之쇄지, 破之파지, 踏之답지'이다. 두 자씩 이어지는 이 여섯 구절은 마치 비수를 내리꽂듯 예리하고 격렬하다. 짧고 급격하게 이어지는 이 격렬한 언어에는 백아의 격렬한 마음이 투사되어 있다. 그런데 잘 살펴보면 이 여섯 구절 내부에서도 다시 백아의 미묘한 감정 변화가 감지된다. 즉 앞의 두 구절 "자르고"와 "끊고"가 칼로 한 행위라면, 그 다음 구절 "냅다 치고"와 "박살내고"와 "깨부수고"는, 칼로 자르고 끊고 하는 것으로는 성이 차지 않아 몸을 동원해 한 행위로 판단된다. 즉 손으로 내던지고 땅바닥에 패대기친 것을 가리키는 말이다. 이 때문에 행위의 격렬함이 더욱 더 느껴진다. 악기를 부수는 행위는 마지막 구절인 "발로 밟아"에서 절정에 이른다. 백아의 분기탱천한 모습이 이 구절에서 약여히 느껴지지 않는가. 이 구절은 극에 이른 백아의 절망감을 표현하고 있는 것이라. 이처럼 이 여섯 구절은 자세히 읽을 경우 백아의 심리 상태 및 그 감정의 고조를 점층적으로 절묘하게 표현해 놓고 있음을 알 수 있다. 이 여섯 구절에 이어 "몽땅 아궁이에 쓸어 넣고선 불살라 버린"다라는 구절이 나온다. "몽땅"이라고 한 것으로 보아 악기는 처참히 분해되어 여기저기 그 조각들이 파편처럼 나뒹굴고 있었으리라 짐작할 수 있다. "불살라 버린"다의 원문은

'一火燒之'일화소지이다. '일화'一火는 직역하면 '하나의 불'인데, 이 말에는 '단숨에'라는 뉘앙스가 내포되어 있다. 앞에 나온 "단번에"처럼 역시 백아의 감정 상태가 그 속에 함축되어 있다.

이렇게 분석해서 글을 읽어 보면 연암 문장의 묘미가 더 잘 드러나고, 연암이 얼마나 미묘한 마음의 경지를 언어로 재현해 놓고 있는가를 잘 알 수 있다. 우리의 마음이 찡할 정도로 이토록 격렬한 백아의 행위는 대체 무얼 의미하는 걸까? 견딜 수 없는 슬픔, 너무나 슬퍼 꼭 미쳐 버릴 것만 같은 그런 슬픔을 표현하고 있는 것이리라.

하지만 더 놀라운 건 그 다음 대목이다. 이 대목에서 백아의 마음에 대한 묘사는 두 번째 단계로 넘어간다. 앞의 대목에서 백아의 마음이 바깥을 향하고 있다면 이 대목에서 백아의 마음은 안을 향하고 있다. '바깥'으로부터 '안'으로의 시선 전환, 이는 슬픔에 잠긴 백아의 마음이 어떻게 움직이고 있는지를 보여주는 한편, 슬픔의 감정이 어떻게 내적으로 심화되고 있는지를 보여준다. 백아는 악기를 부수고 짓밟고 불에 태워 버리는 격렬한 행위를 한 다음, 스스로에게 묻는다: 이렇게 하고 나니 속이 시원하냐? 그래 시원하다. 사실 넌 엉엉 울고 싶은 거지? 그래 맞아, 엉엉 울고 싶어!

이 자문자답은 기가 막힐 정도로 절묘하다. 그런 상황에 놓인 사람의 심리를 섬뜩할 정도로 예리하게 포착해 보여주기 때문이다. 시원하냐고 스스로 묻고 시원하다고 스스로 답했지만 실은 하나도 시원하지 않다. 뭐가 시원하겠는가. 격렬한 행위 뒤에 찾아오는 건 오히려 더 큰 슬픔이다. 백아는 그 밀려드는 슬픔에 그만 엉엉 목 놓아 울고 싶어지는 마음이 된다. 이 대목은 백아의 마음이 이런 상황으로 접어드는 국면을 잘 그려 놓고 있다.

백아의 행위에 대한 세 번째 단계의 묘사는 천지가 떠나갈 듯이 엉엉 우는 그의 모습에 대한 형용이다. 그 울음소리는 종소리나 경쇠 소리처럼 천지를 가득 메웠다고 했고, 그 눈에선 큰 구슬 같은 눈물이 뚝뚝 하염없이 떨어졌다고 했다. 꾹꾹 눌러 놓았던 슬픔이 봇물 터지듯 터져 나오는 대목이다.

백아의 행위에 대한 마지막 묘사는 울다가 고개를 들어 바라봤을 때 그의 눈에 들어온 자연의 모습에 대한 형용이다. 울어 본 사람은 알겠지만, 한참 울고 나면 눈물이 잦아들고, 외려 마음이 가라앉으면서 말갛게 된다. 그리하여 슬프지도 슬프지 않지도 않은 그런 마음이 된다. 이런 마음은 어쩌면 슬픔의 극치일지 모른다. 그것은 신체적 동작을 수반한 외면을 향하는 격렬한 슬픔과 내면을 향해 치닫는 슬픔을 죄다 거친 후 비로소 도달하는 슬픔의 최종 단계일 터이다. 이 최종 단계의 슬픔은 정화되고 정화된 슬픔이기에 영롱한 성격을 띤다. 말하자면 오롯한 '슬픔 그 자체'인 것이다. 백아가 울다가 눈을 들어 본 자연 경관에 대한 묘사에는 이런 종류의 슬픔이 투사되어 있다.

"빈산엔 사람 하나 없고 물은 흐르고 꽃은 절로 피어 있었다네"라는 구절의 원문은 '空山無人, 水流花開'공산무인, 수류화개이다. 이 말은 원래 북송北宋의 문학가인 소동파가 쓴 「열여덟 아라한을 위한 게송」(원제 '십팔대아라한송' 十八大阿羅漢頌: 아라한은 '나한'이라고도 일컫는데, 석가모니의 뛰어난 열여덟 제자를 이름) 중에 나오는 말이다. 소동파는 도를 깨달은 사람의 경지를 가리키는 말로 이 말을 썼다. 하지만 이 말은 연암의 문맥 속에서 전혀 다른 의미와 뉘앙스를 갖게 된다. 환골탈태가 일어난 것이다.

백아는 몇 시간을 엉엉 울다가 눈물이 잦아들 무렵 어쩌다 고개를 들어 풍경을 바라본다. 빈산에는 사람 하나 없고, 물은 절로 흐르고, 꽃은 절로 피어 있다. 나는 죽을 듯이 슬픈데 세상은 아무 것도 달라진 게 없다. 그 순간 적막감이 물밀 듯 밀려들어 오고 나는 정말 혼자구나 하는 느낌이 온 몸을 엄습한다. 연암은 아마도 소동파의 이 유명한 구절을 자기 식으로 확 바꾸어 슬픔이 말갛게 된 상태에서 더욱 또렷해지는 고독감과 상실감을 말하고 있다고 여겨진다.

이 대목은 대단히 시적이고, 관조적이며, 심미적이다. 슬픔은 최고도로 고양되고 정화되어 아름답다는 느낌마저 들 정도다. 한국 고전문학에서 슬픔의 미학을 이런 경지로까지 끌어올린 예는 달리 찾기 어렵다. 인간 심리 분석의 대가이면서 언어의 마술사인 연암이 아니고서는 불가능한 일이다. 연암이 자연을 통해 인간의 미묘한 심리와 감정 상태를 표현하는 데 아주 능한 작가임은 앞에서 살펴본 다른 글에서도 이미 확인한 바 있다. 하지만 그 경지가 이런 수준에까지 이른 것을 보고는 혀를 내두르지 않을 수 없다.
　이처럼 이 단락은 종자기를 잃은 백아의 심리와 감정을 추적하면서 그 지극한 슬픔을 그려 보이고 있다. 특히 시간의 흐름에 따라 변전하는 백아의 슬픔의 면모를 백아의 행위에 대한 묘사를 통해 그 미묘한 국면까지 생생히 재현해 보이고 있음이 이 단락의 묘미다.

　하지만 이 단락은 여기서 끝나지 않는다. 마지막 한 구비가 더 남아 있다. "내가 백아를 보고서 하는 말이냐구? 그럼, 보다마다!" 이 마지막 구절을 음미하기 전에 서둘러 박수를 쳐서는 안 된다. 이 구절이 끝에 덧붙음으로써 이 글은 단순한 1차 방정식이 아니라 복잡한 3차 방정식이 된다. 연암이 백아를 봤다고? 연암은 농담을 하고 있는 것일까? 그렇지 않다. 실제 백아를 봤기에 그렇게 말한 것일 터이다. 그렇다면 백아란 누구인가? 바로 연암 스스로다. 연암은 자기 이야기, 자신이 겪은 슬픔을 말한 것이다. 이렇게 생각하니 백아의 슬픔에 대한 형용이 어찌 그리 핍진하고 생생한지 이해가 간다. 자기 이야기니까 그럴 수 있었던 것이다. 연암은 이덕무가 죽었다는 비보를 듣고 "이덕무가 죽다니! 꼭 나를 잃은 것만 같아!"라고 말했다고 전해진다. 그리고 홍대용이 죽은 이후 한때 음악을 듣지 않았다고 한다. 이 이야기는 여기서 잠시 소개하고 넘어가는 게 좋겠다.

　우리 집(연암의 집)에는 이전에 생황과 거문고 등 여러 악기가 있어서 혹

김억의 무리가 찾아오면 연주하게 했다고 한다. 그러나 아버지는 담헌공(홍대용)이 돌아가시자 지기知己를 잃은 슬픔 때문에 다시는 음악을 듣지 않으셨다. 아버지는 5년 뒤 우연히 담헌 댁에 들르셨는데, 돌아와 슬픔을 견디지 못하시더니 그 악기들을 모두 남에게 주어 버렸다. 이 때문에 나는 어릴 때 생황이나 거문고 따위의 악기를 본 적이 없다.

—『나의 아버지 박지원』, 115면

그러므로 연암은 벗을 잃은 자신의 체험을 백아의 고사에 투사했다 할 만하다. 여기서 놀라운 융합 작용이 일어난다. 백아의 슬픔과 박제가의 슬픔과 연암의 슬픔은 시공간을 넘어 서로 넘나들면서 깊이가 더해지고 승화된다. 그리하여 묘한 공감과 감정적 전이轉移가 야기된다. 연암은 자신이 겪은 슬픔을 바탕으로 백아의 마음속으로 들어가기도 하고, 박제가의 마음속으로 들어가기도 한다. ⬜단락에서 연암은 박제가에 대해 언급하면서 "그 모습과 언사는 보지 않아도 알 만하거늘"이라고 했는데, 이는 바로 이를 뜻한다. 연암이 자신이 백아를 봤다고 한 말도 같은 뜻이다. 이처럼 연암은 자신의 체험을 백아와 박제가의 체험과 상호 침투시키면서 확대된 보편성을 만들어 낸다. 텍스트의 차원에서 본다면 이런 것을 '상호 텍스트성'이라고 한다. 요컨대 연암은 백아의 고사라는 텍스트에 자신의 체험을 포개어 새로운 텍스트를 재창조해 냈다. 그 결과, 동아시아적 맥락과 스케일과 보편성을 갖는 놀라운 텍스트가 새로 만들어졌다. 이는 표절이나 베끼기나 모방이 아니라, 고도의 창조적인 행위에 속한다. 이것은 연암 글쓰기의 기본 강령인 '법고창신'法古創新(옛 것을 본받아 새로운 것을 창조한다는 뜻)의 실천에 다름 아니다.

이처럼 독자는 이 단락의 맨 끝 구절을 통해 백아와 연암, 나아가 박제가, 이 세 사람이 겹친다는 점을 시사 받게 되고, 백아한테로 들어갔다가 다시 빠져나오는 연암의 신기한 요술을 맛보게 된다. 그래서 1차 방정식이 아니라 3차 방정식이다.

총평

- 이 글은 서간문이다. 전근대 시기에는 서간문도 엄연한 문학 작품이었다. 연암의 서간문은 문예성이 퍽 빼어나다. 이 글에서 그 점이 확인된다.

- 이 편지는, 처음에 서울에 있는 친지들의 안부를 묻는 것으로 시작해, 중간에 친구의 소중함을 설파하고, 끝에 백아의 고사에 빗대어 벗을 잃은 사람의 지극한 슬픔을 묘사하고 있다. 마지막 단락이 보여주는, 백아의 심리적 추이에 대한 묘사는 연암의 대가적 면모를 유감없이 보여주며, 이 글 중 가장 빼어난 부분이라 할 만하다.

- 이 글은 연암이 안의 현감으로 있을 때인 1793년에 씌어진 것인바 연암 57세 때의 글이다. 노老 연암의 원숙미와 천의무봉天衣無縫의 경지가 느껴지는 작품이다.

- 이 작품은 '법고창신'이란 게 구체적으로 어떤 것인지, 그리고 그것이 동아시아를 살아가는 오늘날의 우리에게 어떻게 활용될 수 있는지를 생각해 보게 한다.

- 슬픔, 고통, 연민은 문학의 본원本源이다. 이 작품은 슬픔에 대한 빼어난 미학적 성취를 보여주고 있는바, 이 점 한국문학의 한 기념비적인 성과로 기릴 만하다.

'관재'라는 집의 기문

을유년(1765) 가을, 나는 팔담八潭에서 마하연摩訶衍으로 올라가 준대사俊大師를 방문하였다.

대사는 손가락을 감괘坎卦 모양으로 결인結印하고 시선은 코끝에 둔 채 참선 중이었다. 동자승이 화롯불을 뒤적여 향에 불을 붙였다. 향에서 연기가 동글동글 모락모락 피어오르는데, 곁에서 받쳐 주는 것이 없어도 곧게 올라가고 바람이 없어도 절로 흔들거려 한들한들 하늘하늘 스스로를 이기지 못하는 것 같았다.

동자승이 홀연 깨달았다는 듯 웃으며 말했다.

공덕이 가득하니, 功德旣滿
움직임이 바람으로 돌아가도다! 動轉歸風
내가 깨달았으니, 成我浮圖
한 톨의 향에서 무지개가 일도다! 一粒起虹

대사가 눈을 들어 말했다.

"애야, 넌 향내를 맡는구나, 난 타고 난 재를 보는데. 넌 연기를 기뻐하는구나, 난 '공'空을 보는데. 움직임도 이미 공적空寂하거늘 공덕을 어디다 베푼단 말이냐?"

동자승이 말했다.

"무슨 말씀이십니까?"

대사가 말했다.

"너는 재의 냄새를 한번 맡아 보아라. 뭔 냄새가 나느냐? 너는 '공'空을 한번 보아라. 뭐가 있느냐?"

동자승은 눈물을 줄줄 흘리며 말했다.

"예전에 스승님은 제 머리를 어루만져 주시며 오계五戒를 내리고 법명法名을 지어 주셨습니다. 지금 스승님께서는 이름인즉 내가 아니며 나는 '공'이라고 하오시니, '공'이라는 건 형체가 없는 것이거늘 이름을 얻다 쓰겠습니까? 제 이름을 돌려 드리고자 하옵니다."

대사가 말했다.

"너는 순순히 받아들이고 순순히 보내어라. 내가 60년 동안 세상을 보니 머물러 있는 것은 아무것도 없어 넘실넘실 흐르는 강물처럼 도도하게 흘러가나니, 해와 달은 가고 또 가서 잠시도 그 바퀴를 멈추지 않거늘 내일의 해는 오늘의 해가 아니란다. 그러므로 미리 맞이하는 것(迎)은 거스르는 것(逆)이요, 좇아가 붙잡는 것(挽)은 억지로 힘쓰는 것(勉)이요, 보내는 것(遣)은 순순히 따르는 것(順)이다. 네 마음을 머물러 두지 말며, 네 기운을 막아 두지 말지니, 명命을 순순히 따르며 명을 통해 자신을 보아, 이치에 따라 보내고 이치로써 대상을 보라. 그러면 손가락으로 가리키는 곳에 물이 흐르고 거기 흰 구름이 피어나리라."

나는 당시 턱을 괴고 대사의 곁에 앉아 있다가 이 말을 들었는데 참으로 정신이 멍하였다.

백오伯五가 자기 집 대청에 '관재'觀齋라는 이름을 붙이고는 나에게 글을 부탁하였다. 백오는 혹 준대사의 설법을 들은 것일까.

나는 마침내 준대사의 말을 적어 기문記文으로 삼는다.

|1| 을유년(1765) 가을, 나는 팔담八潭에서 마하연摩訶衍으로 올라가 준대사俊大師를 방문하였다.
대사는 손가락을 감괘坎卦 모양으로 결인結印하고 시선은 코끝에 둔 채 참선 중이었다. 동자승이 화롯불을 뒤적여 향에 불을 붙였다. 향에서 연기가 동글동글 모락모락 피어오르는데, 곁에서 받쳐 주는 것이 없어도 곧게 올라가고 바람이 없어도 절로 흔들거려 한들한들 하늘하늘 스스로를 이기지 못하는 것 같았다.

주해 '팔담'八潭은 금강산 만폭동에 있는 흑룡담黑龍潭·비파담琵琶潭·벽파담碧波潭·분설담噴雪潭·진주담眞珠潭·구담龜潭·선담船潭·화룡담火龍潭, 이 여덟 개 못을 말한다. 이곳의 물이 내려와 구룡폭포九龍瀑布와 비룡폭포飛龍瀑布를 이룬다.

'마하연'摩訶衍은 금강산에 있던 절 이름이다. '마하연' Mahāyāna은 본래 '대승'大乘이라는 뜻의 산스크리트어다. 661년(신라 문무왕 1) 의상대사가 창건하고 1831년(순조 31) 고쳐 지었으나 지금은 절터만 남아 있다. 팔담 중 제일 위에 있는 화룡담에서 계곡을 따라 더 올라가면 마하연 터(해발 846미터)가 있다. 금강산의 중심부로서 이곳을 경유해야만 주위의 다른 사찰로 갈

수 있는, 내금강의 요지要地다.

'준대사'俊大師는 당시 금강산의 마하연에 거주하던 승려다. 연암은 이 글 말고 「금학동 별장에서의 조촐한 모임」(원제 '금학동별서소집기' 琴鶴洞別墅小集記)이라는 글에서도 준대사에 대해 언급하고 있다. 이 선승은 연암에게 상당히 강한 인상을 남겼던 것 같다.

"손가락을 감괘 모양으로 결인하고"라는 말은 참선하는 모습을 형용한 말이다. '감괘'는 『주역』의 괘卦 이름인데, ☵로 표시된다. 그러므로 여기서 말한 '감괘 모양'이란 엄지손가락과 가운뎃손가락 끝을 둥글게 맞닿게 한 모양을 가리킨다. 흔히 참선할 때 손가락을 이런 모양으로 한다. '결인'은 손가락을 이용하여 부처의 덕이나 깨달음을 여러 모양으로 나타내는 것을 이르는 말이다.

평설 연암은 1765년 가을에 친구들과 함께 금강산을 유람했다. 29세 때다. 당시의 일을 『과정록』은 이렇게 적고 있다.

유공 언호와 신공 광온光蘊이 바야흐로 나란히 말을 타고 금강산 유람을 떠나고자 하면서 아버지에게 함께 가자고 하였다. 아버지는 "부모님이 계시기 때문에 감히 마음대로 멀리 놀러 갈 수 없다"고 하며 두 분을 하직하고 돌아오셨다. 그러자 할아버지께서는 이렇게 말씀하셨다. "너는 왜 함께 가지 않느냐? 명산에는 인연이 있는 법이거늘 젊을 적에 한번 유람하는 게 좋느니라."
하지만 노자가 없었다. 그때 김공 이중履中(연암의 벗)이 마침 우리 집에 들렀다가 이 말을 들었다. 그는 돌아가 나귀 살 돈 100냥을 보내면서 이 돈이면 유람을 떠날 수 있겠느냐고 물어 왔다. 돈은 마련되었지만 데리고 갈 하인이 없었다. 이에 어린 여종을 시켜 골목에 나가 이렇게 소리치게 했다.

"우리 집 작은 서방님 이불 짐과 책 상자를 지고 금강산에 따라갈 사람 없나요?"

응하는 사람이 몇 명 있었다. 이에 새벽에 출발해 다락원(서울에서 의정부 가는 길에 있던 역원驛院)에 이르러 유공과 신공을 만났다. 뜻밖에도 아버지가 나타나자 두 분은 처음 금강산에 함께 가기로 약속했을 때보다 더 기뻐했다.

아버지는 금강산 안팎의 여러 명승지를 두루 구경하셨으며, 만폭동에다 이름을 새기고 돌아오셨다. 삼일포의 사선정四仙亭에는 연구聯句(몇 사람이 돌아가면서 차례로 시구를 읊어 만든 한 편의 시)로 된 현판을 걸어 놓으셨다고 한다. ─『나의 아버지 박지원』, 25~26면

연암은 이 금강산 유람 때 마하연 백화암白華菴에서 준대사와 만났다. 이 단락은 연암이 백화암을 찾았을 때의 광경을 마치 스냅사진처럼 담아내고 있다. 대사는 눈을 감은 듯 만 듯 실눈을 한 채 코끝을 보고 있다. 다리는 결가부좌를 하고, 손가락은 엄지와 중지를 닿을 듯 말 듯하게 말아서 무릎 위에 사뿐히 얹었다. 대사는 선정禪定에 들어 고요히 자신의 마음을 들여다보고 있다. 눈이 코끝을 보는 건 자신의 마음을 보는 것이다. "대사는 손가락을 감괘 모양으로 결인하고 시선은 코끝에 둔 채 참선 중이었다"라는 이 짧은 하나의 문장은 이런 긴 의미를 함축하고 있다.

정중동靜中動이라고나 할까. 이 고요함 속에 하나의 작은 움직임이 있으니, 동자승이 화롯불을 뒤적여 향불을 피우는 행위가 그것이다. 향의 연기는 동글동글 모락모락 피어오른다. 그것은 스스로 곧게 올라가고, 한들한들 스스로 흔들거린다. 이 모든 서술의 바깥에는 그것을 지켜보는 연암의 시선이 있다.

② 동자승이 홀연 깨달았다는 듯 웃으며 말했다.

공덕이 가득하니, 功德既滿
움직임이 바람으로 돌아가도다! 動轉歸風
내가 깨달았으니, 成我浮圖
한 톨의 향에서 무지개가 일도다! 一粒起虹

대사가 눈을 들어 말했다.
"얘야, 넌 향내를 맡는구나, 난 타고 난 재를 보는데. 넌 연기를 기뻐하는구나, 난 '공'空을 보는데. 움직임도 이미 공적空寂하거늘 공덕을 어디다 베푼단 말이냐?"

주해 '공덕'功德은 산스크리트어 구낭Guṇa의 역어다. '懼囊'구낭이라고도 표기한다. 여러 가지 뜻을 갖는 불교어인데, 흔히 좋은 일을 쌓은 공功과 불도를 수행한 덕德을 이르는 말로 쓴다. 여기서는 향香의 공능功能을 가리키는 말로 썼다.

"한 톨의 향"이라고 했는데, 여기서 말하는 향은 요즘 우리가 흔히 보는 긴 막대기 모양이 아니고 작고 둥근 모양이다. 그래서 '한 톨'이라는 말을 썼다.

평설 하늘하늘 한들한들 공중으로 피어오르는 향 연기를 보고 있던 동자승이 돈오頓悟했다는 듯이 미소를 띠며 돌연 오도송悟道頌을 읊는다. '오도송'은 승려가 불도를 깨쳤을 때 읊는 시다. 동자승은 제법 운韻까지 맞춰 가며 그럴 듯한 오도송을 읊고 있다. 제2구의 끝 글자 '풍'風

과 제4구의 끝 글자 '홍'虹은 '동'東운에 속하는 운자韻字다. 그런데 동자승은 정말 도를 깨친 것일까?

동자승의 깨달음이 가오假悟, 즉 가짜 깨침이라는 사실은 이어지는 대사의 말을 통해 알 수 있다. 동자승은 연기의 공덕이 가득해 그 움직임이 바람으로 돌아간다고 했다. 바람은 불교에서 말하는 4대四大의 하나인 '풍'風이다. 불교에서는 모든 존재가 지地, 수水, 화火, 풍風, 이 네 개의 요소로 이루어져 있다고 본다. 요컨대 동자승은 향 연기를 물끄러미 바라보다가 그것이 4대의 하나인 '풍'으로 돌아간다는 사실을 깨달은 것이다. 그리하여 '내가 깨달았다'고 기뻐한다. 동자승은 급기야 자신의 깨달음을 "한 톨의 향에서 무지개가 일도다!"라는 말로 표현하고 있다. 여기서 무지개란 무얼 말하는 걸까? 그걸 이해하기 위해서는 『법화경』의 다음 구절을 들여다볼 필요가 있다.

허공에 여러 색의 무지개가 일어나는 것은 저 4대가 인연을 더하기 때문이다. (중략) 4대의 인연 때문에 여러 무지개 색을 낳아 가지각색으로 같지 아니하다. 지地의 인연은 황색을 낳고, 수水의 인연은 청색을 낳으며, 화火의 인연은 적색을 낳고, 풍風의 인연은 무지개의 아치 모양을 낳는다.

즉 무지개는 비록 아름답기는 하지만 인연에 따라 일어나는 허상인 셈이다. 그러므로 동자승은 인연에 따라 전변轉變하는 사물의 모습을 읽어 내기는 했으나 사물의 실체 자체를 꿰뚫어 보지는 못했다 할 것이다. 동자가 본 세계는 '인연'의 세계요, '유위'有爲의 세계다. 인연 너머의 세계, 유위 너머의 세계에 불생불멸不生不滅의 도가 있고, 해탈이 있고, 진여眞如가 있다고 한다면, 동자승은 세계의 '본체'를 보지 못하고 그 '현상'을 본 것일 뿐이다. 이처럼 동자승의 오도송은 동자승의 깨침을 보여주는 게 아니라 그 미망을 보여준다. 미망에 빠져 있으면서도 자신이 깨달았다고 좋아하니 사태가 더욱 심각하다. 이런 사람을 그냥 놔두면 그 자신에게도 남에게도 해가 크다.

그러니 스승이 나서지 않을 수 없다. 대사의 말은 아주 자상하다. 선가禪家의 기풍은 원래 거칠고 사납다. 스승과 제자라고 해서 서로 사정을 봐주는 법이 없다. 빈틈만 보이면 봐주지 않고 매섭게 후려친다. 하지만 준대사의 말은 부드럽고 친절하다. 대사는 우선 동자승과 자신을 비교해 보임으로써 동자승의 미망을 깨뜨려 주고자 한다: 동자승이 향내를 맡는다면, 대사는 타고 남은 재를 **본다**. 동자승이 연기를 기뻐한다면 대사는 공空을 **본다**. 요컨대 동자승이 현상 세계를 인식하는 데 머물러 있다면, 대사는 공空이라는 본체의 세계를 인식하고 있다. 그러므로 대사는 동자승이 '움직임이 바람으로 돌아간다'라고 한 데 대해, 움직임 자체가 이미 공空이거늘 대체 어디로 돌아간다는 말이냐고 묻는다. 두 사람의 경지는 이처럼 다르다.

그런데 대사가 한 말 가운데 **본다**라는 단어에 주목할 필요가 있다. 대사는 이 단어를 두 번 쓰고 있는데, 동자승이 한 말 중 냄새를 '맡다'라는 단어 및 '기뻐하다'라는 단어와 정확히 대응된다. '본다'라는 단어의 원문은 '관觀'이다. '관'이라는 불교 용어는 그 의미가 간단치 않으며, 불교 종파에 따라 그 내포가 다르다. 하지만 여기서 말하는 '관'은 망혹妄惑을 관찰하는 것, 또는 진리를 달관하는 것 정도의 의미를 갖는다고 보면 좋을 것이다. 인식 행위로서의 이 '관'에 의해 우리는 가假라든가 중中이라든가 공空을 식별하거나 깨달을 수 있다. 요컨대 '관'은 법계法界, 즉 진리에 이르기 위한 수행의 한 요체인 셈이다. 이 '관'은, 나중에 다시 언급하겠지만, 이 글의 제목 속에 들어 있는 '관재'라는 말 속의 '관'과 내적으로 연결된다.

1단락이 적요寂寥한 맛을 느끼게 한다면, 이 단락은 수선스런 느낌을 준다. 이 수선스러움은 동자승이 뭔가 깨달았다며 오도송을 읊는 순간 시작된다. 동자승의 가假 오도송 때문에 우리는 한 번 웃게 된다. 대사의 진지한 말 때문에 이내 웃음을 거둬야 하지만 그래도 우스운 건 우스운 것이다.

사람들은 모두 자기 경지에서 세상을 평가하고 재단한다. 더 높은 경지가 있다는 것을 잘 알지 못한다. 자기 경지에 갇혀 있으니 그럴 수밖에. 자신의 경지가 보잘것없다는 것을 자각하는 사람은 그래도 훌륭한 사람이다. 요즘은 그런 사람도 좀처럼 만나기 어렵다. 다들 이 글 속의 동자승 같다고나 할까. 깨달은 것도 아니면서 깨달았다고 떠드는 건 가소롭기 짝이 없는 일이다. 실상은 보잘것없으면서 겉으로 똑똑한 체 떠들어대는 사람을 '가똑똑이'라고 한다. 불교식으로 말하면 '아상'我相이 강한 사람이다. 가똑똑이가 많은 사회는 평화롭지도, 행복하지도 않다.

3 동자승이 말했다.
"무슨 말씀이십니까?"
대사가 말했다.
"너는 재의 냄새를 한번 맡아 보아라. 뭔 냄새가 나느냐? 너는 '공'空을 한번 보아라. 뭐가 있느냐?"

평설 하지만 동자승은 스승의 말을 통 깨닫지 못한다. 생각보다 공부가 얕고, 미망이 깊다. 그런 주제에 오도송을 읊다니! 하지만 대사는 '할!' 하며 몽둥이로 후려치지 않고, 다시 자상히 일러 준다. 대사는 거듭 '공'空을 봐야 한다는 점을 강조한다. 즉 불교의 근본 교리인 일체개공一切皆空을 환기시키고 있는 것이다.

④ 동자승은 눈물을 줄줄 흘리며 말했다.

"예전에 스승님은 제 머리를 어루만져 주시며 오계五戒를 내리고 법명法名을 지어 주셨습니다. 지금 스승님께서는 이름인즉 내가 아니며 나는 '공'이라고 하오시니, '공'이라는 건 형체가 없는 것이거늘 이름을 얻다 쓰겠습니까? 제 이름을 돌려 드리고자 하옵니다."

대사가 말했다.

"너는 순순히 받아들이고 순순히 보내어라. 내가 60년 동안 세상을 보니 머물러 있는 것은 아무것도 없어 넘실넘실 흐르는 강물처럼 도도하게 흘러가나니, 해와 달은 가고 또 가서 잠시도 그 바퀴를 멈추지 않거늘 내일의 해는 오늘의 해가 아니란다. 그러므로 미리 맞이하는 것(迎)은 거스르는 것(逆)이요, 쫓아가 붙잡는 것(挽)은 억지로 힘쓰는 것(勉)이요, 보내는 것(遣)은 순순히 따르는 것(順)이다. 네 마음을 머물러 두지 말며, 네 기운을 막아 두지 말지니, 명命을 순순히 따르며 명을 통해 자신을 보아, 이치에 따라 보내고 이치로써 대상을 보라. 그러면 손가락으로 가리키는 곳에 물이 흐르고 거기 흰 구름이 피어나리라."

주해 "머리를 어루만져 주시며"라고 했는데, 불교에서 수계授戒(계를 내리는 일)를 할 때 스승이 제자의 정수리를 어루만지는 일을 가리킨다.

'오계'란 불교도가 지켜야 하는 다섯 가지 계율을 말한다. 곧 불살생不殺生(살생하지 말 것), 불투도不偸盜(도둑질하지 말 것), 불사음不邪淫(음란한 일을 하지 말 것), 불망어不妄語(망녕된 말을 하지 말 것), 불음주不飮酒(술 마시지 말 것), 이 다섯이다.

'법명'은 중이 된 사람이 스승에게서 새로 받는 이름이다.

평설 동자승은 이제야 스승이 '공'에 대해 말하고 있다는 걸 알았다. 하지만 동자승은 이번에는 '공'을 '없음'으로 잘못 생각하고 있다. 스승의 말에 따르면 모든 것이 '공'이다. 그러니 결국 '나'도 없는 셈이다. 동자승은 이런 생각을 하자 마음이 슬퍼져서 그만 울게 된 것이리라. 또한 '나'가 없으니 이름인들 가져서 뭐하겠는가 싶어 이름을 도로 스승에게 반납하겠다고 한 것이다. 동자승의 성격이 잘 드러난다. 동자승은 좀 어리뜩하고 촉빠르긴 하나 단순하고 솔직한 성격의 사람일 터이다. 이런 동자승에 대해 웃을 수도 없고 웃지 않을 수도 없다. 웃기엔 그 말이 너무 진지하고, 안 웃기엔 그 하는 꼴이 너무 이상하다. 동자승의 이런 태도는 동자승이 자아에, 그리고 이름에 집착하고 있음을 역설적으로 보여준다. 동자승은 자아에 대한 집착을 놓지 못함으로써 공을 제대로 보지 못하고, "'공'이라는 건 형체가 없는 것"이라는 피상적인 이해에 이르고 만다. 공에 대한 이러한 이해는 필경 공으로 인한 자유가 아니라 공을 향한 집착을 낳을 터이다.

동자승은 공을 '없음'이라고 이해함으로써 진정한 공으로부터 멀어졌다. 그리하여 급기야 '공'을 자아의 부정을 의미하는 것으로 받아들이고 있다. 참된 공이란 자아의 부정이 아니라 나의 망상과 집착을 비움으로써 참된 자아를 회복하고, 물아物我의 헛된 분별을 떨쳐 버리는 것을 의미한다.

대사는 이 어린 제자를 다시 차근차근 가르쳐 주고 있다. 흥미로운 것은 대사의 말은 갈수록 점점 더 깊어지는바, 이 단락에 이르러 대사의 높은 경지를 유감없이 보여준다는 사실이다.

공이란 '무', 즉 '없음'이 아니다. 공과 무는 전연 다른 것이다. 불교에서 말하는 '공'이란 실체가 없다는 뜻이지, '유有'가 없다는 뜻은 아니다. 모든 사물은 인연이라는 관계 속에서만 존재할 따름이지, 그 자성自性(독립된 실체)이 있는 것은 아니다. '저것'이 있으므로 '이것'이 있다. 따라서 '저것'이 없으면 '이것'은 없다. '이것'이 그 자체로서 존재한다고 믿는 것은 허상일 뿐이다. 바로 여기에 불교에서 말하는 공 관념의 핵심이 있다. 가령 '나',

즉 자아에 대해 생각해 보자. 흔히 사람들은 자아는 하나의 실체라고 생각한다. 하지만 불교에서 자아는 결코 실체가 아니요, 그저 관계적 개념일 뿐이다. 자아는 어떤 관계 속에서만 존재한다. 따라서 관계의 끈이 없으면 자아도 없으며, 또 자아가 없으면 만유萬有도 없다. 서로 이어져 있는 것이다. 이런 이유에서 일체一切가 공이라고 한다.

동자승은 공이라는 개념에 내포된 이런 역동성을 깨닫지 못하고, 공을 그저 없음 정도로 생각하고 있다. 이에 대사는 공을 깨닫는다는 것, 공을 실천한다는 것이 어떤 것인지 조곤조곤 구체적으로 일러 주고 있다. 그것은 한마디로 자연의 섭리대로, 순리대로 살아가는 것을 뜻한다. 자신을 고집하지도 말고, 억지를 부리지도 말며, 멈추어 있지도 말고, 그렇다고 억지로 가려고도 하지 말며, 다가올 일에 대해 미리 억측을 하지도 말고, 떠나가는 것에 미련이나 집착을 두지도 말 일이며, 마음이 가는 대로 하늘의 명과 이치에 따라 자신과 세상을 대해야 한다고 말한다. 이는 집착과 욕심을 버려 외물外物에 구애되지 않는 자유로운 삶을 말할 터이다. 무애자재無礙自在한 삶이란 이런 걸 두고 하는 말이 아닐까. 대사의 이 말은 화엄종에서 말하는 '이사무애'理事無礙(본체와 현상이 장애를 일으키지 않고 서로 원만한 조화를 이루는 것)와도 통한다고 생각된다. 대사는 자신의 말을 이렇게 끝맺고 있다. "그러면 손가락으로 가리키는 곳에 물이 흐르고 거기 흰 구름이 피어나리라." 이것은 무슨 뜻일까? 이는 '공'의 체득이 만유萬有의 긍정으로 이어지는 경지를 말하고 있는 게 아닐까. 이 경지에서 자아와 세계, 나와 대상, 대상과 대상 사이에는 그 어떤 차별도 존재하지 않는다. 현상계 속의 낱낱의 사물은 서로 장애를 일으키지 않고 융화하며, 하나의 사물은 다른 모든 사물과 연결된다. 화엄종에서는 이를 '사사무애'事事無礙라고 이른다. 여기에서 일즉다一卽多, 다즉일多卽一의 화엄 논리학이 성립된다.

다시 생각해 보면, "손가락으로 가리키는 곳에 물이 흐르고, 거기 흰 구름이 피어나리라"라는 말은, 일찍이 소동파가 무애자재한 깨달음의 경지를 표현한 말인 "빈산에는 사람 하나 없고, 물은 절로 흐르고 꽃은 절로 피어 있네"가 드러내고자 한 경지와도 상통하는 게 아닌가 여겨진다.

 이렇게 볼 때, 대사가 동자승에게 "너는 순순히 받아들이고 순순히 보내어라"라고 한 말은 비단 이름에 대해서만이 아니라, 모든 대상에 대해, 이 세상의 모든 사물에 대해 그런 태도를 취해야 한다는 말로 읽힌다. 대사는 공이란, 그리고 공의 실천이란 바로 그런 것이라고 생각했음이 틀림없다.

 한편, 대사가 "명命을 순순히 따르며 명을 통해 자신을 **보아**, 이치에 따라 보내고 이치로써 대상을 **보라**"라고 한 데 주목할 필요가 있다. 이 말 속에는 두 군데에 '보다'라는 단어가 나온다. 이 단어의 원문은 '관'觀이다. '명을 통해 자신을 본다'라는 말의 원문은 '명이관아'命以觀我요, '이치로써 대상을 본다'라는 말의 원문은 '이이관물'理以觀物이다. '관아'觀我는 '안'을 보는 것이요, '관물'觀物을 밖을 보는 것이다. 둘을 합치면 나 자신과 사물을 모두 응시하는 게 된다. 이 구절은 이 글 제목 중에 보이는 '관'觀이라는 글자를 논파하고 있음에 주목해야 한다. 동아시아의 전통적 수사학에서는 이런 걸 '파제'破題(제목을 논파한다는 뜻)라고 한다.

   5 나는 당시 턱을 괴고 대사의 곁에 앉아 있다가 이 말을 들었는데 참으로 정신이 멍하였다.

  평설 이 단락은 앞의 1단락과 더불어 하나의 액자를 형성하고 있다. 이 액자 속에 2, 3, 4단락이 위치한다. 액자 속의 단락들은 대사와 동자승의 문답만으로 채워져 있다. 그 서술은 철저히 장면재현적이다.

이 단락에 이르러 비로소 독자는 연암이 대사의 곁에 앉아 턱을 괸 채 이 문답을 듣고 있었음을 알아차리게 된다. 연암은 액자 속 단락을 서술할 때 의도적으로 자신을 숨겨 버림으로써 대사와 동자승의 문답이 극적으로 부각되게 만들고 있다. 이 때문에 독자는 특이한 미적·심리적 체험을 하게 된다. 독자는 액자 속에서 대사와 동자승의 난해한 이야기를 듣다가 이 단락에 이르러 연암과 함께 액자 밖으로 나옴으로써 뭔가 꿈을 꾼 것 같기도 하고, 이야기 속의 이야기를 들은 것 같기도 하며, 잠시 어떤 특별한 곳에 머물다가 자기가 사는 곳으로 되돌아온 듯한 느낌을 받게도 된다. 연암은 "정신이 멍하였다"라고 했지만, 독자는 마치 영화관에 있다가 밖으로 나왔을 때 갑자기 눈앞이 환해지며 정신이 각성되는 듯한 느낌을 받는 것과 비슷한 경험을 하게 된다.

[6] 백오伯五가 자기 집 대청에 '관재'觀齋라는 이름을 붙이고는 나에게 글을 부탁하였다. 백오는 혹 준대사의 설법을 들은 것일까. 나는 마침내 준대사의 말을 적어 기문記文으로 삼는다.

주해 '백오'伯五는 서상수徐常修(1735~1793)의 자字다. 또다른 자는 여오汝五다. 호는 관재觀齋 혹은 기공旂公이고, 본관은 달성이다. 서출로, 1774년 생원시에 급제하여 종8품 벼슬인 광흥창廣興倉 봉사奉事를 지냈다. 연암 일파의 한 사람으로, 박지원을 비롯해 이덕무·박제가·유득공 등과 친밀하게 지냈다. 시·서·화에 모두 조예가 있었으며, 특히 음률에 밝아 그의 통소 연주는 국수國手의 수준이었다고 전한다. 서화·골동에 대한 감식안이 높아 당대에 그 방면의 제1인자로 꼽혔다. 박지원은 「붓 빠는 그

룻 이야기」(원제 '필세설' 筆洗說)라는 글에서 서상수가 우리나라 서화·골동의 감상을 하나의 학문 차원으로 끌어올린 인물이라고 높이 평가한 바 있다.

'관재'觀齋는 백탑白塔(지금의 서울시 종로구 탑골공원 안에 있는 원각사 탑) 북쪽에 있던 서상수의 집 당호堂號다. 서상수는 그후(1770) 대사동大寺洞(지금의 종로구 인사동 일대) 어귀에 있던 이덕무의 집 근처로 이사하였다. 이덕무는 1766년 이리로 이사하였으며, 1769년 자신의 서재를 청장서옥靑莊書屋이라 이름하였다.

평설 이 단락은 이 글을 짓게 된 연유를 밝히고 있다. 연암은 서상수의 집 이름이 '관재'觀齋임에 유의하여 볼 '관'觀자를 화두로 삼아 글을 지어 준 것이다. 준대사의 말마따나 천명天命을 통해 자신을 성찰하고 이치에 따라 사물을 대하라는 뜻이리라.

이 글은 연암이 금강산을 다녀온 후 창작되었다. 빠르면 1766년, 늦어도 1767년에는 창작되었을 것으로 본다. 이덕무의 『아정유고』雅亭遺稿에 보면 1767년 섣달에 연암, 서상수, 이덕무, 박제가, 유득공 등이 관재에서 통소를 소재로 하여 연구聯句를 지었다는 기록이 보이는바, 서상수가 관재라는 당호를 쓴 것은 적어도 그 이전일 터이다. 따라서 이 글은 연암 서른 살 때 아니면 서른한 살 때 작품으로 추정된다.

『연암집』에는 이 글 외에도 서상수에게 준 글이 두 편 더 실려 있다. 「붓 빠는 그릇 이야기」와 「관재가 소장하고 있는 〈청명상하도〉清明上河圖에 붙인 발문」이 그것이다. 「붓 빠는 그릇 이야기」는 서화골동에 대한 서상수의 빼어난 감식안에 대해 말한 글이다. 서상수의 인물 됨됨이를 아는 데 참조가 될 듯해 이 글 중의 한 구절을 소개한다.

여오汝五(서상수의 또다른 자)는 천성이 총명하여 문장에 능하고, 작은 글씨의 해서도 잘 쓰며, 소미小米의 발묵법潑墨法도 잘 구사한 데다 음악에도 두루 통하였다. 봄가을 한가한 날이면 뜰에 물을 뿌려 깨끗이 소제한 뒤 향을 사르며 차 맛을 품평하곤 하였다.

소미小米란 송나라의 화가 미불米芾의 아들인 미우인米友仁을 말한다. 아버지인 미불은 대미大米라고 칭해졌고, 미우인은 소미小米라고 칭해졌다. 소미의 발묵법이란, 미우인이 산수화를 그릴 때 습윤한 강남 산수를 표현하기 위해 즐겨 구사했던 선염渲染(물감이 번지게 하는 기법)과 젖은 먹점을 말한다. 이 구절을 통해 서상수가 예술에 퍽 조예가 깊었으며, 맑고 운치 있는 생활을 했음을 알 수 있다.

총평

· 이 글은 불교의 교리를 담고 있다. 연암은 불교와 관련된 글을 몇 편 남기고 있는데, 이 글은 그 중 하나다.

· 연암은 동자승과 대사가 주고받는 문답을 그 곁에서 듣고 있고, 독자는 그것을 다시 엿듣는다.

· 연암은 동자승과 대사의 문답을 통해 심오한 이치를 드러내는 데 그치지 않고 두 사람의 개성까지도 잘 묘파해 내고 있다. 이 때문에 어려운 이치를 말하고 있음에도 불구하고 글은 여유롭고 생기가 넘친다.

• 이 글은 퍽 파격적인 글이다. 기문記文으로 작성된 글임에도 글의 대부분은 엉뚱하게도 대사와 동자승의 문답으로 채워져 있다. 하지만 이 문답 속에 기문을 부탁한 사람에게 들려주고자 하는 말이 들어 있다는 점에서 그 문답은 엉뚱한 것이 아니요, 주도면밀한 고려의 결과라 할 것이다. 이 글은 이처럼 엉뚱한 발상과 엉뚱하지 않은 깊은 의미를 보여준다는 점에서 기문奇文이요, 연암다움을 보여주는 글이라 할 만하다.

• 이덕무는 이 기이한 글에 대해 이런 기이한 평을 남겼다.
"구름이 흘러갈 제 그걸 보내는 건 산이요, 물이 흘러갈 제 그걸 보내는 건 언덕이다. 수레바퀴가 굴러갈 제 그걸 보내는 건 바퀴축이요, 화살이 날아갈 제 그걸 보내는 건 활시위다. 가는 것이 소리면 귀가 보내고, 가는 것이 색이면 눈이 보내며, 가는 것이 맛이면 입이 보내고, 가는 것이 향이면 코가 보낸다. 가로로 기다란 것이든 세로로 기다란 것이든 네모진 것이든 동그란 것이든 간에 가지 않는 것이 없고 보내지 않는 것이 없다. 하늘을 나는 것이건 물속에서 사는 것이건 움직이는 존재건 달음박질치는 존재건 생물 치고 가지 않는 건 없으며 보내지 않는 건 없다. 기쁘든 슬프든 웃든 울든 누가 가지 않을 것이며, 노래하든 술 마시든 길을 가든 앉아 있든 누가 보내지 않겠는가? 가고 가고 보내고 보내며, 보내고 보내고 가고 가며, 가고 보내고 가고 보내며, 보내고 가고 보내고 가나니, 복희·요순·문무文武(주나라 문왕文王과 무왕武王)·제환공齊桓公(춘추시대 제齊나라의 제후)·진문공晉文公(춘추시대 진晉나라의 제후)도 이러하고 이러하며, 경사자집經史子集(경전·역사서·제자백가서·문집)도 이러하고 이러하다. 이러하고 이러함 또한 이러하고 이러하며, 이러함 역시 또 이러하다."
또 이런 평도 남겼다.
"더할 나위 없이 훌륭한 작품이다. 천하사天下事라는 게 확고부동한 게 없고 곧잘 변하는 법이니 어디 간들 향 연기 아닌 것이 없다. 이 글을 읽고도 여전히 교만하고 탐욕스럽다면 그런 사람이야 논할 게 뭐 있겠는가!"

『초정집』 서문

　　문장은 어떻게 써야 하는가? '반드시 옛것을 모범으로 삼아야 한다' 라고 사람들은 말한다. 그리하여 세상에는 마침내 옛것을 모방하면서도 부끄러운 줄 모르는 사람들이 생겨나게 되었다. 이는 주周나라의 제도를 본떴던 역적 왕망王莽이 예악禮樂을 수립했다는 격이며, 공자와 얼굴이 닮은 양화陽貨가 만세萬世의 스승이 될 수 있다는 격이다. 그러니 어찌 옛것을 모범으로 삼을 수 있겠는가?

　　그렇다면 새것을 만들어야 하겠지. 그리하여 세상에는 마침내 괴상하고 허황되고 지나치고 치우친 글을 쓰면서도 두려워할 줄 모르는 이들이 생겨나게 되었다. 이는, 임시 조처로써 세 길 높이의 나무를 옮기게 함이 통상의 법령보다 중요하다는 격이고, 이연년李延年의 새로 만든 간드러진 노래가 종묘宗廟의 음악으로 연주되어도 좋다는 격이다. 그러니 어찌 새것을 만들겠는가?

　　그렇다면 어찌해야 좋단 말인가? 우린 장차 어찌해야 하는가? 글쓰기를 그만두어야 할 것인가?

　　아아! 옛것을 모범으로 삼는 사람은 낡은 자취에 구애되는 것이 병이고, 새것을 만들어 내는 사람은 상도常道에서 벗어나는 것이 탈이다. 참으로 옛것을 모범으로 삼되 변통할 줄 알고, 새것을 만들어 내되 법도가 있게 할 수 있다면, 지금 글이 옛날 글과 같을 것이다.

옛사람 중에 글 잘 읽은 이가 있었으니 공명선公明宣이 그 사람이요, 옛사람 중에 글 잘 쓴 이가 있었으니 회음후淮陰侯 한신韓信이 바로 그 사람이다. 어째선가?

공명선이 증자曾子에게 배우면서 3년이 지나도록 책을 읽지 않았다. 증자가 그 이유를 묻자 공명선은 이렇게 대답했다.

"저는 선생님께서 평소에 댁에서 지내시는 모습도 보고, 손님을 접대하시는 모습도 보며, 조정에서의 모습도 보면서 배우고 있으나 아직 제대로 익히지 못하였습니다. 제가 어찌 감히 아무것도 배우지 않으면서 선생님 문하에 있는 것이겠습니까?"

강을 등지고 진을 치는 법은 병법에 안 보이니 장수들이 복종하지 않는 것도 당연하다. 이에 회음후는 이렇게 말했다.

"병법에 들어 있는데, 제군諸君이 제대로 보지 못했군. 병법에 '죽을 땅에 들어간 다음에야 산다'고 하지 않았던가?"

그러므로 배우지 않음으로써 오히려 잘 배웠다고 할 만한 것은 노魯나라의 어떤 남자가 혼자 거처한 일이요, 아궁이 수를 줄이는 전술을 역이용해 아궁이 수를 늘림으로써 적을 속인 것은 우승경虞升卿이 보여준 변통이다.

이로써 보건대, 하늘과 땅이 비록 오래되었어도 끊임없이 만물을 낳고, 해와 달이 비록 오래되었어도 그 빛은 매일 새로우며, 세상에 책이 비록 많으나 담고 있는 뜻은 저마다 다르다. 그러므로 날짐승·물고기·길짐승 중에는 혹 이름이 아직 알려지지 않은 것이 있는가 하면, 산천초목에는 반드시 숨겨진 신령함이 있게 마련이다. 썩은 흙에서 지초芝草가 돋고, 썩은 풀에서 반딧불이가 생겨난다. 예禮를 둘러싸고도 시비가 끊이지 않고 악樂에 대해서도 논의가 분분하다. 『주역』周易의 괘卦와 효爻는 기호 그 자체로 의미를 충분히 드러내지 못하므로 후에 괘와 효를 설명하는 말을 덧붙였고, 이것으로도 충분치 않아 다시 후대의 성인聖人이 부연 설명하는 글을 추가하였다. 그리하여 똑같은 대상을 두고도 어진 사람이 보면 어질다고 말하고 지혜로운 사람이 보면 지혜롭다고 말하게 된다.

그러므로 "백세百世 뒤에 성인聖人이 나타난다 할지라도 내 말에 의혹을 품지 않을 것이다"라는 말은 앞 시대 성인의 뜻이요, "순舜임금과 우禹임금이 다시 살아난다 할지라도 내 말을 바꾸지 않으실 것이다"라는 것은 후대 현인賢人의 말이다. 우임금과 후직后稷과 안회顔回는 그 도가 하나다. 편협함과 공손하지 않음은 군자가 추구할 바가 아니다.

박씨의 아들 제운齊雲은 나이 스물셋으로 문장에 능하며 호를 초정楚亭이라고 하는데, 나에게 배운 지 몇 년이 된다. 제운은 선진先秦·양한兩漢의 글을 흠모하여 글을 짓지만 옛글의 격식에 얽매이지 않는다. 그러나 진부한 말을 없애려고 애쓰면 혹 황당무계한 데 빠지기도 하고, 주장을 너무 높이 내세우면 혹 상도常道에서 벗어나는 데 가까워지기도 한다. 명明나라의 여러 문장가들이 법고法古와 창신創新을 두고 서로 옥신각신 싸웠으나 양쪽 다 올바름을 얻지 못하고 함께 말세의 하잘것없는 데로 떨어져, 도를 돕는 데에는 아무런 보탬이 되지 못한 채 한갓 풍속을 병들게 하고 교화를 해치는 쪽으로 귀결되고 말았거늘, 나는 이 점을 두려워한다. 새것을 만들다가 공교工巧해지기보다는 차라리 옛것을 모범으로 삼다가 고루해지는 편이 나을 터이다.

내가 지금 『초정집』楚亭集을 읽은 후 공명선과 노나라 남자의 독실한 배움에 대해 이야기하는 한편 회음후와 우후虞詡가 기묘한 계책을 낸 일을 이야기했는데, 이는 모두 옛것을 배워 잘 변통한 사례들이다. 밤에 초정과 더불어 이런 말을 하고, 마침내 그것을 책머리에 써서 권면한다.

① 문장은 어떻게 써야 하는가? '반드시 옛것을 모범으로 삼아야 한다'라고 사람들은 말한다. 그리하여 세상에는 마침내 옛것을 모방하면서도 부끄러운 줄 모르는 사람들이 생겨나게 되었다. 이는 주周나라의 제도를 본떴던 역적 왕망王莽이 예악禮樂을 수립했다는 격이며, 공자와 얼굴이 닮은 양화陽貨가 만세萬世의 스승이 될 수 있다는 격이다. 그러니 어찌 옛것을 모범으로 삼을 수 있겠는가?

그렇다면 새것을 만들어야 하겠지. 그리하여 세상에는 마침내 괴상하고 허황되고 지나치고 치우친 글을 쓰면서도 두려워할 줄 모르는 이들이 생겨나게 되었다. 이는, 임시 조처로써 세 길 높이의 나무를 옮기게 함이 통상의 법령보다 중요하다는 격이고, 이연년李延年의 새로 만든 간드러진 노래가 종묘宗廟의 음악으로 연주되어도 좋다는 격이다. 그러니 어찌 새것을 만들겠는가?

그렇다면 어찌해야 좋단 말인가? 우린 장차 어찌해야 하는가? 글쓰기를 그만두어야 할 것인가?

주해 '왕망'王莽은 전한前漢의 평제平帝 때 재상을 지냈던 인물로, 훗날 평제를 시해하고 평제의 아들을 황제로 세운 뒤 섭정을 하다가 결국 황제의 자리를 찬탈하여 국호를 '신'新으로 바꾸었다. 왕망은 고대의 이상적인 국가를 재현한다는 명목 아래 『주관』周官이라는 책에 의거해 신나라의 관제官制를 제정하였다. 하지만 신나라는 허울만 그러할 뿐 그 내부 모순 때문에 백성들의 원성이 높았다. 『주관』은 『주례』周禮라고도 불리는데, 천天·지地·춘春·하夏·추秋·동冬의 여섯 부문으로 나눠 관제를 편성하고 관직 이름을 정해 놓은 책이다. 주나라의 주공周公이 저술한 책이라고 전하나 근대의 학자들은 후대 유학자의 저작으로 본다. 왕망은 재위 15년 만에 살해되고 광무제光武帝가 다시 한漢나라를 중흥하게 된다. 이것이 곧 후한後

漢이다.

'양화'陽貨는 노魯나라의 대부 계평자季平子의 가신家臣으로, 이름은 호虎이고, '화'貨는 그 자字다. 계평자가 죽자 그 아들인 계환자季桓子를 유폐시킨 뒤 국정을 제 마음대로 하였다. 공자와 용모가 비슷했다고 한다.

"임시 조처로써 세 길 높이의 나무를" 운운한 말은, 전국시대에 상앙商鞅이 진秦나라의 법치를 확립하고자 취했던 임시 조치를 가리키는 말로, 여기서는 '임시적인 법령'을 뜻한다. 이 고사는 『사기』「상군열전」商君列傳에 나오는데, 그 내용은 다음과 같다: 진나라 효공孝公에게 등용된 상앙은 새로운 법령을 공포하기에 앞서 세 길 높이의 나무를 도읍 남문에 세워 두고 이걸 북문으로 옮기는 자에게 큰 상을 내리겠다고 했다. 백성들이 그 말을 믿지 못하고 주저하고 있을 때 어떤 한 사람이 시험 삼아 나무를 옮겼다. 그러자 약속대로 상을 주었다. 이 일이 있은 뒤 백성들은 나라의 법령을 의심하지 않고 지켰다고 한다.

"이연년李延年의 새로 만든 간드러진 노래"란 사람들이 좋아하는 당대의 유행가를 뜻한다. '이연년'은 한나라 무제 때 노래 잘하기로 이름났던 사람으로, 새로운 곡조를 잘 만들었다고 한다.

평설 "문장은 어떻게 써야 하는가?" 이 첫 문장은 이 글 전편全篇의 화두다. 이처럼 이 글은 글의 첫머리에 논점을 단도직입적으로 제기하고 있다. 이러한 시작 방식은 독자에게 긴장감을 불러일으킴과 동시에 대단히 강한 인상을 준다.

연암은 글의 첫머리에 "문장은 어떻게 써야 하는가?"라는 물음을 툭 던진 다음, 당시 통용되고 있던 두 가지 입장을 제시하고 있다. 그 하나는 '법고'法古요, 다른 하나는 '창신'創新이다. '법고'란 옛것을 본뜬다는 뜻이고, '창신'이란 새것을 만들어 낸다는 뜻이다.

법고를 강조하는 입장은 모방에 힘을 쏟는다. 그래서, 모방은 부끄러워해야 할 일이건만 부끄러워해야 할 일인 줄을 모르고들 있다. 연암은 법고의 문제점을 보이기 위해 두 가지 사례를 들고 있다. 하나는 왕망의 사례이고, 다른 하나는 양화의 사례다. 왕망은 권력을 찬탈한 다음 저 옛날 주나라의 제도를 본뜬 국가 제도를 수립하였다. 하지만 그것은 가증스럽게도 주나라의 외양만 본뜬 것에 불과했다. 따라서 기실 주나라의 제도에 담겨 있던 정신이나 취지와는 아무 관계가 없었다. 겉모습만 본다면 양화는 공자를 빼닮았다. 하지만 양화는 공자와 달리 성인이 아니라 악인에 가깝다. 그러므로 겉모습만 비슷하다고 해서 되는 것은 아니다. 중요한 것은 외양이 아니라 그 정신이다. 요컨대 연암은 이 두 사례를 통해 외양의 모방으로 귀결되곤 하는 법고의 문제점을 지적하고 있다.

그렇다면 창신은 어떠한가? 창신을 강조하는 입장은 새것 만들기에 힘을 쏟는다. 그래서 종종 괴상하거나 허황되거나 도度를 넘거나 편벽된 글을 쓰는 데 힘을 쏟는다. 이는 삼가고 경계해야 할 일이건만 삼가고 경계해야 할 일인 줄을 모르고들 있다. 연암은 창신의 문제점을 보이기 위해 두 가지 사례를 들고 있다. 하나는 상앙의 고사이고, 다른 하나는 이연년의 일이다. 상앙은 법치를 확립하기 위해 임기응변을 부렸다. 하지만 그것은 임시방편일 뿐이다. 임시방편이 통상적 법령보다 중요한 것이 되어서는 곤란하다. 요컨대 근본의 자리에 놓이는 것은 상도常道이지 임기응변이 아니다. 이연년은 간드러진 유행가를 잘 지어 당시 사람들에게 환영을 받았다. 하지만 유행가를 종묘의 음악으로 사용할 수는 없다. 깊이와 중후함이 부족하기 때문이다. 연암은 이 두 사례를 통해 상도에서의 이탈 및 깊이와 중후함의 결여로 귀결되곤 하는 창신의 문제점을 지적하고 있다.

연암은 일방적인 법고와 일방적인 창신, 이 두 대립하는 주장의 문제점을 각각 지적한 다음, 최종적으로 '그렇다면 우리는 어찌해야 좋은가' 라고 묻고 있다. 그 물음은, 세 개의 짧은 의문문이 연달아 제시되고 있는 데서 알 수 있듯, 대단히 급박한 어조를 띠고 있다. 그리하여 더 이상 달아날 곳이 없는 막다른 골목에서 이 문제에 대한 돌파구를 모색한다는 그런 절박감을 이 단락의 마지막 세 구절은 풍기고 있다. 이 때문에 독자는 다음 단락의 논의가 몹시 궁금해진다.

2 아아! 옛것을 모범으로 삼는 사람은 낡은 자취에 구애되는 것이 병이고, 새것을 만들어 내는 사람은 상도常道에서 벗어나는 것이 탈이다. 참으로 옛것을 모범으로 삼되 변통할 줄 알고, 새것을 만들어 내되 법도가 있게 할 수 있다면, 지금 글이 옛날 글과 같을 것이다.

평설 이 단락은 앞 단락에서 제기된 물음에 대한 답이다. 연암은 이 단락에서 문장을 어떻게 써야 하는지에 대한 '단안'을 내리고 있다. 연암은 먼저 앞 단락에서 비판된 두 가지 문학론의 문제점을 다시 한 번 간명하게 정리해 보여주고 있다: 법고론은 낡은 자취에 함몰됨이 병통이요, 창신론은 상도에서 벗어남이 병통이다.

낡은 자취에 함몰된다는 것은 무슨 뜻일까? 이전의 대가들이 쓴 글의 형식이나 자구, 표현 등을 본뜨려고 한 나머지 그 틀에 갇혀 버리고 마는 것을 의미한다. 이른바 의고주의擬古主義의 폐단이다. 의고주의는 과거의 대가들이 이룩한 위대한 글쓰기의 전통을 본받아야 한다고 생각하여 대가들이 남긴 글의 자구를 본뜨고 그 형식과 수사법을 답습하였다. 하지만 그것은 대가들이 보여준 위대한 글쓰기의 정신을 창조적으로 계승하고 발전시키는 것으로 되기보다는 그 모방으로 귀착되기 일쑤였다. 전통을 본받고자 했으나 전통의 정당한 계승이 아니라 전통의 피상적 답습에 머무르고 만 것이다.

상도에서 벗어난다는 건 무슨 뜻일까? 의도적으로 신기新奇한 것을 만들어 내려고 한 나머지 법도에서 벗어나 지나치게 편벽된 것을 추구하거나 기이하고 튀는 것을 추구하는 경향을 가리켜서 한 말일 터이다. 이는 창신론이 갖는 특징이자 한계다. 연암이 문제 삼고 있는 창신론의 진원지는 중국의 명말明末 문학이다. 명말에는 민간 문학의 상승이 두드러지고, 사상적으로 이탁오李卓吾와 같은 양명학 좌파가 큰 영향을 끼친 결과, 개아個我에 대한 긍정과 감정의 대담하고도 자유로운 표출이 중시되었다. 그리하여 전통의 질곡에서 벗어나 개인의 감수성과 상상력을 한껏 열어 나가는 쪽으로 문학이 전개되었다. 탕현조湯顯祖, 서위徐渭, 김성탄金聖嘆, 원굉도袁宏道 같은 사람이 그 대표적인 작가들이다. 이 중에서도 조선에 큰 영향을 끼친 사람은 김성탄과 원굉도다. 이들 명말의 작가들은 전통에 크게 구애되지 않고 개아의 진정眞情을 긍정하며 자유로운 글쓰기를 시도한 결과 새로운 표현을 개척하고 감수성과 상상력을 갱신한 의의가 인정되나, 문제점도 없지 않았다. 이들의 문학은 자유분방하기는 하나 다소 가볍거나 경망스러웠으며, 발랄하기는 하나 깊이가 부족했고, 창조적이기는 하나 심오하지는 못했다. 또한 신기함과 기이함을 추구하는 경향이 지나쳐서 자아와 세계의 내면에 대한 충실한 성찰이 이루어지지 못하는 경향이 없지 않았다. 뿐만 아니라 개아의 취미와 도락을 중시함으로써 스스로 시좌視座를 좁혀 버려 개인과 사회의 긴장된 관계에 대한 탐구와 문제의식이 부족하게 되었다. 이 때문에 국가에 대한 사대부의 책무에 대한 성찰이라든가 사회의 향방에 대한 지식인으로서의 깊은 고뇌 같은 것을 갖기 어려웠다. 개아와 그 주변의 일상에 경도한 결과 대체로 개인 속으로 침잠해 버리게 되어 사회적 모순에 대한 비판적 인식을 전개시킬 수가 없었던 것이다. 이런 이유로 창신을 강조한 명말의 문학은 대개 아기자기한 재미와 멋, 기발한 상상력 등 미시적인 측면에서의 미덕은 적지 않지만, 사회적 의식이라든가 경세적 면모 등 거시적 측면에서는 커다란 약점을 안고 있었다. 명말 문학의 이런 경향은 이른바 트리비얼리즘에 빠질 수 있는 소지를 안고 있는 것이었다. 이 때문에 명말의 문학이 망국亡國과 연결된다고 보는 관점도 나올 수 있었다.

"새것을 만들어 내는 사람은 상도常道에서 벗어나는 것이 탈이다." 이 말을 할 때 연암은 원굉도 등 명말 창신파創新派의 한계와 문제점을 명확히 자각하고 있었음이 틀림없다. 17세기 이래 조선에는 원굉도의 영향이 점점 증대되었고, 18세기에 들어서면 '원굉도 바람'이라고 해도 좋을 정도로 원굉도가 대대적으로 유행하게 된다. 그리하여 중국의 창신파가 모방에 대한 배격에서 비롯된다면 한국의 창신파는 중국의 창신파에 대한 모방에서 비롯된다는 아이러니가 성립된다. 무릇 모든 모방과 마찬가지로 창신을 모방하는 일도 아주 쉬운 일이다. 창신을 창신하는 일이 어렵지 창신을 모방하는 일이 뭐 어렵겠는가. 가령 포스트모더니즘을 창신하는 일은 고심이 필요할지 모르지만 그걸 본뜨는 데는 그다지 고심이 필요치 않다.

내로라하는 18세기의 조선 문인들이 대부분 그랬듯 연암 역시 원굉도와 김성탄을 섭렵했으며 그 미덕을 적극적으로 섭취하였다. 하지만 우리가 주목해야 할 점은, 연암의 경우 명말 창신파를 대단히 비판적으로 수용하고 있다는 점이다. 그 미덕은 잘 활용하되 그 문제점에 대해서는 철저히 비판하면서 경계하고 있다. 바로 이 지점에서 연암의 연암다움이 확인되며, 연암의 높은 안목과 '조선' 사대부로서의 주체적 자세가 드러난다고 할 만하다.

연암은 어째서 명말 창신파를 비판적으로 음미할 수 있었을까? 그것은 연암이 평생 견지했던 경세적 문학 자세, 연암 문학론의 가장 밑바닥을 형성하고 있다고 판단되는 저 경세적 문학관 때문에 가능했던 것으로 여겨진다. 연암은 단순한 문인은 아니었다. 그는 조선의 명가名家 출신이었으며, 그 때문에 조선의 현재와 장래에 대한 책임감으로부터 자유로울 수 없었다. 요새 말로 하면 노블레스 오블리주다. 이 때문에 연암의 글쓰기는 비록 자유분방한 면모를 보여줄 때조차도 이런 의식의 그림자 같은 게 어른거리곤 한다. 그러니, 글쓰기가 말장난에 빠지거나, 경박하고 쇄말적瑣末的으로 되는 데는 기본적으로 동의할 수 없었던 것이다. 연암은 명말明末이 레토릭 rhetoric만 요란하고 내실이 부족한 시대라고 보았다. 연암은 특히 기세氣勢가 강한 문장을 숭상했고 그 자신도 그런 문장을 구사했는데, 명말 창신파의 소품문은 대체로 기력이 잔약하고 원기가 부족했던바, 연암은 이런 점을 꿰뚫어 보고 있었다.

이 단락은 법고와 창신 각각의 병폐에 대해 간단히 정리한 후 다음과 같은 새로운 명제를 제시한다: '옛것을 모범으로 삼되 변통할 줄 알고, 새것을 만들어 내되 법도가 있게 하자.'

"옛것을 모범으로 삼되 변통할 줄 알고"의 원문은 '法古而知變'법고이지변이고, "새것을 만들어 내되 법도가 있게" 한다의 원문은 '創新而能典' 창신이능전이다. 이것이 이른바 연암의 '법고창신론'이다. 법고창신론이란 '법고하고 창신한다'는 뜻이 아니라 '법고해서 창신한다'는 뜻이다. 법고는 법고이지 어떻게 창신이 될 수 있단 말인가? 다시 말해 법고를 하는 게 대체 어떻게 창신이 될 수 있단 말인가? 연암의 생각을 따라가며 그 의문을 풀어 보기로 한다.

법고가 한갓 외양의 모방으로 떨어지지 않으려면 '지변'知變이 필요하다. '지변'이란 무엇인가. 변통한다는 뜻이다. 변통이란 무엇인가. 형편과 상황에 맞게 바꾸는 것을 말한다. 형편과 상황에 맞게 바꾸는 것, 이는 곧 재창조를 뜻한다. 따라서 변통이란 곧 재창조를 의미한다. 그렇다면 '법고이지변'은 법고를 하되 재창조한다는 뜻으로 해석될 수 있다. 다시 말하면 전통을 배우되 전통에 구속되지 말고 전통을 재창조하라는 말이 된다. 이렇게 하면 단순한 법고와 뭐가 달라지는가? 단순한 법고는 옛날의 위대한 글쓰기 전통을 배우되 그 형식이나 표현 등 외양만을 본뜨는 쪽으로 귀결되었지만, 이렇게 할 경우 전통의 답습이나 모방이 아니라 전통을 활용해 완전히 새로운 것을 창조하는 행위가 된다. 그 결과 전통은 질곡이 아니라 심원한 창조적 행위를 뒷받침해 주는 역동적 계기가 된다. 그러므로 '지변'知變은 능동적이고 주체적인 행위요, 이 능동적이고 주체적인 행위에 의해 과거의 텍스트들은 새롭게 재해석되면서 창작의 밑거름으로 활용된다. 창작 주체의 주체성을 담보하는 이 '지변'이라는 개념에 견인되어 법고는 마침내 진부함과 구태의연함과 뻔함과 재미없음을 벗어나 참신하고 창의적이며 개성적이고 생기발랄하게 될 수 있는 가능성을 획득한다. 이런 법고야말로 진정한 법고일 터이다.

또한 창신이 기괴함과 신기함을 숭상하면서 경박하거나 천박한 데로 빠지지 않으려면 '능전'能典이 필요하다. '능전'이란 무엇인가. 법도가 있다는 뜻이다. 법도가 있다는 건 무슨 뜻인가. 글쓰기의 위대한 전통에 대한 자각과 고려를 통해 전통과 서로 연결되어 있음을 의미한다. 그러므로 '창신이능전'은 창신을 하되 전통에 대한 고려 없이 하는 것이 아니라 전통을 잘 활용해 창신을 하는 것이라 말할 수 있다. 이렇게 하면 단순한 창신과 뭐가 달라지는가? 단순한 창신과는 달리 전통의 활용 위에서 창작 행위가 이루어지기 때문에 창작이 깊이와 두께를 확보하면서 진중함과 심오함, 그리고 내면적 충실함을 지닐 수 있다. 이런 창신이야말로 진정한 창신일 터이다.

이렇게 볼 때, '지변'은 창신과 연결되고, '능전'은 법고와 연결된다는 사실을 알 수 있다. 그러므로 '법고이지변'은 곧 '법고이창신'法古而創新이요, '창신이능전'은 곧 '창신이법고'創新而法古라고 말할 수 있을 터이다. '법고이지변'과 '창신이능전'은 그 바라보는 각도만 다를 뿐 결국 같은 데로 귀결되는 말이다. 요컨대 법고창신이다. 연암은 법고창신의 원리에 따라 글을 쓸 경우 당대의 문장은 장자·사마천·한유 등이 남긴 과거의 저 위대한 문장과 하등 다를 바 없을 것이라고 말하고 있다. 이는 법고창신의 방법에 따를 경우 과거의 위대한 전통을 잘 활용해 위대한 당대 문학을 창조해 낼 수 있다는 말이다. 법고창신이 '고'古와 '금'今의 관계에 대한 변증법적 사고로 연결됨을 보여주는 대목이다. 이런 관점에서는 고문과 금문今文, 고문과 소품문의 대립적 구분은 사실 별 의미가 없다. 중요한 것은 고문인가 소품문인가가 아니라, 창조적 고문인가 본데 있는 소품문인가이기 때문이다.

우리는 이 단락에서 연암이 제기한 저 유명한 법고창신론의 탄생을 목도하게 된다. 논리적인 산뜻함과 함께 정신적인 깊이가 느껴진다. 이 법고창신론으로써 연암의 문학론은 완성된다. 이 글은 연암 32세 때인 1768년 초고가 쓰어졌으며, 4년 후인 1772년 개작이 이루어졌다. 개작은 용어와 문장을 다듬고 논지를 보충하고 논점을 좀 더 분명히 하는 방향으로 이루어졌다. 연암이 이 글을 얼마나 중요시했는가를 짐작할 수 있다. 개작에 의해 법고창신론은 더욱 명료해지긴 했으나 그렇다고 해서 초고의 취지가 달라진 건 아니다. 따라서 연암은 32세 때 일단 법고창신론에 도달했다고 말할 수 있다. 이 이론의 탄생은 비단 18세기 조선에서만 의미가 있는 것이 아니라, 중국을 포함한 동아시아 전체 차원에서도 하나의 '사건'이다. 연암은 이 이론을 꼭 조선 문단을 향해서만 제기한 것 같지 않고, 중국 문단까지 염두에 두면서 제기한 것으로 보인다. 그리하여 법고와 창신을 둘러싼 오랜 미학적 논쟁에 쐐기를 박고 있다. 연암 이전에도 법고와 창신을 통일하려는 노력이 전연 없었던 것은 아니지만, 연암의 이 글처럼 이 문제를 철저히 논하면서 끝장을 내고 있는 글은 발견하기 어렵다. 이 점에서 이 글은 연암의 비평가 내지 이론가로서의 면모를 잘 보여주는 글이라고 할 수 있다.

연암이 이런 이론에 도달한 것은 갑작스럽게 된 것이 아니라고 생각된다. 10대 후반 이래의 오랜 숙고와 성찰 및 창작 실천을 거쳐 이런 이론이 창조될 수 있었으리라. 어떤 의미에서 법고창신론 자체가 법고창신의 결과일지 모른다.

법고창신론의 핵심 골자는 이 단락에서 다 말한 셈이다. 그러므로 더 이상의 군말은 필요치 않아 보인다. 하지만 연암은 이 단락 뒤에 법고창신을 설명하는 몇 개의 단락을 더 배치하고 있다. 이것들은 본 단락의 '각주'에 해당한다고 말할 수 있으리라. 이 중요한 이론을 충분히 납득시키기 위해서는 더 자상한 부연설명이 필요하다고 연암은 생각한 것일까.

3 옛사람 중에 글 잘 읽은 이가 있었으니 공명선公明宣이 그 사람이요, 옛사람 중에 글 잘 쓴 이가 있었으니 회음후淮陰侯 한신韓信이 바로 그 사람이다. 어째선가?
공명선이 증자曾子에게 배우면서 3년이 지나도록 책을 읽지 않았다. 증자가 그 이유를 묻자 공명선은 이렇게 대답했다.
"저는 선생님께서 평소에 댁에서 지내시는 모습도 보고, 손님을 접대하시는 모습도 보며, 조정에서의 모습도 보면서 배우고 있으나 아직 제대로 익히지 못하였습니다. 제가 어찌 감히 아무것도 배우지 않으면서 선생님 문하에 있는 것이겠습니까?"
강을 등지고 진을 치는 법은 병법에 안 보이니 장수들이 복종하지 않는 것도 당연하다. 이에 회음후는 이렇게 말했다.
"병법에 들어 있는데, 제군諸君이 제대로 보지 못했군. 병법에 '죽을 땅에 들어간 다음에야 산다'고 하지 않았던가?"
그러므로 배우지 않음으로써 오히려 잘 배웠다고 할 만한 것은 노魯나라의 어떤 남자가 혼자 거처한 일이요, 아궁이 수를 줄이는 전술을 역이용해 아궁이 수를 늘림으로써 적을 속인 것은 우승경虞升卿이 보여준 변통이다.

주해　'공명선'公明宣은 노魯나라 사람으로, 증자曾子의 제자이고, 증자는 공자의 제자이다.

'회음후'淮陰侯는 한漢나라의 개국공신인 대장군 한신韓信의 봉호封號다.

"노魯나라의 어떤 남자가 홀로 거처한 일"이란 다음의 고사를 말한다 : 노나라에 혼자 사는 어떤 남자가 있었는데, 그 이웃에 혼자 사는 어떤 여인이 있었다. 폭풍우가 몰아치는 어느 날 밤 그만 여인의 집이 무너졌다. 여인은 이웃집 남자의 집에 잠시 유숙할 것을 청했으나 남자는 여인을 집 안으로 들이지 않았다. 여인은 유하혜柳下惠(춘추시대 노나라의 현자)가 일찍이 비슷한 상황에서 여자를 집 안에 들였으나 아무도 유하혜가 문란하다고 비난하지 않았던 일을 말하며 남자를 힐난하였다. 이에 그 남자는, 그건 유하혜와 같은 군자에게는 가능한 일이나 자신에게는 불가능한 일이므로, 자신은 유하혜와 다른 방식으로 같은 가치를 지키고자 한다고 대답하였다. 이 고사는『모시』毛詩 소아小雅「항백」편巷伯篇의 '전'傳에 보인다.

'우승경'虞升卿은 후한後漢 안제安帝(재위 107~125) 때 여러 차례 무공을 세운 우후虞詡를 말한다. '승경'升卿은 그 자字다. 우후의 군대가 무도武都(감숙성의 현縣 이름)를 침입한 강족羌族(중국 서쪽의 감숙성 일대에 살던 종족)에게 쫓기게 되었을 때 우후는 군사들이 밥을 해 먹은 아궁이 수를 실제보다 더 많이 만든 다음 이동함으로써 구원병이 이른 것처럼 보이게 하는 속임수 전술을 구사한 적이 있다. 이 고사는『후한서』「우부개장 열전」虞傅蓋臧列傳에 보인다. 이는 전국시대의 손빈孫臏이 병력이 줄어든 것처럼 보이도록 아궁이 수를 줄이며 이동하여 적을 방심하게 만든 뒤 대승을 거둔 전술을 역이용한 것이다.

평설　법고창신의 실례로 네 개의 예를 들고 있다. 앞에 제시한 두 개의 예는 자세하고, 뒤에 제시한 두 개의 예는 간단하다. 정리해 보면 다음과 같다.

① 공명선의 일
② 한신의 일
③ 노나라 어떤 남자의 일
④ 우승경의 일

먼저 공명선의 일부터 보자. 공명선은 3년간 증자의 밑에서 공부하면서 도통 책을 읽지 않았다. 책을 읽지 않았으니 아무 공부도 안 한 셈이다. 그래서 선생이 물었다. "너 왜 공부하지 않느냐?" 그러자 공명선은 이렇게 대답했다. "저는 선생님의 행실과 법도를 배우며 열심히 공부하고 있습니다." 연암은 이 일화를 소개하면서 공명선이 독서를 잘한 사람이라고 말하고 있다. 도통 책을 읽지 않았는데 독서를 잘한 사람이라니! 어째서 이런 역설이 성립될 수 있을까? 독서란 단지 글 뜻만 이해하고 지식을 습득하는 것으로 끝나는 건 아니다. 정말 중요한 것은 독서를 통해 자신의 인격을 도야하고 자신의 삶을 향상시키는 것일 터이다. 그러므로 옛사람들은 독서가 행실을 닦는 것과 연결되어야 한다는 점을 누누이 강조하였다. 글을 읽는 것은 글을 읽는 것이고 자신의 삶은 자신의 삶이고, 이렇게 둘이 분리되어서는 안 되며, 읽은 글이 자신의 삶에서 실천되어야 한다고 보았다. 공명선은 3년간 스승을 곁에서 섬기며 그 행실을 하나하나 배워 나갔다. 그러므로 공명선은 비록 책은 하나도 안 읽었지만 그 누구보다도 훌륭하게 독서의 요체를 구현한 셈이다. 연암이 공명선이 독서를 잘한 사람이라고 추켜올린 이유가 여기에 있다.

그런데 이 일이 법고창신론과 무슨 관계가 있단 말인가? 연암은 왜 이런 엉뚱한 이야기를 하고 있는 것일까? 독서를 하지 않았으나 독서의 요체를 너무도 잘 구현한 공명선의 이 고사야말로 옛것을 잘 배워 변통한 데 해당할 터이다. 다시 말해, 공명선은 새로운 것을 창조해 냈지만 그 새로운 창조란 진정한 독서에 대한 전통적인 관념을 적절히 변통함으로써 가능했다. 그러므로 이 이야기는 엉뚱해 보이지만 엉뚱한 이야기가 아니다.

한신의 이야기는 잘 알려져 있는 이야기다. 이 이야기에서 이른바 '배수진'이라는 말이 생겨났다. 당시 한신의 군사들은 오합지졸에 불과했지만 이 전술 덕분에 싸움에서 대승할 수 있었다. 당시까지는 산을 등지고 강을 앞에 한 채 진을 치는 일은 있어도 강을 등지고 진을 치는 전술은 없었다. 그래서 한신이 배수진을 칠 것을 명령하자 그 휘하 장군들은 병법의 어디에 그런 게 있느냐고 한신에게 따져 물었다. 그러자 한신은 그것이 병법의 '죽을 땅에 들어간 다음에야 살아날 수 있다'라는 말에 근거한다고 대꾸하였다. 기존의 병법을 기계적으로 따르던 사람들과 달리 한신은 기존의 병법을 상황에 맞게 수정하고 재해석해 냄으로써 배수진이라는 전혀 새로운 전술을 창조해 낼 수 있었던 것이다. 다시 말해, 한신은 옛것을 묵수하거나 옛것의 아류가 되지 않고 현실의 요구에 따라 옛것을 주체적으로 해석해 냄으로써 새로운 창조를 이룩할 수 있었던 것이다. 그것은 옛것에 정통하면서도 옛것에 갇히지 않는 태도이고, 옛것을 적절히 잘 활용해 지금까지 듣도 보도 못한 전연 새로운 것을 창조해 내는 행위라고 말할 수 있다. 이 때문에 연암은 한신이—그가 문인이 아님에도 불구하고—글을 잘 쓴 사람이라고 극찬하고 있다.

노나라의 어떤 필부는 밤에 젊은 여자가 자신의 방에 들어오려는 것을 허락하지 않았다. 일찍이 노나라의 현자 유하혜는 이런 상황에서 여자를 자신이 거처하는 방에 들어오게 했지만 둘 사이에는 아무 일도 없었다. 그리고 남들도 유하혜의 인품을 믿어 이 일에 대해 왈가왈부하지 않았다. 하지만 노나라의 어떤 필부는 유하혜와 같은 군자가 아니라 평범한 사람이다.

그러므로 여자를 방에 들일 경우 욕망에 이끌려 어떤 일이 벌어질지 장담하기 어렵다. 노나라의 필부는 이 점을 잘 알고 여자를 방에 들이지 않았던 것이다. 이처럼 노나라의 필부는 유하혜와 정반대되는 행동을 함으로써 오히려 유하혜가 지키고자 했던 가치를 지킬 수 있었다. 변통을 잘한 덕이다.

우승경은 전국시대 제齊나라의 장군인 손빈의 전술을 역이용하여 위기를 벗어날 수 있었다. 손빈을 배우되 자신이 처한 상황에 맞게 적절히 변통함으로써 새로운 전술을 창안해 낸 것이다.

이 네 가지 예화例話는 진정한 '법고'는 창신적일 수밖에 없고, 진정한 창신은 '법고'와 연결됨을 보여준다. 또한 제대로 된 법고란 텍스트를 그대로 답습하거나 모방하는 것이 아니라, 다시 말해 텍스트의 외양에 구애되는 것이 아니라, 텍스트의 근본 취지, 텍스트의 근본 정신을 통찰하고 읽어 내어 그것을 현실의 구체적 상황에 맞게 재창조하는 일임을 보여준다. 또한 제대로 된 '창신'이란 근본적으로 과거의 위대한 텍스트들과 이어져 있음을 말해 준다.

이 단락에서 든 네 가지 고사는 모두 글쓰기와는 아무 관련이 없는 일들이다. 그럼에도 연암은 이들 고사를 '법고창신'이라는 글쓰기의 원리와 결부시켜 놓고 있으며, '법고창신'의 타당성을 입증하는 사례로 제시하고 있다. 엉뚱하다면 엉뚱한 발상이고, 기발하다면 기발한 발상이다. 또한 놀랍다면 놀라운 어낼러지analogy이다. 어떤 의미에선, 이 네 가지 고사를 상투적으로 인용하지 않고 거기에 완전히 새로운 의미를 부여하는 이 글쓰기 방식이야말로 '법고창신'의 생생한 실례가 아닌가 싶다. 그렇다고 한다면 연암은 이 단락에서 절묘하게도 이중의 방식으로 법고창신을 보여주고 있는 셈이다.

이 단락은 얼핏 보면 산만해 보이지만 자세히 음미해 보면 대단히 치밀하게 조직되어 있음을 알 수 있다. 네 가지 고사 중 ①과 ③이 하나의 짝을 이루고, ②와 ④가 또다른 짝을 이루고 있다. 그리하여 이 단락은 완전한 대칭형 구조를 취하고 있다.

연암은 글쓰기를 병법에 비유하길 좋아하였다. 병법에서는 '기'奇를 중요시한다. '기'와 짝이 되는 말은 '정'正이다. '정'이 정상적 전술이나 군사 활동을 가리킨다면, '기'는 비정상적이고 임기응변적인 전술이나 군사 활동을 뜻한다. 가령 '정'이 정규전이라면 '기'는 게릴라전에 해당한다. '기'와 정의 관계에서 근본에 해당하는 것은 물론 '정'이다. 하지만 '기' 없이 '정'만으로는 전투에서 승리할 수 없다. 이처럼 이 둘은 모두 필요하고, 하나가 다른 것을 배척하는 관계가 아니라 음과 양처럼 서로 대립하면서도 보완하는 관계에 있다. 만일 법고창신론을 '기'와 '정'이라는 용어로 표현한다면, '정이기, 기이정' 正而奇, 奇而正이라고 할 수 있을지 모른다.

이 단락에 제시된 이 네 개의 사례를 통해 우리는 연암의 생각에 좀 더 다가갈 수 있다.

우선 이 사례들에는 고문에 대한 연암의 관점이 스며들어 있다. '고문에 대한 연암의 관점'이라는 말은 텍스트에 대한 연암의 관점이라는 말로 바꿔 이해해도 좋다. 연암은 과거의 위대한 텍스트를 제대로 읽는다는 것은 그에 주눅 들거나 그것을 그대로 따라하는 것이 아니라, 창조적으로 읽는 일이라고 생각했던 것 같다. 창조적으로 읽는다는 것은 극단적으로는 전복시켜서 읽는 행위까지도 허용한다. 그런데 왜 창조적으로 읽어야 하는가? 창작 주체가 놓여 있는 시공간, 창작 주체가 놓여 있는 현실 상황이 과거의 텍스트가 창조된 상황과 판이하기 때문이다. 바로 이 점에서 창작 주체의 몫이 적극적으로 긍정된다. 텍스트 읽기에는, 그리고 글쓰기에는, 창작 주체의 사정과 고민과 요구가 반영되지 않으면 안 된다.

그래서 텍스트 읽기는, 그리고 글쓰기는, 어떤 틀에 맞춰서가 아니라 역동적이고 창조적으로 수행되지 않으면 안 된다. 이처럼 '법고창신'의 논리는 비단 글쓰기만이 아니라 텍스트 읽기에도 적용될 수 있다. 텍스트 읽기와 글쓰기는 동떨어진 별개의 것이 아니다. 텍스트를 어떻게 읽을 것인가 하는 문제는 글을 어떻게 쓸 것인가 하는 문제와 직결되기 때문이다.

4 이로써 보건대, 하늘과 땅이 비록 오래되었어도 끊임없이 만물을 낳고, 해와 달이 비록 오래되었어도 그 빛은 매일 새로우며, 세상에 책이 비록 많으나 담고 있는 뜻은 저마다 다르다. 그러므로 날짐승·물고기·길짐승 중에는 혹 이름이 아직 알려지지 않은 것이 있는가 하면, 산천초목에는 반드시 숨겨진 신령함이 있게 마련이다. 썩은 흙에서 지초芝草가 돋고, 썩은 풀에서 반딧불이가 생겨난다. 예禮를 둘러싸고도 시비가 끊이지 않고 악樂에 대해서도 논의가 분분하다. 『주역』周易의 괘卦와 효爻는 기호 그 자체로 의미를 충분히 드러내지 못하므로 후에 괘와 효를 설명하는 말을 덧붙였고, 이것으로도 충분치 않아 다시 후대의 성인聖人이 부연 설명하는 글을 추가하였다. 그리하여 똑같은 대상을 두고도 어진 사람이 보면 어질다고 말하고 지혜로운 사람이 보면 지혜롭다고 말하게 된다. 그러므로 "백세百世 뒤에 성인聖人이 나타난다 할지라도 내 말에 의혹을 품지 않을 것이다"라는 말은 앞 시대 성인의 뜻이요, "순舜임금과 우禹임금이 다시 살아난다 할지라도 내 말을 바꾸지 않으실 것이다"라는 것은 후대 현인賢人의 말이다. 우임금과 후직后稷과 안회顔回는 그 도가 하나다. 편협함과 공손하지 않음은 군자가 추구할 바가 아니다.

주해 '효'爻는 『주역』의 괘卦를 이루는 하나하나의 가로 그은 획을 말한다. 양효陽爻와 음효陰爻가 있는바, 양효는 '—'로, 음효는 '--'로 표시한다. '괘'는 『주역』의 근간이 되는 것으로, 한 괘에 각각 3개의 효가 있고, 효를 음양에 따라 배합하여 8괘가 만들어진다. 8괘는 상고시대의 성인인 복희씨伏羲氏가 만들었다고 전한다. 박지원은 스무 살 무렵 단릉丹陵 이윤영李胤永(1714~1759)에게 『주역』을 배울 때 『주역』에 관한 독특한 생각을 피력하여 이윤영에게 창견創見(창조적 견해)이라는 칭찬을 들은 바 있다. 박종채의 『과정록』에 그 점이 자세히 서술되어 있는데, 이 단락과 관련된 부분을 보이면 다음과 같다: "괘와 효 자체만으로는 의미를 충분히 드러낼 수 없었으므로 괘사卦辭(괘에 대한 풀이)와 효사爻辭(효에 대한 풀이)를 덧붙인 것이고, 이것으로도 충분치 않으니 다시 후대의 성인이 해석하는 글을 덧붙인 게 아니겠는가."(『나의 아버지 박지원』, 246면)

'후직'后稷은 요·순 시대에 농사일을 관장한 신하로서, 주周나라 문왕의 선조다.

'안회'顔回는 공자의 수제자로서 흔히 아성亞聖(성인에 버금가는 사람)이라고 불린다.

평설 이 단락은 이 소리 저 소리를 마구 해 대는 것 같아 정신이 없다. 해와 달 이야기를 하다가 날짐승·물짐승 이야기를 하고, 반딧불이 이야기를 하다가 예·악에 대한 이야기로 넘어가는가 하면, 하도·낙서를 이야기하다가 인자仁者와 지자智者에 대해 이야기하고, 마지막에는 느닷없이 요·순과 안회에 대해 이야기한다. 정말 종작없어 무슨 말을 하고 있는지 통 알 수 없다. 이미지와 생각이 너무 빠른 속도로 바뀌고 있어 따라잡기 어려우며, 정신을 차릴 수 없다. 마치 소나기 펀치를 얻어맞는 느낌이다. 아마도 일반 독자라면 그런 생각이 들 것이다. 이 점을 감안해 이 단락의 전반부를 다음과 같이 잘게 나누어 들여다보기로 하자.

① 하늘과 땅이 오래되었어도 부단히 만물을 낳고, 해와 달이 오래되었어도 그 빛은 날로 새롭다.
② 세상에 책이 많으나 그 담고 있는 뜻은 저마다 다르다.
③ 짐승 중에는 이름이 아직 알려지지 않은 것이 있고, 산천초목에는 숨겨진 신령함이 있다.
④ 썩은 흙에서 지초가 돋고, 썩은 풀에서 반딧불이가 생겨난다.
⑤ 예禮를 둘러싸고도 시비가 벌어지고, 악樂에 대해서도 논의가 분분하다.
⑥ 『주역』의 괘와 효도 모든 것을 다 드러내지 못했다.
⑦ 같은 것을 두고도 어진 사람이 보면 어질다고 하고, 지혜로운 사람이 보면 지혜롭다고 한다.

①은 '고'古의 역동성에 대해 말한 것이다. '고'는 아무리 오래되었어도 새로울 수 있다. 이 점에서 '고'와 '신'新은 흔히 오해되고 있는 것과는 달리 밀접히 연결되어 있다. '고'에서는 끊임없이 '신'이 나온다. 어떻게 보면 '고'는 '신'을 위해 존재하며, '고'의 현재 모습은 늘 '신'이다.

책이란 인류사의 지층地層과 같은 것이다. 세상에 그렇게 책이 많건만 늘 새로운 책이 나온다. '고'가 그렇게 두텁건만 계속 '신'이 만들어지는 것이다. 어떤 의미에서 본다면 '고'는 '신'의 집적集積이다. 이 집적을 토대로 다시 또 '신'이 만들어진다. ②는 이 점에 대해 말하고 있다.

③은 '고'가 닫혀 있지 않다는 점을 말하고 있다. '고'는 고정되어 있거나 완결된 어떤 것이 아니다. 그것은 열려 있다. 거기에서 무언가를 끄집어내어 '신'을 창조하는 것은 전적으로 후대 사람들의 몫이다.

④ 역시 '신'의 능동적 계기로서의 '고'에 대해 말하고 있다. '신'은

'고'로부터 창조된다. 하지만 '신'은 '고'와 질적으로 완전히 다르다. 신기하지 않은가! '고'로부터 '고'와는 질적으로 다른 '신'이 창조될 수 있다는 사실이. ④는 이런 신비함에 대해 말하고 있다.

예禮와 악樂의 원리는 고대에 이미 완성되었다. 그럼에도 후대 사람들은 예와 악을 둘러싸고 계속 논쟁과 시비를 벌인다. 『주역』의 괘와 효에는 우주의 근본 원리가 담겨 있다. 그럼에도 후대에 그것을 부연하는 새로운 작업이 계속 이루어졌다. 이 두 가지 사실은 '고'란 완결된 실체도 아니고, 고정된 실체도 아님을 말해 준다. '고'에는 창조적으로 메워 넣어야 할 수많은 틈새가 있다. 또한 '고'는 자신에 대한 새로운 발명發明과 해석을 기다리고 있다. '고'에 대한 새로운 해석은 '신'으로 연결될 수 있다. '고'를 하나의 텍스트로 간주한다면, '고'라는 텍스트는 스펙트럼이 무궁무진해 얼마든지 창조적 해석이 가능하고, 이를 통해 얼마든지 '신'을 만들어 낼 수 있다. ⑤와 ⑥은 이 점에 대해 말하고 있다.

⑦은 '고'란 그 자체 속에 다양성을 지니고 있어 인식주체가 그걸 어떻게 보는가에 따라 다른 자태로 보인다는 점을 말하고 있다. 다시 말해 '고'란 그 자체로 결정되어 있는 것이 아니요, 인식주체의 해석에 따라 이렇게도 현상現象될 수 있고 저렇게도 현상될 수 있음을 말하고 있다. 이는 곧 '고'에 대해 인식주체가 어떤 자세와 시선을 취할 것인가, 이 점의 중요성을 말한 것으로 해석될 수 있다. 인식주체의 관심과 문제의식, 그의 고민과 현실적 요구에 따라 '고'는 다르게 해석되고, 그 결과 다양한 '신'의 창조로 이어질 수 있다. 요컨대 '고'는 무한한 가능성을 안고 있는데, 주체적·창조적 해석을 통해서만 그 가능성을 끌어낼 수 있다는 사실을 깨닫는 게 중요하다.

이처럼 ①에서 ⑦에 이르기까지 이 단락의 전반부는 '고'와 '신'이 어떤 관계에 있는가, '고'와 '신'의 관계를 어떻게 파악해야 할 것인가 하는

데 논의의 초점을 맞추고 있다. 그리하여 독자의 지적 감발력感發力을 시험하려고 작심이라도 한 듯 대단히 빠른 템포로 거침없이 다양한 예들을 쏟아 내고 있다. 하지만 그 예들은 서로 무관한 것이 아니라 깊은 내적 연관을 맺고 있다. 요컨대 연암이 이 예들을 통해 말하고자 한 것은, '고'는 닫혀 있거나 완결된 것이 아니라 현재를 향해 열려 있다는 점, '고'는 역동적이고 다양하며 그래서 '신'에게 무한한 가능성을 제공해 준다는 점, '고'의 이런 가능성을 실현하기 위해서는 창조 주체의 주체적인 개입이 필요하다는 점 등이다. '고'가 이러하기 때문에 거기서 '신'이 창조될 수 있다. '고'와 '신'은 이처럼 서로 이어져 있다.

이 단락은 ⑦을 끝으로 후반부로 넘어간다. 후반부는 "그러므로"라는 말과 함께 시작된다. 후반부는 전반부와 뉘앙스가 좀 다르다. 뭔가 업그레이드 된 듯한 느낌이다. 하지만 이 후반부도 종작없고 무슨 말인지 감이 잘 안 잡히기는 전반부와 별 차이가 없다. 그러니 좀 귀찮더라도 앞에서 한 것처럼 하나하나 분석적으로 따져 볼 필요가 있다. 후반부를 몇 개의 분절分節로 나누면 다음과 같다.

㉮ "백세百世 뒤에 성인聖人이 나타난다 할지라도 내 말에 의혹을 품지 않을 것이다"라는 말은 앞 시대 성인의 뜻이요, "순舜임금과 우禹임금이 다시 살아난다 할지라도 내 말을 바꾸지 않으실 것이다"라는 것은 후대 현인賢人의 말이다.
㉯ 우임금과 후직后稷과 안회顔回는 그 도가 하나다.
㉰ 편협함과 공손하지 않음은 군자가 추구할 바가 아니다.

㉮의 "백세 뒤에 성인이 나타난다 할지라도 내 말에 의혹을 품지 않을 것이다"라는 말은 『중용』中庸에 나오는 말이다. 『중용』은 공자의 손자인 자

사子思가 지었다는 책이다. "순임금과 우임금이 다시 살아난다 할지라도 내 말을 바꾸지 않으실 것이다"라는 말은 『맹자』에 나오는 말이다. 그러므로 "앞 시대 성인"이란 자사를 가리키고, "후대 현인"이란 맹자를 가리킨다. 자사의 말이 '고'라면 맹자의 말은 '신'이다. 자사는 뒷시대, 즉 미래를 향해 말을 했다: 내 말은 백 대 뒤에 성인이 나타난다 할지라도 틀렸다고 하지 않을 것이다. 먼 훗날에도 자신의 말이 진리로 통용되리라는 믿음에서 그런 말을 했으리라. 이에 반해 맹자는 앞시대, 즉 과거를 향해 말을 했다: 내 말은 옛날의 위대한 성인들인 순임금과 우임금도 옳다고 하실 것이다. 자신의 말이 옛날의 도道에 비추어 봐도 옳다고 확신했기에 한 말이리라. 연암은 한쪽은 미래를 향하고 있고 한쪽은 과거를 향하고 있는 자사와 맹자의 이 말을 통해 '고'와 '금'은 일이관지一以貫之하는 것이요, 하나임을 말하고자 했다고 보인다. 말하자면 '고'의 정신, '고'의 정수는 '금'으로 이어질 수 있는 것이요, '금'의 정수, '금'의 정화는 '고'와 이어진다고 본 것이다. 곧 법고창신이다.

우임금과 후직과 안회는 그 처지와 놓인 상황은 달랐지만 그 품은 뜻과 도를 실천하는 마음은 같았다. 이 점에서 ⓝ 역시 '고'와 '금'은 하나로 통한다는 사실을 말하기 위해 한 말이다.

ⓓ의 "편협함과 공손하지 않음은 군자가 추구할 바가 아니다"라는 말은 『맹자』에 나오는 말이다. 『맹자』에서는 이 말을 원래 백이伯夷가 보여준 편협함과 유하혜柳下惠가 보여준 불공스런 태도를 군자는 배워서는 안 된다라는 뜻으로 썼다. 연암은 이 말을 환골탈태하여, '편협함'은 옛 틀에 얽매여 새로운 것을 창조하지 못하는 폐단을 가리키는 말로 썼고, '공손하지 않음'은 새것 만들기에 급급하다가 상도常道에 어긋나게 되는 폐단을 가리키는 말로 썼다. 다시 말해, '편협함'은 잘못된 법고, 즉 창조적이지 못한 '고'의 모방을 가리키는 말이고, '공손하지 않음'은 잘못된 창신, 즉 '고'를 적절히 활용하지 못한, 본데없는 창신을 가리키는 말이다. 요컨대 잘못된 법

고와 잘못된 창신을 지양해 올바른 법고, 올바른 창신으로 나아가야 한다는 뜻이다. 그것이 바로 법고창신이다.

이렇게 분석해 놓고 보면 이 단락의 후반부는 그 전반부의 논의를 수렴하여, '고'와 '금'은 본질적으로 하나로 연결되며 이 점에서 법고창신이 정당하다는 사실을 최종적으로 재확인하고 있다 하겠다.

자, 어떤가? 아직도 이 글이 종작없고 횡설수설을 늘어놓은 것으로 보이는가? 놀랍지 않은가, 이 단락에서 진술된 모든 것들이 일사분란하게 법고창신을 향해 움직이고 있는 것이, 그리고 경전의 말들을 환골탈태하여 전연 새로운 의미를 빚어내고 있는 것이. 바로 이 자체가 법고창신 아닌가. 이 단락이 '신'의 중요성을 강조하고 있고, 그 점에서 연암은 내심 '법고'보다는 '창신'을 중시했다는 해석도 없지 않지만, 이런 해석은 완전히 잘못된 것이다. 이 단락의 분석을 통해 확인되듯이 연암은 '신'만이 아니라 '고'의 역동적 가능성을 대단히 중시하였다. '고'의 역동적 가능성을 전제하지 않고서는 법고창신의 이론이 성립될 수 없다. 그러므로 연암이 다른 자리에서 '의고'擬古('고'의 모방)를 그토록 비판한 것은 역설적으로 이 '고'의 역동적 가능성을 정당하게 옹호하기 위해서였다고 말해도 좋으리라.

⑤ 박씨의 아들 제운齊雲은 나이 스물셋으로 문장에 능하며 호를 초정楚亭이라고 하는데, 나에게 배운 지 몇 년이 된다. 제운은 선진先秦·양한兩漢의 글을 흠모하여 글을 짓지만 옛글의 격식에 얽매이지 않는다. 그러나 진부한 말을 없애려고 애쓰면 혹 황당무계한 데 빠지기도 하고, 주장을 너무 높이 내세우면 혹 상도常道에서 벗어나는 데 가까워지기도 한다.

명明나라의 여러 문장가들이 법고法古와 창신創新을 두고 서로 옥신각신 싸웠으나 양쪽 다 올바름을 얻지 못하고 함께 말세의 하잘것없는 데로 떨어져, 도를 돕는 데에는 아무런 보탬이 되지 못한 채 한갓 풍속을 병들게 하고 교화를 해치는 쪽으로 귀결되고 말았거늘, 나는 이 점을 두려워한다. 새것을 만들다가 공교工巧해지기보다는 차라리 옛것을 모범으로 삼다가 고루해지는 편이 나을 터이다.

내가 지금 『초정집』楚亭集을 읽은 후 공명선과 노나라 남자의 독실한 배움에 대해 이야기하는 한편 회음후와 우후虞詡가 기묘한 계책을 낸 일을 이야기했는데, 이는 모두 옛것을 배워 잘 변통한 사례들이다. 밤에 초정과 더불어 이런 말을 하고, 마침내 그것을 책머리에 써서 권면한다.

주해 "박씨의 아들 제운"은 연암의 문생인 박제가朴齊家(1750~1805)를 말한다. '제운'은 박제가의 초명初名이다. 승지를 지낸 박평朴坪의 서자庶子로, 자는 재선在先·차수次修·수기修其이고, 호는 초정楚亭·정유貞蕤이다. 문학적 재능이 있었으나 서얼 출신인 까닭에 등용되지 못하다가 정조 3년(1779) 규장각 검서관檢書官이 되었다. 저술로 시문집인 『정유각집』貞蕤閣集 외에 『북학의』北學議 등이 있다.

"선진·양한"은 진秦나라 이전 시대로부터 전한前漢·후한後漢에 이르기까지의 시기를 말한다. 이 시기의 빼어난 문장가로는 좌구명左丘明, 장자, 맹자, 사마천, 반고班固 등을 꼽을 수 있다.

평설 이 단락에 들어와 문세文勢가 확 바뀐다. 독자는 이 단락에 와서야 비로소 이 글이 연암의 제자인 박제가의 문집 서문으로 써 준 글임을 알게 된다. 문집의 서문으로 써 준 글에 문학론이 개진됨은 종종 있는 일이다.

연암과 박제가가 처음 만난 것은 언제일까? 『백탑의 맑은 인연』(원제 '백탑청연집'白塔淸緣集)이라는 책에 얹은 박제가의 서문에 보면 이런 말이 보인다.

도성 안의 중앙에 탑이 있어 멀리서 바라보면 삐죽이 솟은 게 마치 설죽雪竹에 순이 돋은 듯한 모양인데, 원각사의 유지遺址다. 지난 무자戊子(1768)·기축년己丑年(1769) 사이 내 나이 열여덟 열아홉일 때 박미중(미중은 박지원의 자) 선생이 문장이 뛰어나 당대에 명성이 높다는 말을 듣고 탑의 북쪽에 있는 선생 댁을 방문하였다. 선생께서는 내가 왔다는 말을 들으시고는 미처 옷매무시도 하지 않은 채 달려 나와 반갑게 나를 맞으며 마치 옛 친구인양 내 손을 잡아 주셨다. 그리고는 선생이 지은 글을 죄다 꺼내서는 읽어 보게 하였다. 그러고 나서 손수 쌀을 일어 차 솥에다 밥을 안치고는 큰 사발에다 밥을 담아 책상에 놓은 다음, 술잔을 들어 내게 건배하였다. 나는 뜻밖의 과분한 대접을 받은지라 말할 수 없이 기뻤으며, 천고千古의 아름다운 만남이라 생각하였다. 나는 글을 지어 그 환대에 보답하였다.

이 기록을 통해 박제가가 연암을 처음 찾아뵌 것은 그의 나이 열아홉 살 때인 1768년 무렵임을 알 수 있다. 당시 연암은 서른두 살이었다. 이후 두 사람의 관계는 평생 지속된다. 박제가는 바로 이해에 그 동안 자신이 써 놓은 글을 엮어서 만든 책을 연암에게 보여주고는 서문을 청한 듯하다. 그리하여 연암의 이 글이 탄생하게 되었다.

이 단락 본문 중의 "박씨의 아들 제운은 나이 스물셋"이라는 말은 1772년 개작하면서 바꾼 표현이다. 초고에는 "나이 열아홉"으로 되어 있다. 이 단락은 개작할 때 보충을 많이 했다. "제운은 선진·양한의 글을 흠모하여"에서부터 "이는 모두 옛것을 배워 잘 변통한 사례들이다"까지는 초고에는 없던 글이다. 한편, 초고에는 이 글의 끝에 "박지원이 공작관孔雀館에서 쓰다"라는 말이 보인다. 이 기록을 통해 연암이 백탑 근처의 집에 세 들어 살 때 당호堂號를 '공작관'이라고 했음을 알 수 있다. 연암은 공작관에 살 때 그 인근에 거주하던 이덕무, 이서구, 서상수, 유금柳琴(유득공의 숙부), 유득공 등과 각별하게 지내며 문학과 예술과 학문의 경지를 향상시켜 갔다. 연암은 1768년에 공작관으로 이사 왔으며, 1772년 전의감동으로 셋집을 옮길 때까지 이곳에 거주하였다. 이 '공작관 시절'은 이른바 연암 그룹의 형성기였을 뿐만 아니라, 연암이 자신의 사유와 미학을 정립해 낸 아주 중요한 시기였다고 생각된다.

이 단락에서 연암은 박제가에게 당부하는 말을 하고 있다. 연암은 박제가가 재주는 있으나 창신의 폐단에 빠져 들 위험이 있는 것으로 여겼던 듯하다. 박제가가 보여준 글들을 보고 그런 판단을 했으리라. 옛 글의 격식에 얽매이지 않는 것은 좋지만 그렇다고 해서 진부한 말을 없애야 한다는 데 급급한 나머지 황당하고 기괴한 데로 빠지거나, 새로운 주장을 내세우려고 용을 쓰다가 상도에 맞지 않는 엉뚱한 주장을 펼쳐서는 안 된다. 박제가는 예리하고 재능이 있긴 했으나 진중함과 균형 감각이 부족하고 다소 날리는 데가 있는 사람이 아니었던가 싶다. 훗날 이덕무와 박제가가 검서관에 임명되자 연암은 홍대용에게 보낸 편지에서 사람들이 이덕무 등이 검서관에 임명된 걸 몹시 시기하고 있다는 말을 전하면서 "형암(이덕무의 호)은 본래 세심하니 능히 삼갈 테지만, 초정(박제가의 호)은 지나치게 날카로우며 남의 말을 안 듣고 자기주장만 내세우니 어찌 될지 모르겠습니다"라고 걱정하는 말을 하고 있다. 박제가는 훗날 '북학'(중국을 배우자는 주장)을 강조한 결과 조선인은 조선어를 버리고 중국어를 써야 한다는 주장을 하기에 이르렀는데,

이런 경우가 바로 연암이 말한바 "주장을 너무 높이 내세우면 혹 상도에서 벗어나는 데 가까워지기도 한다"는 데 해당하지 않을까.

창신의 폐단을 보이는 건 박제가만의 문제가 아니었다. 그것은 당시의 조선 문학계 일각이 안고 있는 문제이기도 했다. 당시 조선의 문인들은 좀 재주 있다 싶으면 대개 중국의 창신파를 배워 그런 경향의 시문을 창작하고 있었다. 하지만 그것은 결코 깊은 재주라고는 할 수 없는 것이었으며, 겉 재주인 경우가 많았다. 정말 깊은 재주, 다시 말해 속 재주는 잘 드러나지 않는 법이며, 까불거리지도 않는다. 바둑의 귀재 이창호가 언제 까불거릴 때가 있던가? 속이 깊되 매섭고, 한없이 진중하되 날렵하지 않던가. 장자와 사마천과 한유의 문장이 경박한 구석이 있던가? 경박하지 않되 기발하고, 기발하면서도 심오하지 않던가. 그리하여 더없이 다채롭고 풍성하지 않던가. 연암은, 재주가 넘친다고 사람들이 감탄해 마지않던 저 중국의 김성탄에 대해서조차도 "소재박덕지사"小才薄德之士, 즉 재주가 얄량하고 덕이 부족한 사람이라고 일축한 바 있다. 이들의 문학은 기이한 걸 만들어 내려고 애쓴 결과 비록 약간의 풍치風致와 신어新語(새로운 말)가 없지는 않지만 자잘하고 원기가 부족한바, 본떠서는 안 된다고 봤던 것이다. 명말明末 청초淸初의 기린아라고 할 김성탄을 얄량한 재주를 지닌 사람이라고 한마디로 딱 잘라 말하는 연암의 배포와 안목이 놀랍다. 그런데 연암은 대체 뭘 믿고 이런 말을 한 걸까?

당대 조선에서 문제가 되고 있던 창신의 병폐를 근원적으로 성찰하기 위해서는 중국 문학에 대한 비평적 검토가 불가결하다. 이에 연암은 조선 문학의 전범이 되고 있던 명대의 문학을 비판적으로 점검하고 있다. 그리하여 "명나라의 여러 문장가들이 법고와 창신을 두고 서로 옥신각신 싸웠으나 양쪽 다 올바름을 얻지 못하고 함께 말세의 하잘것없는 데로 떨어져, 도를 돕는 데에는 아무런 보탬이 되지 못한 채 한갓 풍속을 병들게 하고 교화를 해치는 쪽으로 귀결되고 말았다"는 결론을 내리고 있다. 여기서 명나라의 여러 문장가들이 법고와 창신을 두고 서로 옥신각신 싸웠다는 건 무슨 말일까? 이는 명나라 전후칠자前後七子와 공안파公安派 문학론의 대립을 가리켜서 한 말이다.

중국 문학사에서는 15세기 후반에서 16세기 전반에 걸쳐 활동한 이몽양李夢陽(1472~1529)·하경명何景明(1483~1521) 등 일곱 명의 문인을 전칠자前七子라고 부르고, 이들보다 조금 뒤인 16세기 중·후반에 주로 활동한 이반룡李攀龍(1514~1570)·왕세정王世貞(1526~1590) 등 일곱 명의 문인을 후칠자後七子라고 부르는데, 이들은 명대의 대표적인 의고파擬古派였다. 이들은 문文은 선진先秦과 양한兩漢의 문을, 시는 성당盛唐(두보와 이백의 시대)의 시를 모범으로 삼아야 한다는 주장을 펼치면서, 당시의 중국 문단에 큰 영향력을 행사했다.

한편, 원굉도袁宏道(1568~1610)를 위시한 '공안파'公安派(이들의 출신이 호북성 공안이기에 이런 명칭이 붙었음)는 전후칠자의 의고 경향을 비난하면서 창신을 강조하는 문학론인 이른바 '성령론'性靈論을 주창하였다. 공안파는 시문의 창작에서 의고파와 달리 청신淸新한 언어와 감수성을 보여주기는 했으나 학식과 정신적 깊이를 결여하여 경박하고 공소空疎한 데로 흐른 문제점이 없지 않았다. 맹목적으로 전통을 거부한 결과였다. 이와 달리 의고파는 진부한 데로 빠져 버린 문제점은 있으나 그 사회의식에 있어서는 도리어 공안파가 갖고 있지 못한 것을 갖고 있었다. 이 두 문학 유파는 17세기 이래 조선 문학계에도 지대한 영향을 끼쳤다. 17세기 문인들에게서 의고파의 영향이 두드러진다면, 18세기 문인들에게서는 공안파의 영향이 더 감지된다. 하지만 연암은 이 두 문학 유파를 모두 비판하고 있다. 이 글 1단락에서 제시된 잘못된 법고에 대한 비판과 잘못된 창신에 대한 비판은 이 두 유파의 문제점을 염두에 둔 것이었다.

연암은 이 두 유파에 대해서만 말하고 있으나 명말의 중국 문학계에서는 이 두 유파 외에 당송고문파唐宋古文派라는 것이 별도로 하나의 세력을 형성하고 있었다. 전후칠자의 의고파가 진한고문秦漢古文을 추숭했다면 당송고문파는 그런 의고파를 비판하며 당송고문을 추숭하였다. 이 유파에 속하는 인물로는 귀유광歸有光(1506~1571), 당순지唐順之(1507~1560), 모곤茅坤(1512~1601) 등을 꼽을 수 있다. 당송고문파는 전후칠자의 의고파가 모방과 표절에 빠졌다고 비난하면서 고문의 정신을 배워야지 그 자구를 본떠서는 안 된다는 점을 강조하였다. 18세기 조선에선 의고파의 영향력은 줄어들고 그 대신 당송고문파의 영향력이 증대되었다. 연암은 이 글에서 당송고문파에 대해서는 말하고 있지 않지만, 다음의 인용문에서 보듯 당송고문파에 대해서도 비판적인 입장을 취하였다.

요즘 사람들은 당송팔대가唐宋八大家의 문장을 배운다 하면서 그 정신과 이치는 터득하지 못하고 거칠게 그 겉모습만을 배울 뿐이다. 그리하여 무릇 한 편의 글을 지을 때마다 문세가 오르락내리락하게 하고 이 구절과 저 구절을 조응시키며 말을 여닫거나 마무리를 짓는 데 하나하나 힘을 쏟고 분명하게 본뜨고들 있으니, 설사 솜씨 있는 사람이 지은 글이라 할지라도 그리 좋아할 만한 게 못 된다. 하물며 글 솜씨가 없는 사람은 그저 주제만을 언급하여 대충 얼버무리고 마니 더더욱 말할 나위도 없다. 옛사람들은 흉금이 넓고 학문이 깊어 글을 지을 때 분명하고 유창하였다. 이 때문에 자연스럽게 문장이 이루어졌다. (중략) 고문을 배우려는 자는 자연스러움을 구해야 마땅하며, 자기 자신의 언어로부터 문장의 입체적 구성이 생겨나도록 해야지 옛사람의 언어를 표절하여 주어진 틀에 메워 넣으려 해서는 안 된다. 바로 여기서 글이 난해한가 쉬운가 하는 차이가 생겨나며, 진짜인가 가짜인가가 결정된다.
—『나의 아버지 박지원』, 184~185면

박종채가 연암의 말이라고 기록해 놓고 있는 대목이다. 여기서 알 수 있듯 연암은 당송고문파 역시 또다른 방식으로 '고'의 모방에 빠지고 있음을 비판하고 있다. 연암은 진한고문파(=의고파)와 당송고문파를 막론하고 그 모방적 태도에 대해 부정적 입장을 취했던 것이다. 연암이 이 양자를 동시에 비판하고 있음은 다음의 인용문에서 잘 확인된다.

> 문장에 고문古文과 금문今文의 구별이 있는 게 아니다. 자신의 문장이 한유韓愈(당나라의 문장가로 당송팔대가의 한 사람)와 구양수歐陽修(송나라의 문장가로 당송팔대가의 한 사람)의 글을 모방하고 반고와 사마천의 글을 본떴다고 해서 우쭐하고 으스대면서 지금 사람을 하찮게 볼 것은 아니다. 중요한 것은 자기 자신의 글을 쓰는 것이다. ─같은 책, 179면

역시 박종채가 소개하고 있는 연암의 말이다. 한유와 구양수는 당송고문파에서 추숭하는 작가요, 한漢나라의 반고와 사마천은 진한고문파에서 추숭하는 작가다. 누구를 모방할 것인가, 어떤 방식으로 모방할 것인가, 그런 따위는 중요하지 않다. 중요한 것은 모방하지 말아야 한다는 점이다. 모든 모방은 저급한 것이다. 자기 말을 해야 한다. 연암은 이렇게 말하고 있다. 이렇게 본다면 연암이 말한 잘못된 법고 속에는 의고파만이 아니라 당송고문파도 포함될 수 있다.

당송고문파는 원래 옛글의 외양이 아니라 옛글의 정신을 배워야 한다는 점을 표방했다는 점에서 연암의 문학론과 상통하는 점이 없지 않으나, 그럼에도 그 기본 노선과 취향이 보수적이었기 때문에 주제의식과 현실반영, 감수성과 문체 등에서 한계가 없지 않았다. 요컨대 당송고문파는 의고파보다는 고문에 대해 유연하고 현실적인 입장을 취하기는 했으나 그럼에도 그 나름으로 고문적 글쓰기의 규범을 고수하고 있어 일견 답답한 느낌을 주며, 아주 창의적이고 혁신적이지는 못하다는 문제점이 있었다. 연암은 이 정도로

는 성이 차지 않았을 터이다. 그는 글쓰기에서 당송고문파가 설정한 테두리를 훨씬 넘어서는 생기발랄함과 참신함과 혁신을 요구했기 때문이다.

연암은 현실에서 문제가 되고 있는 이 세 문학 유파에 대해 그 장점은 적극적으로 섭취하되 그 병폐는 비판·극복하는 방향으로 나아갔던 게 아닌가 여겨진다. 그리하여 진한고문파의 경우 그 모방적 태도는 비판하되 '고'에 대한 열의나 그 사회의식에 대해서는 유의하고, 공안파의 경우 경박함과 공소함은 비판하되 그 청신한 감수성은 적극적으로 섭취했으며, 당송고문파의 경우 그 문체적 한계는 마뜩찮아 하되 그 정신과 현실감각은 수용하지 않았나 싶다. 요컨대 주체적인 비판과 섭취가 이루어진 것이다. 그러므로 연암의 법고창신론은 진한고문론의 추수追隨도 아니고, 당송고문론의 추수인가 하면 그것도 아니며, 공안파의 추수인가 하면 그것도 아니다. 바로 이 점에 조선 문학사상文學史上의 연암의 독특한 위상이 있다. 어떤 의미에서 연암은 혼자 별도의 문학 유파—법고창신파라는—를 하나 만들어 낸 셈이다.

세 유파의 입장에서 연암의 문학론을 보면 거북하거나 불만스러울 수 있다. 가령 의고파의 관점에서 볼 땐, 어떤 틀을 인정하지 않는 듯한 연암의 혁신적이고 창조적인 태도는 전통을 무시하는 불공스런 태도로 보일 수 있다. 창신파의 관점에서 볼 땐, 상도常道를 강조하면서 고심과 사회적 문제의식, 경세적 자세를 중시한 연암의 태도가 퍽 부담스러울 수 있다. 당송고문파의 관점에서 볼 땐, 연암은 순정純正하지 못하며, 원굉도 등의 창신파에 기울어져 있는 듯한 느낌을 받을 수 있다. 이렇게 보는 입장에 따라 제각각 달리 보이는 것은 앞에서 말한 대로 연암이 그 어느 문학 노선도 추수하지 않고 자기대로의 비판과 섭취를 통해 제4의 길을 모색했기 때문이다. 연암이 창신파를 엄정히 비판하면서도 창신파의 미덕을 갖추고 있고, 의고파를 비판하면서도 '고'의 위대한 성취를 창작의 한 원천으로서 적절히 활용할 수 있었던 비밀이 바로 여기에 있다. 하지만 오히려 이 때문에 연암은 당대에는 물론 오늘날에도 정당하게 이해받지 못하고 있는 측면이 없지 않다.

당대에 연암은 대체로 창신파로 간주되지 않았나 싶다. 연암 스스로는 자신의 문학 노선과 창신파의 그것을 분명히 구별하고 있음에도 불구하고 당대인들은 대부분 그 차이를 인식할 안목을 갖지 못했던 것이다. 더구나 고문론자들은 생기발랄하고 참신한 연암의 글에 대해 순정하지 못하다는 비난을 퍼부었다. 정조가 문체반정을 꾀하면서 "요즘 문풍文風이 이렇게 된 것은 그 근본을 따져 보면 모두 박지원의 죄다"라고 한 것은, 기실 '그 근본을 따져 보면', 연암의 글을 정당하게 이해하지 못한 데에도 일단의 이유가 있다고 생각된다. 정조는 연암의 『열하일기』가 원굉도 등 명말 창신파의 경박하고 자잘한 소품문의 문체를 본뜬 것으로 간주했던 것이다. 연암 스스로는 고문가의 고문도 아니고 창신파의 소품문도 아닌, 이 글에서 천명하고 있는 것과 같은 '법고창신문'을 쓴 것일 테지만, 고문과 소품문의 이분법 외에는 알지 못하던 당대인들로서는 이 점을 정확히 간취할 수 없었다. 연암으로서는 퍽 억울한 일이다.

당대인만 그랬던 것이 아니다. 지금도 사정은 크게 다르지 않다. 극단적인 주장에 지나지 않지만, 연구자 중에는 연암을 원굉도의 아류 정도로 취급하는 사람도 없지 않으니까. 눈이 있으면 보라! 연암의 문장이 갖고 있는 저 드높은 기세가 원굉도의 어디에 있던가? 조선 사대부로서 연암이 품은 고민과 주체성에 대한 모색, 그 강렬한 경세적 자세가 원굉도의 어디에 있던가? 연암이 원굉도를 읽고 이런저런 점을 배웠다는 점은 당연히 인정되지만, 그렇다고 해서 연암을 원굉도의 아류쯤으로 취급할 수는 없을 터이다. 한편으로는 원굉도의 장점을 섭취하고 있지만 다른 한편으로 그를 철저히 비판하면서 넘어서고 있으므로. 어쩌면 원굉도를 배우는 건 쉬운 일일지 모른다. 약간의 재주와 감수성만 있으면 되니까. 하지만 연암을 배우는 건 쉽지 않다. 기氣와 사유가 있어야 하기 때문이다. 원굉도의 재주와 감수성이 재주와 감수성에 그친다면, 연암의 '기'는 재주와 감수성은 물론이고 식견(이 말 속에는 정신적 통찰력 내지 사유思惟의 심오함이라는 의미 외에도 '사회적 및 역사적 전망'이라는 의미가 담겨 있다)을 포함하고 있다.

연암과 동시대인 중 연암 문장의 특징을 높은 안목으로 정확하게 꿰뚫어 보았던 사람은 연암의 처남인 이재성 한 사람이었다고 나는 생각한다. 이재성의 비평적 안목을 알아봤던 연암은 새 글을 쓰면 그에게 보여주어 비평을 부탁하곤 했다. 이재성은 "연암은 필력이 굳세고, 식견이 정精하니, 이는 근대의 여러 작가들이 지니지 못한 바다"(『나의 아버지 박지원』, 189면)라고 늘 말했다고 한다. 이재성은 연암이 죽자 다음과 같은 제문을 썼는데, 연암의 문학을 이해하는 데 큰 도움이 되므로 다소 길지만 아래에 소개한다.

> 아아, 슬프도다!
> 사람들은 말들을 합니다.
> 문장에는 정해진 품평이 있고
> 인물에는 정해진 평판이 있다고.
> 그러나 공(연암)을 제대로 알지 못하니
> 어찌 그럴 수 있겠습니까?
> (중략)
> 아아, 우리 공은
> 명성은 어찌 그리 성대하며
> 비방은 어찌 그리 많이 받으셨나요?
> 공의 명성을 떠받들던 자라고 해서
> 공의 '속'을 안 건 아니며
> 공을 비방하던 자들이
> 공의 '겉'을 제대로 본 건 아니지요.
> 아아, 우리 공은
> 학문은 억지로 기이함을 추구하지 않았고

문장은 억지로 새로움을 좇지 아니했지요.
사실에 충실하니 절로 기이하게 되고
깊은 경지에 나아가니 절로 새롭게 된 것일 뿐.
일상생활에서 흔히 쓰는 말도
공에게 가면 훌륭한 문장이 되고
웃고 화내고 꾸짖는 속에
진실함이 담겨 있지요.
강물이 굽이굽이 흘러
안개 속에서 물결이 넘실거리듯
첩첩이 솟은 바위 사이에
노을과 구름이 일어나듯
문장의 천태만변은 절로 이루어진 것이지
억지로 남을 놀래키려는 게 아니었지요.

(중략)

말세의 문인들은
고문을 짓는다고 스스로 뽐내며
거칠고 성근 것을 답습하고
껍데기와 찌꺼기를 본뜨면서
깨끗하고 질박한 양 착각하나
실은 너절하고 진부하기 짝이 없지요.
공은 이 풍속 고치려다
오히려 사람들의 분노를 샀지요.
이는 흡사 위장병 환자가
맛있는 음식을 꺼리는 것과 같고
눈병 앓는 환자가
아름다운 무늬를 싫어하는 것과 같지요.

공을 좋아한다는 자들조차
공의 진수를 안 건 아닙니다.
하찮은 글 주워다가
보물인 양 생각하고
우언이나 우스갯소리를
야단스레 전파했으니.
이 때문에 헐뜯는 자들
더욱 기승을 부렸지요.
"우언은 궤변으로
세상을 농락한 것이고
우스갯소리는 실상이 아니요
거만하게 세상을 조롱한 것이다!"
좋아한다는 자나 헐뜯는 자나
참모습 모르기는 마찬가지였지요.
하지만 떠들어 대는 저 자들이
공과 무슨 상관이겠습니까?
―『나의 아버지 박지원』, 166~170면

 의고파와 창신파에 대한 연암의 동시 비판이 동아시아 문학사의 차원에서 그리고 조선 문학사의 차원에서 어떤 역사적 의미를 갖는지를 말하려다 보니 이야기가 좀 길어졌다. 다시 이 단락에 대한 논의로 돌아가자.
 명나라의 의고파와 창신파를 비판한 구절 중에 "함께 말세의 하잘것없는 데로 떨어져, 도를 돕는 데에는 아무런 보탬이 되지 못한 채"라는 말이 보이는데, 이 중 '도'道라는 말에 주목할 필요가 있다. 연암은 무얼 염두에 두고 "도를 돕는"다는 말을 한 걸까? 문학의 사회적 본분 내지 책임을 가리켜서 한 말임이 틀림없다. 연암은 문학이 인간의 삶과 일상, 인간의 마음과 희로애락을 진실되게 그려 내야 하지만 그럼에도 그것이 한갓 도락이나 취미에 그쳐서는 안 된다고 생각했던 것 같다. 더구나 사대부의 문학은 적어도 사대부의 책임에 대한 자각을 방기해서는 안 된다는 생각을 갖고 있었던 것 같다. 이 점에서, 연암이 문학을 정치와 등치等置시켰다고는 결코 보이지 않지만, 문학의 정치성, 문학의 사회적 연관성에 대한 그의 미학적 숙고가 싹터 나온다. 연암 문학 세계의 근저에 경세성經世性이랄까 세상살이에 대한 문학의 역할이랄까 이런 것에 대한 자의식과 긴장감 같은 것이 늘 도사리고 있음도 이와 관련된다. 연암이 의고파와 창신파를 비판하는 궁극적 근거도 바로 이 점에 있다. 연암은 때로는 유희적으로 보이는 글을, 때로는 격정에 가득 찬 글을, 때로는 해학적인 글을, 때로는 자기 내면의 슬픔을 한없이 응시하는 글을 썼지만, 이 모든 것에도 불구하고 그 근저에는 경세적 자세가 자리하고 있다. 그것은 운명과도 같은 것이었고, 연암을 연암이게 하는 궁극적인 힘이었다. 그러므로 우리는 이 지점에서 연암 문학의 가장 중요하고 은밀한 지점을 흘낏 들여다보았다고 할 만하다.

연암은 의고파와 창신파에 대한 비판의 끝 부분에 "새것을 만들다가 공교해지기보다는 차라리 옛것을 모범으로 삼다가 고루해지는 편이 나을 터이다"라고 말하고 있다. '공교工巧해진다'는 것은 기교가 승勝하거나, 튀어 보이기 위해 억지로 작위作爲를 일삼는 것을 말할 터이다. 이렇게 되면 외화내빈外華內貧, 즉 바탕은 빈약한데 겉으로 드러나는 문채만 요란한 것이 될 수 있다. 다시 말해 내공은 약한데 레토릭만 현란한 것으로 될 수 있다. '고루해진다'는 것은 이와 반대로 태깔이 나지 않고, 남루하고, 뚱한 것을 가리킬 터이다. 그런데 연암은 왜 한참 의고파와 창신파를 비판하다가 끝에 와서는 슬그머니 법고의 편을 드는 듯한 말을 하는 걸까? 연암의 말인즉슨 만일 창신과 법고 중에 하나만 택하라고 한다면 법고를 택하겠다는 말이 아닌가? 이건 법고창신론의 기본 취지에도 안 맞는 말이 아닌가? 연암은 왜 이런 모순을 범한 것일까?

　결론부터 말한다면 이는 박제가를 눌러 주기 위해 한 말이다. 박제가에게서 창신의 어떤 폐단을 발견한 연암은 박제가가 그런 병폐를 시정하여 좀 더 높은 문학적 성취를 이루도록 하기 위해 이런 말을 했을 터이다. 공자나 부처님의 설법처럼 그 사람에게 딱 해당되는 말을 한 것이다. 그러므로 이 말은 일반적인 의미로 확대해석해서는 안 된다. 요컨대, 연암이 박제가에게 궁극적으로 하고 싶었던 말은 창신에 치우지지 말고 "법고창신하라!"는 것이었을 터이다.

　이 단락의 마지막 부분은 이 글의 ③단락과 호응한다. 그리하여 공명선과 한신과 노나라 남자와 우승경이 모두 "옛것을 배워 잘 변통한" 사람들임을 독자에게 다시 한 번 환기시키고 있다. '법고창신'의 원리를 최종적으로 다시 확인하고 있는 셈이다.

총평

- 연암은 문학론과 관련된 글을 여러 편 남겼는데, 이 글은 그 중 가장 중요한 것으로서, 연암 문학의 본질을 이해하는 데 관건이 된다.

- 연암은 이 글을 서른두 살 때 썼으며, 4년 뒤에 개작하였다. 이를 통해 연암이 30대 초반에 문학과 예술에 대한 자신의 미학적 관점을 완성했음을 알 수 있다.

• '법고창신론'은 문학 창작방법론으로만 유효한 것이 아니라 예술과 문화의 창조에도 유용한 원리가 될 수 있다. 그 점에서 그것은 하나의 포괄적 미학 원리다. 연암이 창안한 이 이론은 전통과 혁신, 과거와 현재, '고'古와 '신'新의 관계에 대한 우리의 깊은 성찰을 촉구한다. 그것은 한국적 관점에서만이 아니라 동아시아적 관점에서도 역시 그러하다.

• '법고창신론'은 그 이론 수준이 아주 높으며, 문예 창작 방법론을 둘러싸고 16세기 이래 동아시아에서 벌어진 열띤 논쟁에 종지부를 찍는 의미를 갖는다. 이 이론은 오늘날에도 한국학과 인문학의 다양한 영역에 적용될 수 있다고 본다.

• 무술武術에 정법定法이란 게 있고 활법活法이란 게 있다. 정법은 정해져 있는 법식으로 자취가 있고, 활법은 상황에 따라 자유자재로 구사하는 법식으로 자취가 없다. 정법을 배우지 않고서는 활법을 펼칠 수 없지만 정법을 배웠다고 해서 다 활법을 펼칠 수 있는 것은 아니다. 둘 사이에는 질적 비약이 존재한다. 연암이 말하는 법고창신이란 바로 이 활법에 가깝다. 이 경지는 결코 쉽지 않으며 고도의 수련과 내공이 필요하다.

• 연암은 서사敍事와 묘사에 뛰어날 뿐 아니라 의론문에도 아주 능했다. 논리의 날을 예리하게 세워 종횡무진 자신의 주장을 논증해 나가는 이 글을 통해 그 점을 확인할 수 있다.

• 연암의 글이 고문인가 소품문인가에 대해 지금도 논란이 없지 않으나, 이 글에서 확인되듯 연암에게 있어 고문과 소품문은 딱히 구분되지 않으며, 연암 스스로는 그런 구분 자체를 넘어서 있다. 법고와 창신의 통일을 추구했기 때문이다. 그런데도 굳이 양자를 구분해 보려는 입장은 두 진

영의 어느 한쪽에서 연암을 본 것이요, 연암 자신의 입장, 즉 법고창신론의 입장에서 연암을 본 것이 아니다. 따라서 연암의 왜곡이다.

• 이재성은 이 글을 이렇게 평했다.
"문장을 논한 정경正經(본보기가 되는 글)이다. 사람을 깨우쳐 주는 것이 마치 구리 반지 위의 은성석銀星石(청흑색의 보석)을 어둠 속에서 더듬어봐도 그 크고 작음을 분별해 낼 수 있듯 환하다." "이 글에는 한 쌍의 짝이 있으니, 하나는 깎아지른 벼랑이요, 하나는 유유히 흐르는 장강長江이다. 명나라 여러 문장가들이 서로 옥신각신하며 합치된 견해에 이르지 못했다는 지적은 가히 한마디 말로써 논쟁을 종식시켰다 이를 만하다."

한편, 김택영은 이런 평을 남겼다.
"죽은 글귀를 여기저기서 끌어와 온통 생기발랄하게 만들었으니, 이 얼마나 대단한 기력氣力인가!"

소완정 기문

완산完山 이낙서李洛瑞가 자신의 서재에 '소완'素玩이라는 편액을 내걸고는 나에게 기문記文을 청하기에 나는 이렇게 물었다.

"물속에서 노니는 물고기는 물을 보지 못하는데 그거 왜 그런지 아나? 보이는 게 죄다 물이면 물이 없는 것과 같기 때문일세. 지금 낙서洛瑞는 책이 온 방에 가득해 전후좌우에 책 아닌 게 없으니 이는 마치 물고기가 물속에서 노니는 것과 같으이. 그러니 자네가 비록 동중서董仲舒처럼 방에 콕 틀어박혀 책만 읽고, 장화張華 같은 박람강기博覽强記에 의지하고, 동방삭東方朔처럼 글을 달달 외운다 한들, 뭐 얻는 게 있겠나? 이래서야 되겠는가?"

낙서가 놀라서 물었다.

"그러면 어찌해야 좋겠습니까?"

나는 이렇게 말했다.

"자네는 물건 찾는 사람을 보지 못했는가? 앞을 보면 뒤를 못 보고, 왼쪽을 보면 오른쪽을 못 보지. 왜 그런지 아나? 방 안에 앉아 있으니 자기 몸과 물건이 서로 가리고 눈과 대상이 너무 가깝기 때문이지. 그러니 방 바깥으로 나가 문풍지에다 구멍을 뚫어 그리로 들여다보는 게 나은 법일세. 한쪽 눈으로 뚫어져라 보면 방 안의 물건을 낱낱이 볼 수 있으니 말일세."

낙서가 감사해하며 말했다.

"선생님께서는 저를 '약'約 쪽으로 인도해 주시는군요!"

나는 또 이렇게 말했다.

"자네는 이미 '약'의 이치에 대해 알고 있군. 그렇다면 이번엔 눈으로 볼 게 아니라 마음에 비추어 봐야 한다는 이치를 가르쳐 줌세. 대저 태양은 순수한 양陽의 기운으로, 사해四海를 비추어 만물을 길러 내지. 진땅에 빛이 비치면 마른땅이 되고, 어두운 곳이 햇빛을 받으면 환해지네. 그렇지만 나무에 불이 일게 하거나 쇠를 녹이지는 못하는데 그건 왠지 아나? 빛이 퍼지는 바람에 정기精氣가 흩어지기 때문일세. 그런데 만리萬里를 두루 비치는 빛을 쪼그맣게 모아서 둥근 유리알을 통과시켜 동그라니 콩알만 하게 만들면 처음엔 연기가 희게 나다가 갑자기 불꽃이 팍 일며 활활 타는 건 왜 그런지 아나? 빛이 합해져 흩어지지 않고 정기가 모여 하나로 되었기 때문이라네."

낙서가 감사해하며 말했다.

"선생님께서는 제게 '오'悟에 대해 가르쳐 주시는군요!"

나는 또 이렇게 말했다.

"천지 사이에 있는 게 죄다 책의 정精이라네. 이는 방 안에 틀어박혀 들입다 책만 본다고 해서 찾을 수 있는 게 아닐세. 그래서 포희씨包犧氏가 문文을 살핀 것을 두고, '우러러 하늘을 살피고 굽어봐 땅을 살폈다' 라고 했는데, 공자孔子는 이러한 포희씨의 천지天地 읽기를 거룩하게 여겨「계사전」繫辭傳이라는 글에서 '가만히 집에 있을 때는 괘사卦辭와 효사爻辭를 음미한다' 라고 말했거늘, 무릇 '음미한다' 라는 것이 어찌 눈으로 봐서 살피는 것이겠나? 입으로 맛봐야 그 맛을 알 수 있고, 귀로 들어야 그 소리를 알 수 있으며, 마음으로 이해해야 그 정수精髓를 알 수 있는 법일세. 가령 지금 자네가 문풍지에 구멍을 내어 한쪽 눈으로 뚫어져라 보고, 둥근 유리알로 빛을 모으듯이 마음으로 깨닫는다고 치세. 비록 그렇더라도 창이 투명하지 않으면 빛을 받아들일 수 없고, 유리알이 투명하지 않으면 정精을 모을 수 없는 법일세. 대저 마음을 밝히는 도道란, 텅 비워 물物을 받아들이고 담박澹泊하게 하여 사사로움이 없는 데 있나니, 이것이 바로 이 서재 이름을 '소완'素玩이라고 한 이유일 테지."

낙서가 말했다.

"벽에다 붙여 두려 하오니 선생님께서는 지금 하신 말씀을 글로 써 주셨으면 합니다."

이에 낙서를 위해 이 글을 쓴다.

---

[1] 완산完山 이낙서李洛瑞가 자신의 서재에 '소완'素玩이라는 편액을 내걸고는 나에게 기문記文을 청하기에 나는 이렇게 물었다.

"물속에서 노니는 물고기는 물을 보지 못하는데 그거 왜 그런지 아나? 보이는 게 죄다 물이면 물이 없는 것과 같기 때문일세. 지금 낙서洛瑞는 책이 온 방에 가득해 전후좌우에 책 아닌 게 없으니 이는 마치 물고기가 물속에서 노니는 것과 같으이. 그러니 자네가 비록 동중서董仲舒처럼 방에 콕 틀어박혀 책만 읽고, 장화張華 같은 박람강기博覽强記에 의지하고, 동방삭東方朔처럼 글을 달달 외운다 한들, 뭐 얻는 게 있겠나? 이래서야 되겠는가?"

낙서가 놀라서 물었다.

"그러면 어찌해야 좋겠습니까?"

주해 '완산'完山은 전주全州의 옛 이름으로 이서구李書九(1754
~1825)의 본관이다.

'낙서'洛瑞는 이서구의 자字다. 그 호號는 강산薑山이며, 척재惕齋·녹천관綠天館·소완정素玩亭이라는 호를 쓰기도 하였다. 연암에게 수학했으며, 문과에 급제하여 전라감사·우의정 등을 지냈다. 문집으로 『척재집』惕齋集이 전한다.

'동중서'董仲舒(기원전 179~기원전 104)는 한漢나라 때 사람으로, 『춘추』春秋에 정통했으며, 「천인삼책」天人三策이라는 글로 무제武帝에게 발탁되었다. 저서로는 『춘추번로』春秋繁露가 전한다. 그는 3년 동안 외출하지 않고 방 안에 틀어박혀 학문에만 전념한 것으로 유명한데, 여기서는 이 고사를 말한 것이다.

'장화'張華(231~299)는 동진東晉 때 사람으로 자字는 무선茂先이다. 저서로 『박물지』博物志가 전한다. 그는 기억력이 비상하여 천하의 온갖 일을 환하게 알았다고 한다.

'동방삭'東方朔(기원전 154~기원전 93)은 한漢나라 때 사람으로 자字는 만천曼倩이다. 그는 무제武帝에게 스스로를 천거하며 자신의 뛰어난 송재誦才(암기 능력)를 자랑한 바 있는데, 여기서는 이 고사를 말한 것이다.

평설 이서구는 연암의 제자다. 그는 10대 때부터 연암에게 수학하였다. 『과정록』에 의하면, 이서구는 재주가 몹시 빼어난 데다 침착하고 조용했으며 식견과 도량이 있어 연암이 매우 사랑했다고 한다. 이서구는 열여섯 살 때를 전후해 '녹천관'綠天館이라는 호를 사용한 바 있다. 이서구는 이 무렵 자신이 쓴 글을 모아 『녹천관집』이라는 책을 엮었으며, 연암은 33세 때인 1769년 이 책의 서문을 써 준 바 있다. 이서구가 녹천관이라는 호 대신 소완정이라는 호를 쓰기 시작한 것은 1772년 무렵이 아닌가 추정된다.

이해에 연암은 「소완정이 쓴 '여름밤 벗을 방문하고 와'에 답한 글」(원제 '수소완정하야방우기' 酬素玩亭夏夜訪友記)을 이서구에게 써 주는데, 이 글 제목 중에 '소완정'이라는 말이 보인다. 이덕무의 전집인 『청장관전서』를 봐도 '소완정'이라는 호가 나타나는 것은 1773년 이후부터다.

이서구는 자신의 서재 이름을 '소완정'이라 명명하고 이를 자호自號로 사용했다. 근대에 들어오면서 '집'은 이름을 상실해 버렸다. 근대 이전에는 지금과 달리 자신의 집 대청과 별채, 서재, 다락 등에 아담하고 운치 있는 이름을 붙이는 게 일반적이었으며, 이렇게 붙인 이름을 기념하여 지인이나 스승에게 기문記文을 받아 그걸 나무에다 새겨 해당되는 처소에다 턱 하니 걸어 놓았다. 또한 사람들은 이렇게 붙인 집 이름을 종종 자신의 호로 사용하였다. 자신의 거소居所에 이름을 붙이고 그것을 자신의 이름으로 삼는 이런 행위는 자연(혹은 사물)과의 일체감을 반영하는 것으로 보인다. 재미있지 않은가, 자신의 공간과 자신의 이름을 합치시키는 이런 문화적 행위가. 하지만 자아를 자연(혹은 사물)과 분리시켜 간 근대인에게는 이런 현상이 도무지 이해될 수 없다. 우리 근대인은 자신의 고유한 공간을 상실하고 익명의 공간 속에 살고 있을 뿐이다. 익명의 공간은 본질상 획일적이며, 무개성적이다.

자, 그러면 이제부터 이 글을 본격적으로 음미해 보기로 하자. 이 글은 이서구의 서재인 소완정을 기념하여 써 준 글이다. 이 단락의 서두에서 그 점이 확인된다.

그런데 흥미로운 것은, 연암이 이서구로부터 기문을 써 달라는 부탁 말을 듣자마자 돌연 질문부터 던진다는 사실이다. 그 질문은 얼핏 보면 엉뚱해 보이지만, 기실 몹시 심각한 성격의 것이다. 연암이 제일성第一聲으로 내뱉은 말은 "물속에서 노니는 물고기는 물을 보지 못하는데 그거 왜 그런지 아나?"라는 것이다. 이 질문은 마치 무슨 선문답 같다. 연암은 이 질문을 통해 이서구의 독서법에 내재된 문제점을 지적하고자 한 듯하다. 아마도 이서구는 당시 집에다 책을 잔뜩 쌓아 놓은 채 그 속에 묻혀 지내면서 다독多讀을 하고 있었던 듯하다. 이런 태도는 당시 서울의 사대부들에게 널리 퍼져 있던 태도였다. 그리하여 집에 많은 장서를 갖추고 있는 것을 큰 자랑으로 삼거나 자신의 박람강기博覽强記를 뽐내는 게 문화적 유행처럼 되어 있었다. '박람강기'란 잡다한 책을 많이 보아 이런저런 지식을 머릿속에 많이 기억해 두는 걸 일컫는 말이다. 하지만 연암은 현실과 유리된 채 집에 틀어박혀 들입다 책만 보거나, 박람강기를 추구하거나, 책 내용을 달달 외우는 방식의 독서법에 대단히 비판적이었다. 그건 진정한 독서가 못 된다고 연암은 생각했던 것이다. 연암은 왜 그렇게 생각했을까? 이어지는 단락에서 이에 대한 답이 제시된다. 여기서는 다만 연암이 박학博學의 문제점 내지 폐단을 심중하게 제기하고 있다는 점만을 지적해 두기로 한다.

사실 다독이나 박학 자체가 나쁜 것은 아니다. 하지만 다독이나 박학을 지향하는 독서는 종종 정심精深한 독서를 방해하며, 잡다한 지식을 무비판적으로 받아들이는 데 급급하게 만든다. 이런 독서는 책의 내용을 곱씹어 보거나 깊이 음미하는 것이 되기 어려우며, 따라서 주체적인 독서라고 하기 어렵다. 그러니 비록 많은 책을 읽어 아는 것이 많다 할지라도 그 지식은 피상적인 게 되기 쉽다. 피상적이니 창의성을 낳기도 어렵다. 아는 건 많으면서도 정신적으로 얕고 빈약한 것, 이게 바로 다독과 박학을 추구하는 사람이 종종 보여주는 폐단이다.

이 단락의 서두에 제시되고 있는 '소완'素玩이라는 말은 이 글 전체의 키워드다. 이 글은 이 단어에 대한 연암의 독특한 풀이로 이루어져 있다고 해도 과언이 아니다. 한편, 이 단락은 스승 연암의 문제 제기에 대해 제자인 이서구가 깜짝 놀라며 "그러면 어찌해야 좋겠습니까?"라고 여쭙는 것으로 끝난다. 이서구의 이 말은 독자의 주의를 환기시키면서 독자의 눈을 다음 단락으로 얼른 옮겨 가게 만든다.

2 나는 이렇게 말했다.
"자네는 물건 찾는 사람을 보지 못했는가? 앞을 보면 뒤를 못 보고, 왼쪽을 보면 오른쪽을 못 보지. 왜 그런지 아나? 방 안에 앉아 있으니 자기 몸과 물건이 서로 가리고 눈과 대상이 너무 가깝기 때문이지. 그러니 방 바깥으로 나가 문풍지에다 구멍을 뚫어 그리로 들여다보는 게 나은 법일세. 한쪽 눈으로 뚫어져라 보면 방 안의 물건을 낱낱이 볼 수 있으니 말일세."
낙서가 감사해하며 말했다.
"선생님께서는 저를 '약'約 쪽으로 인도해 주시는군요!"

평설 이 단락은 앞 단락에서 제시된 물고기의 비유가 갖는 의미를 더욱 자세히 설명해 놓고 있다. 연암이 말하고자 하는 골자는 책에 함몰되어서는 안 된다는 것이다. 책에 함몰되면 책 자체의 요점조차 파악하기 어렵게 된다. 그야말로 흐리멍덩한 독서다. 그러면 어찌해야 하는가? 비판적 거리의 확보가 필수적이다. 다시 말해 책 속에 갇혀 그 내용을 수동적으로 따라가기만 해서는 안 되며, 능동적으로 책 내용을 판단하고 음미하면서 그 요점을 파악해야 한다는 말이다. 요점을 파악해야 책의 의의, 더 나아가 책의 문제점을 정확히 간취할 수 있다. 연암이 말하는 이런 독서는 '꿰뚫어 읽기'라고 이름할 수 있다. 꿰뚫어 읽기는 늘 스스로 생각하고 판단하면서 책의 내용을 통찰하게 한다. 이런 독서는 별 생각 없이 책의 내용을 쭉 따라가기만 하는 독서와는 본질적으로 다르다. 전자가 주체적인 독서라면,

후자는 몰주체적 독서다. 몰주체적 독서는 자기가 읽은 내용을 앵무새처럼 되뇌게 할 뿐이다. 그리고 자신이 획득한 잡다하고 산만한 지식을 대단한 것인 양 뽐내는(이런 것을 '현학'이라고 한다) 데로 빠지게 만든다. 이 두 가지 독서법에서 전자는 정신이 높고, 후자는 정신이 얕다. 두 독서법에 제각기 일장일단이 있다고 적당히 얼버무려서는 안 된다. 두 독서법은 차원이 다르다는 점을 명확히 할 필요가 있다.

연암 스스로도 이런 독서법을 실천했다. 다음은 『과정록』에서의 인용인데 연암이 실제 어떻게 독서했는지를 잘 보여준다.

아버지는 책 읽는 속도가 매우 느려서 하루에 한 권 이상 읽지 못하셨다. 아버지는 늘 이렇게 말씀하셨다.
"나는 기억력이 썩 좋지 못하다. 그래서 책을 읽다가 덮으면 곧바로 잊어버려 머릿속이 멍한 게 한 글자도 남아 있지 않은 것 같다. 그러나 어떤 일을 처리해야 하거나 글 제목을 정해 놓고 이리저리 글을 구상할 때면 처음에는 읽은 내용이 하나씩 떠오르다가 종국에는 줄줄이 쏟아져 나온다. 그래서 옛사람의 지나간 행적이나 선배들의 격언 가운데 눈앞의 정경에 어울리는 것들을 죄다 활용하여 이루 다함이 없었다."
지계공芝溪公(연암의 처남인 이재성)은 언젠가 이런 말씀을 하셨다.
"연암은 책을 매우 더디게 보아서 내가 서너 장 읽을 때 겨우 한 장밖에 못 읽었다. 또 암기 능력도 나보다 조금 못한 것 같았다. 그렇지만 읽은 글에 대해 이리저리 논하거나 그 장점과 단점을 말할 때에는 엄격한 관리가 옥사獄事를 처결할 때처럼 조금도 빈틈이 없었다. 그제야 나는 공(연암)이 책을 느리게 보는 것이 철저하게 읽기 때문이라는 걸 알았다." —『나의 아버지 박지원』, 188면

여기서 알 수 있듯 연암은 그냥 막 읽는 방식이 아니라 면밀하게 생각

해 가며 글을 읽었다. 그리고 이런 독서 방식이 연암 글쓰기의 창조적 과정과 연결되고 있음을 확인할 수 있다. 연암의 글은 다른 작가의 글과는 달리 아이러니(여기서 '아이러니'란 대상과 자기 자신을 반성적으로 성찰하는 태도와 방식을 뜻한다)가 풍부한데, 이는 연암의 독서법과도 일정한 연관이 있다고 여겨진다. 연암이 독서법에서 강조한 비판적 거리는 그 글쓰기에서 보이는 '서사적 거리'와 연결되며, 바로 이 서사적 거리에서 아이러니가 나오기 때문이다. 또다른 각도에서 본다면, 연암의 창조적·비판적 글읽기는 그 창조적·비판적 글쓰기로 이어지고 있다고 판단된다. 주체적 글읽기가 주체적 글쓰기를 가능하게 한다는 점을 확인시켜 주는 대목이다.

또다른 자료를 하나 더 들어보자. 다음 자료는 연암이 1797년(61세) 충청도 면천 군수로 있을 때 큰아들에게 보낸 편지다.

『오례통고』五禮通考(중국책 이름)의 첫 책함冊函을 점검해 보니 정말 좋은 책이더구나. 뇌아(연암의 둘째 아들인 박종채의 아명)가 이 책을 얻자 춤을 출 듯이 기뻐했다고 하나 책을 싸 놓고서 펼쳐 보지 않는 건 어째서냐? 비록 한 번 읽더라도 자세히 궁구하지 않는다면 수박 겉핥기나 후추 통째로 삼키기와 뭐가 다르겠니? 책을 유생柳生의 무리에게 자랑할 건 없으니 유柳는 깊은 이치를 알려고 하는 사람이 아니요, 진중한 기상이 적으니 단지 책을 읽고 박식함을 자랑하길 좋아할 뿐이다. ―『고추장 작은 단지를 보내니』, 106면

박식함을 뽐내기 위한 독서나 대충 혹은 퍼뜩 읽는 책읽기에 경종을 울리고 있음을 볼 수 있다. 꼼꼼하게 이것저것 따져 가면서 생각하며 읽을 것을 충고하고 있는 것이다. 요컨대, 비판적이고 주체적으로 독서하라는 말이다.

그런데 이 단락 맨 끝의 '약'約이라는 말은 무슨 뜻일까? 이 말은 '요약'要約 '간요'簡要 등의 뜻을 담고 있는바, 여기서는 책 속에 함몰되거나 글 속에 갇히지 말고 그 요체 내지 정수精髓를 간파하거나 통찰해야 함을 뜻하는 말이다. 책읽기에 대한 어떤 태도 내지 능력을 지칭하는 이 '약'이라는 개념은 연암이 텍스트에 함몰되지 않고 텍스트와 일정한 비판적 거리를 둔 채 이루어지는 성찰적 글읽기를 강조하기 위해 이끌어 낸 개념이다.

이 단락 역시 앞 단락과 마찬가지로 대화체로 구성되어 있다. 앞 단락과 똑같이 스승의 말은 비유로 가득 차 있다. 그리고 스승의 말에 답하는 제자의 짤막한 말로써 단락이 종결된다. 주목해야 할 점은, 단락 맨 끝의 이 말이 제자의 명민함을 드러내고 있다는 사실이다. 제자는 스승의 비유를 환히 깨닫고는 스승의 말이 어떤 의의를 갖는지를 훌륭하게 총괄해 내고 있다. "선생님께서는 저를 '약'約 쪽으로 인도해 주시는군요!" 독자는 이서구의 이 한마디 말에 힘입어 알듯 말듯 하던 연암의 비유를 명료하게 이해하게 된다. 이처럼 이 단락은 스승과 제자의 대화, 스승과 제자의 지적 교류를 통해 텍스트의 의미를 만들어 내고 있다는 점이 흥미롭다. 다시 말해 스승의 가르침만으로 단락이 구성되는 것이 아니라 그 가르침의 의미를 정확하게 자리매김하는 제자의 말이 덧붙여짐으로써 비로소 단락이 완성되고 있는 것이다. 이 점 때문에, 비록 이 글은 그 내용이 딱딱한 의론임에도 불구하고 글이 지루하게 느껴지지 않고, 유쾌하고 생기가 넘친다.

스승과 제자의 말이 상호작용을 빚으면서 높은 수준에서 교감과 소통을 이루어 내기 위해서는 스승의 생각이 고매해야 할 뿐더러 제자가 명민하지 않으면 안 된다. 이 두 조건이 갖추어지기란 쉽지 않다. 하지만 만일 이 두 조건이 갖추어질 경우 스승과 제자의 지적 교류는 각각의 내면에 크나큰 기쁨과 희열을 안겨준다. 일찍이 석가모니와 가섭이 그랬고, 공자와 자공子貢이 그랬다. 공자의 10대 제자 중 머리 좋기로는 자공이 으뜸이었다. 공자는 언젠가 자공과 둘이서 대화하다 자공이 자신의 말을 명민하게 이해한 다음 거기에 발전적 논평을 하는 걸 보고는 "지나간 것을 말해 주니 장차 도래할 것을 아는구나!"라면서 자공의 지적 능력에 기쁨을 표시한 바 있다. 연암은 아마도 이 글을 쓸 때 공자와 자공 사이에 있었던 이 일화를 염두에 두지 않았나 생각된다. 말하자면 법고창신을 한 셈이다.

3 나는 또 이렇게 말했다.

"자네는 이미 '약'의 이치에 대해 알고 있군. 그렇다면 이번엔 눈으로 볼 게 아니라 마음에 비추어 봐야 한다는 이치를 가르쳐 줌세. 대저 태양은 순수한 양陽의 기운으로, 사해四海를 비추어 만물을 길러내지. 진땅에 빛이 비치면 마른땅이 되고, 어두운 곳이 햇빛을 받으면 환해지네. 그렇지만 나무에 불이 일게 하거나 쇠를 녹이지는 못하는데 그건 왠지 아나? 빛이 퍼지는 바람에 정기精氣가 흩어지기 때문일세. 그런데 만리萬里를 두루 비치는 빛을 쪼그맣게 모아서 둥근 유리알을 통과시켜 동그라니 콩알만 하게 만들면 처음엔 연기가 희게 나다가 갑자기 불꽃이 팍 일며 활활 타는 건 왜 그런지 아나? 빛이 합해져 흩어지지 않고 정기가 모여 하나로 되었기 때문이라네."

낙서가 감사해하며 말했다.

"선생님께서는 제게 '오悟'에 대해 가르쳐 주시는군요!"

주해 '사해'四海는 천하를 이르는 말이다.

평설 점입가경이다. 독서법에 대한 논의가 점점 더 깊숙한 경지로 들어가고 있다. 연암은 이서구가 '약'約의 중요성에 대해 이미 알아들었다고 보고, 이번엔 눈으로 보아서는 안 되고 마음에 비춰 봐야 한다는 데 대해 말해 주고 있다. '마음에 비춰 봐야 한다'는 말의 원문은 '以心照之'이심조지이다. 연암은 이를 설명하기 위해 햇빛과 유리알의 비유를 들고 있는데, 이 비유는 '以心照之'의 '照'자와 참으로 잘 어울린다.

우리는 책을 읽을 때 눈으로 읽는다. 그런데 연암은 눈으로 읽을 게 아니라 마음으로 읽어야 한다고 했다. 무슨 말일까? 눈으로만 건성건성 읽지 말고 마음을 '집중'해 읽으라는 말일 터이다. 마음을 집중해 읽으면 건성으로 읽을 때와 뭐가 다를까. 글을 훨씬 더 깊이 이해할 수 있게 된다. 글을 깊이 이해한다는 건 어떤 것일까. 글쓴이의 마음속으로 들어가는 것을 말한다. 글쓴이의 마음속으로 들어간다는 것은 어떤 것일까. 글쓴이의 마음과 '나'의 마음이 회통會通하고 교감하는 것을 말한다. 이런 경지에 이르면 '나'는 마음속에 어떤 깨달음을 얻게 된다. 연암은 이서구의 입을 빌어 이를 '오'悟라고 개념화하고 있다.

'오'悟라는 글자는 마음속에서 일어나는 어떤 작용을 뜻하는 말이다. 어떤 계기에 의해 홀연 마음이 환해지는 것이 '오' 자의 본래 뜻이다. 둥근 유리알을 통과한 햇빛을 종이의 한 점에 모으면 갑자기 불꽃이 팍 일듯이 '오'는 어떤 질적 비약을 내포한다. 글읽기의 과정에서 나타나는 이 질적 비약은 정신을 오롯이 모음, 다시 말해 정신의 집중을 통해서만 가능하다. 정신을 집중한다는 것은 무엇인가. 그것은 나를 적극적으로 '개입' 시키는 것을 의미한다. 달리 말해 자기 자신에 비추어 보며 독서함을 뜻한다. 책은 책이고 나는 나고, 이런 식이 아니라 책과 내가 긴밀히 교섭하면서 나를 매개로 하여 책을 읽는 것을 말한다. 이런 독서는 실존적이다. 그리고 실존적이기에 주체적일 수 있다.

4   나는 또 이렇게 말했다.

"천지 사이에 있는 게 죄다 책의 정精이라네. 이는 방 안에 틀어박혀 들입다 책만 본다고 해서 찾을 수 있는 게 아닐세. 그래서 포희씨包犧氏가 문文을 살핀 것을 두고, '우러러 하늘을 살피고 굽어봐 땅을 살폈다'라고 했는데, 공자孔子는 이러한 포희씨의 천지天地 읽기를 거룩하게 여겨 「계사전」繫辭傳이라는 글에서 '가만히 집에 있을 때는 괘사卦辭와 효사爻辭를 음미한다'라고 말했거늘, 무릇 '음미한다'라는 것이 어찌 눈으로 봐서 살피는 것이겠나? 입으로 맛봐야 그 맛을 알 수 있고, 귀로 들어야 그 소리를 알 수 있으며, 마음으로 이해해야 그 정수精髓를 알 수 있는 법일세. 가령 지금 자네가 문풍지에 구멍을 내어 한쪽 눈으로 뚫어져라 보고, 둥근 유리알로 빛을 모으듯이 마음으로 깨닫는다고 치세. 비록 그렇더라도 창이 투명하지 않으면 빛을 받아들일 수 없고, 유리알이 투명하지 않으면 정精을 모을 수 없는 법일세. 대저 마음을 밝히는 도道란, 텅 비워 물物을 받아들이고 담박澹泊하게 하여 사사로움이 없는 데 있나니, 이것이 바로 이 서재 이름을 '소완'素玩이라고 한 이유일 테지."

낙서가 말했다.

"벽에다 붙여 두려 하오니 선생님께서는 지금 하신 말씀을 글로 써 주셨으면 합니다."

이에 낙서를 위해 이 글을 쓴다.

주해 '포희씨'包犧氏는 중국 상고시대의 전설상의 임금인 복희伏羲를 말한다. 중국의 전설에 의하면 그는 천지 사이의 삼라만상을 관찰하여 『주역』의 8괘八卦를 만들었다고 한다.

「계사전」繫辭傳은 『주역』의 원리를 포괄적으로 설명해 놓은 글로서, 『주역』에 관한 최초의 본격적인 철학적·형이상학적 해명에 해당한다. 전통적으로 공자가 저술했다고 전해 오나, 요즘에는 전국시대 말末 이후에 여러 사람에 의해서 누적적으로 저술된 문헌이 아닌가 보고 있다.

『주역』에서 하나의 괘卦는 여섯 개의 효爻로 구성되어 있으며, 효에는 다시 양효陽爻(—라는 기호로 표시함)와 음효陰爻(--라는 기호로 표시함)가 있는바, 괘사卦辭는 각각의 괘에 대한 풀이이고, 효사爻辭는 각각의 효에 대한 풀이이다.

'물'物이란 단순히 물리적인 물체를 뜻하는 것이 아니라 '나' 이외의 일체의 대상을 뜻한다. 따라서 요즘말로 하면 자연과 타자他者가 모두 포함된다.

'담박'이란 욕심과 편견, 선입견이 없는 마음의 상태를 가리키는 말이다.

평설 이 단락에서 연암은 논의의 확대를 위해 포희씨와 공자를 끌어들이고 있다. 하지만 이 대목은 이해하기 쉽지 않다. 지금부터 차근차근 그 뜻을 음미해 보기로 하자.

연암은 우선 천지 만물이 책의 정精이라고 했다. 이건 무슨 말인가? 천지 만물이 곧 책의 에센스라는 뜻이다. 연암은 이 말로써 책과 천지 만물이 긴밀하게 연결되어 있음을 지적하고 있다. 책이란 그 자체로서 자족적인 것은 아니며, 그 자체로서 완결되는 것도 아니다. 책은 현실이 있기 때문에 존재하며, 천지 만물 즉 사물이 있기 때문에 존재한다. 달리 말해 책이란 현실을 담고 있으며, 사물과 '관련'되어 있다. 이 경우 '책'은 '글'이라는 말로 바꾸어 읽어도 무방하다. 이처럼 책(혹은 글)은 책 바깥의 현실 내지 사물과 관련되어 있기에, 책읽기(혹은 글읽기)는 책 너머의 현실과 사물을 읽는 데로 확장되지 않을 수 없다. 책을 아무리 뚫어지게 봐 봤자 책은 책일 뿐 그 정精은 아니다. 연암에 의하면 책의 '정'은 책 바깥에, 즉 현실과 사물 속에 있음으로써다.

책 혹은 글이란 하나의 기호다. 이 기호가 의미를 갖는 것은 현실 내지 사물과의 관계 때문이다. 연암은 포희씨가 『주역』의 8괘를 만든 일을 갖고 이 점을 설명하고 있다. 전설에 의하면 포희씨는 천지 사이의 온갖 삼라만상을 관찰하여 그것을 여덟 개의 괘에 담았다고 한다. 말하자면 포희씨는 삼라만상이라는 텍스트를 읽어 그것을 기호화한 것이다. 본문 중에 "포희씨가 문文을 살핀" 운운이라는 말이 보이는데, 여기서 '문'文은 좁은 의미의 문장이 아니라 천문天文과 지문地文과 인문人文, 즉 하늘과 땅 사이에 있는 모든 문채文彩 나는 존재를 두루 포괄하여 한 말이다. 연암은 복희씨가 삼라만상을 관찰한 일에 대해 왜 하필 '문文을 살피다'라는 표현을 썼을까? 그것을 하나의 독서 행위로 봤기 때문이다. 독서라는 것이 비단 책을 읽는 것만이 아니요, 현실이라는 텍스트, 인생이라는 텍스트, 자연과 우주라는 텍스트를 읽는 것도 넓은 의미의 독서로 간주한 것이다. 여기서 텍스트의 외연이 확장된다. 텍스트는 책만이 아니라 책 바깥의 모든 것일 수 있다. 그리고 책이라는 텍스트는 책 바깥의 텍스트와 불가분의 관계를 맺고 있다. 그래서 책을 제대로 이해하기 위해서는 책 바깥을 읽어야 하고, 또한 책 바깥을 잘 이해하기 위해서는 책을 읽지 않으면 안 되게 된다. 요컨대 연암은 포희씨가 세상과 자연을 잘 읽은 사람이고, 그 결과가 8괘에 집약되어 있다고 보았다.

그러므로 우리가 8괘를 제대로 '읽기' 위해서는 8괘에 담겨 있는 포희씨의 마음이라든가 8괘라는 기호에 담겨 있는 사물과 자연의 생동하는 모습과 빛깔을 읽어 내지 않으면 안 된다. 이를 읽어 내지 못한다면 한갓 기호라는 껍데기만 읽는 게 되고 말 터이다. 그건 수박 겉핥기요, 후추를 빻지도 않고 통째로 삼키는 격이다. 연암은 "가만히 집에 있을 때는 괘사卦辭와 효사爻辭를 음미한다"라는 공자의 말을 거론함으로써 이 점에 대해 말하고 있다. 연암은 공자의 이 말에서 특히 "음미한다"라는 말에 주목하고 있다. 이 말의 원문은 '玩'완이다. 이 '완'자는 '소완'의 '완'자와 동일하다. 연암은 지금까지의 논의를 '소완' 쪽으로 수렴하기 위해 이 대목에서 의도적으로 이 글자를 부각시키고 있다. 이 점에 대해서는 조금 있다 다시 말하기로 하고, 우선 '완'의 뜻부터 보면, '완'은 요리조리 궁구하여 체득한다는 뜻이다. 그러므로 우리말로 번역하면 '음미하다' 쯤에 해당한다. '음미하다' 라는 말은 사물의 속 내용을 새겨서 맛보는 것을 이르는 말이다. 가령 '술맛을 음미한다' 라는 말은 술을 막 마시는 것이 아니라 술이 가진 향기와 맛을 요리조리 살피며 마시는 것을 의미한다. 마찬가지로 우리는 책을 음미한다, 글을 음미한다, 그림을 음미한다, 도자기를 음미한다는 등등의 말을 쓸 수 있다.

그러므로 음미하다, 즉 '완'이라는 말은 눈으로만 보고 마는 것이 아니다. 그리하여 연암은 '완'을 풀이하기를, 입으로 맛봐 그 맛을 알고, 귀로 들어 그 소리를 알며, 마음으로 이해하여 그 정수를 아는 것이라고 했다. 말하자면 '완'은 온 몸의 감수성을 작동시켜 대상의 정수를 파악하는 행위라고 할 수 있다. 그렇다면 글읽기에서 '완'을 실천한다는 건 구체적으로 어떤 것일까? 기호로서의 글을 읽는 것이 아니라 글과 사물과의 연관, 글과 현실과의 연관을 환기하거나 따져 가며 읽는 게 될 터이다. 만일 매화를 노래한 시를 읽는다고 치자. '완'의 읽기는 자구字句와 형식에만 눈을 주며 시를 읽는 것이 아니라(일반 독자들뿐만 아니라 연구자들도 대개 이런 방식으로 시를 읽는다) 자구에 담긴 사물의 모습과 빛깔과 향기와 소리와 마음을 생생히 느끼는 것을 말한다. 따라서 이 '완'의 독서는 감수성과 상상력이 문제가 된다. 예민한 감수성과 풍부한 상상력을 작동시키지 못한다면 '완'의 독서는 불가능하다. ②단락에서 제시된 '약'約이라는 개념이 비판적 거리를 통해 텍스트의 본질을 꿰뚫어 보는 것을 말하고 있고, ③단락에서 제시된 '오'悟라는 개념이 정신 집중을 통해 텍스트의 이치를 환히 깨닫는 것을 말하고 있다면, 이 단락에서 제시되고 있는 '완'이라는 개념은 마음은 물론 온 몸으로 텍스트의 안과 밖을 읽어 내는 것을 말한다. 이 점에서 '완'의 독서는 본질상 심미적審美的이다. 이런 독서는 텍스트를 깊이 감수感受(느껴 받아들임)하면서 텍스트를 살아 있는 것으로 재창조해 낸다. 그 결과 글 읽는 사람은 자신의 정신이 깊어지고 고양되는 경험을 맛보게 된다.

그런데 이런 '완'의 글읽기가 가능하기 위해서는 하나의 중요한 전제가 충족되지 않으면 안 된다. 그것은 곧 마음을 비우고 담박하게 하는 일이다. 마음을 비우고 담박하게 한다는 건 무얼 말하는가? 편견과 선입견, 아집 따위를 버리고 공평무사한 마음이 되는 것, 그리고 얄팍하게 당장 눈앞의 이익을 얻으려는 마음에서 벗어나는 것을 말할 터이다. 이런 마음이 있는 한 아무리 글을 읽더라도 글의 정精이 이해될 리 만무하며, 글에 담지된 사물의 생동하고 아름다운 자태나 현실의 생생한 모습이 감수될 리 없다. 그래서 연암은 말한다: "문풍지에 구멍을 내어 한쪽 눈으로 뚫어져라 보고, 둥근 유리알로 빛을 모으듯이 마음으로 깨닫는다"고 할지라도 마음을 맑게 하고 마음을 비우지 않으면 물物을 받아들일 수 없고 정精을 포착할 수 없는 법이라고. 연암은 이 말을 통해 ②단락에서 말한 '약'約과 ③단락에서 말한 '오'悟가 이 단락에서 말하고 있는 '완'玩과 어떤 관계에 있는지를 해명하고 있다. 설사 '약'과 '오'에 이르렀다 할지라도 마음을 비우고 맑게 하지 않는다면 '완'에는 이를 수 없다는 것이다. 욕심이든 편견이든 마음에 뭔가가 꽉 차 있으면 마음속으로 사물 본연의 모습이 들어올 틈이 없다. 사물 본연의 모습이 들어오지 않는다면 책의 '정'精을 온전히 포착한 것이라 할 수 없다. 적어도 연암의 논리에 의하면 그렇다. 이렇게 본다면 '마음 비우기'는 가장 깊은 경지의 책읽기(혹은 글읽기)를 위해 필수적인 조건임을 알 수 있다.

우리는 ①단락의 서두에 '소완'이라는 말이 처음 나온 것을 기억하고 있다. 하지만 그 이후 이 말에 대한 언급은 없었다. 그런데 이 단락의 끝에 이르러 이 말이 다시 나온다. 이 점에서 이 글은 크게 보아 수미쌍괄식의 구조를 취하고 있다고 하겠다. 독자는 이 단락의 끝에 이르러 '소완'이 무엇을 뜻하는 말인지 깨닫게 된다. 그리고 독서법에 대한 연암의 지금까지의 논의가 모두 이 '소완'이라는 말을 향해 전개된 것이었음을 깨닫게 된다. 그와 동시에 이 글이 점층법적으로 얼마나 도저하고 기세 좋게 의론을 전개해 이 부분에 이르는가를 깨닫고는 탄성을 발하게 된다.

사실 '소완'素玩이라는 말은 그 자체만 갖고 말한다면, '평소에 늘 완상玩賞하다'라는 뜻도 될 수 있다. 다시 말해, 평소에 늘 책을 뒤적이며 책 속에 묻혀 지낸다는 뉘앙스를 갖는 말로 쓰일 수도 있다. 기실 이서구는 이런 뜻을 염두에 두고 자신의 서재에 이 이름을 붙였던 게 아닌가 싶다. 왜냐하면 상식적으로 판단할 때 이쪽이 서재에는 더 어울리는 듯하기 때문이다. 하지만 '소완'을 그렇게 풀이하는 것은 이 글의 ①단락에서 연암이 그토록 비판한 독서법을 긍정하는 것이 되고 만다. 연암은 이서구가 '소완'이라는 명칭으로 무얼 생각하고 있는지를 빤히 짐작하면서 짐짓 그와는 전혀 다른 쪽, 즉 '마음을 비우고 담박하게 책을 음미한다'는 쪽으로 '소완'의 의미를 풀이해 나갔다고 생각된다. 이 점에서 이 글은 제자 이서구의 의표意表를 찌르면서 한 수 단단히 가르쳐 준 글이라는 느낌이 든다. 이서구는 명민한 사람이었으므로 스승의 이런 뜻을 금방 깨달았겠지만 그럼에도 등줄기가 서늘했을 터이다. 그리고 혹 속으로 이렇게 뇌까렸을지 모른다: "와! 선생님은 내 머리 꼭대기에 계시는구나!"

이 단락 역시 앞 단락들과 마찬가지로 스승의 긴 말에 이어지는 제자의 짧은 말로 구성되어 있다. 요컨대 이 글은 네 단락 모두가 동일한 구성법을 취하고 있다. 그럼에도 글은 전연 지루하지 않다. 지루하기는커녕 구성상 약간의 긴장감과 유쾌함을 지닌 채 단락별로 하나의 매듭을 지으면서 차츰 고양되어 나가는 방식으로 글이 짜여 있다.

이 단락은 다음과 같은 말로 종결된다 : "이에 낙서를 위해 이 글을 쓴다." 이 종결사는 아주 급작스럽고 느닷없다는 느낌을 준다. 지금까지 말이 길었기에, 의도적으로 툭 떨어지는 느낌으로 글을 마무리한 건지도 모른다.

총평

• 이 글은 연암이 그 제자인 이서구에게 독서의 방법을 설파한 내용이다. 아마도 연암은 이서구의 독서 태도에서 어떤 문제점을 발견했기에 이런 의론을 펼쳤을 터이다. 하지만 이 글의 의의는 그런 쪽으로만 한정해서는 안 된다. 오히려 이 글의 의의는 연암이 자기 시대의 독서법을 비판하면서 그 대안을 제시하고 있다는 점에서 찾아야 하지 않을까 생각된다.

연암 당대의 조선에는 크게 보아 세 가지 독서법이 있었으니, 하나는 성리학적 독서법이고, 다른 하나는 고증학적 독서법이며, 또 하나는 과거시험에 합격하기 위한 독서법이었다.

성리학적 독서법은 연암의 시대에만 있던 독서법이 아니라 조선 시대의 사대부들이 기본적으로 견지해 왔던 독서법이다. 성리학적 독서법은, 성리학을 하는 데 긴요한 책들의 목록을 정해 놓고 그 책들만을 읽을 것을 요구하였다. 그 이외의 책은 읽을 필요가 없다고 봤으며, 성리학 이외의 사상은 이단으로 간주되어 독서가 금지되었다. 이처럼 성리학적 독서법은 몹시 편협하고 교조적이었던바, 독서가 실제 현실과 연결되기 어려웠다. "동중서처럼 방에 콕 틀어박혀 책을 읽"는다는 비유는 이 성리학적 독서법을 염두에 두고 한 말이 아닐까.

고증학적 독서법은 청나라 고증학이 조선에 수용되면서 새롭게 대두된 독서법이다. 이 독서법은 박학을 지향하는 특징이 있었다. 이 점에서 이 독서법은 성리학적 독서법과는 사뭇 다르며, 성리학적 독서법에 대한 안티테제로서의 성격을 갖는다. 하지만 고증학적 독서법에도 문제점이 없지 않았다. 성리학적 독서법에서 관념의 과잉이 문제였다면, 고증학적 독서법은 거꾸로 이념의 결여가 문제였다. 이 독서법은 학문이나 사상을 생활 세계와 분리시켜 몰가치적인 관점에서 봤다. 이 때문에, 교조주의와 사변성에 빠져 있던 성리학적 독서법과는 또다른 측면에서 현실과의 유리를 초래했다. 그리하여 이 독서법은 종종 지적 도락주의道樂主義나 쇄말주의瑣末主義 아니면 현학주의에 빠지곤 하였다. 그래서 폭넓고 잡다하기는 하나 간요簡要함을 결여하였다. "장화張華 같은 박람강기에 의지하고" 운운한 말은 이런 고증학적 독서법을 비판한 말일 수 있다.

과거 시험에 합격하기 위한 독서법은 과거 시험에 소용되는 책을 달달 외는 것이었다. 이 독서법은 마음을 비운 채 하는 독서와는 정반대의 독서법일 터이다. "동방삭처럼 글을 달달 외운다"고 한 것은 이런 독서법을 염두에 두고 한 말이 아닐까.

연암은 당대의 사대부들이 취하고 있던 이 세 가지 독서법을 모두 비판하면서 그 대안으로 독서를 사물 및 현실 세계와 긴밀히 연결시킬 것을 주장하고 있다. 이는 감수성과 상상력을 억압하지 않고 활짝 열어젖힘으로써만 가능한 일이다. 연암이 제기한 이런 독서법은 '실학적 독서법'이라 이름할 만하다. 연암이 주창한 실학적 독서법은 심미적이면서 실천적인 면모가 강하다.

• 연암은 당대의 사대부들이 취했던 이런 독서법으로는 창조적 글읽기가 불가능하다고 생각했을 수 있다. 창조적 글읽기가 안 되면 창조적 사고도 나오기 어렵다. 창조적 사고가 이루어지지 않으면 창조적인 글이 나올 수 없다. 이렇게 본다면 글읽기는 결국 글쓰기의 문제와 직결된다. 연암

이 그토록 비판해 마지않던 '의고주의'擬古主義라는 것도 어떤 면에서는 잘못된 독서법에서 연유하는 면이 없지 않다. 창조적 글읽기가 안 되면 결국 읽은 것을 흉내 내거나 본뜨는 쪽으로 글을 쓸 수밖에 없기 때문이다. 이런 점에서 본다면, 연암 득의의 창작 방법론인 '법고창신론'은 연암이 주창한 주체적·심미적 독서법과 상관관계가 없지 않다.

연암의 시대는 그렇다 치고, 오늘날 우리는 어떠한가? 지금 우리는 창조적·주체적 독서를 하고 있는가? 혹 연암이 비판한 바로 그 독서법에 함몰되어 있지는 않은가? 외국 이론을 산만하고 무비판적으로 읽고서 앵무새처럼 되뇌고 있지는 않은가? 이런 방식이 계속되는 한 창조적 사고와 창조적 글쓰기가 가능하겠는가? 이런 물음을 던지면서 연암의 독서법을 재음미할 필요가 있다.

- 연암은 「본래의 선비」(원제 '원사' 原士)라는 글에서 이런 말을 하였다.

"독서하여 곧바로 어디에 써먹으려 하는 것은 모두 사사로운 마음이다. 평생토록 글을 읽어도 배움이 진전되지 않는 건 바로 이 사사로운 마음이 해를 끼쳐서다."

- 이 글에서 연암은 책(혹은 글)이라는 텍스트를 사물이라는 텍스트, 현실이라는 텍스트, 자연이라는 텍스트와 분리시키지 않고 연결 짓고 있다. 그리하여 연암에게 있어 글을 읽는다는 행위는 동시에 사물과 세계와 현실과 자연을 읽는 행위가 된다. 이처럼 연암에게 있어 텍스트는 책 혹은 글에 한정되지 않고 그 바깥의 세계로 확장된다. 그리하여 책을 제대로 읽는다는 것은 끊임없이 책 바깥의 텍스트를 환기하는 일이 된다.

- 이 글은 연암의 논리력과 사유의 깊이를 잘 보여준다.

- 김택영은 이 글에 대해 "묘하다"는 평을 붙인 바 있다.

『공작관 글 모음』 자서

　글이란 뜻을 드러내면 족하다.
　글을 지으려 붓을 들기만 하면 옛말에 어떤 좋은 말이 있는가를 생각한다든가 억지로 경전의 그럴듯한 말을 뒤지면서 그 뜻을 빌려 와 근엄하게 꾸미고 매 글자마다 엄숙하게 보이도록 만드는 사람은, 마치 화공畵工을 불러 초상화를 그릴 때 용모를 싹 고치고서 화공 앞에 앉아 있는 자와 같다. 눈을 뜨고 있되 눈동자는 움직이지 않으며 옷의 주름은 쫙 펴져 있어 평상시 모습과 너무도 다르니 아무리 뛰어난 화공인들 그 참모습을 그려 낼 수 있겠는가.
　글을 짓는 일이라고 해서 뭐가 다르겠는가. 말이란 꼭 거창해야 하는 건 아니다. 도道는 아주 미세한 데서 나뉜다. 도에 합당하다면 기와 조각이나 돌멩이인들 왜 버리겠는가. 이 때문에 도올檮杌이 비록 흉악한 짐승이지만 초楚나라에서는 그것을 자기 나라 역사책의 이름으로 삼았고, 무덤을 도굴하는 자는 흉악한 도적이지만 사마천司馬遷과 반고班固는 이들을 자신의 역사책에서 언급했던 것이다.
　글을 짓는 건 진실해야 한다.

이렇게 본다면, 글을 잘 짓고 못 짓고는 자기한테 달렸고, 글을 칭찬하고 비판하고는 남의 소관이다. 이는 꼭 이명耳鳴이나 코골이와 같다.

한 아이가 뜰에서 놀다가 갑자기 '왜앵' 하고 귀가 울자 '와!' 하고 좋아하면서 가만히 옆의 동무에게 이렇게 말했다.

"얘, 이 소리 좀 들어봐! 내 귀에서 '왜앵' 하는 소리가 난다. 피리를 부는 것 같기도 하고 생황笙簧을 부는 것 같기도 한데 소리가 동글동글한 게 꼭 별 같단다."

그 동무가 자기 귀를 갖다 대 보고는 아무 소리도 안 들린다고 하자, 아이는 답답해 그만 소리를 지르며 남이 알지 못하는 걸 안타까워했다.

언젠가 어떤 시골 사람과 한 방에 잤는데 그는 드르렁드르렁 몹시 코를 골았다. 그 소리는 토하는 것 같기도 하고, 휘파람을 부는 것 같기도 하고, 탄식하는 것 같기도 하고, 한숨 쉬는 것 같기도 하고, 푸우 하고 입으로 불을 피우는 것 같기도 하고, 보글보글 솥이 끓는 것 같기도 하고, 빈 수레가 덜커덩거리는 것 같기도 했다. 숨을 들이쉴 땐 톱질하는 소리 같고, 숨을 내쉴 땐 돼지가 꿀꿀거리는 소리 같았다. 하지만 남이 흔들어 깨우자 발끈 성을 내며 이렇게 말했다.

"나는 그런 적 없소이다!"

쯧쯧! 제 혼자 아는 게 있을 경우 남이 그걸 모르는 걸 걱정하고, 자기가 미처 깨닫지 못한 게 있을 경우 남이 그걸 먼저 깨닫는 걸 싫어한다. 어찌 코와 귀에만 이런 병통이 있겠는가! 문장의 경우는 이보다 더 심하다. 이명은 병이건만 남이 알아주지 않는다고 답답해하니 병이 아닌 경우에는 말할 나위가 있겠는가! 코를 고는 건 병이 아니건만 남이 흔들어 깨우면 골을 내니 병인 경우에는 말할 나위가 있겠는가! 그러므로 이 책의 독자가 이 책을 하찮은 기와 조각이나 돌멩이처럼 여겨 버리지 않는다면 저 화공의 그림에서 흉악한 도적놈의 험상궂은 모습을 보게 되듯이 진실함을 볼 수 있으리니, 설사 이명은 듣지 못하더라도 나의 코골이를 일깨워 준다면 그것이 아마도 글쓴이의 본의本意일 것이다.

1　글이란 뜻을 드러내면 족하다.

글을 지으려 붓을 들기만 하면 옛말에 어떤 좋은 말이 있는가를 생각한다든가 억지로 경전의 그럴듯한 말을 뒤지면서 그 뜻을 빌려 와 근엄하게 꾸미고 매 글자마다 엄숙하게 보이도록 만드는 사람은, 마치 화공畫工을 불러 초상화를 그릴 때 용모를 싹 고치고서 화공 앞에 앉아 있는 자와 같다. 눈을 뜨고 있되 눈동자는 움직이지 않으며 옷의 주름은 쫙 펴져 있어 평상시 모습과 너무도 다르니 아무리 뛰어난 화공인들 그 참모습을 그려 낼 수 있겠는가.

글을 짓는 일이라고 해서 뭐가 다르겠는가. 말이란 꼭 거창해야 하는 건 아니다. 도道는 아주 미세한 데서 나뉜다. 도에 합당하다면 기와 조각이나 돌멩이인들 왜 버리겠는가. 이 때문에 도올檮杌이 비록 흉악한 짐승이지만 초楚나라에서는 그것을 자기 나라 역사책의 이름으로 삼았고, 무덤을 도굴하는 자는 흉악한 도적이지만 사마천司馬遷과 반고班固는 이들을 자신의 역사책에서 언급했던 것이다.

글을 짓는 건 진실해야 한다.

주해　'공작관'孔雀館은 박지원의 또다른 호다. 박지원은 35세 때인 1771년경부터 '연암'燕巖이라는 호를 사용했으며, 그 이전에는 '좌소산인'左蘇山人 '무릉도인'武陵道人 '공작관' 등의 호를 사용하였다. '공작관'이라는 호는 32세 때인 1768년경부터 일시 사용한 것으로 보인다. 박지원은 1768년 백탑白塔 근처로 집을 옮겼으며 이 집 당호堂號를 '공작관'이라고 짓고는 그것을 자호로 삼은 듯하다. 박지원이 이 집에서 전의감동으로 이사한 것은 1772년이다.

'도올'은 원래 흉악한 짐승 이름이다. 한漢나라 때의 동방삭東方朔이 지었다는 『신이경』神異經의 「서황경」西荒經에 따르면, 이 짐승은 몸은 호랑이 같고 털은 개와 같으며 얼굴은 사람 같다고 한다. 춘추시대 초나라는 자국의 역사책을 '도올'이라고 했는데, 이는 역사 기록을 통해 악을 징치하려는 의도에서였다.

사마천의 『사기』史記는 그 「화식열전」貨殖列傳을 비롯한 여러 글에서 무덤의 도굴을 일삼은 도적들에 대해 서술해 놓고 있다. 반고의 『한서』漢書에도 도둑이나 살인자에 대한 기록이 많이 보인다.

평설 이 글의 원 제목은 '공작관 문고 자서'孔雀館文稿自序이다. '문고'文稿란 자신이 쓴 글들을 모아 엮은 책을 이르는 말이다. 『공작관문고』는 연암이 공작관에 거주할 무렵 창작한 글들을 엮어 놓은 책이었을 것이다.

이 글은 단도직입적으로 서두를 열고 있다. '단도직입'單刀直入이란 칼을 들고 곧바로 적진으로 쳐들어가는 것을 이르는 말이다. 그처럼 이 글은 에두르는 말이나 일체의 군소리 없이 곧바로 문제의 핵심을 말하고 있다. 문제의 핵심이란 무엇인가? 이 단락의 첫 문장 "글이란 뜻을 드러내면 족하다"가 바로 그것이다. 이 문장은, 글쓰기에서 가장 중요한 것은 무엇인가, 글쓰기에서 제일의적第一義的으로 추구해야 할 것은 무엇인가에 대한 답이다. 이 문장 중의 '뜻을 드러내다'(원문 '寫意')라는 말은 무슨 의미일까? '진실을 드러냄'을 말한다. 그러므로, "글이란 뜻을 드러내면 족하다"라는 명제는 '글이란 진실을 드러내면 된다' 로 바꾸어도 무방하다. 아닌 게 아니라 이 단락 맨 마지막 문장은 "글을 짓는 건 진실해야 한다"이다. 이 말은 이 단락 맨 처음 문장과 기실 같은 말이다. 이렇게 볼 때, 이 단락은 쌍관식 구성을 취하고 있다고 할 수 있다. 이 구성법은 글에 명료하고 산뜻한 느낌을 부여한다.

이 단락은 이처럼 그 서두에다 글의 강령綱領을 내건 다음 그에 이어서 '진실하지 못함'이란 어떤 것인지를 적시하고 있다. 일종의 반증법反證法에 의해 글이란 왜 진실해야 하는지를 논증하고 있는 셈이다.

"글을 지으려 붓을 들기만 하면 옛말에 어떤 좋은 말이 있는가를 생각한다든가 억지로 경전의 그럴듯한 말을 뒤지면서 그 뜻을 빌려 와 근엄하게 꾸미고 매 글자마다 엄숙하게 보이도록 만드는 사람"이란 이른바 의고적擬古的 글쓰기를 일삼는 사람을 말한다. 이런 행태로는 창조적이고 개성적인 글을 쓸 수 없다. 창조적이고 개성적이지 못하니 진실한 글이 될 리 없다. 남을 흉내 내고 옛글을 본뜰수록 진실과는 거리가 멀어진다. 그건 남의 혀로 말하는 것에 불과하다. 자신의 혀로 말하지 않으면 안 된다. 모든 호가호위狐假虎威는 가짜고, 자신의 혀로 말해야 진짜다.

한국에는 지금도 호가호위적 학문과 호가호위적 글쓰기가 횡행하고 있다. 연암이 말한 바와 다른 게 있다면 모방과 표절의 대상이 중국 책에서 서양 책으로 바뀌었을 뿐이다. 하지만 본질적으로는 아무 차이가 없다. 데리다가 유행하면 데리다를 흉내 내서 말한다. 들뢰즈나 푸코를 베끼는 데 열심인 사람도 있다. 심지어는 연암 읽기도 포스트모더니즘의 권위를 빌려서 한다. 그럼에도 자기가 뭐라도 된 것처럼 우쭐거린다. 모방은 아무리 잘해 봐야 모방일 뿐, 창조는 아니다. 앵무새가 사람으로 화化할 리가 있는가. 혹 모방에서 창조로 나아갈 수도 있지만, 그럼에도 모방은 모방이고 창조는 창조다. 둘은 본질상 다르다. 이 점을 착각해서는 안 된다. 자신이 호가호위적 글쓰기를 하면서도 우쭐대는 사람은 부끄러움이란 게 뭔지 모르는 사람이다. 망상이 깊으면 무간지옥無間地獄에서 벗어나지 못한다. 연암은 일찍이 이런 말을 했다고 한다.

황대경黃大卿 씨의 글이 사모관대를 하고 패옥佩玉을 찬 채 길가에 엎어진 시체와 같다면, 내 글은 비록 누더기를 걸쳤다 할지라도 앉아서 아침 해를 쬐고 있는 저 살아 있는 사람과 같소이다.

홍한주洪翰周(1798~1868)의 저술인 『지수염필』智水拈筆에 나오는 말이다. 황대경 씨란 영·정조 때 고문가古文家로 이름을 날려 문장을 잘하는 사람이 맡는 벼슬인 대제학을 지냈던 강한江漢 황경원黃景源(1709~1787)을 말한다. 연암보다 한 세대 위의 인물로서 연암과 동시대인이었다. 연암은, 의고적 방식으로 글쓰기를 한 황경원의 글이 겉으로 보기엔 멋있고 그럴듯해 보일지 모르지만 실은 죽은 글이라는 것, 스스로의 혀로 말하고자 한 자신의 글이 비록 어눌할지라도 살아 있는 진짜 글임을 말하고 있다.

다시 본문으로 돌아가자. 흥미로운 것은, 연암이 글쓰기를 그림 그리기에 비유하고 있다는 사실이다. 초상화란 실물의 면모를 진실하게 표현하는 게 중요하다. 근엄하고 엄숙하게 그리는 게 능사가 아니다. 그래 갖고서는 대상 인물의 신채神彩, 즉 생동하는 모습을 드러낼 수 없다. 이런 그림은 예술이라기보다 '이발소 그림'에 가깝다.
연암은 글쓰기와 그림 그리기가 그 근본정신에서 서로 통한다고 보았다. 그래서 연암의 글쓰기에는 회화의 원리가 원용되는 경우가 왕왕 있다. 연암은 회화의 기법과 원리에서 글쓰기의 묘리를 깨닫곤 하였다. 다음은 안의 현감으로 있을 때인 1796년 봄에 큰아들에게 보낸 편지의 한 구절이다.

> 석치石癡의 두 서첩書帖과 화축畵軸 잘 받았다. 근래 보내온 나빙羅聘의 대나무 족자 그림은 기필奇筆이더라. 하루 종일 강물 소리 요란하여 몸이 흔들흔들 마치 배에 앉아 있는 느낌이니, 대개 고요함과 적막함이 지극하므로 강물 소리가 그렇게 느껴지는 거겠지. 문을 걸어 닫고 숨을 죽이고 있거늘, 보내온 이 권축卷軸을 펼쳐 이따금 완상하지 않는다면 내 무엇으로 심회를 풀겠니? 하루에 몇 번씩 이 권축을 열어 보거늘, 글 짓는 도리에 큰 도움이 되는구나. ─『고추장 작은 단지를 보내니』, 17면

석치란 연암의 절친한 벗의 한 사람인 정철조의 호다. 이 인물에 대해선 앞서 「정석치 제문」을 검토할 때 자세히 언급한 바 있다. 나빙은 18세기 중국의 화가로, 이른바 '양주 팔괴'揚州八怪의 한 사람이다. 그는 대나무 그림과 귀신 그림을 특히 잘 그렸다. 이 편지에서 보듯 연암은 그림을 찬찬히 감상하며 거기서 글쓰기의 묘리를 발견해 내고 있다.

그림 이야기가 나왔으니 한마디만 더 보탠다면, 연암은 기발하게도 초상화의 원리인 '모원방사'貌圓方寫와 '모장단사'貌長短寫를 글쓰기의 원리와 연결시키고 있다(『나의 아버지 박지원』, 183면). '모원방사'란 둥근 얼굴을 그릴 때는 각진 곳을 특히 부각시켜야 한다는 뜻이고, '모장단사'는 대상 인물의 얼굴이 길쭉할 경우 그 짧은 곳을 특히 부각시켜야 한다는 뜻이다. 둥근 얼굴을 그릴 때 둥글게만 그려서는 그 본질이 잘 드러나지 않는바 거꾸로 둥근 얼굴 중의 어떤 각진 부분을 그려야 비로소 얼굴이 둥글다는 사실이 확연히 드러난다는 의미다. 연암은 초상화의 이런 원리처럼 죽은 사람의 묘비나 묘지명을 쓸 때 누구에게나 해당되는 판에 박힌 말을 할 것이 아니라 그 사람의 정신과 개성을 드러내 보여주는 말을 해야 한다고 주장하였다.

이 단락은 그 후반부에서 문의文意가 전환된다. 그리하여 "말이란 꼭 거창해야 하는 건 아니다. 도道는 아주 미세한 데서 나뉜다. 도에 합당하다면 기와 조각이나 돌멩이인들 왜 버리겠는가"라는 알쏭달쏭한 말이 나온다. 이 말은 대단히 응축된 사고를 담고 있어 약간의 분석이 필요하다. 이 구절은 다음과 같은 세 개의 연쇄적 진술로 이루어져 있다.

① 말이란 거창할 게 없다.
② 도道는 아주 미세한 데서 나뉜다.
③ 도에 합당하다면 기와 조각이나 돌멩이 같은 하찮은 것인들 왜 버리겠는가.

①은 사람들이 거창한 말, 엄숙하고 근엄한 말, 고상한 말만을 써야 글이 되는 줄 착각하기에 한 말이다. 이는 화공이 초상화를 그릴라 치면 갑자기 엄숙한 표정을 짓는 태도와 같다고나 할까. 이래 갖고서는 진실한 그림이 나올 수 없다.

그래서 ②를 말했다. 말이란 결국 도를 드러내는 것일 텐데 기실 도는 어떠한가? 도는 거창한 데서 나뉘는 것이 아니라 아주 미세한 데서 나뉘지 않는가. 미세한 데서 나뉜다는 건 무슨 뜻인가? 도의 옳고 그름은 아주 미세한 데서 판가름 난다는 말이다. 왜 이런 말을 한 걸까? 사람들은 다들 거창한 것만이 중요한 줄 아는데 기실 작고 미세하고 하찮은 것이 더 중요할 수 있음을 지적하기 위해서다.

그래서 ③으로 이어진다. 도에만 합당하다면 기와 조각이나 돌멩이처럼 하찮은 것도 문학의 훌륭한 소재가 될 수 있다. 문학의 언어, 문학의 소재를 크고 고상한 것으로만 한정해서는 안 된다. 작고 비천하고 하찮은 것도 그 이상으로 중요할 수 있다. 문제는 '진실함'이다. 문학의 본질, 글쓰기의 본질은 진실함에 있다. 진실하기만 하다면 추한 것은 물론, 악해 보이는 것조차 문학의 소재가 될 수 있다. 다시 말해, 어떤 것은 문학의 소재가 될 수 있고 어떤 것은 문학의 소재가 되어서는 안 된다는 법은 없다. 진실을 드러내는 데 도움이 된다면 이 세상의 그 모든 것이 다 문학의 소재가 될 수 있다. ③에는 이런 생각이 함축되어 있다.

　이렇게 분석해 놓고 보면, 왜 기와 조각과 돌멩이를 말한 다음에 도올을 말했는지, 그리고 흉악한 도적에 대해 기술한 사마천과 반고에 대해 말했는지가 잘 이해된다.

2　이렇게 본다면, 글을 잘 짓고 못 짓고는 자기한테 달렸고, 글을 칭찬하고 비판하고는 남의 소관이다. 이는 꼭 이명耳鳴이나 코골이와 같다.

한 아이가 뜰에서 놀다가 갑자기 '왜앵' 하고 귀가 울자 '와!' 하고 좋아하면서 가만히 옆의 동무에게 이렇게 말했다.

"애, 이 소리 좀 들어봐! 내 귀에서 '왜앵' 하는 소리가 난다. 피리를 부는 것 같기도 하고 생황笙簧을 부는 것 같기도 한데 소리가 동글동글한 게 꼭 별 같단다."

그 동무가 자기 귀를 갖다 대 보고는 아무 소리도 안 들린다고 하자, 아이는 답답해 그만 소리를 지르며 남이 알지 못하는 걸 안타까워했다.

언젠가 어떤 시골 사람과 한 방에 잤는데 그는 드르렁드르렁 몹시 코를 골았다. 그 소리는 토하는 것 같기도 하고, 휘파람을 부는 것 같기도 하고, 탄식하는 것 같기도 하고, 한숨 쉬는 것 같기도 하고, 푸우 하고 입으로 불을 피우는 것 같기도 하고, 보글보글 솥이 끓는 것 같기도 하고, 빈 수레가 덜커덩거리는 것 같기도 했다. 숨을 들이쉴 땐 톱질하는 소리 같고, 숨을 내쉴 땐 돼지가 꿀꿀거리는 소리 같았다. 하지만 남이 흔들어 깨우자 발끈 성을 내며 이렇게 말했다.
"나는 그런 적 없소이다!"

주해 이명耳鳴과 관련된 일화는 이덕무의 『청장관전서』靑莊館全書 권48에 수록된 『이목구심서』耳目口心書에 보인다. 이덕무는 이 이야기를 자기 아우의 일로 소개하고 있다. 인용하면 다음과 같다: "어린 아우 정대鼎大가 이제 겨우 아홉 살인데 타고난 성품이 매우 둔하였다. 언젠가 갑자기 '귀에서 쟁쟁 우는 소리가 난다'고 하기에 내가 '그 소리가 무엇 같으냐?'고 물었더니 이렇게 대답하는 거였다. '그 소리는요, 동글동글한 게 별과 같아서 눈에 보이기만 하면 주울 수 있을 것 같아요.'"

아마도 연암은 이 일화를 이 글 속으로 가져온 것 같다. 이 예를 통해 알 수 있듯, 연암 그룹의 구성원들은 그 글쓰기에서 사고와 상상력, 소재를 서로 주고받는 일이 없지 않았다.

평설 앞 단락이 논술문이라면, 이 단락은 형상적 비유로 구성되어 있다. 이런 변화가 이 글을 생기 있게 만든다.

이 단락의 주제문은 서두의 첫 문장이다. 이 주제문과 관련해 두 개의 에피소드가 제시된다. 이 에피소드로 접어들면서 서술은 '논리'에서 '비유'로 바뀐다. 연암은 이처럼 논리에서 갑자기 비유로 전환되거나 비유에서 갑자기 논리로 돌아서는 글쓰기에 능하다. 논리만 있어도 글이 안 되고, 비유만 있어도 글이 안 된다. 연암의 경우 논리와 비유가 모두 있으며, 이 둘이 자유자재로 왔다 갔다 하며 교차한다. 다른 말로 한다면, 연암은 의론과 서사를 적절하게 잘 배합해 조직할 줄 알았다. 그 결과 연암의 글은 추상과 구체, 사유와 형상, 논리와 이미지가 잘 교직交織되면서 묘한 상승작용을 빚어낸다. 연암의 글이 기복과 변화가 심하고, 종횡무진이라는 느낌을 자아내는 것도 이 점과 무관하지 않다. 이 단락에 제시된 두 개의 에피소드에서는 특히나 연암의 상상력과 표현력이 잘 드러나고 있다.

두 일화는 퍽 재미있다. 연암은 생활 현장에서의 경험을 토대로 아주 구체적인 형상을 창조해 내고 있다. 가령 코 고는 소리를 묘사한 대목을 보면 '~와 같다'는 말이 무려 아홉 번이나 연속되고 있다. 평소 코 고는 소리를 자세히 관찰하지 않고서는 긴 나열법을 통한 이런 다채로운 비유를 구사하긴 어려울 터이다. 코 고는 소리에 대한 긴 비유적 서술이 끝난 다음 이 글은 다음과 같은 짧은 문장으로 종결된다 : "나는 그런 적 없소이다!" 이 돌연하고 짧은 종결어는 독자에게 이 단락에 대한 아주 선명한 인상을 남긴다.

그런데 연암은 이명과 코골이와 관련된 이 두 에피소드를 통해 대체 무얼 말하려고 했을까? 이 물음과 관련해, 단락 중간에 나오는 "남이 알지 못하는 걸 안타까워했다"라는 말과 단락 끝부분에 나오는 "남이 흔들어 깨우자 발끈 성을 내며"라는 말에 주목할 필요가 있다. 이명은 자신은 아는데 남은 알지 못하는 현상이요, 코골이는 자신은 모르는데 남은 아는 현상이다. 이 점에서 이 둘은 서로 정반대다. 자신은 아는데 남이 알지 못하니 답답하기 그지없고, 자신은 모르는데 남이 아니 화가 난다. 연암은 이 두 에피소드를 통해 바로 이 점을 독자에게 생생히 전달하고 싶었던 것이리라.

그런데 이 점은 이 단락의 주제와 무슨 관련이 있는가? 다시 한 번 이 단락의 주제문을 확인하자 : "글을 잘 짓고 못 짓고는 자기한테 달렸고, 글을 칭찬하고 비판하고는 남의 소관이다." 이 주제문은 다음과 같은 두 개의 진술로 구성되어 있다.

① 글을 짓는 것은 자기한테 달렸다.
② 글에 대한 비평은 남의 소관이다.

①은 창작의 문제를 말한 것이고, ②는 비평의 문제를 말한 것이다. 요컨대 이 주제문은 창작과 비평의 문제를 거론한 것이다. 창작의 문제는 이명의 비유와 연결되고, 비평의 문제는 코골이의 비유와 연결된다.

창작은 작가, 즉 창작 주체의 소관이다. 창작은 영감에 따라 황홀경에서 이루어지기도 하고, 미묘한 심리적 과정이 개입되기도 한다. 창작 과정에는 이처럼 비의秘義라고 할 만한 어떤 비밀스런 과정이 존재한다. 게다가 작가는 자신이 창조한 작품에 은밀하게 스며 있는 고심苦心이 무엇인지를 스스로 잘 알고 있으며, 작품의 내세울 만한 득의처得意處가 어디인지를 스스로 간파하고 있다. 요컨대 창작 주체 자신 외에는 알기 어려운 부분이 존재하는 것이다. 이것은 마치 이명이 있는 사람 스스로만이 자신의 이명을 들을 수 있는 것과 같은 이치다. 다른 사람은 그것을 들을 수 없다. 자기에게는 너무도 잘 들리는데 남은 듣지 못한다. 그러니 답답한 마음이 생길 법하다. 이처럼 이명의 비유는, 작가가 자신의 작품을 읽는 사람들의 태도와 관련해 느낄 수밖에 없는 어떤 고충을 말하고 있다. 그것은 근원적으로 볼 때 문학적 소통의 문제이기도 하다.

이와 달리 비평은 작가의 소관이 아니라 독자의 소관이다. 작가가 작품을 창조해 냈다고 해서 자신이 창조한 작품의 성취와 특징을 객관적으로 속속들이 다 아는 것은 아니다. 또한 작가라고 해서 자신이 창작한 작품에 대해 독자들에게 꼭 이렇게 읽어야만 한다고 요구할 수 있는 권리는 없다. 또한 작가는 자신의 작품에 대해 모르는 게 얼마든지 있을 수 있다. 작품은 다층적多層的이기 때문이다. 그러므로 작품에는 작가가 깨닫지 못한 층위가 있을 수 있다. 뿐만 아니라 작가는 대체로 자신이 창작한 작품의 결함을 잘 알지 못한다. 여기에 비평의 존재 이유가 있다. 비평 행위는 코 고는 사람을 흔들어 깨우는 것과 유사하다. 작가는 자기가 코를 곤다는 사실을 자각하지 못한다. 남이 지적을 해 주어야 비로소 '그런가?' 하고 생각해 보게 된다. 이처럼 코골이의 비유는 작품에 대한 비평적 행위의 존립 이유를 말하고 있다.

　　이상의 논의를 통해 알 수 있듯, 이 단락은 창작에 작가의 내밀함이 개입되어 있음을 적극적으로 승인하는 한편, 그와 별도의 차원에서 요구되는 비평의 독자적 존립 근거를 적극적으로 승인하고 있다고 보인다. 창작의 독자성이라든가 창작을 둘러싼 '소통'의 문제를 제기한 것도 소중하다면 소중한 지적이지만, 특히 비평의 독자적 의의에 대한 옹호는 주목할 만하다. 비평이라는 것이 글의 미덕이라든가 문제점을 냉철하게 지적함으로써 텍스트에 대한 이해를 심화하고 확충하는 행위임을 고려할 때, 비평의 독자적 의의에 대한 연암의 긍정은 평소 그가 보여준 성찰적이자 반성적인 사유 태도와도 잘 조응한다고 여겨진다.

　　③　쯧쯧! 제 혼자 아는 게 있을 경우 남이 그걸 모르는 걸 걱정하고, 자기가 미처 깨닫지 못한 게 있을 경우 남이 그걸 먼저 깨닫는 걸 싫어한다. 어찌 코와 귀에만 이런 병통이 있겠는가! 문장의 경우는 이보다 더 심하다. 이명은 병이건만 남이 알아주지 않는다고 답답해하니 병이 아닌 경우에는 말할 나위가 있겠는가! 코를 고는 건 병이 아니건만 남이 흔들어 깨우면 골을 내니 병인 경우에는 말할 나위가 있겠는가! 그러므로 이 책의 독자가 이 책을 하찮은 기와 조각이나 돌멩이처럼 여겨 버리지 않는다면 저 화공의 그림에서 흉악한 도적놈의 험상궂은 모습을 보게 되듯이 진실함을 볼 수 있으리니, 설사 이명은 듣지 못하더라도 나의 코골이를 일깨워 준다면 그것이 아마도 글쓴이의 본의本意일 것이다.

평설   앞 단락에서 제시된 이명과 코골이의 비유가 무엇을 뜻하는지가 이 단락에서 분명해진다. ②단락은 비유적 언어로 가득했지만 이 단락은 다시 ①단락처럼 자신의 주장을 직서直敍(직접 서술함)하는 방식으로 글이 전개된다. 연암의 글이 대개 다 그렇지만 이 글 역시 이처럼 서술 방식의 변화를 통해 글의 단조로움을 깨트리고 있다.

이 단락은 한편으로는 ②단락을 계승하고 있으며 다른 한편으로는 ①단락을 계승하고 있는바, 앞의 두 단락을 연결하고 종합하면서 끝에다 새로운 의미를 보태고 있다. 이처럼 이 글의 구성법은 삼엄하고 완정完整하다.

이 단락은 "쯧쯧!"이라는 말로써 한 단락이 끝나고 새로운 단락이 시작됨을 알린다. 비록 짧은 감탄사지만 독자는 이 말을 통해 연암의 새로운 말이 시작됨을 눈치 채게 된다. 무슨 말을 하려는 걸까? 독자는 순간적으로 이런 마음이 되면서 다음 문장으로 얼른 눈을 옮기게 된다.

"문장의 경우는 이보다 더 심하다." 이 말을 통해 독자는 이명과 코골이의 비유가 글쓰기와 관련된 비유라는 사실을 최종적으로 확인하게 된다. 이명은 병이건만 남이 그걸 알아주지 않으면 답답해하거늘 실상 병이 아닌 저 창조 주체의 '홀로 앎'이야 말해 무엇 하겠는가. 코골이는 병이 아니건만 남들이 일깨워 주면 화를 내거늘 글의 병통을 지적해 줄 경우야 말해 무엇 하겠는가.

이에 이어 다음과 같은 긴 문장이 나온 뒤 글은 종결된다: "그러므로 이 책의 독자가 이 책을 하찮은 기와 조각이나 돌멩이처럼 여겨 버리지 않는다면 저 화공의 그림에서 흉악한 도적놈의 험상궂은 모습을 보게 되듯이 진실함을 볼 수 있으리니, 설사 이명은 듣지 못하더라도 나의 코골이를 일깨워 준다면 그것이 아마도 글쓴이의 본의本意일 것이다." 여기서 '기와 조각' '돌멩이' '화공'이라는 말은 ①단락에서 한 말을 슬며시 다시 끌어들인 것이다. 이들 단어와 함께 ①단락의 문맥과 주제가 이 단락 속으로 다시

들어오게 된다. 끊어졌던 물길이 이 단어들로 인해 다시 이어지고, 모든 것이 갑자기 환히 다 연결된다. 도 닦는 사람들은 이런 걸 '활연관통'豁然貫通(환하게 통하여 도를 깨닫는 것)이라고 하지 않던가. 그런데 이 문장 끝 부분의 "설사 이명은 듣지 못하더라도 나의 코골이를 일깨워 준다면 그것이 아마도 글쓴이의 본의本意일 것이다"라는 말은 무슨 말일까? 작가만이 알고 있는 창작의 깊숙한 경지, 작가의 깊은 고심, 작품의 미묘하고도 심오한 주제는 설사 독자가 몰라준다 할지라도 아무쪼록 작가가 미처 모르고 있는 작품의 병통에 대해 비평해 준다면 고맙겠다는 뜻이다. 이 글이 연암이 자신의 책에 붙인 자서임을 고려한다면 결말 부분의 이 말은 글의 성격에 썩 잘 어울린다고 할 만하다. ②단락에서부터 전개되어 온 이명과 코골이의 비유를 이런 방식으로 총괄하고 매듭짓는 솜씨는 탄복할 만한 것이라고 아니할 수 없다.

요컨대 연암은 이 마지막 단락에서 자신의 독자들에게 다음과 같은 메시지를 전하고 있다: 내 글은 하찮은 돌멩이나 기와 조각을 담고 있다. 하지만 독자들이여, 발상을 전환하라! 억지로 거창하거나 고상한 말을 할 필요는 없다. 그리고 억지로 꾸며서도 안 된다. 그런 건 가짜다. 중요한 것은 진실해야 한다는 점이다. 흉악한 도적놈의 뻣뻣 선 머리털을 그린 그림에서 진실함을 볼 수 있듯 나의 글에서도 이런 점을 보아주길 바란다. 그리고 설사 작가로서 내가 내 작품에 대해 느끼는 깊은 감정까지는 독자들이 느끼지 못한다 할지라도 내 글의 부족한 점이라든가 문제점을 보고서 비평해 준다면 감사드리겠다.

총평

- 이 글은 '문장을 짓는 건 진실해야 한다'는 데서 출발하여, 창작의 비의秘義와 비평의 독자적 의의에 대해 언급한 다음, 최종적으로 이 모두를 종합해 독자에게 당부하는 말로 끝맺고 있는바, 앞뒤로 아귀가 딱 맞다.

- 이명과 코골이! 창작과 비평에 대해 말하기 위해 구사하고 있는 이 비유는 대단히 기발하고 참신하다. 한국문학사에서 길이 기억될 만한 창조적 비유가 아닌가 한다.

- 이 글은 창작과 수용의 갭에 대한 예민한 성찰을 보여준다. 이는 창작에 종사한 사람으로서 연암의 깊은 경험이 반영되어 있다고 생각된다. 작가만이 볼 수 있는 내밀한 지점이 존재한다는 점, 작가만이 듣는 은밀한 소리가 존재한다는 점에 대한 설파는 창작의 독자적 의의 및 창작 주체의 내면에 대한 깊은 고려 없이는 불가능하다. 연암은 이 점에 대한 성찰에서 의미 있는 진전을 보여주고 있다.

뿐만 아니라 이 글은 비평의 의의, 비평의 독자적 존립 이유를 적극적으로 승인하고 있다는 점에서도 주목된다. 이 점은 비평가로서의 연암의 경험이 반영되어 있다고 생각된다. 창작은 작가의 문제지만 이미 산출된 작품은 객관적 현현물로서의 성격을 갖는바 독자와 비평가의 영역에 속한다. 창조적 생산 행위로서의 창작과 성찰적 수용 행위로서의 비평은 각각 독자성을 가지면서도 서로 밀접하고도 긴장된 관계를 맺고 있다. 이 글은 비록 양자의 긴장 관계에 대한 해명은 부족하나 적어도 비평의 독자성에 대한 성찰에서는 의미 있는 진전을 보여주고 있다고 판단된다.

- 독일 학자 중에 에리히 아우얼바하Erich Auerbach라는 분이 있는

데, 이 분은 자신의 저서 『미메시스』에서, 중세에 이루어진 고상한 언어 일변도의 글쓰기를 반대하여 일상어라든가 비천한 말로 글쓰기가 이루어짐에 따라 리얼리즘이 대두하게 된다고 보았다. 서유럽에 해당하는 이야기이긴 하나, '말은 거창할 필요가 없다'고 선언하면서 기와 조각이나 돌멩이로 상징되는 저 비천하고 하찮은 것들을 진실이라는 이름하에 문학 속으로 적극적으로 끌어넣고자 한 연암의 기도企圖가 갖는 의의를 이해하는 데 일정하게 도움이 되는 말이다.

• 이덕무는 이 글에 대해 이런 평을 남겼다.

"이 글의 대지大旨는 '뜻을 잘 표현하면 그것이 바로 진실한 것이다'라는 것이니, 이는 글을 짓는 법문法門이다. 또 자신이 아는 것과 자신이 모르는 것, 남이 아는 것과 남이 모르는 것을 총괄하여 한 편의 글을 이루었다."

『말똥구슬』 서문

　　자무子務와 자혜子惠가 밖에 놀러 나갔다가 장님이 비단옷을 입고 있는 것을 보았다네. 자혜가 휴 하고 한숨지으며 이렇게 말했지.
　　"저런! 자기 몸에 걸치고 있으면서도 제 눈으로 보지 못하다니."
　　그러자 자무가 말했지.
　　"비단옷을 입고 컴컴한 밤길을 가는 사람과 비교하면 누가 나을까?"
　　마침내 두 사람은 청허聽虛선생한테 가 물어보았네. 하지만 선생은 손사래를 치며 이렇게 말했다네.
　　"난 몰라! 난 몰라!"
　　옛날에 말일세, 황희黃喜 정승이 조정에서 돌아오자 그 딸이 이렇게 물었다네.
　　"아버지, 이 있지 않습니까? 이가 어디에서 생기나요? 옷에서 생기지요?"
　　"그럼."
　　딸이 웃으며 말했네.
　　"내가 이겼다!"

이번엔 며느리가 물었다네.

"이는 살에서 생기지요?"

"그럼."

며느리가 웃으며 말했네.

"아버님께서 제 말이 옳다고 하시네요!"

그러자 부인이 정승을 나무라며 말했네.

"누가 대감더러 지혜롭다 하는지 모르겠군요. 옳고 그름을 다투는데 양쪽 모두 옳다니요!"

황희 정승은 빙그레 웃으며 이렇게 말했네.

"너희 둘 다 이리 와 보렴. 무릇 이는 살이 없으면 생겨날 수 없고, 옷이 없으면 붙어 있지 못하는 법이니, 이로 보면 두 사람 말이 모두 옳은 게야. 그렇긴 하나 농 안의 옷에도 이는 있으며, 너희들이 옷을 벗고 있다 할지라도 가려움은 여전할 테니, 이로 보면 이란 놈은 땀내가 푹푹 찌는 살과 풀기가 물씬한 옷, 이 둘을 떠나 있는 것도 아니고, 꼭 이 둘에 붙어 있는 것도 아니거늘, 바로 살과 옷의 '사이'에서 생긴다고 해야겠지."

임백호林白湖가 말을 타려 하자 마부가 나서며 아뢨다네.

"나리, 취하셨나 봅니다. 목화木鞾와 갖신을 짝짝이로 신으셨습니다."

그러자 백호가 이렇게 꾸짖었지.

"길 오른쪽에서 보는 사람은 내가 목화를 신었다 할 것이요, 길 왼쪽에서 보는 사람은 내가 갖신을 신었다고 할 테니, 내가 상관할 게 무어냐!"

지금까지 말한 것으로 볼진댄, 천하에 발만큼 살피기 쉬운 것도 없지만, 그러나 그 보는 방향이 다르면 목화를 신었는지 갖신을 신었는지조차 분간하기 어려운 걸세. 그러므로 진정지견眞正之見은 실로 옳음과 그름의 '중'中에 있다 할 것이네. 가령 땀에서 이가 생기는 것은 지극히 미묘해 알기 어려운바, 옷과 살 사이에 본래 공간이 있어 어느 한쪽을 떠나 있는 것도 아니고 어느 한쪽에 붙어 있는 것도 아니며, 오른쪽도 아니고 왼쪽도 아니니, 누가 이 '중'中을 알겠나. 말똥구리는 제가 굴리는 말똥을 사랑하므로 용의 여의주를 부러워하지 않고, 용 또한 자기에게 여의주가 있다 하여 말똥구리를 비웃지 않는 법일세.

자패子珮가 내 이야기를 듣고는 기뻐하며,

"말똥구슬이라는 말은 제 시에 어울리는 말이군요."

라고 하고는 마침내 그의 시집 이름을 '말똥구슬'이라 한 후 내게 그 서문을 부탁하였다. 나는 자패에게 이렇게 말했다.

"옛날 정령위丁令威가 학으로 화化하여 돌아왔으나 아무도 그를 알아보는 이가 없었으니, 이 어찌 비단옷을 입고 컴컴한 밤길을 간 격이라 하지 않겠나? 또 『태현경』太玄經이 후세에 널리 알려졌으나 정작 그 책을 쓴 양자운揚子雲은 그것을 보지 못했으니 이 어찌 장님이 비단옷을 입은 격이라 하지 않겠나? 만약 그대의 시집을 보고 한쪽에서 여의주라고 여긴다면 이는 그대의 갖신만 본 것이요, 다른 한쪽에서 말똥구슬이라고 여긴다면 이는 그대의 목화만 본 것일 테지. 그러나 사람들이 알아보지 못한다고 해서 정령위의 깃털이 달라지는 건 아니며, 자기 책이 세상에 널리 알려진 걸 제 눈으로 보지 못한다고 해서 자운의 『태현경』이 달라지는 건 아닐 테지. 여의주와 말똥구슬 중 어느 게 나은지는 청허선생께 물어볼 일이니 내가 무슨 말을 하겠나."

---

[1] 자무子務와 자혜子惠가 밖에 놀러 나갔다가 장님이 비단옷을 입고 있는 것을 보았다네. 자혜가 휴 하고 한숨지으며 이렇게 말했지.

"저런! 자기 몸에 걸치고 있으면서도 제 눈으로 보지 못하다니."
그러자 자무가 말했지.
"비단옷을 입고 컴컴한 밤길을 가는 사람과 비교하면 누가 나을까?"
마침내 두 사람은 청허聽虛선생한테 가 물어보았네. 하지만 선생은 손사래를 치며 이렇게 말했다네.
"난 몰라! 난 몰라!"

주해 김명호 교수는 자무子務와 자혜子惠를 연암의 제자인 이덕무와 유득공으로 추정하였다. 이덕무의 자字는 무관懋官이고 유득공의 자는 혜보惠甫인데, '자무'子務의 '무'務자는 '무관'懋官의 '무'懋자에서, '자혜'子惠의 '혜'자는 '혜보'의 '혜'자에서 가져온 것으로 보인다. '무'務와 '무'懋는 뜻이 같다.

'자무'나 '자혜'처럼 이름자 첫머리에 '자'子자를 붙이는 명명법은 『장자』에 자주 보인다. 가령 『장자』 「대종사」大宗師의 "자사子祀, 자여子輿, 자려子犁, 자래子來 네 사람이 서로 이야기를 나누었다"라는 구절이 그 좋은 예다. 『장자』는 이런 특이한 뉘앙스를 풍기는 명칭을 지닌 가상의 인물을 설정해 우언적 메시지나 철리哲理를 전달하는 수법을 곧잘 보여준다. 이런 점에 유의할 때, '자무'나 '자혜'라는 명칭은 『장자』를 의식하면서 붙인 이름임이 분명하다. 그렇다고 한다면 이 두 이름이 설사 연암 문하 특정인의 자호字號에서 유래한다 할지라도 딱히 특정인을 가리킨다고 볼 필요는 없을 듯하다. 뒤에 나오는 '청허선생'이라는 인물처럼, 하나의 문학적 장치로 설정된 가상적 인물이라고 봐도 무방할 터이다. 참고로, '청허'聽虛라는 말은 '고요함을 듣는다'는 뜻도 되고 '허심탄회한 마음으로 듣는다'는 뜻도 되는데, '오유선생'烏有先生('오유'는 '어찌 그런 사람이 있겠는가'라는 뜻)이라는 말과 마찬가지로 실제 존재하지 않는 허구적 인물을 지칭한다고 생각된다.

평설 이 글은 퍽 충격적인 방식으로 서두를 열고 있다. 등장인물의 이름만 이상한 게 아니라 하는 말과 하는 짓이 모두 이상하다. 그래서 대체 연암이 뭘 말하려고 그러는지 영문을 알기 어렵다. 기실 연암이 노린 게 바로 이거다. 강한 충격을 던지는 것, 그래서 통념을 깨고 성찰해 보게 하는 것.

장님은 비단옷을 입고 있어도 스스로는 자신의 비단옷을 보지 못한다. 거꾸로 비단옷을 입고 밤길을 가는 사람(이 사람은 장님이 아니다)의 비단옷을 남들은 알지 못한다. 전자는 자신과 관련된 문제이고, 후자는 남과 관련된 문제이다. 만일 비단옷을 문학 작품(혹은 예술 작품)이라고 한다면, 전자는 한 작가가 자신이 창작한 작품의 진가가 마침내 인정되어 호평되는 것을 스스로는 살아생전 보지 못하는 것을 말할 터이고, 후자는 남들이 어떤 작가의 작품이 지닌 진가를 알아보지 못하는 것을 말할 터이다. 이 둘 중 어느 것이 나을까? 자무와 자혜는 이 문제를 놓고서 서로 옥신각신하다 답이 나오지 않자 고사高士인 청허선생한테 가서 판정을 받기로 한 모양이다. 청허선생은 식견과 학식이 높고 공평무사하며 세상 이치를 꿰고 있는 분이니 의당 이쪽이 낫다든지 아니면 저쪽이 낫다든지 둘 중 어느 쪽이 낫다고 속 시원히 결판을 내려 주실 테지, 이런 생각을 하면서 찾아갔으리라. 하지만 선생의 반응은 영 딴판이다. 손사래를 치며 "난 몰라!"라는 말만 되풀이하고 있다. 안 그래도 독자는 비단옷 운운하는 엉뚱한 소리에 잔뜩 의구심을 품고 있던 차인데, 이건 또 웬 뚱딴지같은 소린가. 그래서 독자는 이 단락의 끝 대목에서 그만 아연실색하게 된다.

청허선생의 "난 몰라!"라는 말은 족보가 있는 말이다. 다시 말해 동아시아 문화권 내에서 지적 계보를 갖는 말이다. 그 계보의 첫머리에는 『장자』가 있다. 『장자』의 해당 대목을 확인해 두자 : 『장자』 외편外篇 「양왕讓王」에 탕湯임금이 변수卞隨와 무광務光에게 천하를 누구에게 물려주는 것이 좋을지 묻자, 두 사람 모두 "나는 모릅니다"라고 대답하는 장면이 나온다. 또한 『장자』 외편 「지북유」知北遊에 보면, 태청泰淸이 무궁無窮이라는 사람에게 도道를 아냐고 묻자 무궁은 "난 몰라요"라고 대답하며, 다시 무위無爲라는 사람에게 묻자 무위는 "안다"고 대답하는데, 이에 대해 무시無始라는 인물은 도를 모른다고 하는 것이 오히려 도를 아는 것이라고 논평하는 대목이 나온다.

『장자』의 이런 어법에 유의한다면, 청허선생의 "난 몰라!"라는 말은 정말 몰라서 한 말이거나 질문을 회피하기 위해서 한 말이 아님을 눈치 챌 수 있다. 그러면 왜 이렇게 말했을까? 질문이 잘못되었기 때문이다. 다시 말해 질문의 방식, 문제 설정의 방식이 잘못되었기 때문이다. 잠시 『장자』로 다시 돌아가 보자. 변수와 무광이 왜 모른다고 했을까? 두 사람은 탕임금이 잘못된 질문을 하고 있다고 보아 그 질문을 정당한 것으로 받아들이지 않았기에 그런 말을 했다고 보인다. 즉 질문을 질문으로서 인정하고 있지 않은 셈이다. 무궁은 왜 모른다고 했을까? 역시 잘못된 질문을 받았기 때문이다. 도는 규정할 수 없는 것이다. 그러므로 도를 아느냐는 물음은 완전히 잘못된 물음이다. 만일 그렇게 물었을 때 "도를 안다"고 대답한다면 그 사람은 엉터리거나 사기꾼일 것이다. 자무와 자혜는 이게 낫습니까 저게 낫습니까 하고 물었을 터이다. 만일 이게 꼭 나은 것도 아니고 저게 꼭 나은 것도 아니라고 한다면 이런 질문은 그 방식 자체가 완전히 잘못된 것이다. 잘못된 질문은 잘못된 답을 낳을 뿐이다. 이렇게 본다면 청허선생은 이거냐 저거냐는 소위 이분법에 입각한 양자택일적 물음의 방식을 거부한 것일 수 있다.

그런데, 사람들이 컴컴한 밤길을 가는 이가 입은 비단옷을 알아보지 못하는 건 어째서일까? 인식의 국한성 때문이다. 인식의 국한성 때문에 사물 혹은 현상의 전체상全體相 내지 실체를 보지 못하는 것이다. 그 결과 왜곡되거나 일면적인 인식을 진실로 받아들이는 오류를 범하게 된다. 연암은 이어지는 단락들에서 이 점에 대한 심도 있는 논의를 펼쳐 나간다.

2 옛날에 말일세, 황희黃喜 정승이 조정에서 돌아오자 그 딸이 이렇게 물었다네.
"아버지, 이 있지 않습니까? 이가 어디에서 생기나요? 옷에서 생기지요?"
"그럼."
딸이 웃으며 말했네.
"내가 이겼다!"
이번엔 며느리가 물었다네.
"이는 살에서 생기지요?"
"그럼."
며느리가 웃으며 말했네.
"아버님께서 제 말이 옳다고 하시네요!"
그러자 부인이 정승을 나무라며 말했네.
"누가 대감더러 지혜롭다 하는지 모르겠군요. 옳고 그름을 다투는데 양쪽 모두 옳다니요!"
황희 정승은 빙그레 웃으며 이렇게 말했네.
"너희 둘 다 이리 와 보렴. 무릇 이는 살이 없으면 생겨날 수 없고, 옷이 없으면 붙어 있지 못하는 법이니, 이로 보면 두 사람 말이 모두 옳은 게야. 그렇긴 하나 농 안의 옷에도 이는 있으며, 너희들이 옷을 벗고 있다 할지라도 가려움은 여전할 테니, 이로 보면 이란 놈은 땀내가 푹푹 찌는 살과 풀기가 물씬한 옷, 이 둘을 떠나 있는 것도 아니고, 꼭 이 둘에 붙어 있는 것도 아니거늘, 바로 살과 옷의 '사이'에서 생긴다고 해야겠지."

주해　이 단락의 끝 부분에 "풀기가 물씬한 옷"이라는 말이 보이는데, '풀기'란 풀을 먹인 기운이라는 뜻인바 예전에 옷에다 풀을 먹였기에 한 말이다.

평설　갑자기 이야기가 바뀌어 황희 정승 일화가 제시된다. 이 이야기 역시 ①단락의 이야기처럼 독자를 어리둥절하게 한다. 다만 ①단락에서는 비단옷을 갖고 말하더니 여기서는 '이'를 갖고 옳으니 그르니 야단이다.

쟁점은 이가 어디서 생기느냐는 것이다. 딸은 옷에서 생긴다고 주장하고, 며느리는 살에서 생긴다고 주장한다. 딸과 며느리는 옥신각신하다 마침내 황희 정승에게 묻는다. 황희 정승은 옷과 살 '사이'에서 생긴다고 했다. '사이'라는 말의 원문은 '間'간이다. 이 견해를 따른다면, 딸의 말도 맞고 며느리의 말도 맞다고 할 수 있으며, 딸의 말도 틀렸고 며느리의 말도 틀렸다고도 할 수 있다. 진실의 일면一面을 지적했기에 맞다고 할 수 있고, 진실의 전면全面을 지적하지 못했기에 틀렸다고도 할 수 있다. 딸의 입장에서 보면 며느리의 입장이 틀렸지만, 며느리의 입장에서 보면 딸의 입장이 틀렸다. 하지만 딸과 며느리는 모두 다 일면적이라는 점에서 인식의 국한성을 보여준다. 만일 이가 옷과 살의 '사이'에서 생긴다는 게 실체적 진실이라고 한다면, 인식의 국한성에 좌우되어 진실의 일면만을 봤을 뿐인 딸과 며느리는 둘 다 틀린 게 되고 만다.

이 이야기는 이른바 옳다고 하는 것과 그르다고 하는 것이 각각 일면적일 수 있으며, 따라서 실체적 진실과는 거리가 있을 수 있다는 사실을 일깨워 준다. 옳다고 하는 것과 그르다고 하는 것이 기껏해야 진실의 일면을 드러내는 것에 불과하다면 진실은 과연 어디에 존재하는 것일까? 시비是非의 중간 지점에 존재하는 걸까? 시비를 절충한 곳에 존재하는 걸까? 이 일화가 말하고 있는 것은 그것이 아니다. 옳다고 하는 것과 그르다고 하는 것을 선線으로 이은 중간의 어떤 지점에 진실이 있다고 말하고 있는 게 아니라, 이 둘을 뛰어넘은, 다시 말해 이 둘을 지양한 지점에 진실이 있다고 말하고 있다. 이 '지점'에서 일면적이고 대립적인 두 개의 인식은 마침내 지양되는바, 둘의 일면성이 극복됨과 동시에 감싸안아진다. 그러므로 이 지점은 1차원적이거나 2차원적이지 않고, 3차원적인 데 가깝다.

주의해야 할 점은, 황희 정승의 이 일화가 '세상에 시시비비란 상대적인 것이다' '시是도 잘못된 것이며 비非도 잘못된 것이게 마련이다' 라는 사실을 말하고 있는 게 아니라는 점이다. 이 일화가 말하고 있는 포인트는, 이른바 '시'라고 하는 것과 '비'(이 '비'는 또다른 '시'다. '비'의 입장에서는 그것이 '시'가 되므로)라고 하는 것은 각각이 주장하는 것과는 달리 실체적 진실이 아닐 수도 있다는 사실이다. 일상의 인간들은 이분법에 익숙해 있다. 그래서 이것이 참이면 저것이 참이 아니라고 단정해 버린다. 참이라고 한 것이 온전한 참이 아닐 수도 있다는 사실을, 이분법의 차변此邊과 피변彼邊이 모두 일면적이거나 오류일 수 있다는 사실을 통찰하기란 쉽지 않다. 황희 정승 부인의 다음 말은 이 점을 잘 드러내 보여준다: "누가 대감더러 지혜롭다 하는지 모르겠군요. 옳고 그름을 다투는데 양쪽 모두 옳다니요!"

혹자는 물을지 모른다. 이라는 놈이 정말 황희 정승의 말처럼 옷과 살의 '사이'에서 생기는 거냐고. 이 이야기는 하나의 은유이자 우언이다. 그러므로 황희 정승이 한 말이 과학적으로 타당한가 어떤가는 그리 중요치 않다. 중요한 건 이 우언을 통해 연암이 말하고자 한 바가 무엇인가 하는 점이다.

잘 살펴보면 이 단락의 서사 구조와 앞 단락의 서사 구조는 닮은꼴이다. 처음에 두 인물이 등장해 두 개의 다른 관점을 갖고 옥신각신하다가 마침내 권위 있는 누군가에게 물어본다는 구조다. 하지만 앞 단락의 청허선생이 어떤 판정도 내리지 않고 자기는 모른다고 한 데 반해, 이 단락의 황희 정승은 자상하게 답을 제시하고 있다는 점이 다르다. 그 점에서 이 단락은 앞 단락처럼 그렇게 아리송하지는 않다. 또 하나 유의해 두어야 할 차이가 있으니, 그것은 앞 단락이 낫고 못하고의 문제, 즉 우열의 문제인 데 반해, 이 단락은 옳고 그름의 문제, 즉 시비是非의 문제라는 사실이다. 우열의 문제는 가치판단이 개입되는 문제이고, 시비의 문제는 기본적으로 사실판단의 문제다. 청허선생이 자기는 모른다면서 입을 꼭 다문 것은 자무와 자혜의 물음이 가치판단의 문제이기 때문이며, 황희 정승이 자상한 대답을 한 것은 사실판단의 문제였기 때문일는지 모른다.

이 단락의 문장은 대단히 역동감이 있으며, 인물들의 면모를 생동감 있게 그려 내고 있다. 황희 정승의 말에 환호하는 딸과 며느리의 태도, 얼굴을 찌푸린 채 황희 정승의 양시론兩是論을 나무라는 부인의 모습, 황희 정승의 느긋하고 포용적인 면모 등이 너무도 잘 느껴진다. 이 단락의 문장이 보여주는 또다른 주요한 특징은, 서사와 의론이 묘하게 결합되어 있다는 점이다. 특히 뒷부분에 보이는 황희 정승의 긴 대답은 자못 묘미가 깊다.

3 임백호林白湖가 말을 타려 하자 마부가 나서며 아뢨다네.
"나리, 취하셨나 봅니다. 목화木鞾와 갓신을 짝짝이로 신으셨습니다."
그러자 백호가 이렇게 꾸짖었지.
"길 오른쪽에서 보는 사람은 내가 목화를 신었다 할 것이요, 길 왼쪽에서 보는 사람은 내가 갓신을 신었다고 할 테니, 내가 상관할 게 무어냐!"

주해 '임백호'林白湖는 16세기 후반에 활동한 시인인 임제林悌(1549~1587)를 말한다. 백호白湖는 그 호다. 무인 집안 출신으로, 퍽 호방하고 다정다감한 시 세계를 펼쳐 보였다. 문집으로 『백호집』白湖集이 전한다.

'목화'란 예전에 벼슬아치들이 사모관대를 할 때 신는 신을 말한다. 바닥은 나무나 가죽으로 만들고, 녹비(사슴 가죽)로 목을 길게 만들었다. 요즘 여자들이 신는 어그 부츠와 모양이 비슷하다. '갖신'은 가죽신을 말한다.

평설 세 번째 일화다. 이제 독자는 당황하지도 놀라지도 않을 터이다. 연암이 말하려는 게 무엇인지 짐작이 가기 때문이다. 이 이야기 역시 인식의 국한성에 대해 말하고 있다. 인식의 국한성 때문에 일면적 판단이 야기된다. 미안하지만 일면적 판단은 진실이 아니다. 진실은 어디에 있는가? 일면적 판단을 넘어선 지점에 있다. 이 지점은 양극단을 동시에 조망함으로써 그 일면성을 부정함과 동시에 포괄하게 만드는 것을 가능하게 하는 지점이다.

실체적 진실에 이르기 위해서는 바로 이 인식론적 지점을 찾는 게 관건이다. 이 지점을 어떻게 찾을 수 있을 것인가? 복안複眼(여러 개의 눈)을 갖는 것이 도움이 될 터이다. 대개 사람들은 단안單眼, 즉 하나의 눈만을 갖고 있다. 단안으로는 고작 사물이나 현상의 한 면만을 볼 수 있을 뿐이다. 사물이나 현상이 어디 한 면만 갖고 있던가? 여러 개의 면을 갖고 있게 마련이다. 길 오른쪽의 사람이 목화만 보고, 길 왼쪽의 사람이 갖신만 봄은 단안으로 봤기 때문이다. 복안을 갖게 되면 길 오른쪽에 있다 할지라도 길 왼쪽에서 볼 수 있는 것까지 보아 내게 되고, 길 왼쪽에 있다 할지라도 길 오른쪽에서 볼 수 있는 것까지 보아 내게 된다. 복안은 어떻게 하면 가질 수 있을까? 지나친 자신감, 단정적 태도, 통념을 우선 버려야 한다. 이건 모두 단안의 산물이다. 우리나라 사람들은 늘 자신감을 중시하지만, 지나친 자신감은 진리를 추구하거나 참된 학문을 함에 있어 가장 큰 해악이 된다. 자신감이나 단정적 태도나 통념을 버리면 회의와 겸손함이 깃들이게 된다. 바로 이 회의와 겸손함에서 복안이 생긴다. 그리고 이 복안을 통해 우리는 실체적 진실에 좀 더 다가갈 수 있다.

이 일화는 짤막하지만 퍽 인상적이다. 그리고 ②단락에서 제시한 시비是非의 문제를 시선, 즉 보는 '눈'의 문제로 구체화하고 있다는 점이 주목된다. 일면적 시선으로는 일면적 진실에밖에 이르지 못한다. 일면적 진실은 온전한 진실이 아니며, 늘 또다른 일면적 진실과 대립하면서 공연한 분쟁을 낳는다.

④ 지금까지 말한 것으로 볼진댄, 천하에 발만큼 살피기 쉬운 것도 없지만, 그러나 그 보는 방향이 다르면 목화를 신었는지 갓신을 신었는지조차 분간하기 어려운 걸세. 그러므로 진정지견眞正之見은 실로 옳음과 그름의 '중'中에 있다 할 것이네. 가령 땀에서 이가 생기는 것은 지극히 미묘해 알기 어려운바, 옷과 살 사이에 본래 공간이 있어 어느 한쪽을 떠나 있는 것도 아니고 어느 한쪽에 붙어 있는 것도 아니며, 오른쪽도 아니고 왼쪽도 아니니, 누가 이 '중'中을 알겠나. 말똥구리는 제가 굴리는 말똥을 사랑하므로 용의 여의주를 부러워하지 않고, 용 또한 자기에게 여의주가 있다 하여 말똥구리를 비웃지 않는 법일세.

평설 이 단락은 ②단락과 ③단락을 종합하면서 새로운 생각을 덧붙이고 있다. 이 단락 이전까지는 일화를 툭툭 제시하는 방식이었으나 이 단락에 와서 작자가 직접 등장해 일화의 의미를 반추하며 논평을 가하고 있다.

진정지견眞正之見은 '참되고 바른 봄', 즉 '진정한 인식'이라는 뜻이다. 연암은 진정한 인식이 '중'中을 통해 가능하다고 말하고 있다. '중'이란 무엇인가? 그것은 산술적인 의미에서의 '중간'이 아니다. 그것은 양극단, 즉 두 개의 대립항을 지양하면서 동시에 품는 개념에 가깝다. 그 점에서 그것은 '포월'包越, 즉 '대립자를 안고 넘어서는 것'이다.

'중'이란 ②단락에서 말한 '사이'라는 개념과도 통한다. 그것은 오른쪽도 아니고 왼쪽도 아니며, 이것도 아니고 저것도 아니다. 오른쪽과 왼쪽, 이것과 저것을 동시에 조망함으로써 그 일면성을 넘어서면서 온전한 인식을 가능케 하는 지점이다. 이 점에서 '중'은 퍽 역동적이고, 미묘하며, 성찰적인 개념이다. 따라서 '중'을 견지하려면 세심한 관찰과 함께 사유思惟의 고통이 수반된다. 뿐만 아니라 평균대 위를 걸어가듯 시시각각 사유의 균형을 잡아 나가지 않으면 안 된다. 그렇지 않을 경우 금방 '중'에서 이탈하게 될지 모른다. 이처럼 '중'은 어렵다. '중'이 어렵다는 것은 진정한 인식을 획득하는 것이 그만큼 어렵다는 것을 뜻한다.

이 단락은 한참 '중'을 말하다가 끝에 가서 "말똥구리는 제가 굴리는 말똥구슬을 사랑하므로 용의 여의주를 부러워하지 않고, 용 또한 자기에게 여의주가 있다 하여 말똥구리를 비웃지 않는 법"이라는 말을 덧붙이고 있다. 왜 갑자기 이 말을 한 걸까?

앞에서 말한 '중'은 시시비비에 대한 사실판단의 문제와 관련된 개념이다. 그런데 말똥구슬과 여의주는 사실판단이라기보다 가치판단의 문제에 속한다고 해야 할 터이다. 사실판단과 가치판단은 기본적으로는 일단 서로 다른 영역의 문제다. 그렇건만 연암은 슬그머니 사실판단의 문제 속에 가치판단의 문제를 끼워 넣고 있는 듯이 보인다. 이 점을 어떻게 해석해야 할 것인가?

두 가지 견지에서의 음미가 필요하다. 첫째, 작문법作文法과 관련해서다. 말똥구리 운운한 이 단락의 마지막 구절은 사실 다음 단락을 준비하는 이른바 과도구過渡句로서의 성격을 갖는다. 연암은 슬쩍 이 말을 띄워 다음 단락을 미리 준비한 것일 수 있다. 뿐만 아니라 이 구절은 우열의 문제, 즉 가치의 문제를 말하고 있다는 점에서 1단락의 문제의식과 연결된다. 연암은 1단락의 문제의식을 여기서 이런 방식으로 일단 살려 낸 다음 이어지는 단락에서 다른 문제와 연관 지으면서 글을 총괄하려고 요량했을 수 있다.

둘째, 인식론적 지평이 가치론적 지평과 연결될 수 있을 가능성이다. 앞에서 말한 '중'이 사실판단과 관련된 인식론적 차원에 속함은 분명하지만 그럼에도 그것이 일면성과 이분법을 부정하면서 균형과 포괄을 중시함을 그 기본 지향으로 삼는다는 점에서 가치 문제에 있어서도 가치의 위계화位階化나 특정 가치의 절대화를 거부하고 좀 더 유연하고 다원적인 관점에서 가치문제에 접근하도록 하는 측면이 있지 않은가 하는 점이다. 만일 그렇다고 한다면, '중'은 단지 실체적 진실의 정당한 인식을 위한 방법적 개념이기만 한 것이 아니라, 한 걸음 더 나아가 가치의 다원성을 긍정하게 하는 개념이기도 하다고 봐야 할 것이다.

5 자패子珮가 내 이야기를 듣고는 기뻐하며,
"말똥구슬이라는 말은 제 시에 어울리는 말이군요."
라고 하고는 마침내 그의 시집 이름을 '말똥구슬'이라 한 후 내게 그 서문을 부탁하였다. 나는 자패에게 이렇게 말했다.
"옛날 정령위丁令威가 학으로 화化하여 돌아왔으나 아무도 그를 알아보는 이가 없었으니, 이 어찌 비단옷을 입고 컴컴한 밤길을 간 격이라 하지 않겠나?

또 『태현경』太玄經이 후세에 널리 알려졌으나 정작 그 책을 쓴 양자운揚子雲은 그것을 보지 못했으니 이 어찌 장님이 비단옷을 입은 격이라 하지 않겠나? 만약 그대의 시집을 보고 한쪽에서 여의주라고 여긴다면 이는 그대의 갖신만 본 것이요, 다른 한쪽에서 말똥구슬이라고 여긴다면 이는 그대의 목화만 본 것일 테지. 그러나 사람들이 알아보지 못한다고 해서 정령위의 깃털이 달라지는 건 아니며, 자기 책이 세상에 널리 알려진 걸 제 눈으로 보지 못한다고 해서 자운의 『태현경』이 달라지는 건 아닐 테지. 여의주와 말똥구슬 중 어느 게 나은지는 청허선생께 물어볼 일이니 내가 무슨 말을 하겠나."

주해 '자패'子珮는 유득공의 숙부인 유연柳璉(1741~1788)을 말한다. 1777년에 '금'琴이라고 개명했다. 자는 연옥連玉 혹은 탄소彈素, 호는 착암窄菴 혹은 기하幾何이다. 이덕무·유득공·박제가·이서구 네 사람의 시를 가려 뽑아 『한객건연집』韓客巾衍集이라는 시집을 엮어 중국에 소개하였다. 기하학에 능했으며 이 때문에 자신이 거처하는 집 이름을 기하실幾何室이라고 했다. 전각에도 조예가 있었다.

'정령위'丁令威는 중국의 전설에 나오는 인물이다. 원래 요동 사람인데, 영허산靈虛山에서 신선술을 닦아 학이 되어 고향 요동에 돌아와 화표주華表柱(무덤 앞에 세우는, 여덟 모로 깎은 한 쌍의 돌기둥)에 앉았으나, 마을 사람들이 그를 알아보지 못하고 활을 쏘려고 하자 슬피 울며 날아갔다고 한다.

'양자운'揚子雲은 양웅揚雄(기원전 53년~기원후 18년)을 말한다. 한대漢代의 저명한 문인으로 자운子雲은 그 자字다. 저서로 『태현경』·『법언』 등이 있다. 그는 당대에는 비록 자기가 쓴 책의 진가를 알아보는 사람이 없을지라도 후대에는 반드시 알아보는 사람이 있으리라고 기대하며 책을 썼다고 한다.

평설 이 단락 맨 첫 구절 "자패가 내 이야기를 듣고는 기뻐하며"라는 말로 보아, 이 앞의 단락들은 모두 연암이 자패에게 들려준 말임을 알 수 있다. 그러므로 ①단락에서 ④단락까지는 다 액자 '속'의 이야기랄 수 있다. 이 단락에 이르러 독자는 마침내 액자 밖으로 빠져나와 앞의 내용이 대체 어떤 맥락에서 서술된 것인지를 파악할 수 있게 된다. 그리고 이 글 제목 중에 보이는 『말똥구슬』이라는 이상한 책 이름이 무얼 뜻하는지 비로소 깨닫게 된다.

이처럼 이 단락에 와서 앞의 이야기들은 긴밀한 내적 연관 속에 통일되고 그 의미가 확정된다. 어찌 보면 뜬금없고 어찌 보면 제각각인 앞의 이야기들은 이 단락에서 모조리 다 조우한다. 그리하여 퍼즐이 완성된다. 비유컨대 그것은 한 갈래 한 갈래 따로 흐르던 시냇물이 어느 지점에서 합수合水되어 놀라운 융합과 풍경의 질적 비약을 보여주는 데 견줄 만하다.

하지만 바로 이 점으로 인해 이 단락은 복잡하고 종잡없어 보이기도 한다. 그래서 얼핏 보아 무슨 말을 하고 있는지 감을 잡기 어렵다. 그러므로 약간의 분석이 필요하다. 이 글은 다음과 같은 몇 개의 층위로 나뉜다.

(a) 옛날 정령위가 학으로 화化하여 돌아왔으나 아무도 그를 알아보는 이가 없었으니, 이 어찌 비단옷을 입고 컴컴한 밤길을 간 격이라 하지 않겠나? 또 『태현경』이 후세에 널리 알려졌으나 정작 그 책을 쓴 양자운은 그것을 보지 못했으니 이 어찌 장님이 비단옷을 입은 격이라 하지 않겠나?

(b) 만약 그대의 시집을 보고 한쪽에서 여의주라고 여긴다면 이는 그대의 갖신만 본 것이요, 다른 한쪽에서 말똥구슬이라고 여긴다면 이는 그대의 목화만 본 것일 테지.

(c) 사람들이 알아보지 못한다고 해서 정령위의 깃털이 달라지는 건 아니며, 자기 책이 세상에 널리 알려진 걸 제 눈으로 보지 못한다고 해서

자운의 『태현경』이 달라지는 건 아닐 테지.
(d) 여의주와 말똥구슬 중 어느 게 나은지는 청허선생께 물어볼 일이니 내가 무슨 말을 하겠나.

여기서 (a)와 (c), (b)와 (d)는 의미상 각각 연결되어 하나의 묶음을 이룬다. 따라서 이 글은 a-b-a′-b′의 구조를 취하고 있다고 말할 수 있다. 이런 서술 방식은 '교차서술'이라고 이름할 수 있다. 이 글을 읽을 때 복잡하고 헷갈린다는 느낌을 받게 되는 것은 이 글이 교차서술을 취하고 있음에서 연유한다. 교차서술을 이해하기 위해서는 면밀한 글읽기와 사유의 집중이 요구되기 때문이다. 하하, 독자들이여, 이 어려운 구문을 한번 잘 이해해 보시라! 제대로 된 독자라면 응당 이 정도는 이해해야지. 쉬운 것만 날름 받아먹는 게 능사는 아니거든. 그러면 점점 바보가 될 수밖에 없으니까. 연암은 이런 생각을 하며 이 대목을 썼을지도 모를 일이다. 한번 억측을 해 본다면.

(a)에서는 정령위와 양자운의 고사를 끌고 들어와 ①단락의 우언과 결부시키고 있다. 그 의미는 (a′)에서 분명해지고 있다. 그것에 의하면, 설사 사람들이 이 시집의 진가를 알아보지 못한다 할지라도, 그리고 설사 시인 스스로가 자신의 시집이 세상에 널리 알려지는 것을 보지 못하고 죽는다 할지라도, 이 시집의 가치는 하등 달라지지 않는다. 다시 말해, 사람들이 제대로 인식하지 못한다고 해서 실체적 진실이 달라지는 것은 아니며, 그것은 의연히 그대로 존재한다는 뜻이다. 어떤 의미에서 이 말은 자패의 시집에 대한 덕담이기도 하리라. (b)는 ③단락과 ④단락을 결합시키고 있다. 그리고 (b′)로 연결되면서 다시 ①단락과 결합된다. 그리하여 ①단락의 청허선생이 문말文末에서 또다시 호명된다. 이 점에서 이 글의 전체 구성은 수미쌍관식이다. 이 글은 처음서부터 이상한 우언으로 독자가 정신을 못 차리게 했고 이어지는 우언들도 종작없기는 마찬가지였으나, 이처럼 시치미를 뚝

떼고 정교함을 뽐내는 수미쌍관식으로 전편을 마무리함으로써 독자의 가슴 속에 묘한 미적 여운을 남긴다. 그것은, 아직도 완전히 정신이 든 것은 아니고 아직도 알쏭달쏭한 구석이 없는 것은 아니지만, 그럼에도 뭔가 심오한 메시지가 담겨 있음은 분명하며 정신을 못 차리게 하는 서술이 결코 우연적이고 즉흥적인 것이 아니라 그 속에 뭔가 정연하고 일사불란하며 내적인 통일성이 존재한다는 눈치 정도는 챈 독자가 최종적으로 작가 연암에게서 느끼게 되는 저 경외감과 탄복에서 비롯되는 게 아닐까.

(b)는, 자패의 시집이 보는 각도에 따라 말똥구슬로 보일 수도 있고 여의주로 보일 수도 있음을 시사하고 있다. 그렇다고 한다면, 자패의 시집을 말똥구슬이라고 우기는 것이나 여의주라고 우기는 것은 모두 일면적 진술일 수 있다. 그렇다면 실체적 진실은 무엇인가? 이 이분법, 이 양극단을 넘어선 곳에 있지 않겠는가. 요컨대 자패의 시들에는 말똥구슬도 있고 여의주도 있는 게 아닐까. 자패의 시집에서 이 둘 중 하나만을 본다는 것은 결코 온전한 진실이 아니지 않을까. 좋다, 그렇다고 치자. 그래도 문제는 남는다. 말똥구슬과 여의주 가운데 어느 게 더 나을까? 귀하고 아름다운 여의주가 당연히 더 낫지 않을까? 기실 사람들은 모두 다 그렇게 생각하고 있지 않은가? 그러니 '나'도 그런 생각을 따르는 게 좋지 않을까? 하지만 연암은 앞에서 말똥구리는 용의 여의주를 부러워하지 않고, 용 역시 자기에게 여의주가 있다고 해서 말똥구리를 비웃지 않는다고 했지 않은가?

자, 다시 생각해 보자. 설사 여의주가 좋다고 해서 말똥구슬이 갖는 가치를 부정하거나 폄하할 이유는 없다. 모란꽃은 너무도 아름다워 꽃 중의 꽃이라고 하지만, 길가의 이름 모를 들꽃이 간직하고 있는 청초함은 또한 그것대로 아름답다. 그것은 모란꽃이 갖고 있지 않은 아름다움을 갖고 있다. 한편, 인위적으로 재배한 저 크고 화려한 모란꽃보다는 들녘의 바위 틈새에 피어 있는 작은 꽃 한 송이에서 우리는 오묘한 천기天機(자연의 미묘함)를 느끼면서 더 큰 감동을 받을 수도 있다. 연암은 자신의 책 『공작관 글 모음』

『말똥구슬』 서문 417

에 붙인 자서에서, 말이란 거창할 필요가 없다, 도에 합당하기만 하다면 기와 조각이나 돌멩이처럼 하찮고 비천한 것도 버릴 게 아니다라고 말하지 않았던가.

하지만 여의주와 말똥구슬의 은유가 여의주를 폄하하고 말똥구슬을 높이기 위한 것이라고 해석되어서는 안 된다. 연암이 힘주어 말하고 싶었던 것은, 사람들이 여의주만 훌륭한 줄 아는데, 기실 여의주만이 아니라 말똥구슬도 그 나름의 가치를 갖고 있다는 사실일 터이다. 이런 사고방식은 크고 높고 고상하고 화려하고 위대한 것만이 아니라 작고 사소하고 비천하고 하찮고 보잘것없어 보이는 것들에 내재된 가치와 아름다움을 돌아보게 한다는 점에서 좀 더 유연한 가치론적 입장을 담고 있다고 할 수 있다.

연암은 자패의 시들이 보기에 따라 여의주로 보일 수도 있고 말똥구슬로 보일 수도 있다고 했지만, 기실 자패의 시들은 말똥구슬에 가까운 게 아닐까 싶고 연암 스스로도 내심 그렇게 생각지 않았을까 짐작된다. 자패가 자신의 시집 이름을 하필 '말똥구슬'이라고 붙인 게 그 점을 뒷받침해 준다. 그렇다고 한다면, 여의주와 말똥구슬의 은유는 실질적으론 말똥구슬의 가치를 승인하기 위한 데에 무게가 실려 있다고 해야 하지 않을까. 이 점에서 '말똥구슬'이라는 상징은, 연암이 다른 글에서 말한 '돌멩이'나 '기와 조각'이라는 상징과 전연 같은 함의를 갖는 게 아닐까.

연암은 이 글의 끝에서 "여의주와 말똥구슬 중 어느 게 나은지는 청허선생께 물어볼 일이니 내가 무슨 말을 하겠나"라고 했다. 청허선생은 과연 뭐라고 하실까? "여의주가 낫지!"라고 대답하실까? 아니면 "말똥구슬이 낫지!"라고 대답하실까? 혹은 "여의주가 나을 수도 있고 말똥구슬이 나을 수도 있지!"라고 대답하실까? 그도 아니면 "난 몰라! 난 몰라!"라는 똑같은 대답을 하실까? 독자들께서 한번 스스로 생각해 보기 바란다.

총평

• 연암은 백탑 부근에 살 때인 1769년 겨울에 그간 자신이 쓴 글들을 모아 한 권의 책을 엮었으니, 『공작관 글 모음』(원제 '공작관 문고')이 그것이다. 「『말똥구슬』 서문」은 이 책에 수록된 글 가운데 하나일 것이다.

한편, 이덕무는 1771년 겨울에 『종북소선』鐘北小選이라는 이름의 연암 산문 평선서評選書(평어를 붙인 선집)를 엮은 바 있는데, 이 글은 이 책에도 수록되었다.

『과정록』에 보면 연암은 중년 이후 『장자』와 불교에 출입했다고 했는데, 이 글은 『장자』의 어법과 사고방식이 아주 짙게 배어 있다. 하지만 연암이 『장자』의 영향을 받았다고 해서 불가지론不可知論이나 상대주의에 빠진 것은 아니다. 그는 사유를 혁신하고, 감수성을 쇄신하며, 관점을 새롭게 하는 하나의 '방법'으로 『장자』를 활용했던 것이다. 법고창신의 관점에서 『장자』를 읽은 셈이다.

• 동서고금에 '말똥구슬'이라는 제목의 시집이 달리 또 있을까? 세상에! 이 제목을 통해 18세기 조선 지식인이 도달한 상상력의 수준과 그 분방한 사고의 일단을 짐작할 수 있다.

• 이 글에 제시된 연암의 인식론적 견해는 연암이 당대에 취한 사회정치적·미학적 입장과 결부시켜 관찰될 필요가 있다. 연암은 북학을 주장하며 청淸의 선진 문물을 배워야 한다고 했지만, 그럼에도 청을 경계하고 비판하는 태도를 놓지 않았다. 이 점에서 연암은 북벌론이라는 하나의 극단과 청에 대한 사대주의적 흠모라는 또다른 극단을 동시에 뛰어넘어 사유한 것이 된다. 당시 조선인으로서 이런 사유의 경지에 도달한 사람은 손가락으로 꼽을 정도에 불과하다.

한편, 연암은 글쓰기에 있어서 새로움과 파격을 추구하면서도 옛 전통을 잘 활용함으로써 높고 깊은 경지에 이를 수 있었다. 이는 연암이 '창신'創新이라는 한 극단과 '법고'法古라는 또다른 극단을 동시에 지양함으로써 가능했다. 당시 대부분의 작가들은 이 둘 가운데 어느 한쪽에 편향되어 있었으며 연암처럼 이 이분법 밖으로 뛰쳐나오지 못했다.

- 연암이 이 글에서 제시한 '중'과 '사이'(間)라는 개념은 주목을 요한다. '중'과 '사이'는 정당한 인식이 이루어지는 지점일 뿐만 아니라, 새로운 사유가 양성되는 틈이자, 창조가 빚어지는 공간이며, '나'와 사물, 주체와 타자가 만나 소통하는 미묘한 자리일 수 있다. 한국학은 이들 개념을 장차 사상적으로 더욱 발전시켜 나가야 하리라 본다.

- 양극단과 이분법을 넘어서야 비로소 진실에 다가갈 수 있다는 연암의 주장은 사실 오늘날의 한국인이 몹시 경청해야 할 주장이 아닌가 생각된다. 양극단, 이분법, 단세포적 양자택일은 참된 인식을 방해할 뿐만 아니라, 성숙한 민주주의로 나아가는 것을 막는 중대한 장애가 되기 때문이다.

경지京之에게 보낸 답장

🌼 첫 번째 편지

　　이별의 말 정다웠지만, 옛말에 '천리 밖까지 따라가 배웅할지라도 끝내는 헤어져야 한다'고 했거늘 어쩌겠습니까. 다만 한 가닥 아쉬운 마음이 떠나지 않고 착 달라붙어 있어, 어디서 오는지 자취가 없건만 사라지고 나면 삼삼히 눈에 아른거리는 저 허공 속의 꽃 같사외다.
　　지난번 백화암白華菴에 앉아 있을 때 일이외다. 암주菴主인 처화處華가 멀리 마을에서 들려오는 다듬이 소리를 듣고는 비구 영탁靈托에게 이렇게 게偈를 읊더이다.
　　"탁탁 하는 방망이 소리와 툭툭 하는 다듬잇돌 소리, 어느 것이 먼저인고?"
　　그러자 영탁은 합장하며 이렇게 말했사외다.
　　"먼저도 없고 나중도 없으니 그 사이에서 소리가 들리옵나이다."
　　어제 당신께서는 정자 위에서 난간을 배회하셨고, 저 역시 다리 곁에 말을 세우고는 차마 떠나지 못했으니, 서로간의 거리가 아마 한 마장쯤 됐을 거외다. 모르긴 해도 우리가 서로 바라본 곳은 당신과 제가 있던 그 사이 어디쯤이 아닐까 하외다.

---

1   이별의 말 정다웠지만, 옛말에 '천리 밖까지 따라가 배웅할지라도 끝내는 헤어져야 한다'고 했거늘 어쩌겠습니까. 다만 한 가닥 아쉬운 마음이 떠나지 않고 착 달라붙어 있어, 어디서 오는지 자취가 없건만 사라지고 나면 삼삼히 눈에 아른거리는 저 허공 속의 꽃 같사외다.

주해   "허공 속의 꽃"이라는 말의 원문은 '幻花' 환화인데, 실체가 없는 가상假像을 일컫는 불교 용어다. '공중화' 空中花라고도 한다. 『능엄경』楞嚴經에 나오는 '제이월' 第二月이라는 말과 같은 뜻으로, 있는 듯하나 실제로는 없는 사물을 가리킬 때 쓰는 말이다. 미망에 빠진 중생들은 늘 망령되이 가상을 진상眞像으로 믿는바 이것은 마치 눈이 흐릿한 사람이 공중에 꽃이 있고 하늘에 달이 둘 있다고 오인하는 것과 같다는 것이다.

평설   이 편지는 경지京之라는 사람에게 보낸 답장이다. 경지가 누군지는 확실치 않다. 나는 그가 혹 당대의 저명한 서예가이자 퉁소 연주자인 이한진李漢鎭(1732~?)이 아닐까 하는 의심을 품고 있다. 이한진은 호가 경산京山이고, 자는 중운仲雲이며, 본관은 성주星州이다. '경지'는 그의 또다른 자字가 아닐까 한다. 이한진은 감역監役이라는 말단 벼슬을 지냈을 뿐이다. '감역'이라는 벼슬은 대개 문과에 급제하지 못한 양반이 음직蔭職으로 하는 벼슬이다. 홍대용과 박지원도 감역 벼슬로부터 벼슬을 시작했다. 이한진은 전서篆書와 퉁소에 능하고 아취가 있었으며, 성대중成大中(1732~1809)·홍대용·이덕무·박제가·홍원섭洪元燮(1744~1807. 연암의 벗) 등과 교유했다. 성대중의 문집인 『청성집』에 실려 있는 글인 「유춘오의 악회를 기록하다」에 의하면, 이한진이 홍대용·김억·홍원섭과 더불어 남산에 있던 홍대용의 집인 유춘오에 모여 퉁소를 연주했다고 하며, 같은 책에 실려 있는 「양양 부사로 부임하는 연암을 전송하는 글」에서는, 문장으론 박지원이 뛰어나고 전서로는 이한진이 뛰어나다고 했다. 이한진은 영조 때의 저명한 문인화가인 이인상李麟祥(1710~1760)의 전서를 계승했다. 이인상의 전서는 그 인간을 반영하여 내면미內面美와 고결함이 대단히 높다. 이한진의 전서는 그만큼은 못하지만 문기文氣가 썩 높다.

홍대용은 1767년 11월 12일 부친상을 당해 고향에 내려가 삼년상을 치른 후 1770년에 다시 서울로 올라온다. 유춘오 악회는 1770년에 개시되어 홍대용이 처음으로 벼슬에 나간 1774년까지 성황을 이루었다고 보인다. 당시 연암은 1768년부터 1771년까지는 백탑 부근에 살았고, 1772년부터는 전의감동에 살았다. 백탑 부근이든 전의감동이든 남산 기슭의 유춘오까지는 멀지 않은 거리였다. 연암은 이 시절 울적함을 풀기 위해, 그리고 학문적 담토談討를 위해, 자주 유춘오를 찾았을 것으로 짐작된다. 그리하여 그의 사상과 예술은 더욱 더 난숙爛熟되어 갔을 터이다. 이 시기 연암은 유춘오라는 문화적·예술적 공간을 통해 이한진과도 친분을 쌓았을 것으로 추정된다.

전의감동 시절 연암은 자신이 살던 집 건물에 '방경각'放瓊閣이라는 이름과 영대정映帶亭이라는 이름을 붙였다. 지금 전하는 연암의 문집에는 '방경각 외전'放瓊閣外傳이라는 이름하에 「양반전」 등 이른바 9전九傳(아홉 편의 전을 말함)을 수록해 놓고 있다. 연암은 전의감동에 살 때 이전에 창작한 전傳

들을 모아『방경각 외전』이라는 책을 엮었던 것으로 보인다. 전의감동 시절 연암은 이 책 말고 또 하나의 창작집을 스스로 엮었으니,『영대정 잉묵』映帶亭賸墨이 그것이다. '영대정 잉묵'이란 영대정에서 엮은 하잘것없는 편지글이라는 뜻이다. '하잘것없는'이라는 말은 겸사로 한 말이다. 연암 자신의 편지글 모음집인 이 책은 정확히 1772년 10월에 편찬되었다. 연암은 이 책에 자서를 붙였는데 그 말미에 "한 책을 필사해서 방경각 동쪽 다락에 보관한다. 임진년(1772) 초겨울 상순에 연암거사燕巖居士가 쓰다"라는 말이 있어 그 점을 확인할 수 있다. 지금 우리가 읽고 있는 「경지에게 보낸 답장」(전부세 통임)은 바로 이 책의 맨 앞에 실린 편지다. 1772년이면 연암이 36세 때다. 그러므로 이 편지는 적어도 연암 36세 이전의 편지랄 수 있다. 대체로 30대 전반의 어느 시점에 쓴 편지가 아닐까 추정된다.

한편, 이덕무의 친한 벗 중에 윤병현尹秉鉉이라는 이가 있는데, 이 분이 경지景之라는 자를 사용했다. 윤병현은 서출로 짐작된다. 이 편지의 '경지'京之가 혹 윤병현일 가능성을 완전히 배제할 수는 없지만, 이 편지가『영대정 잉묵』의 맨 앞에 실려 있다는 점으로 봐서, 그리고 편지의 문투나 분위기로 봐서, 수신인은 적어도 연암과 동격의 위치에 있던 사람이라고 해야 할 듯하고, 이 점에서 고아한 선비로 알려져 있는 이한진 쪽에 좀 더 마음이 쏠린다.

이 편지는 편지의 일반적인 형식을 따르고 있지 않다. 일반적으로 편지는 그 서두에 의례적인 말이 나오게 마련이다. 하다못해, 주신 편지를 잘 받았다든지, 보내신 편지를 받들어 읽고 답장을 쓴다든지 하는 이런 말이 서두에 있게 마련이다. 하지만 이 편지는 그런 게 전혀 없다. 편지의 첫 글자에서부터 곧바로 마음속의 진정을 토로하고 있다. 이 점에서 이 편지는 격식과 의례를 따르기보다 마음의 진실을 따르고 있다고 말할 수 있다. 편지란 의례적이고 사무적이며 빈말만 가득한 것이 될 수도 있지만, 이처럼 더

없이 정답고 진실한 의사소통의 방식이 될 수도 있다. 요컨대 쓰기 나름인 것이다.

아마도 연암과 경지는 얼마 전에 이별했던 듯하다. 두 사람은 이별할 때 너무 아쉬워 다정한 말들을 서로 주고받았던 모양이다. "이별의 말 정다 웠지만" 운운한 말은 그래서 한 말일 터이다. 하지만 집에 돌아와 가만히 자신의 마음을 들여다보고 있노라니 아쉬움이 가느다란 실처럼 마음속에 연면히 자리하고 있어 도무지 사라지지 않는다. 그건 마치 불교에서 말하는 '허공 속의 꽃'처럼 손에 잡히지도 않고 실체도 없는 것이건만 눈앞에 삼삼히 어른거리며 마음을 떠나지 않는다. 이 단락은 이런 연암의 마음을 시적인 언어로 잘 그려 내고 있다.

2 지난번 백화암白華菴에 앉아 있을 때 일이외다. 암주菴主인 처화處華가 멀리 마을에서 들려오는 다듬이 소리를 듣고는 비구 영탁靈托에게 이렇게 게偈를 읊더이다.
"탁탁 하는 방망이 소리와 툭툭 하는 다듬잇돌 소리, 어느 것이 먼저인고?"
그러자 영탁은 합장하며 이렇게 말했사외다.
"먼저도 없고 나중도 없으니 그 사이에서 소리가 들리옵나이다."

주해 '백화암'白華菴은 내금강 마하연에 있던 암자이다. 연암은 29세 때인 1765년 가을에 금강산 일대를 유람하던 중 이 암자에 묵은 적이 있다. '암주'는 암자의 주인 노릇하는 승려를 말한다.
'게'偈는 산스크리트어 가타gāthā를 한자음으로 표기한 것이다. 한어漢語로는 '송'頌이라 번역한다. 산스크리트어와 한어를 합쳐 '게송'偈頌이라고도 한다. 부처를 찬양하거나 깨달음을 읊은 말이다. 여기서는 깨달음을 읊은 말에 해당한다.

'비구'는 남자 중을 이르는 말인데, 여기서는 암주 처화의 상좌(=제자 중)를 가리킬 터이다.

평설 갑자기 문세가 확 전환되면서 앞서「『말똥구슬』서문」에서 봤던 것과 같은 이상한 일화가 제시되고 있다. 뭘 말하려는 걸까?

처화가 툭 던진 물음은 방망이 소리가 먼저냐 다듬잇돌 소리가 먼저냐는 것이다. 어느 것이 먼저일까? 방망이 소리일까, 다듬잇돌 소리일까? 영탁의 대답이 절묘하다. 어느 것이 먼저랄 게 없으며 소리는 그 '사이'에서 난다는 것. '사이'라는 말의 원문은 '際'제다. '제'는「『말똥구슬』서문」에 나온 '중'中이나 '간'間과 동일한 개념이다. 「『말똥구슬』서문」이라는 글을 읽을 때 이미 자세히 살핀 바 있지만, 황희 정승은 이가 옷에서 생기는 것도 아니요 살에서 생기는 것도 아니며, 옷과 살 '사이'(間)에서 생긴다고 하지 않았던가. 소리가 방망이도 아니요 다듬잇돌도 아닌 그 '사이'에서 난다는 영탁의 대답은 황희 정승의 말과 동일한 논리이자 어법이다. '중'을 강조하는 연암의 독특한 사유 구조가 금강산 유람 중에 접한 불교 체험과 관련된다는 사실이 이 단락을 통해 확인된다.

그런데 백화암 암주라고 한 처화는 준대사와 같은 사람인가 다른 사람인가? 정확히 알 수 없다. 우리는 앞에서「관재라는 집의 기문」을 읽은 바 있는데, 그 글에는 연암이 백화암을 처음 찾아가 준대사와 그의 동자승이 서로 문답을 주고받는 것을 목도하는 장면이 나온다. 당시 연암은 준대사가 설파한, '이름이란 아무 실체가 없으며 그림자와 같은 것'이라는 메시지에 강한 인상을 받았던 것 같다. 이로 보면 연암이 백화암에 묵을 때 선승에게서 받은 영향은 비단 한둘이 아니다. 그래서 연암 사유의 전개 과정에서 '백화암 체험'이라는 모티프를 하나 특별히 내세움직하다. 연암의 사유 태도에 유의해서 말한다면 이 백화암 체험을 계기로 연암은 마침내 중년기로 넘어간다고 할 수 있을 터이다. 이처럼 염암의 백화암에서의 선禪 체험은 그의 생애를 구획 짓는 중요한 계기가 된다.

그건 그렇고, 이 글은 편지 아닌가? 연암은 편지에서 왜 이런 말을 갑자기 하는 걸까? 더구나 앞 단락에서는 석별을 아쉬워하는 말을 너무나 시적인 어조로 말해 놓지 않았던가. 이 단락은 그것과 무슨 상관이 있는 걸까? 생각이 빠른 독자라면 이런 의아심을 가질 법하다. 하지만 연암의 글은 기복起伏과 반전反轉, 전후 조응前後照應이 많아 끝까지 읽지 않으면 안 된다. 끝에 가서 비로소 쫙 하나로 꿰지는 경우가 많으니까.

③ 어제 당신께서는 정자 위에서 난간을 배회하셨고, 저 역시 다리 곁에 말을 세우고는 차마 떠나지 못했으니, 서로간의 거리가 아마 한 마장쯤 됐을 거외다. 모르긴 해도 우리가 서로 바라본 곳은 당신과 제가 있던 그 사이 어디쯤이 아닐까 하외다.

평설 당시 연암은 경지와 유별留別했던 듯하다. 떠나는 사람이 남아 있는 사람에게 작별을 고하는 것을 '유별'이라 하고, 남아 있는 사람이 떠나는 사람을 전송하는 것을 '송별'이라 한다. 연암이 떠나왔으니, 연암은 유별한 게 되고, 경지는 송별한 게 된다.

두 사람 모두 작별이 퍽 아쉬웠던 모양이다. 경지는 말을 타고 떠나가는 연암을 정자 위 난간에서 물끄러미 바라보고 있다. 연암은 연암대로 발길이 잘 떨어지지 않아 가다가 잠시 다리 위에 말을 세우고는 서성거리고 있다. 연암은 떠나가는 자신을 경지가 정자 위에서 줄창 응시하고 있음을 몸으로 느껴 알고 있으며, 경지 역시 천천히 말을 몰아 가고 있는 연암의 뒷모습에서 연암이 지금 어떤 마음인지를 느끼고 있다. 이 단락의 첫 문장은 그 점을 말하고 있다. 그런데 이 단락의 두 번째 문장이자 마지막 문장인 "모르긴 해도 우리가 서로 바라본 곳은 당신과 제가 있던 그 **사이** 어디쯤이 아닐까 하외다"라는 말은 무슨 말일까? 말을 타고 가던 등 뒤로 경지의 시선을 계속 느끼던 연암은 사오백 미터쯤 가서 다리 곁에다 말을 세우고는 고개를 돌려 정자 위의 경지를 쳐다보았을 테고, 경지도 눈을 떼지 않고 떠나가는 연암을 계속 보고 있던 터이니 두 사람의 시선은 급기야 서로 마주치게 되었을 것이다. 바라보는 두 시선은 어디서 만났겠는가? 연암에게서 만났겠는가, 경지에게서 만났겠는가? 이도 저도 아니며, 두 사람이 있는 곳 사이의 어느 지점일 터이다. 두 시선은 바로 이 지점에서 융합되어 말할 수 없이 애틋한 정을 만들어 냈을 터이다. 연암이 말하고자 한 바는 바로 이 점이다.

그런데, 이 문장 속의 '사이'라는 말은 ②단락에 나온 '사이'라는 말과 똑같은 말이다. 그러므로 ②단락에서 제시된 선문답은 이 단락의 진술을 이끌어 내기 위한 복선과도 같은 것이다.

이 글의 ①단락과 ②단락은 이 마지막 단락에 와서 하나로 합쳐진다. 앞에서 말한 대로 글 끝에 와서 비로소 하나로 쫙 꿰지고 있는 셈이다.

총평

• 그리움이라든가 누군가에 대한 애틋한 마음은 모두 망상일지 모른다. 하지만 그것이 설사 망상이라 할지라도 그립고 아련한 마음을 우리는 어찌할 수가 없다.

• 이 글은 짤막한 편지지만 글 쓴 사람의 진정이 오롯이 담겨 있어 아름다울 뿐만 아니라 여운이 참 깊다. 일생에 이런 편지를 한 통이라도 받을 수 있다면 그런 사람은 행복한 사람이리라.

• 옛날의 편지에는 크게 보아 두 종류가 있다. 하나는 격식을 갖추어서 쓰는 비교적 긴 편지이고, 다른 하나는 크게 격식을 따지지 않고 안부나 소회所懷를 전하는 짤막한 편지이다. 전자는 보통 '서'書라고 부르고, 후자는 '간찰'簡札이나 '척독'尺牘이라고 부른다. 경지에게 보낸 답장 세 통은 모두 후자에 속한다. 척독은 '서'에 비해 글쓰기가 자유롭고 격식에 크게 얽매이지 않기 때문에 문예미를 구현하고 있는 것들이 종종 있다. 중국의 경우 송대의 소동파蘇東坡(1036~1101)와 황정견黃庭堅(1045~1105)이 문예미가 빼어난 척독을 잘 쓴 것으로 유명한데, 조선의 경우 추사 김정희의 척독이 세간에 널리 알려져 있다. 연암의 척독은 추사가 남긴 것처럼 그렇게 많은 것은 못 되나, 그 문예미의 높이에 있어서는 오히려 추사의 것을 능가한다.

두 번째 편지

정밀하고 부지런히 글을 읽은 이로 포희씨包犧氏만 한 사람이 있겠습니까? 글의 정신과 뜻이 천지 사방에 펼쳐 있고 만물에 두루 있으니, 천지 사방과 만물은 글자로 쓰지 않은 글자이며, 문장으로 적지 않은 문장일 거외다. 후세에 글을 부지런히 읽기로 호가 난 사람들은 기껏 거친 마음과 얕은 식견으로 말라붙은 먹과 문드러진 종이 사이를 흐리멍덩한 눈으로 보면서 하찮은 글귀나 주워 모은 데 불과하외다. 이는 이른바 술지게미를 먹고서 취해 죽겠다고 하는 격이니 어찌 슬프지 않겠습니까?

저 하늘을 날아가며 우는 새는 얼마나 생기가 있습니까? 그렇건만 적막하게도 새 '조'鳥자 한 글자로 그것을 말살하여 새의 고운 빛깔을 없애 버리고 그 울음소리마저 지워 버리지요. 이는 마을 모임에 가는 촌 늙은이의 지팡이 머리에 새겨진 새 모양과 무엇이 다르겠습니까? 새 '조'鳥자의 진부함이 싫어 산뜻한 느낌을 내고자 새 '조'자 대신에 새 '금'禽자를 쓰기도 하지만, 이는 책만 읽고서 문장을 짓는 자들의 잘못이라 할 거외다.

아침에 일어나니 푸른 나무 그늘이 드리운 뜨락에 여름새들이 찍찍 쨱쨱 울고 있더이다. 나는 부채를 들어 책상을 치며 이렇게 외쳤소이다.

"저것이야말로 '날아가고 날아온다' 라는 문자이고, '서로 울며 화답한다' 라는 문장이다! 갖가지 아름다운 문채를 문장이라고 한다면 저보다 더 나은 문장은 없으리라. 오늘 나는 진정한 글읽기를 했노라!"

1 정밀하고 부지런히 글을 읽은 이로 포희씨包犧氏만 한 사람이 있겠습니까? 글의 정신과 뜻이 천지 사방에 펼쳐 있고 만물에 두루 있으니, 천지 사방과 만물은 글자로 쓰지 않은 글자이며, 문장으로 적지 않은 문장일 거외다. 후세에 글을 부지런히 읽기로 호가 난 사람들은 기껏 거친 마음과 얕은 식견으로 말라붙은 먹과 문드러진 종이 사이를 흐리멍덩한 눈으로 보면서 하찮은 글귀나 주워 모은 데 불과하외다. 이는 이른바 술지게미를 먹고서 취해 죽겠다고 하는 격이니 어찌 슬프지 않겠습니까?

평설 이 단락의 취지는 앞에서 살펴본 「소완정 기문」 4 단락의 그것과 상통한다. 기억을 환기하기 위해 「소완정 기문」 4 단락을 아래에 조금 인용해 본다.

> 천지 사이에 있는 게 죄다 책의 정精이라네. 이는 방 안에 틀어박혀 들입다 책만 본다고 해서 찾을 수 있는 게 아닐세. 그래서 포희씨包犧氏가 문文을 살핀 것을 두고, '우러러 하늘을 살피고 굽어봐 땅을 살폈다'라고 했는데, 공자孔子는 이러한 포희씨의 천지天地 읽기를 거룩하게 여겨 「계사전」繫辭傳이라는 글에서 '가만히 집에 있을 때는 괘사卦辭와 효사爻辭를 음미한다'라고 말했거늘, 무릇 '음미한다'라는 것이 어찌 눈으로 봐서 살피는 것이겠나? 입으로 맛봐야 그 맛을 알 수 있고, 귀로 들어야 그 소리를 알 수 있으며, 마음으로 이해해야 그 정수精髓를 알 수 있는 법일세.

이 인용문 중 "천지 사이에 있는 게 죄다 **책**의 정精이라네"라는 말은 이 단락에 보이는 "**글**의 정신과 뜻이 천지 사방에 펼쳐 있고 만물에 두루 있으니"라는 말과 완전히 같은 말이다. '책'이라는 단어와 '글'이라는 단어는 서로 바꿔 써도 무방하다. 원문은 둘 다 똑같이 '書'서다. 이 '書'라는 한자는 '책'이라고 번역해도 좋고 '글'이라고 번역해도 좋다.

이 편지글은 그 서두가 퍽 도발적이다. 다짜고짜 "정밀하고 부지런히 글을 읽은 이로 포희씨만 한 사람이 있겠습니까?"라고 묻는 말로 글을 시작하고 있기 때문이다. 말인즉슨 포희씨만큼 글을 잘 읽은 사람은 없다는 건데, 그게 도대체 무슨 말일까? 연암의 생각을 따라가면 이렇다 : 포희씨는 우주의 삼라만상을 세밀히 관찰하여 그 근본 원리를 8괘라는 기호에 집약해 냈다. 포희씨가 삼라만상을 관찰한 행위는 바로 글(혹은 책)을 읽은 것에 다름 아니다. 왜냐면 글의 에센스, 즉 글의 정수精髓(이 단락에서 말하고 있는 글의 '정신'이란 바로 이런 뜻이다)는 바로 사물과 세상 속에 내재해 있기 때문이다. 그러므로 삼라만상을 잘 관찰하여 그 정수를 포착해 8괘를 만들어 낸 포희씨는 정말 글을 잘 읽은 사람이라 아니할 수 없다. 그는 사물이라는 글을 잘 읽어 8괘라는 지극히 오묘하고 창조적인 글을 지어낸 셈이다.

그런데 후세의 사람들, 오늘날의 사람들은 어떠한가? 포희씨와는 달리 남이 써 놓은 글 속에 갇혀 그 글귀나 외고 있을 뿐이다. 남의 글을 열심히 읽는 것도 중요한 일이다. 그렇기는 하나 글 밖에 있는 진실, 글과 사물, 글과 세상의 연관성을 따져 보는 상상력과 감수성이 작동되지 않는 한 그런 글읽기는 맹목적이거나 피상적인 것일 수밖에 없을 터이다. 연암은 바로 이런 글읽기에 대해 통렬한 비판을 가하고 있다. 이런 글읽기는 피상적인 인간, 뭐든지 알고 있는 것 같은데 실제로는 무식한 인간을 만들어 내게 마련이다. 연암은 이런 인간을 고작 술지게미를 먹고서 술에 취해 죽겠다고 야단인 그런 인간에 비유하고 있다. 술지게미란 막걸리 같은 곡주를 만들 때 술을 짠 뒤에 남는 찌꺼기를 말한다. 약간의 알코올 기운이 들어 있긴 하나 술과는 다르다. 술이 정수精髓라면 지게미는 찌꺼기에 불과하다. 이걸 먹고

술맛을 안다고 한다면, 웃기는 일이 된다. 이와 마찬가지로 어떤 책의 정수를 음미하지 못한 채 그 찌꺼기만 맛보고서 그 책에 대해 안다고 생각한다면 이는 착각도 보통 착각이 아니다. 이런 인간은 대개 나부댄다. 그리고 세상은 이런 나부대는 인간이 지배한다. 책의 정수, 사물의 정수를 알고 있는 인간은 어디서 뭘 하고 있는 걸까? 그런 인간은 대개 숨어 있어 보통 사람의 눈에는 잘 보이지 않을 뿐더러, 간혹 눈에 띈다 하더라도 말수가 적거나 아예 말이 없다. 슬픈 일이다.

2 저 하늘을 날아가며 우는 새는 얼마나 생기가 있습니까? 그렇건만 적막하게도 새 '조'鳥자 한 글자로 그것을 말살하여 새의 고운 빛깔을 없애 버리고 그 울음소리마저 지워 버리지요. 이는 마을 모임에 가는 촌 늙은이의 지팡이 머리에 새겨진 새 모양과 무엇이 다르겠습니까? 새 '조'鳥자의 진부함이 싫어 산뜻한 느낌을 내고자 새 '조'자 대신에 새 '금'禽자를 쓰기도 하지만, 이는 책만 읽고서 문장을 짓는 자들의 잘못이라 할 거외다.

평설   연암은 시선을 갑자기 하늘로 돌리고 있다. 그리하여 앞 단락에서 언급한 천지 사방 혹은 만물의 한 예로서 '새'를 들면서 좀 더 구체적으로 말하고 있다.

'새'라는 것은 하나의 글자이다. 우리는 '새'라는 이 글자를 어떻게 읽는가? 그냥 '새'로 읽을 뿐이다. 이 경우 '새'는 형해화形骸化된다. 그리하여 '새'가 가진 구체성과 저 발랄한 개체성, 그 생명의 율동이 모두 소거掃去되어 버린다. 그래서 우리는 살아 있는 사물로서의 새가 지닌 자태라든가 빛깔이라든가 울음소리, 그리고 그것이 만들어 내는 다양한 동작들을 얼른 떠올릴 수 없다. 연암은 이런 '새'는 죽은 새이고 형해화된 새인바, 그건 비유컨대 촌 늙은이의 지팡이 머리에 새겨 놓은 새 모양과 다르지 않다고 말하고 있다. 그렇다면 '새'라는 말을 다른 말로 슬쩍 바꾸면 어떨까? 이를테면 '새'라는 말 대신에 '날짐승'이라는 말을 쓰면 어떨까? 그런 잔꾀를 쓴다고 상황이 달라지는 건 아니다. 그럼 어찌해야 하는가? 그래서 글은 다음 단락으로 넘어간다.

이 단락에서 또 하나 주목해야 할 점은, 맨 마지막 구절, 즉 "이는 책만 읽고서 문장을 짓는 자들의 잘못이라 할 거외다"를 통해 글읽기의 문제를 글쓰기의 문제와 연결시키고 있다는 사실이다. 다시 말해, 어떻게 읽어야 하는가라는 독서의 문제가 어떻게 글을 써야 하는가라는 창작의 문제와 직결된다는 점을 환기시키고 있다는 사실이다. 이 점, 놓쳐서는 안 된다.

③ 아침에 일어나니 푸른 나무 그늘이 드리운 뜨락에 여름새들이 찍찍 쨱쨱 울고 있더이다. 나는 부채를 들어 책상을 치며 이렇게 외쳤소이다.
"저것이야말로 '날아가고 날아온다'라는 문자이고, '서로 울며 화답한다'라는 문장이다! 갖가지 아름다운 문채를 문장이라고 한다면 저보다 더 나은 문장은 없으리라. 오늘 나는 진정한 글읽기를 했노라!"

주해 '문장'文章이라는 말에는 아름다운 문채文彩라는 뜻이 내포되어 있다. "갖가지 아름다운 문채를 문장이라고 한다면"이라는 말은 그런 맥락에서 한 말이다.

평설 다시 문세를 전환해 연암 스스로의 경험을 말하고 있다. 어떻게 글을 읽어야 하는가? 어떤 독서가 참된 독서인가? 이 단락은 이 물음에 대해 답하고 있다.

연암의 답인즉슨, '사물'을 읽으라는 것이다. 사물 고유의 자태, 낱낱의 사물이 보여주는 개성과 살아 있는 몸짓을 읽으라는 것이다. 요컨대 형해화된 문자나 글 속에 갇히지 말고 그 밖으로 나가 사물 및 세계와 만남으로써 형해화된 문자를 되살려 내라는 것이다. 연암은 사물에 대한 관찰, 즉 사물에 대한 읽기를 통해 사물이 지닌 구체성, 그 생동하는 자태를 문자와 글 속으로 다시 끌고 들어옴으로써 그것이 가능해진다고 보았다. 이것은 결국 상상력과 감수성의 해방으로 연결된다. 요컨대 연암은 남의 글에서 상상력을 배우려 들지 말고, 사물과 직접 대면함으로써 상상력과 감수성을 쇄신하라고 말하고 있는 셈이다. 이 점에서 글읽기에 대해 말하고 있는 이 글은 궁극적으로는 글쓰기의 문제를 염두에 두고 있다고 할 만하다. 사물을 잘 관찰하는 것이 훌륭한 독서이고, 훌륭한 독서가 되어야 창조적인 글쓰기가 가능해짐으로써다.

총평

- 이 글은 표면적으로는 글읽기에 대해 말하고 있으나 기실 글쓰기의 문제를 밑바닥에 깔고 있음을 간과해서는 안 된다.

• 이 글은 문자와 사물의 관계에 대해 연암이 어떻게 생각했는지를 잘 보여준다. 문자를 그냥 문자로만 알아서는 안 되고, 문자에 생기와 온기 및 사물의 다채로운 뉘앙스를 채워 넣을 수 있어야 비로소 문자를 제대로 아는 것이라는 관점은 『과정록』에 나오는 다음의 일화에서도 확인된다.

> 아버지는 이공(이광려)에게 이렇게 말했다.
> "그대는 평생 독서했는데 아는 글자가 몇 자나 되지요?"
> 그 자리에 있던 사람들이 모두 깜짝 놀라며 마음속으로 아버지를 비웃었다.
> '이공이 글을 잘하고 박식한 선비라는 걸 누가 모른단 말야!'
> 이공은 한참 생각하더니 이렇게 말했다.
> "겨우 서른 자 남짓 아는 것 같군요."
> 좌중의 사람들이 또 한 번 깜짝 놀랐지만, 그 말이 무슨 뜻인지는 알지 못했다.
> 이공은 이 한마디 말로 단박에 아버지와 지기知己가 되어 이후 자주 찾아왔다. 그리고 새로 지은 시문詩文이 있으면 반드시 소매에 넣어 가지고 와서 아버지의 평을 청하였다."
> —『나의 아버지 박지원』, 55~56면

• 연암이 강조하는 이런 방식의 글읽기는 '자아'의 측면에서 본다면 '주체성'의 강조로 연결된다는 점을 눈여겨 볼 필요가 있다. 연암의 경우 이런 의미에서의 주체성은 '개아'個我와 '국가'의 양 차원에서 모두 문제적이다.

• 이 글은 짧은 편지글임에도 대단히 문예성이 높다. 그 언어는 형상적이고, 생기발랄하며, 경쾌하다. 경쾌하면 경박하기 쉬운데, 이 글은 경

박하지 않고 아주 진지하다.

• 김택영은 이 글에 대해 이런 평을 남겼다.
"절묘하여 흡사 소동파의 글 같다."

세 번째 편지

　그대는 태사공太史公의 『사기』史記를 읽었으되 그 글만 읽었을 뿐 그 마음은 읽지 못했사외다. 왜냐고요? 「항우본기」項羽本紀를 읽을 땐 제후들의 군대가 자신의 보루堡壘에서 초나라 군대의 전투를 구경하던 광경을 떠올려 보아야 한다느니, 「자객열전」刺客列傳을 읽을 땐 고점리高漸離가 축筑을 타던 장면을 생각해 보아야 한다느니 하는 따위의 말은, 늙은 서생의 케케묵은 말일 뿐이니, 부엌에서 숟가락 줍는 것과 뭐가 다르겠습니까?
　어린아이가 나비를 잡는 광경을 보면 사마천의 마음을 알 수 있사외다. 앞다리는 반쯤 꿇고 뒷다리는 비스듬히 발꿈치를 들고서는 손가락을 'Y'아 자 모양으로 하여 살금살금 다가가 잡을까 말까 주저하는 순간, 나비는 그만 싹 날아가 버리외다. 사방을 돌아봐도 아무도 없자 씩 웃고 나서 부끄럽기도 하고 분이 나기도 하나니, 이것이 바로 사마천이 『사기』를 쓸 때의 마음이외다.

---

　①　그대는 태사공太史公의 『사기』史記를 읽었으되 그 글만 읽었을 뿐 그 마음은 읽지 못했사외다. 왜냐고요? 「항우본기」項羽本紀를 읽을 땐 제후들의 군대가 자신의 보루堡壘에서 초나라 군대의 전투를 구경하던 광경을 떠올려 보아야 한다느니, 「자객열전」刺客列傳을 읽을 땐 고점리高漸離가 축筑을 타던 장면을 생각해 보아야 한다느니 하는 따위의 말은, 늙은 서생의 케케묵은 말일 뿐이니, 부엌에서 숟가락 줍는 것과 뭐가 다르겠습니까?

주해 '태사공'太史公이란 사마천을 말한다. "제후들의 군대가 자신의 보루에서 초나라 군대의 전투를 구경하던 광경"이란 『사기』「항우본기」에 나오는 다음 이야기를 말한다: 진秦나라 말기에 항우는 작은아버지 항량項梁과 함께 봉기하여 초나라 군대를 이끌고 각 전투를 승리로 이끌었다. 항우가 거록鉅鹿이라는 곳에서 진나라 군대와 싸울 때 여러 제후국의 군대들은 항우의 위엄에 놀란 나머지 보루에서 전투를 관전만 했을 뿐 감히 참전하지 못했다.

"고점리高漸離가 축筑을 타던 장면"이란 『사기』「자객열전」에 나오는 다음 이야기를 말한다: 위魏나라의 자객이었던 형가荊軻는 연燕나라 태자 단丹의 부탁을 받고 진시황을 암살하기 위해 역수易水라는 강가에서 장도에 오르는데, 이때 그의 벗인 고점리가 축이라는 악기를 타며 이별의 슬픔을 연주하자 형가는 "바람 소리 쓸쓸한데 역수가 차갑구나. 장사壯士는 한 번 가면 다시 오지 못하리"라는 노래를 불렀다. 그 노랫소리가 얼마나 비장했던지 태자 단을 비롯해 형가를 전송하기 위해 나온 사람들의 머리카락이 모두 뻣뻣이 섰다고 한다. 형가는 노래가 끝나자 표표히 진나라를 향해 떠나갔다. 이 대목은 장도에 오르는 자객 형가의 비장한 모습을 잘 그려 놓았으며 사마천 글쓰기의 특징을 약여하게 보여주는 장면이라고 해서 전통 시대의 문인들로부터 늘 칭송받아 왔다.

"부엌에서 숟가락 줍는 것"이라는 말은, 크게 어렵지도 의미 있지도 않은 일을 해 놓고선 자랑하는 것을 이르는 말이다.

평설 아마 경지가 지난번에 연암에게 보낸 편지 내용 중에 "「항우본기」를 읽을 땐 제후들의 군대가 자신의 보루에서 초나라 군대의 전투를 구경하던 광경을 떠올려 보아야 하고, 「자객열전」을 읽을 땐 고점리가 축을 타던 장면을 생각해 보아야 합니다"라는 말이 들어 있었던 모양이다. 이 두 장면은 그 핍진한 서사敍事로 인해 사마천의 귀신같은 필치가 잘 드러난다고 예로부터 칭송되어 왔다. 사실 『사기』를 읽을 때 단순히 그 줄거리에 정신이 팔리거나 흥미로운 일화에 매료되는 독자도 없지 않다. 경지의 말은, 상상력을 발휘하여 『사기』의 내용을 추체험할 필요가 있다는 말이니, 이런 종류의 독자보다는 그 수준이 훨씬 높다고 할 수 있다. 경지도 자기 딴에는 그럴 듯한 말을 하노라고 이런 말을 한 건지 모른다. 하지만 연암은 경지의 이 말이 늙은 서생의 진부한 말에 불과하다고 타박을 주고 있다. 『사기』를 그런 식으로 읽는 건 어려운 일도 아니고, 그리 높은 경지도 아니라는 말이다. 그렇다면 어떻게 읽어야 높은 경지가 될까?

이 단락의 첫 문장을 주목할 필요가 있다. 경지의 『사기』 읽는 방식은 그 글만 읽는 것이요, 작가의 '마음'을 읽는 것은 못 된다는 것이다. 요컨대 글의 거죽만 읽었지 글 쓴 사람의 마음자리를 읽지 못했다는 말이다. 전통적인 어법으로는 글쓴이의 마음자리를 특히 '고심' 苦心이라고 한다. 고심이라는 말은, 작가의 고민이라든가 현실에 대한 입장, 삶과 세계에 대한 감정을 두루 포괄하는 말이다. 요컨대, 그것은 삶과 세계에 대한 작가의 근원적이거나 실존적인 태도와 관련되는 말이다. 그러므로 이 말은 작가의 글쓰기가 이루어지는 원점 혹은 어떤 최저 지점을 뜻한다. 작가는 바로 이 고심 때문에 글을 쓸 수밖에 없다. 그것은 사회적 의제議題나 이념과 관련된 것일 수도 있고, 개인적 상처와 관련된 것일 수도 있다. 연암은 사마천이 쓴 글의 거죽을 더듬는 게 능사가 아니요, 그 글에 내재되어 있는, 혹은 그 글의 가장 깊은 밑바닥에 깃들여 있는 사마천의 고심을 읽어 내야 한다고 말하고 있는 셈이다.

참고로 말해, 연암은 「본래의 선비」라는 글에서 '고심'과 관련해 이런 말을 하고 있다.

성인聖人의 글을 읽어도 성인이 고심한 바가 과연 무엇인지를 느껴 아는 자는 드물다. 주자朱子는 이렇게 말했다.

"중니仲尼(공자)는 지극히 공변되고 진심으로 정성을 다한 분이 아니겠으며, 맹자는 세차게 주먹을 휘두르고 크게 발길질한 분이 아니겠는가?"

주자와 같은 분이야말로 성인의 고심을 이해했다 할 만하다.

2 어린아이가 나비를 잡는 광경을 보면 사마천의 마음을 알 수 있사외다. 앞다리는 반쯤 꿇고 뒷다리는 비스듬히 발꿈치를 들고서는 손가락을 'Y'아자 모양으로 하여 살금살금 다가가 잡을까 말까 주저하는 순간, 나비는 그만 싹 날아가 버리외다. 사방을 돌아봐도 아무도 없자 씩 웃고 나서 부끄럽기도 하고 분이 나기도 하나니, 이것이 바로 사마천이 『사기』를 쓸 때의 마음이외다.

평설 갑자기 문의文意가 바뀌어 나비 잡는 어린아이 이야기가 나온다. 이 이야기는 나비를 잡으러 살금살금 다가갔다가 막판에 놓쳐 버린 아이의 복잡한 심리를 잘 묘파해 내고 있다. 생각해 보면 정말 그랬다. 어린 시절 나비나 잠자리를 잡기 위해 얼마나 그런 포즈를 취했던가. 숨까지 멈춘 채 집게처럼 벌렸던 두 손가락을 딱 합칠라 치면 어떻게 낌새를 알아채고 나비는 싹 날아가 버리지 않던가. 그때의 마음이라니! 왠지 맥이 탁 풀리고, 이상하게도 자책감 같은 게 엄습하기도 했다. 이 이야기는 어린 시절의 그런 경험을 떠올리게 한다. 짧은 문장 속에 이처럼 절묘하게 서술해 놓고 있음을 보면 연암도 나처럼, 그리고 누구나처럼, 어린 시절 이런 경험을 했던 게 분명하다.

그건 그렇고, 이 단락에 제시된 나비 잡는 어린아이의 이 비유는 대체 무엇을 말함인가? 우선 이 단락이 '마음 읽기'의 중요성에 대해 말해 놓고 있는 ①단락의 첫 문장과 이어지고 있다는 사실에 주목할 필요가 있다. 즉, 이 비유는 사마천의 마음, 사마천의 고심이 어떠한가를 말하기 위한 것이다. 이와 관련해 나비를 놓친 아이의 마음을 형용하는 말에 주목할 필요가 있다. "부끄럽기도 하고 분이 나기도 하나니"가 그것이다. 부끄럽다는 것은 수치심을 말한다. 분이 난다는 것은 분만憤懣을 말한다. '분만'이라는 말은 지금은 어려운 말이 되어 버렸지만 예전에는 많이 쓰던 말이다. 그것은 분이 쌓여 가슴이 답답한 상태를 이르는 말이다. 요컨대 수치심과 분만감憤懣感이 사마천의 고심을 이룬다 할 터이다. 연암은 이 두 가지가 『사기』라는 저술의 가장 밑바닥에 놓여 있는 마음이라고 본 셈이다. 요컨대, 사마천이 실존적으로 이런 마음 때문에 『사기』를 저술했다고 본 것이며, 세상을 바라보는 사마천의 눈, 그리고 인간이 만들어 온 저 장구한 역사라는 파노라마를 읽는 사마천의 눈에는 이런 마음이 자리하고 있다고 본 것이다.

『사기』라는 저술의 심연에는 어찌해서 수치심과 분만감이 깃들여 있는 것일까? 이 점을 이해하기 위해선 사마천의 생애를 간단하게라도 살펴 두지 않으면 안 된다. 사마천 시대의 군주인 무제武帝는 영토 확장에 혈안이 된 전제군주였다. 그는 하루가 멀다 하고 정복 전쟁을 벌였다. 베트남을 침공하고 한반도를 침략했다. 그리고 흉노와 줄창 싸웠다. 당시 이릉李陵이라는 20대의 용맹한 장수가 있었다. 그는 흉노와 싸워 단 한 번도 패하지 않았다. 하지만 마지막 전투에서 불행히 흉노의 포로가 되고 말았다. 혼신의 힘을 다해 싸웠으나 부하들이 전멸해 어쩔 수 없는 상황이었다. 하지만 무제는 이릉이 자결하지 않고 포로가 되었다고 해서 그의 구족九族을 멸해 버렸다.

사마천은 당시 궁정의 역사관으로 근무하고 있었다. 그는 아버지 사마담司馬談으로부터 이 직책을 물려받았다. 사마천은 이릉과 아는 사이가 아니었지만 무제의 이런 조처가 부당하다고 생각하여 무제에게 자신의 생각을 아뢰었다. 무제는 격분했고 사마천은 그날로 투옥되어 궁형에 처해졌다. 궁형이란 거세去勢, 즉 남자의 생식기를 제거하는 잔인한 형벌이다. 하지만 정해진 보석금을 내면 감옥에서 풀려날 수 있는 길이 없지 않았다. 그래서 사마천은 평소 알던 친구들에게 좀 도와 달라는 편지를 보냈다. 하지만 아무도 도와주지 않았다. 사마천은 이때 세상에 대한 통절한 경험을 했고, 이 경험은 『사기』의 글쓰기에 여러 가지 방식으로 투사되어 있다. 『사기』가 목숨을 아끼지 않고 남을 돕는 협객적 인간을 더없이 훌륭한 인간으로 찬미하고 있음도 이와 관련된다. 사마천은, 궁형을 당하는 건 남자로서 너무나 수치스런 일이니 처음엔 자결을 하려고 생각했다. 하지만 며칠 밤을 꼬박 새우며 고민한 결과 아버지가 쓰다 만 『사기』를 완성하기 위해 죽어서는 안 된다는 결론에 도달하였다. 그는 결국 궁형을 받았고, 석방되어 『사기』를 완성하였다.

바로 이런 개인적 배경 때문에 『사기』의 가장 깊숙한 밑바닥에는 수치심과 분만감이 깃들일 수밖에 없었다.

사마천 글쓰기의 원점을 이룬다고 할 이런 마음을 나비 잡다 놓친 아이의 마음에 비유하고 있는 연암의 발상은 기발하고도 날렵하다. 연암이 지닌 비범한 감수성의 일단을 보여준다고 할 만하다. 요컨대 연암은 이 단락에서, 『사기』를 읽을 때 그 글 속에 알게 모르게, 혹은 미묘하고 은밀하게, 투사되어 있는 사마천의 마음을 읽어 내는 일, 그리하여 그런 마음과 교감을 나누는 일이야말로 『사기』 독서의 가장 높은 경지라고 말하고 있는 것이다.

연암은 10대 때부터 『사기』에 매료되었다. 연암 문장의 드높은 기세는 『사기』가 보여주는 기운찬 문장과 상통하는 점이 많다. 연암과 사마천은 그 문장만 상통하는 것이 아니라, 글쓰기의 심리적 기저에 있어서도 상통하는 점이 없지 않다. 앞서 말했듯 사마천 글쓰기의 기저부에는 자욱한 분만감이 깔려 있는데, 연암 글쓰기의 밑바닥에도 이 비슷한 감정이 자리하고 있다. 연암은 자신의 글쓰기를 '유희' 遊戲라고 표현한 적이 있는데, 이는 분만감의 표현에 다름 아니다. 뜻을 얻지 못한 채 소외되어 있던 연암으로서는 울분을 품을 수밖에 없었으며 이런 감정으로 인해 그의 글은 더욱 파격적이고 불온하게 되어 갔다. 사마천과 연암은 둘 다 '결락감' 缺落感을 지녔다는 점에서 또다른 공통점을 갖는다.

'결락감'이란 무엇을 말함인가? 뭔가 부족하다는 느낌, 뭔가 결여되어 있다는 느낌, 뭔가 박탈되어 있다는 느낌, 뭔가가 없다는 느낌, 이런 걸 결락감이라 한다. 작가는 결락감이 있을 때 창조력을 발휘할 수 있다. 안락하고 편안하기만 해서는 진정한, 그리고 높은 수준의 글이 나오기 어렵다. 이 점에서 결락감의 반대편에 있는 감정은 '포만감'이라 할 수 있을지 모른다. 궁형을 당한 사마천은 어떤 의미에서 지독한 결락감을 안고 글을 썼을 터이다. 사마천이 『사기』를 쓴 것을 두고 전통적으로는 '발분저서' 發憤著書라고 이른다. '발분저서'란 '분발하여 저술한다'는 뜻이다. 사마천은 왜 분발하여 저술에 힘썼을까? 결락감 때문이었다. 이처럼 '발분저서'는 기본적으로 결락감에서 비롯된다. 등 따시고 배부르고 모든 걸 소유한 사람이 왜 발분저서를 하겠는가. 다산 정약용이 18년간의 유배 생활에서 혼신의 힘을 다해 저술에 힘을 쏟은 것 역시 발분저서의 예에 해당한다. 연암은 다산처럼 유배를 당하지는 않았으며, 다산처럼 절체절명의 처절한 상황에 놓인 것은 아니지만, 그럼에도 그의 글쓰기가 심한 결락감에서 비롯된다는 점에서는 서로 비슷한 점이 없지 않다. 사마천, 연암, 다산 이 세 사람은 인간 기질과 전공 분야와 관심이 제각각 달랐음에도 불구하고 발분저서를 했다는 점에서는 공통된다. 연암이 사회적 주변인들, 사회적 비주류에 속한 인간들과 유유상종하면서 그들에게 관심과 따뜻한 눈길을 보내거나 동병상련의 감정을 가질 수 있었던 것도 기실 따져 보면 연암이 지닌 이 심한 결락감과 관련이 없지 않다.

이러했으므로 연암은 사마천의 마음을 잘 알아볼 수 있었다고 여겨진다. 이 글 ①단락에서 사마천의 글에 대한 경지의 논평을 한 마디로 가소롭다고 치부하고 있음도 이 때문일 것이다.

사족이지만 한마디 덧붙인다. 이 단락의 나비 잡는 아이의 비유를 시니피앙(記標)과 시니피에(記義)의 관계로 설명하거나 데리다Derrida의 차연差延(디페랑스differance) 개념을 빌려 와 '대상을 글로 포착했다 싶으면 대상은 그 순간 벌써 미끄러져 나가 버린다'는 사실을 말하고 있다고 야단스럽게 해석하는 연구자들이 있다. 이는 망발이다. 식자우환이란 이런 걸 두고 하는 말이다. 한문 문리도 부족하고, 문맥도 정확히 파악하지 못했으며, 생각도 짧고, 동아시아 문화에 대한 이해도 부족하다. 이를 메우기 위해 함부로 외국의 권위에 기대고 있으나, 맞지 않는 옷을 걸치고 있는 형국이라 우스꽝스럽기만 하다. 이러니 우리 학문이 여전히 식민성을 못 벗었다는 게 아닌가.

이 단락의 내용과는 별 관계가 없는 이야기지만, 만일 연암의 언어관을 설명하기 위해 굳이 외국의 권위를 끌어올 양이면 데리다가 아니라 18세기 말 19세기 초에 활동한 독일의 언어철학자 훔볼트Humboldt를 거론하는 게 나을 것이다. 언어와 사물 간의 내적 긴장, 그 합치를 주장했다는 점에서 둘 사이에는 서로 통하는 점이 없지 않으니까.

연암의 각종 글에 대한 해석에는 이런 망발이 비일비재하니 이런 걸 갖고 열을 낼 일은 아니지만 해도 해도 너무 심한 것 같아 한마디 해 둔다.

총평

- 연암은 글의 거죽만 읽으려 들지 말고 글에 깃들여 있는 글쓴이의 마음을 읽으라고 말하고 있다. 연암의 이 말은 우리가 연암의 글을 읽을 때에도 그대로 적용될 수 있다. 연암이 쓴 글들의 거죽만 보고 이러쿵저러쿵 말하거나 환호할 것이 아니라, 그 심부深部에 깃들여 있는 연암의 마음, 연암의 고심을 읽어 내는 일이 중요하다. 연암의 글을 피상적으로 읽고 망발을 일삼거나 대중을 위한다면서 혹세무민하는 사람들은 없는가? 혹 그런 사람이 있다면 연암의 이 말에 두려움을 느껴야 마땅하리라.

- 이 글 ②단락의 나비 잡는 아이의 비유는 그 표현이 썩 참신하다. 연암은 글쓰기에서 비유나 은유를 퍽 잘 활용했는데, 이런 데서 연암의 기발한 상상력이 잘 드러난다.

- 연암이 인간 심리를 포착하는 데 탁월한 능력을 지녔음은 앞에서도 지적한 바 있지만 이 글의 비유에서도 그 점이 잘 확인된다.

찾아보기

ㄱ

『간정동 회우록』乾淨衕會友錄 134, 142
『간정동필담』乾淨衕筆談 134, 142, 143
『간정동필담 속』乾淨衕筆談續 134
「간정록 후어」乾淨錄後語 134
감역監役 18, 158, 174, 256, 283, 423
강산薑山(이서구의 호)→이서구李書九
강세황姜世晃 119
개성 유수開城留守 48, 237, 254
개성인開城人 66
개자엽个字葉 53
건륭乾隆 77, 155, 159, 160, 275
검劒 57, 58, 61, 62, 65
검서관檢書官 286, 345, 347
게偈(게송偈頌) 213, 215, 298, 425
결락감缺落感 444
결인結印 302, 304, 305, 306
겸애설兼愛說 106, 136
경산京山(이한진의 호)→이한진李漢鎭
경세의식 84
경지京之(이한진으로 추정)→이한진李漢鎭
「경지京之에게 보낸 답장」 421
『계방일기』桂坊日記 174
「계사전」繫辭傳 362, 373, 431
고문古文 29, 30, 331, 337, 350, 351, 353, 355, 359
고문가古文家 353, 388
고심苦心 46, 278, 328, 352, 394, 397, 440~442, 446
고증학考證學 146, 379, 380

곡영谷永 185, 202~204
곡자운谷子雲→곡영谷永
골계滑稽 100
공명孔明(제갈공명)→제갈량諸葛亮
공명선公明宣 321, 322, 332~335, 345, 358
공안파公安派 348, 349, 352
공인恭人 235, 237, 238, 245~249, 253~257
공자孔子 96, 106, 133, 148, 169, 192, 206, 257, 320, 323~325, 333, 339, 342, 357, 362, 370, 371, 373~375, 431, 441
공작관孔雀館(박지원의 호)→박지원朴趾源
『공작관 글 모음』(원제 '孔雀館文稿') 417, 419
「『공작관 글 모음』 자서」(원제 '孔雀館文稿自序') 383, 386
공중화空中花 422
『과정록』過庭錄 10, 94, 100, 105, 113, 176~178, 180, 188, 207, 241, 243, 245, 249, 252, 266, 273~275, 277, 281, 284, 286, 300, 305, 306, 350, 354, 356, 368, 389, 419, 436
관재觀齋(서상수의 호)→서상수徐常修
「관재가 소장하고 있는 〈청명상하도〉에 붙인 발문」(원제 '觀齋所藏淸明上河圖跋') 316
「관재라는 집의 기문」(원제 '觀齋記') 206, 302, 426
관중管仲 107
광릉廣陵 88, 93, 94
광문廣文 200
「광문이라는 자의 전傳」(원제 '廣文者傳') 200
교차서술 416

구라철사금歐邏鐵絲琴　89, 104, 105
구법당舊法黨　203
구양수歐陽修　203, 351
국옹麴翁(이유동으로 추정)　117~121, 123~125
귀유광歸有光　349
「권학편」勸學篇　294
규장각奎章閣　80, 236, 254, 255, 286, 345
글쓰기　28, 47, 95, 127, 176, 196~198, 215, 228, 238, 251, 261, 264, 300, 320, 323, 326~330, 336~338, 351, 369. 380, 381, 386~390, 392, 396, 399, 419, 429, 434, 435, 439, 440, 443, 444, 446,
글읽기　369, 370, 372, 374, 376, 377, 380, 381, 416, 430, 432, 434~436
금강산金剛山　135, 183, 188, 304~306, 316, 425, 426
금문今文　29, 30, 331, 351
금천金川　88, 93, 94, 190, 221, 226, 227, 236, 250, 251
「금학동 별장에서의 조촐한 모임」(원제 '琴鶴洞別墅小集記')　305
기공旂公(서상수의 호)→서상수徐常修
기린협麒麟峽　222~224, 229, 230, 232
「기린협으로 들어가는 백영숙에게 주는 서序」(원제 '贈白永叔入麒麟峽序')　221, 252
기문記文　43, 45, 47, 55, 213, 215, 219, 220, 304, 315, 318, 361, 363, 365
기수淇水　45
「기욱」淇澳　43, 45

기이奇異　22, 44, 48, 157, 158, 168, 173, 183, 184, 188, 192, 195, 196, 220, 318, 327, 348, 354
기잠起潛(육비의 자)→육비陸飛
기철학氣哲學　172, 173
기하幾何(유연柳璉의 호, 유금으로 개명)→유금柳琴
기하실幾何室　414
기행奇行　81, 85, 100
김귀주金龜柱　180
김성탄金聖嘆　327, 328, 348
김수항金壽恒　122
김억金檍　105, 117~120, 122, 123, 125, 300, 423
김용겸金用謙　120, 122, 123
김원행金元行　80, 119, 260, 273
김이중金履中　305
김정희金正喜　144, 429
김종수金鍾秀　151
김종후金鍾厚　151, 180
김창집金昌集　223
김택영金澤榮　136, 152, 182, 195, 213, 220, 234, 257, 360, 382, 437
김홍연金弘淵　183~186, 188~192, 194~198, 200~202, 204~211, 213~215, 217, 218, 220
「김홍연전」金弘淵傳　195, 213

ㄴ

나경적羅景績　162

나빙羅聘　145, 389

『나의 아버지 박지원』→『과정록』過庭錄

낙서洛書　321, 338, 339, 340, 341

낙서洛瑞(이서구의 자)→이서구李書九

난공蘭公(반정균의 자)→반정균潘庭筠

남인南人　115, 136, 153, 260, 268

노론老論　99, 100, 115, 120, 123, 136, 150, 153, 170, 223, 224, 226, 268, 269

노블레스 오블리주　63, 328

노자老子　89, 104, 131, 135, 136

노호지고虜號之藁　151

녹천관綠天館(이서구의 호)→이서구李書九

『녹천관집』綠天館集　364

『논어』論語　106, 107, 192, 206

농수각籠水閣　162

뇌아賴兒　369

누정기樓亭記　220

『능엄경』楞嚴經　422

ㄷ

다관茶罐　57, 61, 62

단좌헌端坐軒(이덕무의 호)→이덕무李德懋

담헌湛軒(홍대용의 호)→홍대용洪大容

『담헌서』湛軒書　120, 126, 134, 142

당론黨論　91, 114, 115

당송고문唐宋古文　349

당송고문파唐宋古文派　349~352

당송팔대가唐宋八大家　29, 193, 203, 350, 351

당순지唐順之　349

당파성　225, 226

당호堂號　48~50, 93, 119, 238, 316, 346, 386

대미大米→미불米芾

「대종사」大宗師(『장자』의 편명)　403

대진戴震　172, 173

덕보德保(홍대용의 자)→홍대용洪大容

덕수德水　15, 18, 282

덕양군德陽君　235, 237, 238

도락주의道樂主義　380

도올檮杌　383, 385, 386, 391

돌마(석마의 우리말)→석마石馬

「동란섭필」銅蘭涉筆(『열하일기』의 편명)　105

동방삭東方朔　361, 363, 364, 380, 386

동중서董仲舒　361, 363, 364, 379

두뭇개(豆毛浦의 우리말)　15, 18, 21, 23

두보杜甫　349

ㅁ

「마장전」馬駔傳　101, 180

마하연摩訶衍　302, 304~306, 425

만천曼倩(동방삭의 자)→동방삭東方朔

말똥구슬　402, 412~419

『말똥구슬』　415

「『말똥구슬』 서문」(원제 '蜋丸集序')　400, 426

「말 머리에 무지개가 뜬 광경을 적은 글」(원제 '馬首虹飛記')　32

매탕梅宕(이덕무의 호)→이덕무李德懋
맹상군孟嘗君　89, 96, 97
맹자孟子　106, 107, 283, 342, 343, 345, 441
『맹자』孟子　106, 107, 120, 283, 342, 343
맹자반孟子反　106
『맹자자의소증』孟子字義疏證　173
명銘　15, 17, 27, 158, 176, 177, 237, 254, 255
『명기집략』明紀輯略　99
모곤茅坤　349
『모시』毛詩　333
모화사상慕華思想　145
몽염蒙恬　43, 45
묘지명　15~17, 22, 26~28, 158, 160, 161, 173, 175, 236, 238, 239, 241, 242, 249, 251, 254, 255, 272, 289
무관懋官(이덕무의 자)→이덕무李德懋
무릉도인武陵道人(박지원의 호)→박지원朴趾源
무문無文(이덕무의 호)→이덕무李德懋
무선茂先(장화의 자)→장화張華
무시공無是公　202
『무예도보통지』武藝圖譜通志　207, 223
무위자연無爲自然　136
무일산인無一散人(이덕무의 호)→이덕무李德懋
묵자墨子→묵적墨翟
묵적墨翟　89, 104, 106, 108, 131, 135, 136
문수산文殊山　34, 36, 38
문수산성文殊山城　33, 38
문신제술文臣製述　268
『물명고』物名攷　76

『미메시스』　399
미불米芾　317
미우인米友仁　317

ㅂ

박규수朴珪壽　178
박동량朴東亮　34
박람강기博覽强記　163, 268, 361, 363, 366, 380
박명원朴明源　100, 160, 275
『박물지』博物志　364
박성언朴聖彦→박제도朴齊道
박재선朴在先→박제가朴齊家
박제가朴齊家　71, 72, 119, 140, 144~147, 153, 207, 231, 273, 274, 276, 279, 281~283, 286~288, 292, 300, 315, 316, 322, 344~347, 357, 358, 414, 423
박제도朴齊道　68, 70~73
박종채朴宗采　94, 120, 176, 178, 241, 266, 350, 351, 369
박지원朴趾源　15~17, 227, 346, 347, 385, 386
박평朴玶　343
박필균朴弼均　239
박희원朴喜源　235, 237~240
반고班固　345, 351, 383, 385, 386, 391
반남潘南　15~17, 235, 237, 239, 242, 282
반어反語　84, 85, 271, 278
반정균潘庭筠　134, 141, 157, 163, 167, 168
반함飯含　158, 176~178, 181
발분저서發憤著書　444

「발승암 기문」(원제 '髮僧菴記') 183
방경각放瓊閣 423, 424
『방경각 외전』放瓊閣外傳 424
방달불기放達不羈 276
배천白川 32, 35, 37
백규伯揆(이택모의 자)→이택모李宅模
백동수白東脩 94, 190, 207, 208, 221~234
백석白石(이홍유의 호)→이홍유李弘儒
『백석유고』白石遺稿 80
백선伯善(남덕신의 자) 279, 281
「백영숙의 일을 적다」(원제 '書白永叔東脩事') 233
백시구白時耉 223, 224, 226
백아伯牙 280, 288, 293, 294~301
백오伯五(서상수의 자)→서상수徐常修
백이伯夷 106, 343
백척오동각百尺梧桐閣 44, 48, 49
백탑白塔 112, 113, 115, 316, 346, 386, 419, 423
백탑시사白塔詩社 71
『백탑의 맑은 인연』(원제 '白塔淸綠集') 345
『백호집』白湖集 410
백화암白華菴 306, 421, 425~427
법고法古 322, 324, 325, 329~331, 336, 338, 343, 344, 348, 349, 351, 357, 359, 420
법고창신法古創新 30, 251, 300, 301, 329~334, 336~338, 343, 344, 352, 357~359, 371, 381, 419
『법언』法言 107, 203, 414
「벗의 시에 차운하여 이국옹에게 부치다」(원제

'次友人韻, 却寄李麯翁') 120
벽파僻派 268
변전變轉 28, 147, 295, 299
병렬구 262
보안普安 122
복희伏羲 318, 339, 362, 373~375, 430~432
「본래의 선비」(원제 '原士') 381, 440
봉상촌鳳翔村 32~34
부독산負犢山 229
부처 90, 104, 131, 135, 136, 187, 212, 213, 305, 358, 426
북벌론北伐論 150, 419
북학北學 140, 143, 147, 150, 152, 170, 347, 419
『북학의』北學議 147, 345
북학파北學派 119, 144, 147
「붓 빼는 그릇 이야기」(원제 '筆洗說') 315, 316

ㅅ

『사기』史記 97, 106, 198, 199, 251, 324, 386, 438, 439, 440~444
사당인四黨人 136
사대부 63, 64, 77, 78, 81, 98, 101~103, 109, 137~142, 146, 150, 153, 166, 167, 170, 180, 181, 193, 200, 210, 221, 222, 225, 243~246, 256, 264, 289~292, 327, 328, 353, 356, 366, 379, 380
사마상여司馬相如 185, 201, 202, 205

사마천司馬遷　152, 198, 199, 251, 330, 345, 348, 351, 383, 385, 386, 391, 438~445

'사'士에의 자각　84

산수유기山水遊記(산수기山水記)　42, 193, 193, 196, 220

『산해경』山海經　213

『삼국지』三國志　107

삼대三代　133, 148, 149

삼하三河　155, 159, 160

삼한三韓　131, 134

「상군열전」商君列傳　324

『서경』書經　75

서명선徐命善　269

서상수徐常修　115, 303, 304, 309, 315~317, 347

서얼(서족庶族)　65, 71, 72, 79~81, 120, 136, 137, 146, 153, 207, 223~225, 274, 281, 282, 345

서원덕徐元德→서유린徐有隣

서위徐渭　327

서유구徐有榘　71, 153

서유린徐有隣　68, 70~73, 153

서유본徐有本　71, 291

서장관書狀官　134, 156, 167

서호西湖　157, 158, 168, 169, 176~178

「서황경」西荒經　386

서효수徐孝修　71

석도石濤　40, 41

석마石馬　72, 94, 273

석실서원石室書院　80, 273

석치石癡(정철조의 호)→정철조鄭喆祚

선귤당蟬橘堂(이덕무의 호)→이덕무李德懋

「선귤당이라는 집의 기문」(원제 '蟬橘堂記')　206

선기옥형璇璣玉衡　266

선문답　204, 205, 365, 428

선진先秦·양한兩漢　322, 344~346, 349

성당盛唐　349

성대중成大中　120, 122, 274, 423

성령론性靈論　349

성위聖緯(이희경의 자)→이희경李喜經

성해응成海應　233, 234

성흠聖欽(이희명의 자)→이희명李喜明

세손익위사世孫翊衛司　158, 174

소강절邵康節　59

소동파蘇東坡→소식蘇軾

소론少論　71, 99, 115, 136, 139, 153, 223, 226, 268

소미小米→미우인米友仁

소북小北　115, 136, 153, 260, 268

소순蘇洵　203

소식蘇軾　42, 153, 185, 202, 203, 298, 313, 429, 437

소아小雅　333

소엄화계小罨畫溪　44, 48

소완素玩　361, 363, 366, 373, 375, 377, 378

소완정素玩亭(이서구의 호)→이서구李書九

「소완정 기문」(원제 '素玩亭記')　361, 431

「소완정素玩亭이 쓴 '여름밤 벗을 방문하고 와'에 답한 글」(원제 '酬素玩亭夏夜訪友

記') 88, 121, 191, 365
소음篠飮(육비의 호)→육비陸飛
소중화小中華 78
소철蘇轍 203
손유의孫有義 155, 157, 159, 160, 168
송서送序 224, 232, 233
쇄말주의瑣末主義 380
수기修其(박제가의 자)→박제가朴齊家
『수리정온』數理精蘊 269
수표교水標橋 70, 82, 83, 86, 87
〈수홍도〉垂虹圖 40, 41
『순자』荀子 294
「술에 취해 운종교를 밟았던 일을 적은 글」(원제 '醉踏雲從橋記') 68, 103, 281, 282
『시경』詩經 43, 45, 220
시문時文 29
신광온申光蘊 135, 188
『신이경』神異經 386
신임의리辛壬義理(신임사화) 99
『신증동국여지승람』新增東國輿地勝覽 223
실학實學 84, 166, 180, 269, 277, 281, 380
「심세편」審勢篇(『열하일기』의 편명) 170
심재心裁(손유의의 자)→손유의孫有義

○

『아정유고』雅亭遺稿 316
「악기」樂記 130
악의樂毅 107
안의安義 281, 282, 284~286

안의 현감安義縣監 49, 282~284, 301, 388
안회顔回 89, 104, 106, 322, 338, 339, 342, 343
알레고리 47, 77
야뇌野餒(백동수의 호)→백동수白東脩
양명학陽明學 63, 138, 139, 142, 143, 327
「양반전」 423
양봉래楊蓬萊→양사언楊士彦
양사언楊士彦 183, 188
양상회梁尙晦 286
「양양 부사로 부임하는 연암을 전송하는 글」(원제 '送燕巖之官襄陽序') 423
「양왕」讓王 404
양웅揚雄 90, 104, 107, 185, 186, 202~205, 402, 414~416
양인수梁仁叟→양현교梁顯教 64~67, 107
양자楊子 89, 104~106, 131, 135, 136
양자운揚子雲→양웅揚雄
양주 팔괴揚州八怪 145, 389
양주楊朱→양자楊子
양직養直(양호맹의 자)→양호맹梁浩孟
양현교梁顯教 57~59, 61
양호陽虎 320, 323~325
양호맹梁浩孟 43, 44, 47~55, 59
양화陽貨→양호陽虎
「어떤 사람에게 보낸 편지」(원제 '與人') 279
억양돈좌抑揚頓挫 113, 225, 257
엄성嚴誠 134, 141, 143, 157, 163, 167~172
에리히 아우얼바하Erich Auerbach 398
에피소드 22, 25, 28, 227, 251, 392, 393

찾아보기 455

여군呂君　68, 70
「여름밤 벗을 방문하고 와」(원제 '夏夜訪友記')　93
『여씨춘추』呂氏春秋　288, 294
「여오」旅獒　75
여오汝五(서상수의 자)→서상수徐常修
여의주　402, 411, 412, 414~418
역관　64, 144, 146
『역상고성』曆象考成　269
역설　47, 102, 166, 167, 179, 268~270, 312, 334, 344
역암力闇(엄성의 자)→엄성嚴誠
「역학대도전」易學大盜傳　180
『연경재전집』研經齋全集　233
연상각烟湘閣　44, 48, 49
『연석』燕石　255
『연암산고』燕巖散稿　178
연암협燕巖峽(연암골)　48, 49, 55, 67, 94, 100, 190, 209, 221, 222, 226~230, 232, 236, 237, 250, 252~254, 275~277, 286
연옥連玉(유연柳璉의 자, 유금으로 개명)→유금柳琴
연익성延益成　126, 128
『열하일기』熱河日記　29, 105, 151, 165, 170, 177, 209, 266, 275, 276, 353
영대정映帶亭　423
『영대정 잉묵』映帶亭賸墨　424
영숙永叔(백동수의 자)→백동수白東脩
영재泠齋(유득공의 호)→유득공柳得恭
『영재집』泠齋集　80

영조英祖　38, 93, 99, 105, 158, 174, 224, 239, 260, 388, 423
『영조실록』英祖實錄　239
영처嬰處(이덕무의 호)→이덕무李德懋
영탁靈托　421, 425, 426
『예기』禮記　130
「예덕선생전」穢德先生傳　101
예맥濊貊　221, 222, 224, 225, 230
예서隸書　221, 222, 224
오계五戒　303, 311
오도송悟道頌　307, 308, 309, 310
『오례통고』五禮通考　369
오릉於陵(오릉자於陵子)　90, 105, 107
오獒　69, 74~79
오유선생烏有先生　202, 403
오일五一(윤인태의 자)→윤인태尹仁泰
오천梧川(박희원의 호)→박희원朴喜源
오피궤烏皮几　57, 61
완산完山　235, 237, 238, 361, 363, 364
완세불공玩世不恭　81, 108
왈짜　184, 195
「왈짜타령」　195
왕망王莽　203, 239, 320, 323, 325
왕세정王世貞　349
왕수인王守仁　138, 139
왕안석王安石　185, 202, 203
왕유王維　42
왕휘지王徽之　45
요매산사眢昧散士(이덕무의 호)→이덕무李德懋
용주蓉洲(손유의의 호)→손유의孫有義

우금운고루雨今雲古樓　44, 48, 49

우도友道　151~153

「우부개장 열전」虞傅蓋臧列傳　333

우승경虞升卿→우후虞詡

우정론　150, 151, 289, 292

우후虞詡　321, 322, 331~334, 336, 345, 358

운종가雲從街　69, 73, 74, 87

운종교雲從橋　70, 79, 80

원굉도袁宏道　327, 328, 347, 352, 353

원약허元若虛→원유진元有鎭

원유진元有鎭　68, 70~72

「유곤전」劉昆傳　229

유금柳琴　70, 79~81, 113, 115, 153, 347, 414

유득공柳得恭　70, 72, 79~81, 113, 115, 144, 153, 231, 273, 274, 282, 286, 287, 315, 316, 347, 403, 414

유령劉伶　90, 104, 106

유리창琉璃廠　134, 141, 155, 167, 168

유만주兪晩柱　98

유사경兪士京→유언호兪彦鎬

유산遊山　193

유성습兪聖習→유학중兪學中

유언호兪彦鎬　48, 101, 135, 188, 236, 252, 254~256, 283

유연柳璉→유금柳琴

유인孺人　15~19

유자儒者　158, 169, 176~178, 180, 181, 206

유정섭兪正燮　173

유종원柳宗遠　193

유춘오留春塢　120~123, 125, 127, 129, 423

유춘오 악회　123, 124, 129, 423

「유춘오의 악회를 기록하다」(원제 '記留春塢樂會')　120, 122, 423

유하혜柳下惠　90, 104, 106, 333, 335, 336, 343

유학중兪學中　122

유협遊俠　197, 199

「유협열전」遊俠列傳　199

유형원柳馨遠　165

유혜풍柳惠風→유득공柳得恭

유희柳僖　76

유희문자　108

육구연陸九淵　138

육비陸飛　126, 134, 141, 156, 163, 167, 168

육왕학陸王學　132, 137, 138

윤병현尹秉鉉　424

윤인태尹仁泰　286

음보蔭補　158, 174

의고주의擬古主義　326, 381

의고파擬古派　349~352, 356, 357

의론문議論文　137, 293, 359

의물화擬物化　34

『의산문답』醫山問答　128, 144, 164, 173

이가환李家煥　153, 260, 268, 269

이강산李薑山→이서구李書九

이경산李京山→이한진李漢鎭

이덕무李德懋　30, 68~72, 75, 78, 81, 112, 115, 117~119, 121, 124, 125, 140, 144, 207, 231, 273, 274, 279, 281, 282, 284, 287, 299, 315, 316, 318, 347, 365, 392, 399, 403, 414, 423, 424

이동泥洞　279, 281
이동필李東馝　235, 237~241, 249, 272
이명耳鳴　384, 391~398
『이목구심서』耳目口心書　392
이몽양李夢陽　349
「이몽직의 요절을 애도하는 글」(원제 '李夢直哀辭')　100
이무관李懋官→이덕무李德懋
이반룡李攀龍　349
이백李白　349
이보천李輔天　99, 180
이사춘李士春→이희천李羲天
이상적李尙迪　144~147
이서구李書九　88, 90, 91, 93~95, 110~115, 273, 274, 347, 361~367, 370~373, 378, 379, 414
이성위李聖緯→이희경李喜經
이성흠李聖欽→이희명李喜明
이식李植　18
이연년李延年　320, 323~325
이용휴李用休　153
이유李游　18
이유동李儒東　119
이윤영李胤永　99
이익李瀷　153, 268
이인상李麟祥　423
『이재난고』頤齋亂藁　266
이재성李在誠　29, 30, 71, 234, 256, 275, 279, 281, 284~286, 353, 354, 359, 368
이탁오李卓吾　327

이택모李宅模　15, 17~19
이한진李漢鎭　122, 421~425, 427~429, 439, 440, 445
이홍유李弘儒　70, 79, 80
이희경李喜經　68, 70~72, 279, 281, 282, 286, 287
이희명李喜明　68, 70~72, 279, 281, 282
이희천李羲天　99~101, 191, 228
인물균人物均　128
인물성 동론人物性同論　128
인수仁叟(양현교의 자)→양현교梁顯教
인재靭齋(백동수의 호)→백동수白東脩
일이관지一以貫之　343
일화　123, 126, 188, 207, 228, 233, 251, 334, 371, 392, 393, 407, 408, 410~412, 426, 436, 440
임백호林白湖→임제林悌
임제林悌　401, 409, 410
「임하경륜」林下經綸　166

ㅈ

「자객열전」刺客列傳　199, 438, 439
자금장子琴張　106
자무子務　400, 402~405, 409
자사子思　342, 343
자상호子桑戶　90, 104, 106
자패子珮　402, 413~418
자혜子惠　400, 402~405, 409
장간공章簡公(박필균의 시호)→박필균朴弼均

장괴애張乖崖→장영張詠　90, 110, 111
장난기　55
장영張詠　90, 110, 111
장오藏獒(짱가오)　75, 76
장자莊子　90, 104, 108, 198, 199, 218, 269, 330, 345, 348
『장자』莊子　106, 120, 125, 177, 181, 199, 269, 270, 290, 403~405, 419
장천마지莊天馬地　198
장화張華　361, 363, 364, 380
재선在先(박제가의 자)→박제가朴齊家
전당錢塘　157, 167~169
전서篆書　221, 222, 224, 423
전의감동典醫監洞　72, 86, 87, 94, 95, 121, 273, 347, 386, 423, 424
전후칠자前後七子(전칠자前七子, 후칠자後七子)　348~350
절현지비絶絃之悲　288, 294
접빈객 봉제사接賓客奉祭祀　246, 248
정군鄭君　68, 70
정령위丁令威　402, 413~416
「정석치 제문」(원제 '祭鄭石癡文')　258, 389
정언正言　260, 268
정운유鄭運維　260
정유貞蕤(박제가의 호)→박제가朴齊家
『정유각집』貞蕤閣集　345
정인보鄭寅普　142, 273
정조正祖　71, 93, 119, 151, 160, 174, 207, 239, 252, 255, 260, 268, 269, 282, 283, 286, 345, 353, 388

『정조실록』正祖實錄　268, 269
정철조鄭喆祚　72, 153, 231, 258~271, 273, 274, 275~278, 389
제갈량諸葛亮　90, 104, 107, 166, 248, 249
「제갈량전」諸葛亮傳　107
제이월第二月　422
조교曹交　90, 105, 107
조선적 주체성　146, 147, 153
조성기趙聖期　165
존명배청론尊明排淸論　140, 146, 150
종각鍾閣　69, 73, 86, 87
『종북소선』鍾北小選　419
종자기鍾子期　280, 288, 293~295, 299
좌구명左丘明　345
『주관』周官　323
『주례』周禮　323
주문조朱文藻　157, 168, 169
『주역』周易　99, 107, 305, 339, 373, 374, 375
주영염수재晝永簾垂齋　44, 48, 49, 57~60, 64, 66
「주영염수재라는 집의 기문」(원제 '晝永簾垂齋記')　57, 107, 197
주자학朱子學　108, 132, 137~139, 142, 143, 217
주충어재注蟲魚齋(이덕무의 호)→이덕무李德懋
죽림칠현竹林七賢　106
죽오竹塢　43, 44, 47~50
「죽오라는 집의 기문」(원제 '竹塢記')　43, 50, 51, 59

준대사俊大師　302, 304~306, 309, 315, 316, 426
중간계급　196, 197
『중국인 벗들과의 우정』(원제 '會友錄')　134, 151, 273
「『중국인 벗들과의 우정』에 써 준 서문」(원제 '會友錄序')　131
중미仲美(박지원의 자)→박지원朴趾源
『중용』中庸　342
중운仲雲(이한진의 자)→이한진李漢鎭
중존仲存(이재성의 자)→이재성李在誠
증자曾子　321, 332~334
지계공芝溪公→이재성李在誠
지기知己　29, 132, 138. 156, 159, 161, 175, 288, 300, 436
「지북유」知北遊　405
『지수염필』智水拈筆　388
지음知音　288, 295
지평持平　260, 268
지행합일知行合一　138
직제학　236, 254, 255
진단陳摶　90, 104, 106
진정眞情　31, 133, 149, 151, 232, 278, 327, 424
진정지견眞正之見　401, 411, 412
진중자陳仲子　107
진한고문秦漢古文　349
진한고문파秦漢古文派　350~352
징심구세澄心求世　143

ㅊ

차군此君　43, 44, 45, 51, 54
차수次修(박제가의 자)→박제가朴齊家
창신創新　322, 324~331, 336, 343, 344, 347~349, 357~359, 420
채윤蔡倫　43, 45
처화處華　421, 425, 426
척독尺牘　429
척재惕齋(이서구의 호)→이서구李書九
『척재집』惕齋集　93, 364
「천인삼책」天人三策　364
철교鐵橋(엄성의 호)→엄성嚴誠
『철교유집』鐵橋遺集　157, 168, 169
『철교전집』鐵橋全集　171
철인哲人　258, 265
청교靑橋　279, 281
『청성집』靑城集　120, 423
청장관靑莊館(이덕무의 호)→이덕무李德懋
『청장관전서』靑莊館全書　365, 392
청장서옥靑莊書屋　316
청허선생聽虛先生　402~405, 408, 409, 414, 416, 418
초은樵隱(박희원의 호)→박희원朴喜源
초정楚亭(박제가의 호)→박제가朴齊家
『초정집』楚亭集　322, 345
「『초정집』 서문」(원제 '楚亭集序')　320
추루秋庫(반정균의 호)→반정균潘庭筠
축객령逐客令　72
『춘추』春秋　364
『춘추번로』春秋繁露　364

취미翠眉(이유동의 호)→이유동李儒東
「취미루기」翠眉樓記　119

ㅋ

코골이　384, 391, 393~398
「큰누님 박씨 묘지명」(원제 '伯姉贈貞夫人朴氏墓誌銘')　15

ㅌ

탄소彈素(유연柳璉의 자, 유금으로 개명)→유금柳琴
탕평책蕩平策　71, 99, 100
탕현조湯顯祖　327
태사공太史公→사마천司馬遷
『태현경』太玄經　107, 203, 402, 414~416
택당澤堂(이식의 호)→이식李植
택풍당澤風堂　18

ㅍ

파격　17, 22, 27, 28, 102, 121, 160, 175, 215, 251, 255, 261, 264, 276, 277, 318, 419, 444
파락호　98
『팔기통지』八旗通志　276
팔담八潭　302, 304
패관소설체　47
편액　43, 44, 47, 48, 361, 363
평원군平原君　89, 96, 97

「평원군열전」平原君列傳　97
포희씨包犧氏→복희伏羲
풍무風舞(김억의 호)→김억金檍
프루스트Marcel Proust　21

ㅎ

하경명何景明　349
하도河圖　321, 338~341
하풍죽로당荷風竹露堂　285
학초목당學草木堂(이덕무의 호)→이덕무李德懋
『한객건연집』韓客巾衍集　414
『한서』漢書　386
한신韓信　90, 104, 106, 321, 332~335, 358
「한여름 밤에 모여 노닌 일을 적은 글」(원제 '夏夜讌記')　117
한유韓愈　224, 330, 348, 351
「항백」巷伯(『시경』의 편명)　333
「항우본기」項羽本紀　438, 439
『항전척독』杭傳尺牘　126
항주杭州　132~134, 137~139, 141~143, 148, 152, 156, 160, 161, 163, 168, 169, 172, 173, 176
해학　47, 49, 54, 189, 191, 192, 206, 357
행랑　88, 90, 91, 93~95, 110, 111, 114
행화춘 우림정杏花春雨林亭　44, 48
향초원香草園(이덕무의 호)→이덕무李德懋
「허생전」　165, 170
현공弦公(박지원의 호)→박지원朴趾源
현학주의衒學主義　380

현현玄玄　70, 79

협객俠客　184, 195~200, 208, 211, 214, 218, 233, 443

「형수님 묘지명」(원제 '伯嫂恭人李氏墓誌銘')　235

형암炯菴(이덕무의 호)→이덕무李德懋

「형암행장」炯菴行狀　283

혜풍惠風(유득공의 자)→유득공柳得恭

호백胡白　69, 74, 78, 86, 87

「호질」　128, 180

「호질 후기」　170

혼천의渾天儀　156, 161, 162, 266

홍경성洪景性　122

홍국영洪國榮　55, 67, 94, 181, 209, 252, 275, 277

홍대용洪大容　72, 105, 117~123, 125~128, 130, 132, 134, 137~147, 149~153, 155~159, 160~177, 179~182, 231, 260, 266, 273~275, 277, 283, 299, 300, 347, 423

홍덕보洪德保→홍대용洪大容

「홍덕보 묘지명」洪德保墓誌銘　143, 155

홍성경洪聖景→홍경성洪景性

홍억洪檍　134, 141

홍원섭洪元燮　122, 423

홍태화洪太和→홍원섭洪元燮

홍한주洪翰周　388

화장산華藏山　236, 250, 251

환화幻花　422

황경원黃景源　388

황대경黃大卿→황경원黃景源

황승원黃昇源　101

황윤석黃胤錫　260, 266

황윤지黃允之→황승원黃昇源

황정견黃庭堅　429

황종희黃宗羲　173

황희黃喜　400, 401, 406~409, 426

효효재嘐嘐齋(김용겸의 호)→김용겸金用謙

후지츠카 치카시藤塚鄰　172, 173

후직后稷　322, 338, 339, 342, 343

『후한서』後漢書　229, 333

훔볼트Alexander von Humboldt　445

휘諱　15~17, 155, 159, 160, 235, 237, 238

이 책에 수록된 작품의 원제原題

一

큰누님 박씨 묘지명_ 백자유인박씨묘지명伯姊孺人朴氏墓誌銘

말 머리에 무지개가 뜬 광경을 적은 글_ 마수홍비기馬首虹飛記

'죽오'라는 집의 기문_ 죽오기竹塢記

'주영염수재'라는 집의 기문_ 주영염수재기晝永簾垂齋記

술에 취해 운종교를 밟았던 일을 적은 글_ 취답운종교기醉踏雲從橋記

소완정이 쓴 「여름밤 벗을 방문하고 와」에 답한 글_ 수소완정하야방우기酬素玩亭夏夜訪友記

한여름 밤에 모여 노넌 일을 적은 글_ 하야연기夏夜讌記

『중국인 벗들과의 우정』에 써 준 서문_ 회우록서會友錄序

홍덕보 묘지명_ 홍덕보묘지명洪德保墓誌銘

발승암 기문_ 발승암기髮僧菴記

기린협으로 들어가는 백영숙에게 주는 서_ 증백영숙입기린협서贈白永叔入麒麟峽序

형수님 묘지명_ 백수공인이씨묘지명伯嫂恭人李氏墓誌銘

정석치 제문_ 제정석치문祭鄭石癡文

어떤 사람에게 보낸 편지_ 여인與人

'관재'라는 집의 기문_ 관재기觀齋記

『초정집』서문_ 초정집서楚亭集序

소완정 기문_ 소완정기素玩亭記

『공작관 글 모음』자서_ 공작관문고자서孔雀館文稿自序

『말똥구슬』서문_ 양환집서蜋丸集序

경지에게 보낸 답장_ 답경지答京之